AF617208

ACCESO GRATIS *a la Lectura en la Nube*

Para visualizar el libro electrónico en la nube de lectura envíe junto a su nombre y apellidos una fotografía del código de barras situado en la contraportada del libro y otra del ticket de compra a la dirección:

ebooktirant@tirant.com

En un máximo de 72 horas laborables le enviaremos el código de acceso con sus instrucciones.

CRÉDITO RESPONSABLE Y FICHEROS DE SOLVENCIA PATRIMONIAL

(TRATAMIENTO NORMATIVO Y JURISPRUDENCIAL)

CRÉDITO RESPONSABLE Y FICHEROS DE SOLVENCIA PATRIMONIAL

(TRATAMIENTO NORMATIVO Y JURISPRUDENCIAL)

FRANCISCO JAVIER ORDUÑA MORENO
(Director)

RAQUEL GUILLÉN CATALÁN
(Coordinadora)

Autores

CARLOS ALONSO MARTÍNEZ
DAVID AVIÑÓ BELENGUER
LOLA CANO CAYUELA
RAQUEL GUILLÉN CATALÁN
EDUARDO LAFFARGA LEO
FCO. JAVIER ORDUÑA MORENO
ÁLVARO PALACIOS MARTÍNEZ
IGNACIO PLA VIDAL
JAVIER PLAZA PENADÉS
IGNACIO RAMOS SALGADO
JESÚS Mª. SÁNCHEZ GARCÍA

Colabora

y los I+D+I de los Colegios Profesionales de la Abogacía
de Barcelona, Madrid y Málaga

tirant lo blanch
Valencia, 2024

En caso de erratas y actualizaciones, la Editorial Tirant lo Blanch publicará la pertinente corrección en la página web www.tirant.com.

Patrocina

Proyecto Prometeo CIPROM/2022/67 titulado:
«Los datos como bien patrimonial: uso y protección en el mercado único digital»

EDITA: TIRANT LO BLANCH
C/ Artes Gráficas, 14 - 46010 - Valencia
TELFS.: 96/361 00 48 - 50
FAX: 96/369 41 51
Email: tlb@tirant.com
www.tirant.com
Librería virtual: www.tirant.es
DEPÓSITO LEGAL: V-3380-2024
ISBN: 978-84-1071-693-3
MAQUETA: Innovatext

Si tiene alguna queja o sugerencia, envíenos un mail a: *atencioncliente@tirant.com*. En caso de no ser atendida su sugerencia, por favor, lea en *www.tirant.net/index.php/empresa/politicas-de-empresa* nuestro Procedimiento de quejas.

Responsabilidad Social Corporativa: *http://www.tirant.net/Docs/RSCTirant.pdf*

Índice

Introducción
EL CRÉDITO RESPONSABLE

Capítulo primero

MARCO NORMATIVO DE PROTECCIÓN DE DATOS

Capítulo segundo

ESPECIAL REFERENCIA A LA PROTECCIÓN DE DATOS DE SOLVENCIA PATRIMONIAL

Introducción

EL CRÉDITO RESPONSABLE

I. EL CRÉDITO RESPONSABLE EN EL ESPACIO EUROPEO DE LA CONTRATACIÓN BAJO CONDICIONES GENERALES: SU CONFIGURACIÓN CONTRACTUAL

FRANCISCO JAVIER ORDUÑA MORENO
Catedrático de Derecho Civil
Universidad de Valencia
Ex Magistrado del Tribunal Supremo. Sala Primera

1. EL DERECHO DE CRÉDITO Y SUS LÍMITES INSTITUCIONALES: EL CONTROL SOCIAL DERIVADO

Si las cosas se miran con cierto detenimiento, como se suele decir "despacio", observaremos que la oportunidad y conveniencia de gran parte de los nuevos conceptos que ingresan en nuestro acervo jurídico, particularmente respecto de su significado y función, responden o traen causa de las transformaciones modernas de nuestra dogmática tradicional; incidiendo en la línea de consolidación del cambio operado.

Esto es lo que ocurre con la idea o noción del crédito responsable y su correcta ubicación en nuestro Derecho de la contratación y , por extensión, en el Derecho patrimonial; especialmente tras su reciente impronta tanto en el marco del Derecho de la Unión, como el nuestro Derecho nacional (entre otras, la Directiva 2008/48, sobre contratos de crédito al consumo, la actual Directiva 2023/2025, de 18 de octubre de 2023, derogatoria del anterior; la Ley 2/2011, de 4 de marzo de empresas sostenibles y la Ley 16/2011, de 24 de junio, de contratos de crédito al consumo, así como la Orden EHA/2899/2011, de 28 de octubre).

A semejanza del desenvolvimiento conceptual y teórico de los nuevos principios o directrices que inspiran el moderno orden público económico de nuestro Derecho contractual caso, entre otros, del principio de transparencia, la idea o noción de lo que pueda entenderse como crédito responsable, esto es, su decantación jurídica, solo cobra significado y función en el curso de la transformación dogmática que ha supuesto la contratación bajo condiciones generales como fenómeno jurídico, de su autonomía y diferenciación como cauce central para explicar el actual tratamiento de nuestro sistema de intercambio y de prestación de bienes y servicios en masa.

Al igual que acontece con el tradicional esquema del contrato por negociación, de su obsolescencia para explicar el fenómeno de la contratación bajo condiciones generales en el espacio europeo, la nueva acuñación del concepto de crédito o préstamo responsable se halla muy alejada, si se quiere fuera de cobertura, de los tradicionales postulados o directrices de nuestro Código Civil que alumbraron, aunque de forma tímida y asistemática, el sentido y función del derecho de crédito desde las perspectivas liberales e individualistas propias del movimiento codificador del S. XIX.

En efecto, desde estos postulados el derecho de crédito se presentó, ante todo, como una situación estática de titularidad, de un poder jurídico concedido al acreedor para la tutela y el logro de su particular interés.

En este reconocimiento en clave liberal no hubo, por tanto, ningún germen de responsabilidad social en la concesión del crédito fuera de la autonomía y decisión del poder conferido, en donde el ejercicio de las oportunas facultades y acciones correspondieron siempre al interés del titular del derecho de crédito; por lo que la ponderación o diligencia en la concesión u otorgamiento del mismo solo al acreedor le competía, conforme a la máxima: vigilantibus iura sucurrunt.

Consecuentemente, las posibles limitaciones de la época a este poder quedaron configuradas bajo la sujeción del principio de libertad contractual, esto es, desde una lectura liberal del artículo 1255 del Código Civil, bien como meras prohibiciones de índole legal, o bien como una vulneración del orden público; caso de los préstamos usurarios de la Ley Azcárate (1908), como un trasunto de la noción de lo inmoral.

En parecidos términos, por razones históricas y no desde la perspectiva del derecho de crédito, sino desde la perspectiva de la insolvencia como incapacidad patrimonial del deudor para el pago de la deuda, el ordenamiento liberal de la época reconoció un procedimiento de ejecución colectiva derivado del concurso de acreedores o de la quiebra del comerciante, estrechamente ligados a la nueva situación jurídica del deudor y a la administración y liquidación de su patrimonio.

Como se puede observar, el denominado crédito responsable y su posible decantación jurídica, si bien manteniendo el núcleo clásico y diferenciado del concepto de deuda, queda extramuros de este modelo y contexto social y económico del que no obtiene referencia o raíz alguna para su actual significación.

No obstante, como resulta consustancial para el Derecho, las transformaciones y los cambios sociales se producen de un modo ininterrumpido y, en la actualidad, de una forma progresiva cada vez más rápida e incesante. Por lo que estos principios y conceptos se van abriendo camino en el marco de las nuevas directrices e instrumentos técnicos que acompañan a estas modernas transformaciones y que articulan el actual orden jurídico y la estructura del sistema económico de la sociedad.

En este somero análisis, como hemos realizado en anteriores publicaciones, queremos dejar constancia de la importancia de estos contextos evolutivos para entender, correctamente, las claves interpretativas que mejor definen el significado y función de estos nuevos principios y conceptos, esto es, su fundamentación jurídica.

En síntesis, una de las claves que, por cierto, ha pasado ciertamente desapercibida en el curso del contexto evolutivo indicado, ha sido y es la importancia de la Reforma del Título Preliminar del Código Civil de 1974. Dicha Reforma, especialmente para el tratamiento de la contratación bajo condiciones generales, aportó dos elementos conceptuales para entender el cambio operado en los límites institucionales que resultaron de nueva aplicación.

En el primero de ellos, fuera de la lectura liberal de las limitaciones a la libertad contractual del artículo 1255 del Código Civil, los nuevos límites institucionales alcanzarán ya, de un modo pleno, a la esfera de los propios derechos subjetivos, propiamente dichos; incluidos, claro está, los derechos de crédito, de modo que su ejercicio quedará sujeto a una general "exigencia del principio de buena fe y a la consiguiente sanción del abuso del derecho" (artículo 7 Código Civil). Límites institucionales cuyo fundamento nuclear está en la misma base o germen de la ordenación de la Directiva 93/13/CEE en donde su artículo 3 define la cláusula abusiva precisamente "como una vulneración de la exigencia del principio de buena fe".

En el segundo de ellos, con un carácter más técnico como señala la doctrina especializada, la relevancia de la Reforma de 1974, en general y particularmente también para la contratación bajo condiciones generales, radica en que introduce "la aplicación de las cláusulas generales" que, por su estructura técnica, permitirá una clara flexibilización judicial a la hora de determinar tanto la concreta vulneración de principio de buena fe operada, como su respectiva sanción jurídica. El mismo esquema, por ejemplo, que ha permitido al Tribunal de Justicia de la Unión Europea configurar el principio de transparencia como un contenido relevante en la aplicación nuclear del principio de buena fe de la Directiva y su correspondiente sanción a través de un específico desarrollo del "principio de no vinculación", como razón de la ineficacia derivada.

Concorde con lo expuesto, la siguiente clave que merece destacarse en este contexto evolutivo es de índole constitucional. En este sentido, no cabe duda de que estos nuevos límites institucionales de los derechos subjetivos han salido fortalecidos, particularmente en su función delimitadora, mediante reconocimiento de la "función social" como principio constitucional propiamente dicho y, en consecuencia, de su válida extensión también al ámbito de los derechos de crédito (artículo 33 CE).

Así es, la función social que deben cumplir los derechos subjetivos, con el derecho de propiedad como ejemplo paradigmático, comporta un reforzamiento del control social orientado específicamente al "ámbito dinámico del ejercicio de dichos derechos y su posible y válida función delimitadora".

Esta perspectiva constitucional reporta, a su vez, tres nuevos elementos conceptuales o claves interpretativas que abundan en la correcta comprensión del contexto evolutivo señalado.

En primer lugar, hay que destacar que la misma textura de la contratación bajo condiciones generales, como un modo de contratar a través de prácticas estandarizadas, le hace especialmente idónea como fenómeno objeto de aplicación de la función social, de la uniformidad y generalidad que debe presentar el instituto en cuestión.

En segundo lugar, de acuerdo con el alcance delimitador y conforme al desarrollo jurisprudencial de la Directiva 93/13, la función social, como refuerzo del control social, también está en el fundamento de la tutela pública de los derechos de los consumidores y usuarios; del "control de oficio" de las condiciones generales y, por extensión, de la aplicación de sus respectivos controles de legalidad (el denominado control material de transparencia y el control de contenido). Pero también en el nacimiento de nuevos límites legales en ordenación del crédito al consumo.

Por último, la función social también posibilita una mejor inteligencia del actual significado de las funciones y cometidos confiados a la Unión Europea, particularmente del desarrollo de un mercado interior eficaz del crédito al consumo con un nivel elevado de protección de los consumidores, tal y como resalta la STJUE de 21 de abril de 2016, asunto C-377/14. Sin duda, en la encrucijada de esta función social, a diferencia del carácter unidireccional de la tutela liberal del derecho de crédito, se da una necesaria "imbricación", si se quiere coyunda, de los intereses particulares del titular con los intereses generales del correcto funcionamiento del mercado interno, que permite su común concurrencia y posterior armonización de cara a los objetivos y cometidos de la Unión Europea. Se protege al consumidor de las prácticas abusivas en tanto también se favorece el correcto funcionamiento del mercado: su competencia y equidad. Hay, por tanto, y pese a la complejidad de los bienes e intereses en juegos, una unidad de sentido y función en los objetivos y cometidos del espacio europeo y su afán armonizador

En el contexto previamente expuesto se pueden extraer algunas consideraciones metodológicas encaminadas al correcto tratamiento de este nuevo concepto del crédito responsable, esto es, de sus iniciales perfiles para su posterior configuración jurídica.

En este sentido, lo más importante es señalar que el tratamiento jurídico de este nuevo concepto no puede decantarse, como es frecuente leer en la reciente doctrina, desde una clara confusión de la clásica correlación entre el crédito y la deuda y su lógica incidencia en la responsabilidad patrimonial del deudor. En el crédito responsable, como deber u obligación del prestamista de evaluar la capacidad de pago del prestatario (solvencia), como paso previo para su otorgamiento o concesión, no cabe hablar, en sentido estricto y lógico, de un fundamento abstracto de responsabilidad del prestamista implícito en la clásica dinámica que presenta el derecho de crédito y la deuda. No hay posibilidad de un fundamento de corresponsabilidad de la deuda que consorcialmente se proyecte directa o indirectamente sobre el prestamista y el prestatario, con una clara ruptura de la diferente posición jurídica que asumen en la relación obligatoria. Por el contrario, como se ha expuesto, este potencial deber u obligación del prestamista y, por ende, de su razón de responsabilidad, se ubica y se proyecta exclusivamente en la propia esfera del ejercicio de su derecho de crédito; de acuerdo con los límites institucionales del derecho de crédito señalados y conforme a los instrumentos de control social indicados. Solo desde este contexto referencial se puede apreciar correctamente esta nueva responsabilidad del prestamista - acreedor tanto en su vertiente o derivada de control social, más allá del ámbito y función administrativa de la supervisión bancaria, como de su posible implicación técnica en el marco del contrato de préstamo al consumo. No hay, por así decirlo, una corresponsabilidad que ligue al prestamista y al prestatario, al margen de sus específicas responsabilidades como acreedor o deudor en la relación obligatoria.

Sin embargo, por otra parte, del contexto brevemente expuesto también hay que puntualizar que dicho panorama solo refleja, como también se ha anticipado, las claves primigenias en el tratamiento de esta nueva figura cuyo "reconocimiento o carta de naturaleza" deriva de los desarrollos e instrumentos técnicos propios del marco armonizador del Derecho europeo.

2. EL PRINCIPIO DE PRIMACÍA DEL DERECHO DE LA UNIÓN EUROPEA Y SU FUNCIÓN CONFORMADORA: EL ESPACIO EUROPEO DE LA CONTRATACIÓN BAJO CONDICIONES GENERALES.

El principio de Primacía del Derecho de la Unión Europea fue consagrado por la jurisprudencia del TJUE, desde su primera sentencia de 15 de julio de 1964, asunto C-6/64.

Primacía cuya proyección en nuestro ordenamiento jurídico ha sido, sin lugar a dudas, reconocida tanto por las resoluciones de nuestro Tribunal Constitucional, casos, entre otras, de las Sentencias 145/2012, de 2 de julio; 26/2014, de 15 de febrero; 320/2015, de 5 de noviembre, 17/2017, de 19 de junio y 37/2019, de 26 de marzo, así como por las sentencias de nuestro Tribunal Supremo, casos, entre otras muchas, de las SSTS 241/2013, de 9 de mayo, 469/2015, 8 de septiembre y 40/2021, de 2 de febrero.

Reconocimiento que, a su vez, ha sido elevado a rango normativo mediante la Ley Orgánica 7/2015, de 21 de julio, que introduce un nuevo artículo 4 bis que de un modo imperativo, sanciona que: <<los Jueces y Tribunales aplicarán el derecho de la Unión Europea de conformidad con la jurisprudencia del Tribunal de Justicia de la Unión Europea>>.

Precisamente, conforme a las consideraciones del propio TJUE, entre otras, STJUE de 1 de octubre de 2015, asunto C-32/14, hay que resaltar que la jurisprudencia que dicta dicho Tribunal, respecto del alcance y contenido del marco de armonización europeo de la contratación bajo condiciones generales, se inscribe en el marco específico de la <<función judicial>>. De modo que hay que considerar que la <<totalidad de estas Directivas europeas>>, especialmente como veremos, desde la centralidad y transversalidad de la Directiva 93/13, constituyen <<disposiciones imprescindibles para el cumplimiento de las funciones y cometidos confiados a la Unión Europea>>.

Por lo que, en consecuencia, su aplicación resulta prevalente dado que comportan la atención de un asunto de <<interés público y general>> para la propia Unión Europea y, por extensión debida, para los países miembros de dicha Unión; como expresamente se contempla en los artículos 114 y 119 del TFUE (entre otras, SSTJUE de 30 de abril de 2014, asunto C-26/14 y de 26 de febrero de 2015, asunto C-143/13).

Se trata, en definitiva, desde la perspectiva metodológica del alcance configurador de la normativa europea, de la creación de un espacio europeo armonizado sobre la contratación bajo condiciones generales, como sector relevante para el funcionamiento de la Unión Europea que, necesariamente, comporta una conformación o adaptación de nuestra organización económica a las exigencias armonizadoras de las directrices o principios jurídicos del <<orden público económico comunitario>>; en la medida en que son expresión de las reglas básicas o esenciales de la organización económica de dicho espacio europeo, considerado <<en su unidad>> conforme a las funciones y cometidos encomendados competencialmente a la Unión Europea (entre otras, STJUE de 6 de julio de 2017, asunto C-290/16).

En esta línea, hay que subrayar que nuestro Tribunal Supremo también ha resaltado el papel preferente que tiene la función conformadora de la normativa europea en el ámbito de la contratación bajo condiciones generales, particularmente a través de las citadas directrices de orden público económico, caso, entre otras, de la STS 464/2014, de 8 de septiembre, que declara lo siguiente:

> *<< […] 4. Contexto interpretativo. El desenvolvimiento de las Directrices de orden público económico. En la actualidad, conforme al desenvolvimiento social, económico y cultural y, particularmente, desde un claro impulso de actuaciones judiciales, tanto nacionales como europeas, se está asistiendo a un proceso de reforzamiento de los derechos de los consumidores y usuarios. La impronta del control de transparencia, como una plasmación del principio de transparencia real, implícito en el marco general del control de abusividad, constituye una buena prueba de lo afirmado, así como de la conveniencia de seguir afinando el fundamento técnico que sustenta su correcta aplicación. En esta línea, la doctrina jurisprudencial de esta Sala (SSTS de 18 de junio de 2012, núm. 406/2012), de 15 de enero de 2013, núm. 827/2012, de 17 y 18 de enero de 2013, núms. 820/2012 y 822/2012 , respectivamente, de 18 de noviembre de 2013, núm. 638/2013 y de 30 de junio de 2014, núm. 333/2014 , entre otras), conforme al acervo y el peso de la formación del Derecho contractual europeo, a tenor de sus principales textos de armonización, ya ha advertido de la profundidad de este proceso a raíz de su conexión con el desenvolvimiento mismo de las Directrices de orden público económico, como principios jurídicos generales que deben informar el desarrollo de nuestro Derecho contractual. En síntesis, este proceso, en el ámbito de las condiciones generales que nos ocupa, tiende a superar la concepción meramente "formal" de los valores de libertad e igualdad, referidos únicamente a la estructura negocial del contrato y, por extensión, al literalismo interpretativo (pacta sunt servanda), en aras a una aplicación material de los principios de buena fe y conmutatividad en el curso de validez, control y eficacia del fenómeno de las condiciones generales de la contratación.*
>
> *5. Su calificación como propio y diferenciado modo de la contratación. En atención al contexto descrito conviene resaltar la perspectiva conceptual y metodológica de la doctrina jurisprudencial de esta Sala que ha partido, ab initio, de la realidad de este fenómeno para señalar que la contratación bajo condiciones generales, por su naturaleza y función, tiene una marcada finalidad de configurar su ámbito contractual y,*

con ello, de incidir en un importante sector del tráfico patrimonial, de forma que conceptualmente debe precisarse que dicha práctica negocial constituye un auténtico modo de contratar claramente diferenciado del paradigma del contrato por negociación regulado por nuestro Código Civil, con un régimen y presupuesto causal propio y específico que hace descansar su eficacia última, no tanto en la estructura negocial del consentimiento del adherente, como en el cumplimiento por el predisponente de unos especiales deberes de configuración contractual en orden al equilibrio prestacional y a la comprensibilidad real de la reglamentación predispuesta, en sí misma considerada.>>

Función conformadora de estas directrices de orden público económico europeo que nuestro Tribunal Supremo considera plenamente concordantes, a su vez con los denominados <<Principios de Derecho Europeo de los Contratos>> a la hora de actualizar y modernizar nuestro Derecho de la contratación (entre otras, STS 333/2014, de 30 de junio), hasta el punto que ha reconocido la función de dichos principios (PELC), como criterios interpretativos en materia de las normas vigentes sobre interpretación de los contratos (entre otras, SSTS 827/ 2012, de 15 de enero; 638/2013, de 18 de noviembre; 571/ 2014, de 15 de octubre; 649/2016, de 3 de noviembre y 671/ 2016, de 16 de noviembre).

En definitiva, desde las directrices de orden público económico europeo, conforme a las funciones y cometidos encomendados a la Unión Europea, el análisis debe partir, <<necesariamente>>, de la existencia de un mercado europeo de la contratación bajo condiciones generales como espacio de armonizado, esto es, configurado a raíz del alcance armonizador de las directrices y principios que contienen las Directivas y Reglamentos europeos en este importante sector de mercado interior europeo. Tal y como nos indica el Comunicado de la Comisión, de 27 de septiembre del 2019, auténtica guía interpretativa de la jurisprudencia del TJUE, cuando nos ilustra acerca de que de la Directiva 93/13 es, ante todo, una <<Directiva de armonización con base a nuevos principios>>, y que la función del TJUE es, precisamente, << brindar los principios dimanantes de dicha Directiva>>.

3. EL ESPACIO ARMONIZADO EUROPEO COMO <<SISTEMA NORMATIVO>>. CENTRALIDAD Y TRANSVERSALIDAD DE LA DIRECTIVA 93/13/CEE. SU FUNCIÓN COMO CÓDIGO EUROPEO DE LA CONTRATACIÓN BAJO CONDICIONES GENERALES: EQUIDAD Y CORRECTO FUNCIONAMIENTO DEL MERCADO INTERIOR EUROPEO

De acuerdo con lo anteriormente expuesto, el Principio de Efectividad, como expresión o método de la eficacia plena de la Directiva 93/13 (entre otras, STJUE de 7 de agosto de 2018, asuntos C-96/16 y C-94/17), nos informa de cómo el espacio armonizado europeo de condiciones generales de la contratación responde, prima facie, a la noción de un <<sistema propio>> que proyecta su función conformadora sobre nuestro Derecho nacional.

La autonomía de este sistema normativo, que ha constituido una de las señas de identidad de la jurisprudencia del TJUE, prácticamente desde sus inicios (entre otras, SSTJUE de 5 de febrero de 1963, asunto C- 26/62 y de 15 de julio de 1964, asunto C-6/64) descansa, a su vez, en la <<base jurídica>> que nos proporciona la Directiva 93/13, especialmente en la decantación y desarrollo conceptual de sus nuevos principios y directrices. De ahí, que la jurisprudencia del TJUE insista en la idea de que el órgano jurisdiccional nacional viene obligado a interpretar el Derecho nacional desde su conformidad o adecuación con el Derecho de la Unión, <<con arreglo a la luz de la letra y a la finalidad de los principios de las Directivas>> (entre otras, SSTJUE de 30 de abril de 2014, asunto C-26/13 y de 21 de enero de 2015, asunto C-482/13).

Este carácter sistémico de la Directiva 93/13, en orden al marco de armonización del espacio europeo de la contratación bajo condiciones generales, ha sido destacado, de forma muy reiterada, por la jurisprudencia del TJUE en atención a las notas de <<transversalidad u horizontalidad>> que caracterizan su ámbito de aplicación (entre otras, STJUE de 6 de julio de 2017, asunto C-290/16). De forma que, por una parte, la Directiva 93/13 resulta de aplicación, tanto de oficio como de modo general, en todo <<el ámbito material del derecho de consumidores de la Unión Europea>> (STJUE de 21 de abril de 2015, asunto C-377/14) y, por otra parte, resulta de aplicación a todos los contratos celebrados entre profesionales y consumidores en <<todos los sectores de la actividad económica>>, como también, si es del caso, de forma concurrente con las otras disposiciones de la normativa europea en materia de protección de consumidores (STJUE de 16 de noviembre de 2010, asunto C-, 76/10).

Por lo que la interrelación de la Directiva 93/13, como eje central de referencia conceptual para la aplicación de otros actos regulatorios de la Unión Europea, es cada vez <<más extensa e intensa>> conforme se van desarrollando o implementando los distintos sectores económicos del Mercado interior europeo; casos, entre otros muchos, del reciente Reglamento 2019/ 1150/UE, sobre Equidad y Transparencia en los servicios de interrelación en línea, así como de los Reglamentos 2022/1925/ UE y 2022/2065/UE sobre Mercados y Servicios Digitales, respectivamente.

No es de extrañar, por tanto, que el citado Comunicado de la Comisión subraye este papel central que desempeña la Directiva 93/13 como instrumento normativo para lograr la equidad y el buen funcionamiento del Mercado interior europeo.

Esta centralidad, así entendida, concuerda con los objetivos entrelazados, si se quiere conexos, que persigue el marco de armonización de la Directiva 93/13, según sus propias consideraciones que se sitúan en la exigencia de un ámbito de protección eficaz de los derechos de los consumidores y su correlativa proyección en el correcto funcionamiento del Mercado interior europeo.

Objetivos generales que, a su vez, concuerdan con el interés general y público que preside la aplicación de los principios y directrices de la Directiva en la conformación de este espacio europeo dado que, según la jurisprudencia del TJUE: <<dicha Directiva en su totalidad constituye una disposición imprescindible para el cumplimiento de las misiones confiadas a la Comunidad

Europea, especialmente para la elevación del nivel de vida y de calidad de vida en el conjunto de esta (STJUE de 6 de octubre de 2009, asunto C-40/08).

Estas claves conceptuales destacan esa idea de sistema normativo y su alcance configurador, con los principios y directrices de ordenación del espacio europeo de contratación bajo condiciones generales; todo ello desde un marcado <<control social>> de este fenómeno de la contratación moderna.

4. LA CALIDAD DE LA CONTRATACIÓN BAJO CONDICIONES GENERALES COMO PRESUPUESTO DEL CORRECTO FUNCIONAMIENTO DEL MERCADO INTERIOR EUROPEO: HACIA UN SISTEMA MÁS COMPETITIVO, JUSTO, TRANSPARENTE Y SEGURO

Pues bien, del contexto descrito y de acuerdo con lo anteriormente expuesto, hay que subrayar que el crédito responsable y, en consecuencia, la evaluación de la solvencia del prestatario para el pago, dentro del objetivo de un nivel elevado de protección del consumidor en un mercado interior eficaz del consumo, STJUE de 21 de abril de 2016, también constituye un elemento integrante de la "calidad de contratación bajo condiciones generales", particularmente de su vertiente de seguridad jurídica del tráfico patrimonial derivado de este importante sector del sistema de financiación que, cada vez más, caracteriza la actual sociedad de consumo. Elemento integrante que, a su vez, como resulta lógico, queda conexo al tratamiento de la aplicación central y transversal del principio de transparencia en este modo de contratar, pues dicha evaluación se proyecta como una necesaria información en la "fase precontractual" de la concesión u otorgamiento del crédito al consumo, de la que debe ser partícipe el prestatario bien para aceptar o rechazar dicha evaluación sobre su situación económica, como paso previo para la posible concesión del crédito solicitado.

5. LA CONFIGURACIÓN CONTRACTUAL DEL CRÉDITO RESPONSABLE

Conviene empezar indicando, pese a la insoportable levedad de nuestro legislador al respecto, que la configuración del crédito responsable en el ámbito del crédito al consumo, al igual que ocurre con los restantes principios e instrumentos técnicos que articulan el moderno orden público económico del espacio europeo, en este modo de la contratación bajo condiciones generales, representa una "ineludible tarea que bien puede calificarse de urgente para nuestro ordenamiento nacional"; especialmente de cara a la necesaria corrección de su múltiples disfunciones y deficiencias en esta materia. Deficiencias que, sin duda, fuera del plano reputacional han acarreado y acarrean cuantiosos costes tanto para los consumidores como para los empresarios y, en su caso, para la correcta previsión de las entidades financieras.

Además, desde los principios de primacía y efectividad del Derecho europeo, de sus cometidos y de su función normativa y armonizadora sobre el espacio europeo de la contratación bajo condiciones generales, conforme a la ordenación de las nuevas directrices del orden público económico, la configuración contractual de estas nuevas figuras constituyen un "auténtico deber jurídico" para nuestro legislador, particularmente afectante al "principio de seguridad jurídica"; pues no hay que olvidar que aunque dicha tarea se proyecte como un desarrollo necesario del contexto descrito, no por ello, como ha destacado recientemente la jurisprudencia del TJUE, el retraso o cumplimiento de esta tarea del legislador va a impedir la aplicación directa de estos nuevos principios y directrices de ordenación y armonización del Derecho europeo en las posibles cuestiones perjudiciales que se planteen a dicho Tribunal.

La incertidumbre actual, como ha señalado la doctrina (entre otros, Sánchez García, J.), radica en que el legislador nacional solo ha regulado aspectos administrativos del deber de evaluación de la capacidad económica del consumidor y, por tanto, solo posibles "sanciones administrativas" ante el incumplimiento de este deber. Como lamentablemente suele ser habitual, ni al trasponer la Directiva del crédito al consumo, ni la Directiva del crédito inmobiliario, el legislador nacional ha llevado a cabo la necesaria implicación de este deber u obligación en el plano sustantivo de contrato de préstamo; ni tan siquiera parcialmente para resolver, al menos, la posible sanción de ineficacia derivada del incumplimiento de este deber.

Es más, por el contrario, como una muestra de su clara impericia o desconocimiento en esta materia, ha pretendido resolver la cuestión desde este mismo marco administrativo recurriendo, sin precisión alguna, al propio principio de libertad de contratación (artículo 29 de la Ley 2/2011, de economía sostenible y artículo 18 de la citada Orden de 2011).

Lo que representa una "clara huida hacia adelante", pues lo que precisamente vienen a plantear estas nuevas figuras, tal y como se ha señalado, son los límites institucionales en el crédito al consumo; límites que, por definición, no pueden quedar al albur de un acuerdo o negociación privada, ni mucho menos al socaire de una contratación predispuesta.

No obstante, cabe puntualizar que, en todo caso, esta tarea de construcción jurídica del alcance contractual del deber de evaluación de la solvencia del consumidor no es nada fácil, sino compleja, por lo que debe hacerse de un modo prudente. Entre otras muchas razones, porque la misma teoría de los elementos del contrato, si se quiere desde la óptica del contenido contractual, ha presentado y presenta una clara discrecionalidad propia de todo afán escolástico, que debe tenerse en cuenta. Con todo, desde la seguridad metodológica y conceptual que nos brindan los contextos y claves interpretativas señalados, así como la función normativa y armonizadora del Derecho europeo, especialmente de la reciente Directiva UE 2023/2025, de 18 de octubre de 2023, sobre contratos de crédito al consumo, particularmente su artículo 18, estamos en condiciones de poder aventurar una suerte de parámetros o criterios en la configuración contractual de este deber de evaluación de la solvencia del consumidor.

En síntesis, dicho criterios de interpretación, conforme al modelo o sistema de ordenación del Derecho europeo, serían los siguientes.

En primer lugar, como cuestión metodológica previa hay que atender a la fuente de la reglamentación contractual de la que emana este nuevo deber de evaluación de la capacidad económica del consumidor.

Esta primera precisión es de suma importancia, pues nos informa este nuevo deber contractual no surge de la iniciativa concertada de las partes y, por tanto, de la autonomía privada como fuente de la regla acordada. Por el contrario, como se ha indicado, este deber contractual responde a una "disposición legal de la reglamentación contractual" que produce técnicamente lo que se conoce como un supuesto de "integración contractual" en donde este nuevo deber, como regla de conducta independiente de la voluntad de las partes, se articula de un modo objetivo en la relación contractual del préstamo de consumo, como un requisito o presupuesto del contrato.

Desde esta consideración metodológica, y conforme a la propia naturaleza del fenómeno de la contratación bajo condiciones generales, la configuración contractual de este deber queda extramuros del fundamento y alcance de las "reglas contractuales", de suerte que, en puridad, su configuración queda al margen de la teoría de los elementos esenciales del contrato, (essentialia negotium), y del denominado contenido esencial del mismo, así como del marco de las obligaciones típicas del contrato de préstamo que determinan su natural función económica y, a su vez, de la posible aplicación de los vicios de consentimiento en sede contractual (artículo 1300 y siguientes del Código Civil).

En segundo lugar, una vez realizada esta previa consideración metodológica, hay que destacar que la configuración contractual resultante de esta figura va a depender, sobre todo, del alcance y de la "función ordenadora" que se derive del marco normativo que determine la aplicación de este deber contractual de carácter legal; particularmente de su calificación bien como exponente de una ordenación legal imperativa , o bien como un referente legal meramente dispositivo para las partes.

Todo parece indicar, de acuerdo con los contextos y claves analizadas del control social del fenómeno de la contratación bajo condiciones generales, y conforme con la clara literalidad del artículo 18 de la citada Directiva, que este nuevo deber contractual se inserta plenamente en la categoría de las "disposiciones legales imperativas".

Categoría de la que ya advirtiera el Profesor Díez - Picazo, siguiendo a su maestro De Castro, que no cabe a priori, fuera de la finalidad perseguida por la norma, entenderla sujeta a una "interpretación marcadamente excepcional y de aplicación restrictiva" cuando, en realidad, se proyecte como una consecuencia directa del modelo de ordenación querido por el legislador (Fundamento de Derecho Civil Patrimonial, volumen I, 4ª edición, páginas 338 y siguientes, Madrid, 1993).

Supuesto del presente caso, en donde este deber contractual obtiene su función ordenadora del control social y de los límites institucionales que inciden en la contratación del crédito al consumo bajo condiciones generales, así como su correlativo fundamento de ordenación de las propias directrices de orden público económico que armonizan el fenómeno de la contratación bajo condiciones generales en el espacio europeo, esto es, del sistema o modelo de ordenación de acuerdo con los objetivos y cometidos de las Directivas.

En consecuencia, este deber de evaluación de la solvencia del consumidor, dada su calificación de disposición legal imperativa acorde con la normativa europea, también podrá comportar una "valoración o aplicación de oficio por los órganos jurisdiccionales"; tal y como acontece con los nuevos principios de Derecho de la contratación bajo condiciones generales en el espacio europeo, caso paradigmático del principio de transparencia.

Otro aspecto, estrechamente ligado a este fundamento imperativo que presenta el deber de evaluación es la consideración de "ilícito contractual" que comporta su incumplimiento frontal por parte del prestamista.

En esta línea, la importante STJUE de 15 de junio de 2023, asunto C- 520/21, relativa a la proyección del principio de efectividad sobre el contenido indemnizatorio derivado de la nulidad del contrato, apartado 81 de dicha sentencia, reconoce abiertamente que la declaración de abusividad de la cláusula comporta necesariamente su calificación de ilícito contractual que impide que el infractor pueda ser indemnizado de las consecuencias que se deriven de la nulidad de dicha cláusula abusiva y, en su caso, de la nulidad del contrato (principio de efectividad y su lógica con relación con el principio disuasorio de la Directiva 93/13). De forma que también debe considerarse, a tales efectos, que la vulneración del fundamento imperativo de este deber, como se ha señalado: su incumplimiento frontal, también comporte un ilícito contractual, pues solo cabe calificar de abusiva la concesión de un préstamo al consumo sin evaluación alguna de la capacidad económica del consumidor; con la consiguiente y pertinente calificación de ilicitud que acompaña a todo abuso en la contratación bajo condiciones generales.

En tercer lugar, con relación a su configuración en la reglamentación contractual, si se quiere como regla de conducta del contenido contractual, el deber de evaluación de la solvencia del consumidor sigue el mismo esquema de integración que el principio de transparencia en la contratación bajo condiciones generales.

Se trata, por tanto, de un deber legal que se integra en el contenido de los "deberes de información precontractual" para la concesión del crédito al consumo, como una plasmación contractual del control social que se cierne sobre el préstamo al consumo en este modo de contratar en masa, de acuerdo con las directrices del orden público económico del espacio europeo. Por lo que su articulación responde, como se ha indicado, a su entronque nuclear con el "principio de buena fe" que inspira la regulación de la Directiva 93/13; tal y como ya ha desarrollado la jurisprudencia de nuestro Tribunal Supremo con relación al principio de transparencia en la sentencia 464/2014, de 8 de septiembre.

Dentro de este esquema conceptual, como se ha señalado, hay que subrayar que el cumplimiento de este deber de evaluación de la capacidad económica del consumidor se imbrica inevitablemente en el plano de la "responsabilidad contractual del prestamista predisponente", esto es, en su propia esfera de responsabilidad; de ahí que su incumplimiento, como ilícito contractual, impida que no pueda ser indemnizado por las consecuencias que se deriven de la concesión de dicho crédito (del impago del mismo); de la misma forma que también resulta lógico que dicho prestamista "cargue o peche" con los riesgos y consecuencias que se deriven, a su vez, del "cumplimiento irregular o defectuoso" de este deber de evaluación y, en consecuencia, que no venga facultado para resolver o modificar unilateralmente el contrato de crédito al consumo, con base en una evaluación de insolvencia realizada negligentemente por el prestamista. Solo cuando la incorrección de dicha evaluación obedece o trae causa de la "mala fe del consumidor", que oculta o falsifica los datos requeridos, el prestamista viene facultado para resolver o modificar dicho contrato y, en su caso, para solicitar también un contenido indemnizable por los daños y perjuicios sufridos (apartado 7 del artículo 18 de la Directiva). En este sentido, hay que resaltar que el prestatario consumidor también tiene un "correspectivo deber o carga contractual" de colaboración en una información veraz de su situación económica.

Con relación al contenido de este deber del prestamista, que tiene por objeto la evaluación de la solvencia del consumidor, y su descripción operativa tanto a tenor de la Directiva europea 2023/2025, apartado 3 del artículo 18, como de la actual supervisión bancaria, apartado dos de la Orden EHA/2899/2011, cabe realizar la siguiente consideración.

La normativa europea, conforme a la naturaleza y alcance del crédito al consumo en el sector financiero, y a su respectivo ámbito de tutela o protección derivada, parece inclinarse por una evaluación de la solvencia que atienda, primordialmente, a la capacidad o potencialidad de pago del consumidor, con arreglo al crédito solicitado, es decir, que atienda a una perspectiva más acorde con el riesgo de insolvencia entendido desde el parámetro del "cumplimiento regular de las obligaciones del deudor", es decir, capacidad de pago, y no tanto a la perspectiva nuclear de la responsabilidad patrimonial propiamente dicha, como lesión del derecho de crédito, es decir, a la insolvencia derivada de la incapacidad de realización de los bienes del deudor para hacer frente al pago de los créditos exigibles; tal y como se desprende del citado apartado 3 del artículo 18 de la Directiva centrado: en la valoración de los ingresos y otras fuentes de reembolso del consumidor, así como en sus activos y pasivos financieros y otros compromisos financieros.

Sin embargo, la citada Orden EHA/2899/2011, en última instancia se aparta del anterior criterio ya que entre los aspectos del contenido de esta evaluación para cumplir con las obligaciones de pago derivadas del crédito (apartado dos, sub apartado 6 de dicha Orden), también incluye, aparte de los anteriores ingresos (ahorros y otros activos financieros), los activos en propiedad tanto del cliente, como de sus posibles garantes, esto es, la "capacidad de realización de estos activos de cara a una potencial ejecución patrimonial del consumidor".

Disyuntiva que debe ser resuelta de lege ferenda, pues prima facie esta última opción parece claramente "desproporcionada y disfuncional" como parámetro de evaluación determinante en la concesión del crédito al consumo, dado que opera a modo de una sobre garantía de cara a la concesión de estos créditos orientada, más bien, a una previsible ejecución patrimonial del consumidor que, en principio, es lo que se pretende evitar.

Una cosa, como es obvio, es que el prestamista tenga siempre el derecho a exigir la responsabilidad patrimonial de deudor, incluida la vía de ejecución, y otra distinta, dada la naturaleza y función del crédito al consumo, es que esta capacidad de realización del patrimonio del deudor sea el elemento determinante para la concesión de un crédito al consumo. Lo que parece claramente desproporcionado.

Es, por tanto, tarea del legislador ofrecer un criterio de seguridad jurídica al respecto. Criterio que bien podría darse a través de una regulación que estableciera un protocolo orientado a la correcta evaluación de la solvencia del consumidor, con el propósito de ofrecer seguridad jurídica a las entidades financieras.

En cuarto lugar, hay que abordar las consecuencias que se derivan del incumplimiento frontal de este deber de evaluación de la capacidad económica del consumidor.

De acuerdo con lo anteriormente expuesto, especialmente de la configuración de este deber enmarcado dentro de los límites institucionales del derecho de crédito al consumo, con una clara ordenación legal e imperativa y, a su vez, con un postulado de requisito previo para la validez y eficacia del contrato, parece claro que el incumplimiento de este deber comporte la nulidad del contrato como sanción de ineficacia del mismo

En este sentido, como también se ha indicado, el contenido y el alcance de esta sanción de nulidad dependerá del nivel de la "función ordenadora" con la que el legislador quiere reforzar el cumplimiento de este deber de evaluación, en la contratación del crédito al consumo. De este modo, el nivel o grado de la función ordenadora derivada de la sanción de nulidad, conforme a la concepción seguida por el legislador, modulará el efecto restitutorio tras la nulidad del contrato, esto es, desde facultar al consumidor para solicitar el reembolso de las cantidades pagadas por los intereses remuneratorios del crédito, hasta el posible reembolso total de las cantidades satisfechas por dicho crédito (intereses de demora, comisiones, etc.).

En cualquier caso, conforme a la citada e importante STJUE de 15 de junio de 2023, hay que puntualizar que, de acuerdo con el principio de efectividad de la Directiva 93/13, la jurisprudencia europea ya ha abierto el camino a los consumidores para reclamación del contenido indemnizatorio que pudiera derivarse de la nulidad del contrato por el supuesto; extremo que también resulta de aplicación para el crédito al consumo.

Por último, también hay que resaltar que la nueva Directiva de crédito al consumo contempla el nacimiento de unos "deberes contractuales conexos" a esta evaluación de la solvencia del consumidor, entre otros: los deberes de verificación de los datos obtenidos y de documentación y conservación del procedimiento de evaluación (artículo 18.3 y 4). De forma, que el incumplimiento de estos deberes también podrían dar lugar a la responsabilidad contractual de prestamista, en la medida en que se perjudique o se obstaculice el ejercicio de los derechos de los consumidores en este ámbito.

En definitiva, la regulación normativa de este deber de evaluación de la solvencia del consumidor, dentro del marco contractual del crédito al consumo, constituye una cuestión urgente y de interés general tanto para los propios consumidores, como especialmente para las entidades financieras y su correcta previsión acerca del cumplimiento de este deber en su práctica contractual .No hacerlo así, como suele ser habitual en nuestro legislador, representará otra huida más hacia adelante que descargará, injustificadamente, dicha carga a nuestros jueces y tribunales que no tienen que desempeñar esta función realmente normativa. Sin duda, la inseguridad e incertidumbre que pueda derivarse de esta falta de regulación puede favorecer el incremento del coste del crédito al consumo.

II. LA OBLIGACIÓN DEL PRESTAMISTA DE EVALUAR LA SOLVENCIA DEL CONSUMIDOR CONFORME LA LEGISLACIÓN ESPAÑOLA

Jesus Mª Sánchez García
Abogado

Sobre esta materia es importante el análisis de la sentencia del TJUE de 11 de enero de 2024, asunto C-755/22, en la cuestión prejudicial planteada por el Tribunal Comarcal de Praga Oeste, de la República Checa, sobre la interpretación de la Directiva 2008/48/CEE del Parlamento Europeo y del Consejo, de 23 de abril, relativa a los contratos de crédito al Consumo.[1]

Siguiendo el relato fáctico de la sentencia, el artículo 86 de la Ley de Crédito al Consumo checa establece lo siguiente:

> *«1. Antes de celebrar un contrato de crédito al consumo o de modificar cualquier obligación prevista en el contrato que dé lugar a un importante aumento del importe total del crédito, el prestamista deberá evaluar la solvencia del consumidor basándose en la información precisa, fiable, suficiente y proporcionada, facilitada por el consumidor y, en caso necesario, procedente de una base de datos que permita evaluar la solvencia del consumidor o de otras fuentes. El prestamista únicamente concederá el crédito cuando el resultado de evaluar la solvencia del*

1 Analiza extensamente la sentencia del TJUE de 11 de enero de 2024, el artículo de Javier Gutierrez de Cabiedes y Elisabeth Valencia: "Los procesos de evaluación de solvencia en las entidades supervisadas: Reflexiones sobre la sentencia del TJUE de 11 de enero de 2024 (Nárokuj, C-755/2022)", publicado en el Diario LA LEY, Nº 10464, Sección Tribuna, 12 de Marzo de 2024.

consumidor indique que no existen dudas razonables en cuanto a la capacidad del consumidor para reembolsar el crédito.

2. Al evaluar la solvencia del consumidor, el prestamista deberá analizar, entre otros datos, la capacidad de aquel para efectuar los reembolsos mensuales del crédito al consumo estipulados, mediante una comparación entre los ingresos y los gastos del consumidor, y teniendo en cuenta los medios de que dispone para responder de las deudas existentes. El prestamista deberá tener en cuenta el valor de los bienes del consumidor únicamente en caso de que, en virtud del contrato proyectado entre ambos, el crédito al consumo deba reembolsarse total o parcialmente con cargo al producto de la venta de tales bienes del consumidor, en lugar de mediante cuotas periódicas mensuales, o si de la situación financiera del consumidor se desprende que será capaz de reembolsar el crédito al consumo con independencia de los ingresos que tenga.»

Y el artículo 87 de esa Ley dispone:

«En caso de que el prestamista conceda al consumidor el crédito al consumo incumpliendo lo dispuesto en el artículo 86, apartado 1, segunda frase, el contrato será nulo. El tribunal tendrá en cuenta de oficio la nulidad. El consumidor deberá devolver el principal del crédito al consumo recibido dentro de un término acorde a sus posibilidades financieras.».

En el supuesto prejudicial un consumidor suscribió un contrato de crédito al consumo por un importe de 50.000 CZK (aproximadamente 2.000 euros). Antes de la celebración de dicho contrato, el consumidor facilitó una serie de informaciones relativas a su situación personal y económica. Posteriormente, reembolsó dicho crédito, abonando un importe total de 85 000 CZK (unos 3.500 euros), que incluía los gastos accesorios a dicho crédito, sin que formulara objeción alguna contra dicho contrato durante el período de reembolso del mismo crédito.

La demandante en el litigio principal es una sociedad mercantil a la que el consumidor cedió los créditos que habría podido reclamar frente al prestamista en virtud del contrato de crédito al consumo, alegando ante el Tribunal Comarcal de PragaOeste, la nulidad de dicho contrato debido a que el prestamista incumplió su obligación de evaluar la solvencia del consumidor. En el marco de su recurso basado en un enriquecimiento sin causa, solicita el pago de un importe de 35.000 CZK, consistente en la diferencia entre el importe del principal del citado crédito y el importe devuelto por el consumidor, más los intereses legales de demora.

EC Financial Services, demandada en el litigio principal, alegó que la solvencia del consumidor había sido evaluada suficientemente y que, en cualquier caso, las normas relativas a la protección de los consumidores no son aplicables, puesto que el titular del crédito controvertido en el litigio principal ya no es un consumidor, sino una sociedad mercantil.

Habida cuenta de estas alegaciones, el órgano jurisdiccional se cuestiona si:

- A la luz de la Directiva 2008/48, un prestamista puede ser sancionado en el supuesto de que el incumplimiento de la obligación de evaluar la solvencia de un consumidor antes de la celebración de un contrato de crédito no haya tenido consecuencias perjudiciales para este. A este respecto, indica que, si bien algunos órganos jurisdiccionales nacionales han respondido afirmativamente a esta cuestión incluso en el supuesto de que el crédito de que se trate haya sido reembolsado íntegramente y sin objeciones por parte del consumidor, parece posible una interpretación contraria, basada en una ponderación de los intereses de las dos partes del contrato y teniendo en cuenta el hecho de que el consumidor también es responsable de su comportamiento.
- El órgano jurisdiccional remitente señala que el artículo 8 de la Directiva 2008/48 tiene por objeto evitar que el consumidor encuentre dificultades financieras en el reembolso del crédito, de modo que podría considerarse que la obligación del prestamista de examinar la solvencia del consumidor no constituye el objetivo principal de dicha Directiva, sino un medio que permite alcanzar ese objetivo.
- Dicho órgano jurisdiccional considera que la solvencia de un consumidor no puede evaluarse de forma aislada, únicamente sobre la base de los elementos que el prestamista

le solicita, sino que debe serlo también en función de la forma en que se haya desarrollado la relación contractual por lo que respecta al objetivo de protección de los consumidores perseguido por la Directiva 2008/48.

- Por último, en su opinión, deben tenerse en cuenta, en particular, los principios de seguridad jurídica y de buena fe, en la medida en que un prestamista que ha concedido un crédito a un consumidor que este ha, después, reembolsado debe poder confiar en que, mediante sus pagos, el consumidor ha liquidado su deuda contractual. A su entender, dado que dicho consumidor no ha sufrido ninguna consecuencia perjudicial, no es necesario imponer una sanción con una finalidad meramente preventiva.

Y sobre esas premisas el Tribunal checo promueve cuestión prejudicial y pregunta al TJUE:

1) ¿Constituye un fin de la Directiva [2008/48] sancionar a un prestamista por no haber evaluado plenamente la solvencia del consumidor, incluso cuando el consumidor haya reembolsado el préstamo en su totalidad y no haya formulado objeciones al contrato durante el reembolso del préstamo?»

Como es sabido el TJUE responde al tribunal remitente de la cuestión prejudicial a las concretas preguntas que este le formula, que se basan cuando se trata de una Directiva en la normativa objeto de transposición que se aplica en el País concreto y su adecuación a la legislación e interpretación del Derecho de la Unión, conforme a los principios que el TJUE ha ido desarrollando sobre la materia concreta.

Al responder a la cuestión prejudicial es importante resaltar lo que con carácter preliminar el TJUE en el apartado 27 de su sentencia afirma: *"Con carácter preliminar, procede señalar que el hecho de que el litigio principal se sustancie únicamente entre profesionales no impide la aplicación de la Directiva 2008/48 en el marco de dicho litigio. En efecto, el Tribunal de Justicia ya ha declarado que el ámbito de aplica-*

ción de esta Directiva no depende de la identidad de las partes del litigio de que se trate, sino de la condición de las partes del contrato de crédito (sentencia de 11 de septiembre de 2019, Lexitor, C383/18, EU:C:2019:702, apartado 20)".

Por tanto, la Directiva 2008/48 (y la vigente Directiva 2023/2225, de 18 e octubre de 2023, relativa a los contratos de crédito al consumo) es de aplicación no solo a los consumidores, sino también cuando se formalice el contrato exclusivamente entre profesionales, incluyendo el supuesto en el que el consumidor prestatario ceda los derechos de crédito de su contrato a una tercera persona jurídica.

El TJUE nos recuerda, conforme al artículo 8, apartado 1 de la Directiva 2008/48, el **"carácter precontractual"** de la obligación del prestamista de evaluar la solvencia del consumidor antes de la celebración del contrato de crédito (apartado 31) y que esta obligación de evaluar la solvencia del consumidor prevista en su artículo 8, en la medida en que tiene por objeto proteger a los consumidores frente a los riesgos de sobreendeudamiento y de insolvencia, contribuye a la realización del objetivo de dicha Directiva, que, como se desprende de sus considerandos 7 y 9, consiste en establecer, en materia de crédito al consumo, una armonización completa e imperativa en un cierto número de ámbitos clave que se considera necesaria para garantizar a todos los consumidores de la Unión Europea un nivel elevado y equivalente de protección de sus intereses y para facilitar el desarrollo de un mercado interior eficaz del crédito al consumo (apartado 33).

Igualmente el Tribunal de Justicia recuerda que, como ha declarado reiteradamente, habida cuenta del considerando 26 de la Directiva 2008/48, esta obligación pretende también responsabilizar a los prestamistas y evitar la concesión de préstamos a consumidores insolventes (apartado 34), desprendiéndose de ello, por una parte, que la obligación del prestamista consistente en evaluar la solvencia del consumidor pretende evitar el mero riesgo de sobreendeudamiento o de insolvencia como consecuencia de una comprobación insuficiente de la capacidad de este para reembolsar el crédito y de su propensión a ello (apartado 35).

Y, por otra parte, la responsabilización de los prestamistas y la prevención de prácticas irresponsables en la concesión de créditos al consumo contribuyen de manera esencial al buen funcionamiento del mercado del crédito al consumo. Dado que esas finalidades son independientes de la situación o del comportamiento de un consumidor concreto, no se alcanzan por el mero hecho de la ejecución íntegra del contrato de crédito celebrado por este. Cualquier otra interpretación conduciría a fomentar el incumplimiento, por parte del prestamista, de la obligación que le incumbe en virtud del artículo 8 de la Directiva 2008/48 y podría privar a esta disposición de su efecto útil (apartado 36).

Y en base a ello afirma que de lo antedicho se deduce que un análisis basado en las finalidades del artículo 8 de la Directiva 2008/48 permite concluir que el incumplimiento de la obligación del prestamista de comprobar la solvencia del consumidor, prevista en esa disposición, no puede subsanarse por el mero hecho de que se haya cumplido íntegramente el contrato de crédito. El hecho de que el consumidor no haya formulado objeción alguna contra dicho contrato durante el período de reembolso es irrelevante (apartado 37).

Conforme al apartado 43 de la sentencia, según el Derecho checo el incumplimiento de la obligación del prestamista de evaluar la solvencia del consumidor, prevista en el artículo 86 de la Ley n.º 257/2016, de Crédito al Consumo, se sanciona con la nulidad del contrato de crédito, tal como se establece en el artículo 87, apartado 1, de dicha Ley, que conlleva la pérdida del derecho del prestamista al pago de los intereses pactados.

Es importante este dato, porque como luego expondré, es necesario analizar la regulación de la legislación española sobre esta materia y si el régimen de sanciones por incumplir la obligación de evaluar la solvencia del consumidor es administrativa, civil o, en su caso, mixta.

Sobre esta cuestión el apartado 45 de la sentencia del TJUE de 11 de enero de 2024, señala que:

> *"corresponde a los Estados miembros tener debidamente en cuenta, al instaurar un régimen adecuado de sanciones aplicables en caso de incumplimiento, por parte del prestamista, de las obligaciones que le incumben en virtud de la Directiva 2008/48, la importancia del perjuicio que el comportamiento del prestamista haya causado al consumidor (véase, por analogía, la sentencia de 16 de abril de 2015, UPC Magyarország, C388/13, EU:C:2015:225, apartado 58). Cuando sea posible elegir entre varias medidas igualmente adecuadas para lograr los objetivos perseguidos por dicha Directiva, debe, en virtud del principio de proporcionalidad, recurrirse a la menos onerosa, entendiéndose que, en cualquier caso, las desventajas ocasionadas por la medida de que se trate no deben ser desproporcionadas con respecto a dichos objetivos (véase, en este sentido, la sentencia de 24 de febrero de 2022, Agenzia delle dogane e dei monopoli y Ministero dell'Economia e delle Finanze, C452/20, EU:C:2022:111, apartados 37 y 38 y jurisprudencia citada)".*

El TJUE afirma que no es óbice para aplicar el régimen sancionador previsto en la normativa nacional el hecho de que un contrato de crédito suscrito por un consumidor haya sido ejecutado en su totalidad sin que el consumidor haya sufrido consecuencias perjudiciales durante o como consecuencia de dicha ejecución, ya que la obligación establecida en el artículo 8 de la Directiva 2008/48 tiene por objeto no solo proteger a los consumidores frente a tales riesgos, sino también responsabilizar a los prestamistas y evitar la concesión de préstamos a consumidores insolventes (apartado 46) y que a la luz de esta doble finalidad, el Tribunal de Justicia ya ha declarado que, habida cuenta de la importancia esencial que reviste esta obligación en el contexto de la Directiva 2008/48, su infracción puede sancionarse, con arreglo al Derecho nacional, con la pérdida del derecho del prestamista a los intereses (apartado 47).

Por último, el Tribunal de Justicia en el apartado 48 de la sentencia recuerda que una sanción prevista en una normativa nacional que implica, en caso de incumplimiento de la obligación de evaluar la solvencia del consumidor, la pérdida del derecho del prestamista a los intereses pactados está en consonancia con la gravedad de la infracción que reprime.

El TJUE declara en su sentencia que:

> ***"Los artículos 8 y 23 de la Directiva 2008/48/CE del Parlamento Europeo y del Consejo, de 23 de abril de 2008, relativa a los contratos de crédito al consumo y por la que se deroga la Directiva 87/102/CEE del Consejo, deben interpretarse en el sentido de que no se oponen a que, cuando el prestamista ha incumplido su obligación de evaluar la solvencia del consumidor, ese prestamista sea sancionado, de conformidad con el Derecho nacional, con la nulidad del contrato de crédito al consumo y la pérdida de su derecho al pago de los intereses pactados, aun cuando ese contrato haya sido ejecutado en su totalidad por las partes y el consumidor no haya sufrido consecuencias perjudiciales a causa de ese incumplimiento.***

Pues bien, como he expuesto, el TJUE responde a la pregunta que le formula el tribunal checo, conforme a la legislación nacional de ese país, en el que regula el incumplimiento de la obligación de evaluar la solvencia del consumidor, con una sanción civil consistente en la nulidad del contrato de crédito al consumo y la pérdida de su derecho al pago de los intereses pactados.

La pregunta que hay que hacerse es si la Directiva 2008/48 establece como sanción la nulidad del contrato, en el supuesto de que el prestamista haya incumplido su obligación de evaluar la solvencia del consumidor o son los Estados miembros de la UE quienes tienen la facultad de regular el régimen sancionador, pudiendo imponer un régimen de sanciones, administrativas y/o civiles, ante el incumplimiento de la obligación de evaluar la solvencia del consumidor, para cumplir con los fines de la Directiva.

La sentencia del TJUE de 11 de enero de 2024 es concluyente al respecto, al resolver que la Directiva 2008/48 no determina ni la manera en que el prestamista debe cumplir esa obligación, ni las obligaciones que se le imponen en función del resultado de la evaluación (apartado 32) y que el régimen de sanciones aplicables en el supuesto de infracción de las disposiciones nacionales aprobadas en cumplimiento del artículo 8 de la Directiva

2008/48, conforme al artículo 23 de la Directiva, debe definirse de tal manera que las sanciones sean efectivas, proporcionadas y disuasorias (apartado 40).

Es cierto que la sentencia del TJUE, de 10 de junio de 2021, asunto C-303/20, podría dar lugar a una interpretación contraria, conforme al principio de eficacia, al establecer en su apartado 42 que:

> *"Por último, para cumplir las exigencias establecidas en el artículo 23 de la Directiva 2008/48, el órgano jurisdiccional remitente puede proceder a una aplicación conjunta de esta última con la Directiva 93/13, para, en su caso, llegar a la conclusión de que las cláusulas relativas a gastos exorbitantes no obligan al consumidor (véase, en este sentido, la sentencia de 3 de septiembre de 2020, Profi Credit Polska, C84/19, C222/19 y C252/19, EU:C:2020:631, apartado 97)".*

Declarando la sentencia de 10 de junio de 2021:

> *"El artículo 23 de la Directiva 2008/48/CE del Parlamento Europeo y del Consejo, de 23 de abril de 2008, relativa a los contratos de crédito al consumo y por la que se deroga la Directiva 87/102/CEE del Consejo, debe interpretarse en el sentido de que el examen del carácter efectivo, proporcionado y disuasorio de las sanciones previstas en esa disposición, en caso, en particular, de incumplimiento de la obligación de examinar la solvencia del consumidor, establecida en el artículo 8 de dicha Directiva, debe efectuarse teniendo en cuenta, de conformidad con el 288 TFUE, párrafo tercero, no solo la disposición adoptada específicamente, en el Derecho nacional, para transponer esa Directiva, sino también todas las disposiciones de dicho Derecho, interpretándolas, en la medida de lo posible, a la luz de la letra y de los objetivos de la propia Directiva, de modo que tales sanciones cumplan las exigencias establecidas en su artículo 23".*

Para dar una respuesta adecuada sobre la transposición de la Directiva en los distintos países de la Unión Europea, respecto a su régimen sancionador, conviene acudir al Informe de la Comisión Europea, elaborado en el año 2018, en el que realiza un mapeo de los distintos regímenes sancionadores que han adoptado los países de la Unión Europea en relación con la evaluación de la solvencia que regula la Directiva 2008/48 ("Mapping of national approaches in relation to creditworthiness assessment under Directive 2008/48/EC on credit agreements for consumers) -https://commission.europa.eu/system/files/2018-10/mapping_national_approaches_creditworthiness_assessment.pdf-). [2]

Conforme se puede verificar del Informe de la Comisión Europea del año 2018, vemos que a la hora de transponer la Directiva 2008/48, los Estados de la Unión Europea han establecido un régimen sancionador diverso, según cada Estado, para cumplir con el efecto disuasorio que exige la Directiva, regulando algunos países exclusivamente sanciones administrativas con multas coercitivas (entre los que se encuentra España), otros países prevén sanciones civiles y otros sanciones mixtas.

¿Qué régimen sancionador ha regulado el legislador español al transponer la Directiva 2008/48?.

Previamente conviene hacer un análisis normativo de la legislación comunitaria y española sobre la obligación de evaluar la solvencia por parte de las entidades prestamistas y, posteriormente, sobre las consecuencias de su incumplimiento en un crédito al consumo.

El artículo 8 de la Directiva 2008/48 relativa a los contratos de crédito al consumo, regula la obligación de evaluar la solvencia del consumidor, estableciendo al respecto que:

> *"1. Los Estados miembros velarán por que, antes de que se celebre el contrato de crédito, el prestamista evalúe la solvencia del consumidor, sobre la base de una información suficiente, facilitada en su caso por el consumidor y, cuando proceda, basándose en la consulta de la base de datos pertinente. Los Estados miembros cuya legislación exija que los prestamistas evalúen la solvencia del consumidor sobre la base de una consulta de la base de datos pertinente deben poder mantener esta obligación.*

---

2 https://commission.europa.eu/system/files/2018-10/mapping_national_approaches_creditworthiness_assessment.pdf

> *2. Los Estados miembros velarán por que, si las partes acuerdan modificar el importe total del crédito tras la celebración del contrato de crédito, el prestamista actualice la información financiera de que disponga sobre el consumidor y evalúe su solvencia antes de aumentar significativamente el importe total del crédito."*

En su artículo 23 la Directiva 2008/48 regula el régimen de sanciones:

> *"Los Estados miembros determinarán el régimen de sanciones aplicables a las infracciones de las disposiciones nacionales adoptadas con arreglo a la presente Directiva y adoptarán las medidas necesarias para garantizar su aplicación. Las sanciones establecidas deberán ser efectivas, proporcionadas y disuasorias."*

La Ley 2/2011, de 4 de marzo de Economía sostenible en su artículo 29 regula también la responsabilidad en el crédito y la protección de los usuarios de servicios financieros, estableciendo al respecto que:

> *"1. Las entidades de crédito, antes de que se celebre el contrato de crédito o préstamo, deberán evaluar la solvencia del potencial prestatario, sobre la base de una información suficiente. A tal efecto, dicha información podrá incluir la facilitada por el solicitante, así como la resultante de la consulta de ficheros automatizados de datos, de acuerdo con la legislación vigente, especialmente en materia de protección de datos de carácter personal.*
>
> *Para la evaluación de la solvencia del potencial prestatario se tendrán en cuenta las normas específicas sobre gestión de riesgos y control interno que les son aplicables a las entidades de crédito según su legislación específica.*
>
> *Adicionalmente, de acuerdo con las normas dictadas en desarrollo de la letra a) del apartado siguiente, las entidades de crédito llevarán a cabo prácticas para la concesión responsable de préstamos y créditos a los consumidores. Dichas prácticas se recogerán en documento escrito del que se dará cuenta en una nota de la memoria anual de actividades de la entidad.*
>
> *Las obligaciones establecidas en el párrafo anterior se entienden sin perjuicio de las fijadas en la Ley 2/1981, de 25 de marzo, de Regulación del Mercado Hipotecario y su normativa de desarrollo.*

Igualmente, de acuerdo con lo previsto en la legislación vigente, las entidades facilitarán a los consumidores, de manera accesible y, en especial, a través de la oportuna información precontractual, las explicaciones adecuadas para que puedan evaluar si todos los productos bancarios que les ofrecen, en particular los depósitos a plazo y los créditos o préstamos hipotecarios o personales, se ajustan a sus intereses, necesidades y a su situación financiera, haciendo especial referencia a las características esenciales de dichos productos y los efectos específicos que puedan tener sobre el consumidor, en especial las consecuencias en caso de impago.

Lo previsto en este artículo se entenderá sin perjuicio de la libertad de contratación que, en sus aspectos sustantivos y con las limitaciones que pudieran emanar de otras disposiciones legales, deba presidir las relaciones entre las entidades de crédito y su clientela".

La Ley 16/2011, de 24 de junio, de contratos de crédito al consumo, que transpone la Directiva 2008/48, en su artículo 14 regula la obligación de evaluar la solvencia del consumidor, disponiendo al efecto que:*Final del formulario*

"1. El prestamista, antes de que se celebre el contrato de crédito, deberá evaluar la solvencia del consumidor, sobre la base de una información suficiente obtenida por los medios adecuados a tal fin, entre ellos, la información facilitada por el consumidor, a solicitud del prestamista o intermediario en la concesión de crédito. Con igual finalidad, podrá consultar los ficheros de solvencia patrimonial y crédito, a los que se refiere el artículo 29 de la Ley Orgánica 15/1999, de 13 de diciembre, de Protección de Datos de Carácter Personal, en los términos y con los requisitos y garantías previstos en dicha Ley Orgánica y su normativa de desarrollo.

En el caso de las entidades de crédito, para la evaluación de la solvencia del consumidor se tendrán en cuenta, además, las normas específicas sobre gestión de riesgos y control interno que les son aplicables según su legislación específica.

2. Si las partes acuerdan modificar el importe total del crédito tras la celebración del contrato de crédito, el prestamista deberá actualizar la información financiera de que disponga sobre el consumidor y evaluar su solvencia antes de aumentar significativamente el importe total del crédito".

Y el artículo 34 de la Ley de Contratos de Crédito al Consumo, respecto al régimen sancionador dispone:

"Artículo 34. Infracciones y sanciones administrativas.

1. El incumplimiento de las disposiciones de esta Ley por personas físicas y jurídicas distintas de las previstas en el apartado 2 será sancionado como infracción en materia de consumo, aplicándosele lo dispuesto en el régimen sancionador general de protección de los consumidores y usuarios previsto en el Título IV del libro primero del Texto Refundido de la Ley General para la Defensa de los Consumidores y Usuarios y otras leyes complementarias, aprobado por el Real Decreto Legislativo 1/2007, de 16 de noviembre, y demás normas aplicables, así como en las normas establecidas en las leyes autonómicas correspondientes.

No obstante, el incumplimiento de las disposiciones relativas a la información previa al contrato, según establece el artículo 10, y la obligación de evaluar la solvencia del consumidor prevista en el artículo 14, siempre que no tengan carácter ocasional o aislado, se considerarán como infracciones graves, pudiendo ser en su caso consideradas como infracciones muy graves atendiendo a los criterios previstos en el artículo 50 del citado Texto Refundido.

2. En el caso de entidades de crédito, se considerarán normas de ordenación y disciplina las disposiciones contenidas en el capítulo I exceptuado el artículo 5, en el capítulo II, en el capítulo III exceptuado el apartado 1 del artículo 15, en el capítulo V, en el capítulo VI exceptuado el apartado 2 del artículo 33, en los artículos 16 a 20 y en el artículo 35 de la presente Ley. Su incumplimiento, siempre que no tenga carácter ocasional o aislado, será sancionado como infracción grave, de acuerdo con lo previsto en la Ley 26/1988, de 29 de julio, sobre Disciplina e Intervención de las Entidades de Crédito.

3. En el expediente sancionador no podrán resolverse las cuestiones civiles o mercantiles que suscite el incumplimiento de las disposiciones de esta Ley.

4. Cuando el incumplimiento de los deberes de información a los que se refiere el apartado 3 del artículo 7 de esta Ley fuera constitutivo de infracción tipificada en la Ley Orgánica 15/1999, de 13 de diciembre, de Protección de Datos de Carácter Personal, será de aplicación el régimen de esta última, correspondiendo la competencia en materia sancionadora a la Agencia Española de Protección de Datos".

La actual Directiva (UE) 2023/2225 del Parlamento Europeo y del Consejo, de 18 de octubre de 2023, relativa a los contratos de crédito al consumo, por la que se deroga la Directiva 2008/48/CEE, en su artículo 18 dispone:

> "*Obligación de evaluar la solvencia del consumidor*
>
> *1. Los Estados miembros exigirán que, antes de celebrar un contrato de crédito, el prestamista realice una evaluación en profundidad de la solvencia del consumidor. Dicha evaluación se realizará en interés del consumidor, a fin de prevenir las prácticas de préstamo irresponsables y el endeudamiento excesivo, y tendrá debidamente en cuenta los factores pertinentes para verificar las perspectivas de cumplimiento por parte del consumidor de sus obligaciones en virtud del contrato de crédito.*
>
> *2. Los Estados miembros velarán por que los intermediarios de crédito presenten fielmente al prestamista correspondiente la información necesaria obtenida a través del consumidor de conformidad con el Reglamento (UE) 2016/679, con el fin de que pueda realizarse la evaluación de la solvencia.*
>
> *3. La evaluación de solvencia se llevará a cabo sobre la base de información pertinente y exacta sobre los ingresos y gastos del consumidor y otras circunstancias financieras y económicas que sean necesarias y proporcionadas en relación con la naturaleza, la duración, el valor y los riesgos del crédito para el consumidor. Dicha información podrá incluir datos que demuestren ingresos u otras fuentes de reembolso, información sobre activos y pasivos financieros, o información sobre otros compromisos financieros. Dicha información no incluirá las categorías especiales de datos a que se refiere el artículo 9, apartado 1, del Reglamento (UE) 2016/679. La información se obtendrá a partir de fuentes internas o externas pertinentes, incluido el consumidor, y, en caso necesario, se recurrirá a la consulta de una base de datos de las mencionadas en el artículo 19 de la presente Directiva. Las redes sociales no se considerarán una fuente externa a los efectos de la presente Directiva.*
>
> *La información obtenida de conformidad con el presente apartado se verificará adecuadamente, en caso necesario mediante una remisión a documentación verificable de forma independiente.*
>
> *4. Los Estados miembros exigirán al prestamista que establezca procedimientos para la evaluación a que se refiere el apartado 1 y que documente y mantenga dichos procedimientos.*

Los Estados miembros exigirán asimismo al prestamista que documente y conserve la información a que se refiere el apartado 3.

5. Si la solicitud de crédito se presenta conjuntamente por más de un consumidor, el prestamista realizará la evaluación de la solvencia sobre la base de la capacidad de reembolso conjunta de los consumidores.

6. Los Estados miembros velarán por que el prestamista no ponga el crédito a disposición del consumidor hasta que el resultado de la evaluación de solvencia indique que es probable que las obligaciones derivadas del contrato de crédito se cumplan en la forma requerida en dicho contrato, teniendo en cuenta los factores pertinentes a que se refiere el apartado 1.

7. Los Estados miembros velarán por que, cuando un prestamista celebre un contrato de crédito con un consumidor el prestamista no anule o modifique ulteriormente dicho contrato en detrimento del consumidor debido a que la evaluación de la solvencia no se haya efectuado correctamente. El presente apartado no se aplicará cuando se demuestre que el consumidor ha ocultado o falsificado conscientemente la información a que se refiere el apartado 3 proporcionada al prestamista.

8. Cuando la evaluación de solvencia implique el uso del procesamiento automatizado de datos personales, los Estados miembros velarán por que el consumidor tenga derecho a solicitar y obtener del prestamista una intervención humana, que consiste en el derecho a:

a) solicitar y obtener del prestamista una explicación clara y comprensible de la evaluación de solvencia, incluida la lógica y los riesgos que implica el tratamiento automatizado de datos personales, así como su significado y sus efectos en la decisión;

b) expresar el punto de vista propio del consumidor al prestamista, y

c) solicitar una revisión de la evaluación de solvencia y la decisión sobre la concesión del crédito por parte del prestamista.

Los Estados miembros velarán por que se informe al consumidor del derecho a que se refiere el párrafo primero.

9. Los Estados miembros velarán por que, cuando se deniegue la solicitud de crédito, el prestamista esté obligado a informar sin demora al consumidor de la denegación y, en su caso, a remitir al consumidor a servicios de asesoramiento en materia de deudas que sean de fácil acceso. En su caso, se exigirá al prestamista informar al consumidor de que la evaluación de solvencia se basa en el tratamiento automatizado de los datos, y sobre el derecho del consumidor a una evaluación humana y el procedimiento para oponerse a la decisión.

10. Cuando las partes acuerden modificar el importe total del crédito tras la celebración del contrato de crédito, los Estados miembros velarán por que el prestamista esté obligado a reevaluar la solvencia del consumidor sobre la base de información actualizada antes de conceder un aumento significativo del importe total del crédito.

11. Los Estados miembros podrán exigir que los prestamistas evalúen la solvencia del consumidor sobre la base de una consulta de la base de datos pertinente. No obstante, la evaluación de solvencia no se basará exclusivamente en el historial crediticio del consumidor".

Por último, es preciso tener en cuenta la Orden EHA/2899/2011, de 28 de octubre de transparencia y protección del cliente de servicios bancarios, que en su capítulo I respecto al crédito responsable regula en su artículo 18 la evaluación de la solvencia estableciendo al respecto que:

"1. La entidad de crédito, antes de que se celebre cualquier contrato de crédito o préstamo, deberá evaluar la capacidad del cliente para cumplir con las obligaciones derivadas del mismo, sobre la base de la información suficiente obtenida por medios adecuados a tal fin, entre ellos, la información facilitada por el propio cliente a solicitud de la entidad.

A estos efectos, las entidades deberán contar con procedimientos internos específicamente desarrollados para llevar a cabo la evaluación de solvencia mencionada en el párrafo anterior. Estos procedimientos serán revisados periódicamente por las propias entidades, que mantendrán registros actualizados de dichas revisiones.

2. Los procedimientos a los que se refiere el apartado anterior, además de ajustarse a la normativa específica sobre gestión de riesgos y control interno que resulte aplicable a las entidades de crédito, deberán contemplar, al menos, los siguientes aspectos:

a) La adecuada evaluación de la situación de empleo, ingresos, patrimonial y financiera del cliente, para lo cual:

1.º Se exigirá cuanta documentación sea adecuada para evaluar la variabilidad de los ingresos del cliente.

2.º Se consultará el historial crediticio del cliente, para lo cual se podrá acudir a la Central de Información de Riesgos del Banco de España, así como a los ficheros de solvencia patrimonial y crédito a los que se refiere el artículo 29 de la Ley Orgánica 15/1999, de 13 de diciembre, de Protección de Datos de Carácter Personal, en los términos y con los requisitos y garantías previstos en dicha ley orgánica y su normativa de desarrollo.

3.º Se tendrá en cuenta el nivel previsible de ingresos a percibir tras la jubilación, en el caso de que se prevea que una parte sustancial del crédito o préstamo se continúe reembolsando una vez finalizada la vida laboral.

b) La valoración de la capacidad del cliente y de los garantes de cumplir con sus obligaciones de pago derivadas del crédito o préstamo, para lo que se tendrán en cuenta, además de sus ingresos, sus activos en propiedad, sus ahorros, sus obligaciones derivadas de otras deudas o compromisos, sus gastos fijos y la existencia de otras posibles garantías.

c) En el caso de créditos o préstamos a tipo de interés variable, y de otros en los que el valor de las cuotas pueda variar significativamente a lo largo de la vida de la operación, se deberá valorar cómo afectaría esta circunstancia a la capacidad del cliente de cumplir con sus obligaciones teniendo en cuenta la información a la que se refiere la letra anterior.

d) En el caso de créditos o préstamos hipotecarios o con otras garantías reales, la valoración prudente de tales garantías mediante procedimientos que eviten influencias o conflictos de interés que puedan menoscabar la calidad de la valoración.

3. En el supuesto de créditos o préstamos con garantía real, los criterios para determinar la concesión o no del crédito o préstamo, la cuantía máxima del mismo y las características de su tipo de interés y de su sistema de amortización deben fundamentarse, preferentemente, en la capacidad estimada del cliente para hacer frente a sus obligaciones de pago previstas a lo largo de la vida del crédito o préstamo, y no exclusivamente en el valor esperado de la garantía.

4. En el caso de suscripción de seguros de amortización de créditos o préstamos, tal suscripción no podrá sustituir, en ningún caso, la necesaria y completa evaluación de la solvencia del cliente y de su capacidad para cumplir con sus obligaciones de pago por sus propios medios.

5. En el supuesto de que una entidad rechace la concesión de un crédito o préstamo por considerar insuficiente la solvencia del cliente basándose en la consulta a los ficheros a los que se refiere el párrafo 2.º del apartado 2.a), la entidad informará al cliente del resultado de dicha consulta.

6. La evaluación de la solvencia prevista en este artículo se realizará sin perjuicio de la libertad de contratación que, en sus aspectos sustantivos y con las limitaciones que pudieran emanar de otras disposiciones legales, deba presidir las relaciones entre las entidades de crédito y los clientes y, en ningún caso afectará a su plena validez y eficacia, ni implicará el traslado a las entidades de la responsabilidad por el incumplimiento de las obligaciones de los clientes".

Respecto del régimen sancionador es importante tener presente lo que dispone el artículo 14 de la Orden EHA/2899/2011, de 28 de octubre de transparencia y protección del cliente de servicios bancarios, disponiendo que:

"1. Lo previsto en esta orden tendrá la condición de normativa de ordenación y disciplina, conforme a lo previsto en los artículos 1.5 y 48.2 de la Ley 26/1988, de 29 de julio, y 29.2 de la Ley 2/2011, de 4 de marzo, de Economía Sostenible, y su incumplimiento se sancionará de acuerdo con lo previsto por la propia Ley 26/1988, de 29 de julio.

El incumplimiento de lo previsto en esta orden se sancionará con arreglo a lo dispuesto en el artículo 18 de la Ley 22/2007, de 11 de julio, sobre comercialización a distancia de servicios financieros destinados a los consumidores, en los casos en los que la misma les resulte de aplicación.

2. El régimen específico establecido en la presente orden se aplicará sin perjuicio de la legislación general sobre consumidores y usuarios".

Respecto al régimen sancionador hay que recordar que el último párrafo del artículo 29 de la Ley 2/2011, de 4 de marzo de Economía sostenible dispone:

"Lo previsto en este artículo se entenderá sin perjuicio de la libertad de contratación que, en sus aspectos sustantivos y con las limitaciones que pudieran emanar de otras disposiciones legales, deba presidir las relaciones entre las entidades de crédito y su clientela".

Por tanto, el legislador español ha previsto exclusivamente sanciones administrativas ante el incumplimiento de evaluar la solvencia del consumidor.

El artículo 34,2 de la Ley de Contratos de Crédito al Consumo, se remite a la Ley 16/2014, de 26 de junio, de ordenación, supervisión y solvencia de entidades de crédito, para el caso de apreciarse un incumplimiento de las obligaciones de evaluación de la solvencia del consumidor, calificando dicho incumplimiento de infracción grave, sin que se prevean sanciones civiles.

En el supuesto de un préstamo hipotecario, los artículos 11 y 12 de la Ley 5/2019, de 15 de marzo, reguladora de los contratos de crédito inmobiliario, prevén la obligación de evaluar la solvencia del prestatario y sanciona en el artículo 46 el incumplimiento de las obligaciones de evaluación de solvencia como infracción grave o muy grave, en función del número de afectados, reiteración de la conducta o los efectos sobre la confianza de la clientela y la estabilidad del sistema financiero, sin que tampoco se prevean sanciones civiles.

Por otra parte, los plazos de prescripción de las infracciones administrativas se encuentran regulados en el artículo 95 de la Ley 10/2014, de 26 de junio, de ordenación, supervisión y solvencia de entidades de crédito, siendo de cuatro años para infracciones graves y de cinco años para muy graves, computándose desde la fecha en que la infracción se hubiera cometido (a los efectos de obligación de conservación de la documentación correspondiente).

> El legislador español no ha previsto sanciones civiles ante el incumplimiento por parte del prestamista de evaluar la solvencia del consumidor, ni al transponer la Directiva sobre crédito al consumo, ni al transponer la Directiva sobre crédito inmobiliario.
>
> Como acertadamente afirma la Catedrática de Derecho Civil, Dña Matilde Cuena, en el artículo publicado en Actualidad Civil "préstamo responsable y datos de solvencia patrimonial en la Ley Reguladora de los Contratos de Crédito Inmobilia-

rio"[3] y reitera en su reciente artículo publicado en el Blog Hay Derecho con el título "sanciones al préstamo irresponsable. El Tribunal de Justicia de la UE se pronuncia" -https://www.hayderecho.com/2024/01/31/sanciones-al-prestamo-irresponsable-el-tribunal-de-justicia-de-la-ue-se-pronuncia/-, ni las normas que han transpuesto la Directiva de crédito al consumo, ni las del crédito inmobiliario prevén sanciones contractuales en caso de incumplimiento de la obligación de evaluar la solvencia, solo prevén sanciones administrativas y el artículo 18 de la Orden de transparencia de servicios bancarios preserva la libertad contractual a pesar del incumplimiento de la obligación de evaluar la solvencia.

Como explica de forma pormenorizada la profesora Cuena Casas en los dos artículos comentados, durante la tramitación parlamentaria de la Ley 5/2019, reguladora del crédito inmobiliario, tanto el Partido Socialista, como el Grupo Parlamentario Ciudadanos, presentaron sendas propuestas en las que se preveía que en caso de incumplir la evaluación de solvencia el prestamista perdía el derecho a cobrar los intereses remuneratorios del préstamo. El Partido Socialista retiró la enmienda y la mantuvo el Grupo de Ciudadanos, votándose como enmienda 182. La votación se perdió por un solo voto, quedando el texto definitivo mediante una previsión exclusivamente de sanciones administrativas que debe imponer el supervisor bancario.

Por tanto, en el ordenamiento jurídico español el incumplimiento de la obligación de evaluar la solvencia del consumidor no comporta como sanción la ineficacia del contrato de crédito o préstamo al consumo, ni la exoneración de los intereses remuneratorios pactados, como si se prevé en otros ordenamientos jurídicos de la Unión Europea, como es el caso de la República Checa, del que trae causa la sentencia del TJUE de 11 de enero de 2024 o Francia, que dio lugar a la cuestión prejudicial planteada por el

[3] Cuena Casas, Matilde: "préstamo responsable y datos de solvencia patrimonial en la Ley Reguladora de los Contratos de Crédito Inmobiliario". Actualidad Civil nº 9/2019.

tribunal de Instancia de Orleans y a la sentencia del TJUE de 18 de diciembre de 2014, asunto C-449/13.

Sobre las concretas obligaciones que le incumbe al prestamista y la carga de la prueba de su acreditación, se pronunció el TJUE en su sentencia de 18 de diciembre de 2014, asunto C-449/13, en una cuestión prejudicial planteada por el Tribunal de Instancia de Orleans

Sobre la información que ha de servir para que el prestamista analice la solvencia del consumidor se pronuncia la sentencia del TJUE de 18 de diciembre de 2014, asunto C-449/13, resolviendo en el apartado 36 de la misma que:

> *"La Directiva 2008/48 no enuncia de forma exhaustiva la información que ha de servir para que el prestamista analice la solvencia del consumidor, ni tampoco precisa si esa información debe comprobarse y de qué manera. Por el contrario, el texto del artículo 8, apartado 1, de la Directiva 2008/48, entendido a la luz de su vigésimo sexto considerando, atribuye un margen de apreciación al prestamista para determinar si la información de la que dispone es o no suficiente para acreditar la solvencia del consumidor y si debe verificarla por otros medios.*

Y en el apartado 37 de la sentencia afirma:

> *"De ello se sigue que, en primer término, el prestamista debe apreciar en cada caso y atendiendo a las circunstancias específicas de éste si la referida información es adecuada y suficiente para evaluar la solvencia del consumidor. En ese sentido, la suficiencia de esa información puede variar en función de las circunstancias en las que se concluye el contrato de crédito, de la situación personal del consumidor o del importe previsto por ese contrato. Esa evaluación puede realizarse mediante documentos justificativos de la situación económica del consumidor, pero no cabe excluir que el prestamista pueda servirse del conocimiento previo de la situación económica del solicitante del préstamo de la que disponga, en su caso. No obstante, las simples declaraciones no sustentadas de un consumidor no pueden por sí mismas calificarse como suficientes si no las acompañan documentos acreditativos."*

Resolviendo en el apartado 38 de la sentencia que:

"En segundo término, y sin perjuicio de la segunda frase del apartado 1 del artículo 8 de la Directiva 2008/48, según la cual los Estados miembros pueden mantener en su legislación la obligación de que el prestamista consulte una base de datos, la Directiva 2008/48 no exige a los prestamistas comprobar sistemáticamente la veracidad de la información facilitada por el consumidor. En función de las circunstancias de cada caso específico, el prestamista puede considerarse satisfecho con la información que le aporte el consumidor o bien juzgar que es necesario obtener su confirmación".

Respecto de las obligaciones de carácter precontractual contenidas en los artículos 5 y 8 de la Directiva 2007/48 y sus respectivos efectos jurídicos, la sentencia del TJUE de 18 de diciembre de 2014, en su apartado 45 resuelve que:

"Mientras que esas dos obligaciones tienen carácter precontractual, puesto que se imponen antes de la conclusión del contrato de crédito, no se deduce del texto ni de los objetivos de los artículos 5 y 8 de la Directiva 2008/48 que la evaluación de la situación económica y de las necesidades del consumidor deba realizarse antes de proporcionar explicaciones adecuadas. No existe, en principio, un nexo entre las dos obligaciones derivadas de esos artículos de la referida Directiva. El prestamista está en condiciones de dar al consumidor explicaciones, fundadas únicamente en los datos que éste le comunica, para que el consumidor se decida en relación con un tipo de contrato de préstamo, sin que esté obligado a evaluar antes la solvencia de éste. No obstante, el prestamista debe tener en cuenta la evaluación de la solvencia del consumidor en el supuesto de que esa evaluación haga necesaria una adaptación de las explicaciones facilitadas."

Declarando en el apartado segundo de la decisión de la sentencia de 18 de diciembre de 2014 que:

"no se opone a que la evaluación de la solvencia del consumidor se realice a partir exclusivamente de la información presentada por éste, siempre que esa información sea suficiente y que las simples declaraciones del consumidor se acompañen de documentos acreditativos, por una parte, y de que no se exige al prestamista comprobar sistemáticamente la información facilitada por el consumidor, por otra parte".

Es importante analizar lo dispuesto en el apartado 45 de la sentencia de 18 de diciembre de 2014, ya que el TJUE expresamente afirma respecto de los artículos 5 y 8 de la Directiva 2008/48 que "n*o existe, en principio, un nexo entre las dos obligaciones derivadas de esos artículos de la referida Directiva*". Es decir que los efectos jurídicos derivados del incumplimiento del artículo 5, que pueden dar lugar a la nulidad de una cláusula por falta de transparencia, no son extrapolables respecto del artículo 8, al no existir un nexo entre las dos obligaciones, y los efectos jurídicos del incumplimiento de evaluar la solvencia del consumidor serán los que el ordenamiento jurídico de cada Estado miembro de la Unión Europea haya dispuesto, respecto de la ineficacia contractual.

En la sentencia de 6 de junio de 2019, asunto C-58/18, el TJUE nos recuerda en sus apartados 42 y 43, que la Directiva 2008/48 no contiene ninguna disposición sobre el comportamiento que debe adoptar el prestamista en caso de dudas sobre la solvencia del consumidor y que la determinación de las obligaciones que pueden imponerse al prestamista a raíz del examen de la solvencia sigue siendo, respecto a los contratos de crédito comprendidos en el ámbito de aplicación de la Directiva 2008/48, de la competencia de los Estados miembros, por lo que no está comprendida en el ámbito de aplicación de dicha Directiva.

Por tanto, la sentencia del TJUE de 11 de enero de 2024, asunto C-755/22, debe ser interpretada conforme la legislación del Derecho checo, en el que se establece que si el prestamista concede el crédito al consumo incumpliendo el artículo 86, apartado, 1, segunda frase, de la Ley del Contrato de Crédito al Consumo de la República Checa (es decir cuando incumpla la obligación de evaluar la solvencia del consumidor), el contrato será nulo, teniendo en cuenta el tribunal de oficio la nulidad, debiendo devolver el consumidor el principal del crédito al consumo recibido dentro de un término acorde a sus posibilidades financieras.

El legislador español ha regulado solamente sanciones administrativas ante el incumplimiento de evaluar la solvencia del consumidor.

En nuestro ordenamiento jurídico interno el legislador español no ha previsto ninguna sanción civil de ineficacia contractual al incumplimiento de evaluar la solvencia del consumidor por parte del prestamista, ni al transponer la Directiva de crédito al consumo, ni al transponer la Directiva de crédito inmobiliario, disponiendo de forma expresa el último párrafo del artículo 29 de la Ley 2/2011, de 4 de marzo de Economía sostenible que "*Lo previsto en este artículo se entenderá sin perjuicio de la libertad de contratación que, en sus aspectos sustantivos y con las limitaciones que pudieran emanar de otras disposiciones legales, deba presidir las relaciones entre las entidades de crédito y su clientela*".

Y el apartado 6 del artículo 18 de la Orden EHA/2899/2011, de 28 de octubre de transparencia y protección del cliente de servicios bancarios, que regula la evaluación de la solvencia establece que: "*6. La evaluación de la solvencia prevista en este artículo se realizará sin perjuicio de la libertad de contratación que, en sus aspectos sustantivos y con las limitaciones que pudieran emanar de otras disposiciones legales, deba presidir las relaciones entre las entidades de crédito y los clientes* ***y, en ningún caso afectará a su plena validez y eficacia****, ni implicará el traslado a las entidades de la responsabilidad por el incumplimiento de las obligaciones de los clientes*".

Conforme a la legislación nacional española, el incumplimiento de la obligación de evaluar la solvencia del consumidor no afecta a la plena validez y eficacia del contrato de crédito al consumo, sin perjuicio de las sanciones administrativas que puedan imponerse al prestamista por parte del supervisor bancario, de acuerdo con la Ley 16/2014, de 26 de junio, de ordenación, supervisión y solvencia de entidades de crédito, a la que se remite el artículo 34,2 de la Ley de Contratos de Crédito al Consumo de 24 de junio de 2011.

Habiendo declarado el TJUE en el apartado 45 de su sentencia de 18 de diciembre de 2014, asunto C-449/13, que no existe, en principio, un nexo entre las dos obligaciones derivadas de los artículos 5 y 8 de la Directiva 2008/48, los efectos jurídicos derivados del incumplimiento del artículo 5, que pueden dar lugar a la nulidad de una cláusula por falta de transparencia, no son extrapolables respecto del artículo 8, al no existir un nexo entre las dos obligaciones.

Los efectos jurídicos del incumplimiento de evaluar la solvencia del consumidor serán los que el ordenamiento jurídico de cada Estado miembro de la Unión haya dispuesto, respecto de la ineficacia contractual, sin que conforme a la legislación española ese incumplimiento afecte a la plena validez y eficacia del contrato, sin perjuicio de las sanciones administrativas que procedan conforme a la Ley de 26 de junio de 2014, de ordenación, supervisión y solvencia de las entidades de crédito.

No obstante, como en otras muchas cuestiones, habrá que esperar a que la Sala 1ª del TS fije doctrina sobre la materia, cumpliendo con esa importante función de armonización de la interpretación del Derecho nacional que le corresponde, en aras a la seguridad jurídica, como nos recuerda el TJUE en el apartado 68 de su sentencia de 7 de agosto de 2018, asuntos acumulados C-96/16 y C-94/17, sino queremos encontrarnos con un nuevo mosaico jurisprudencial de sentencias contradictorias de nuestros tribunales de instancia y Audiencias, en la interpretación de la sentencia del TJUE de 11 de enero de 2024.

Capítulo primero

MARCO NORMATIVO DE PROTECCIÓN DE DATOS

I. ASPECTOS BÁSICOS DE LOS DERECHOS FUNDAMENTALES Y LA PROTECCION DE DATOS DE CARÁCTER PERSONAL

JAVIER PLAZA PENADÉS
Catedrático de Derecho Civil
Universidad de Valencia

1. CONSIDERACIONES GENERALES DEL DERECHO A LA PROTECCIÓN DE DATOS DE CARÁCTER PERSONAL

1.1. El derecho a la protección de los datos personales

El derecho a la protección de datos de carácter personal es un derecho cuya formulación inicial se contiene en nuestra Constitución en el artículo 18.4 y en el que se indica literalmente que "La ley limitará el uso de la informática para garantizar el honor y la intimidad personal y familiar de los ciudadanos y el pleno ejercicio de sus derechos".

Sobre esa base se construyó un derecho que ha ido ganando sustantividad propia y que se llegó a conocer impropiamente como "libertad informática", ya que expresa la idea de que la persona debe tener en todo momento el conocimiento y la capacidad de control para decidir que datos personales pueden ser informatizados y conocidos por terceros.

A fecha de hoy subsiste esa idea originaria de que la persona tiene el derecho a conocer que datos personales suyos son o pueden ser tratados por terceros, conservando las facultades de decisión y disposición sobre los datos personales propios, lo que justifica la necesidad de recabar un consentimiento previo para el tratamiento y la cesión de datos, de suministrar un adecuado nivel de información sobre los fines perseguidos con el tratamiento o la cesión, de custodiar los datos personales ajenos con un determinado grado de seguridad y de reconocer a las personas cuyos datos han sido tratados los derechos de oposición, acceso, rectificación y cancelación sobre sus datos.

Pero la protección legal ya no se proyecta sólo (como prevé nuestra Constitución) sobre los riesgos o peligros de "la informática", sino sobre el ámbito del tratamiento de datos en sí mismo, entendido como la posibilidad que tiene un tercero de almacenar distintos datos que cruzados y unidos pueden revelar un determinado perfil ideológico o conductual que la persona desearía mantener en secreto y dentro de su ámbito de control, pero sin importar si el fichero en el que se almacenan o tratan datos está o no informatizado.

Por ello, resulta más adecuado hablar hoy de un "derecho a la protección de datos personales" (informatizados o no informatizados) donde la protección se proyecta tanto en el ámbito del tratamiento como en el ámbito de la posterior cesión de datos, configurándose como un derecho fundamental de la persona que debe ser en todo caso respetado por todos[1].

---

1 De hecho, ya en la Constitución Europea, en la que se contiene una Carta de Derechos Fundamentales de la Unión, el derecho a la protección de datos personales se reconoce de manera singular y en clara, en un artículo propio que tiene el siguiente tenor literal:

Respecto del desarrollo normativo en España, la materia de protección de datos se regula en la Ley Orgánica 3/2018, de 5 de diciembre, de protección de datos de carácter personal y garantía de derechos digitales (LOPD-GDD). Si bien, por encima de dicha Ley Orgánica se sitúa el Reglamento 2016/679, de 27 de abril de 2016, "General de Protección de Datos de carácter personal" RGPD, que es una norma comunitaria directamente aplicable y jerárquicamente superior a la LOPD-GDD

Además, debe tenerse en cuenta la Directiva 2002/58/CE, de 12 de julio de 2002, relativa al tratamiento de los datos personales y a la protección de la intimidad en el sector de las comunicaciones electrónicas, y cuyos preceptos se han incorporado en nuestro derecho a través de la Ley 9/2014, de 9 de mayo, de Telecomunicaciones, así como en la Ley 34/2002, de servicios de la sociedad de la información y comercio electrónico.

1.2. Ficheros sometidos a la normativa de protección de datos de carácter personal

La protección de datos afecta a todo fichero. Por fichero[2], ha de entenderse todo conjunto organizado de datos de carácter personal, cualquiera que fuere la forma o modalidad de su creación, almacenamiento, organización y acceso.

ARTÍCULO 8 Protección de datos de carácter personal

1. Toda persona tiene derecho a la protección de los datos de carácter personal que le conciernan.

2. Estos datos se tratarán de modo leal, para fines concretos y sobre la base del consentimiento de la persona afectada o en virtud de otro fundamento legítimo previsto por la ley. Toda persona tiene derecho a acceder a los datos recogidos que la conciernan y a obtener su rectificación.

3. El respeto de estas normas estará sujeto al control de una autoridad independiente.

2 Expresión que deriva de la traducción al castellano de la palabra inglesas "Filing sistem", lo que pone de manifiesto la vinculación que inicialmente tuvo a la informática la protección de datos

Tras la reforma de 1999 da igual que el fichero esté informatizado o que se trate de un documento en soporte papel que permita el tratamiento de datos.

Eso sí debe de contener "datos de carácter personal", esto es "cualquier información concerniente a personas físicas identificadas o identificables".

Efectivamente, la LOPD-GDD vigente ha entendido que sólo las personas físicas (las llamadas personas de carne y hueso) merecían protección frente al tratamiento de datos personales y que las personas jurídicas (corporaciones, sociedades, asociaciones, fundaciones, cooperativas) no merecían tal protección y todo ello sobre la base de que los datos de las personas jurídicas son públicos.

Ello no impide que las personas jurídicas puedan encontrar una protección de sus datos personales en ámbitos concretos como en el Código Penal (en el delito de descubrimiento y relevación de secretos mediante el acceso y cesión inconsentido de datos de la empresa o la revelación de secretos) o en la normativa de protección de las comunicaciones electrónicas.

En mi opinión, la exclusión de las personas jurídicas, con carácter general, del ámbito de la protección de datos de carácter personal, parte de una concepción equivocada en la que se cree que todos los datos de las empresas y demás personas jurídicas son públicos y en el que se desconoce tanto la existencia de datos que las empresas y personas jurídicas quieren mantener en secreto, de forma reservada y bajo su control, así como que el daño derivado del tratamiento erróneo de los datos es el mismo en las personas físicas que en las jurídicas y que, en consecuencia, deberían de gozar de los mismos derechos de acceso, rectificación y cancelación de los datos.

1.3. Conceptos jurídicos básicos de la protección de datos personales

La Ley Orgánica de Protección de Datos de carácter personal ya no contiene el elenco de definiciones, que sí que están en el

RGPD. Algunos de ello como el de datos de carácter personal o de fichero ya los hemos visto, pero otros no, y conviene que nos detengamos en ellos brevemente.

Así, en primer lugar, conviene distinguir entre lo que es el "tratamiento de los datos" y lo que es la "cesión de datos", ya que en mi opinión son dos ámbitos totalmente distinguibles y separables de la protección de datos de carácter personal, por lo que se requiere de un consentimiento específico para el tratamiento y otro para la cesión. Cierto es que dicho consentimiento puede obtenerse en un mismo acto, pero debe de especificarse y de informarse claramente del "ámbito del tratamiento" y del "ámbito de la cesión". Es más, el hecho de que se obtenga consentimiento o autorización legal para el tratamiento de los datos no significa que se tenga consentimiento o autorización legal para la cesión, por lo que realizar una cesión sin consentimiento o autorización legal de los datos tratados debidamente puede ser un ilícito administrativo grave y, desde luego, un ilícito civil que caso de generar daños obligará a su reparación.

Igualmente tienen trascendencia, desde un punto de vista conceptual, el "responsable del fichero o tratamiento", que es la persona física o jurídica, de naturaleza pública o privada, u órgano administrativo, que decida sobre la finalidad, contenido y uso del tratamiento y el "encargado del tratamiento" que es la persona física o jurídica, autoridad pública, servicio o cualquier otro organismo que, solo o conjuntamente con otros, trate datos personales por cuenta del responsable del tratamiento.

Asimismo, también se debe conocer estos conceptos extraídos del artículo 2 de la Directiva 58/2002, incorporada a la Ley 9/2014, como los "datos de tráfico", que son cualquier dato tratado a efectos de la conducción de una comunicación a través de una red de comunicaciones electrónicas o a efectos de la facturación de la misma y los "datos de localización", que son cualquier dato tratado en una red de comunicaciones electrónicas que indique la posición geográfica del equipo terminal de un usuario de un servicio de comunicaciones electrónicas disponible para el público.

1.4. El concepto de dato de carácter personal

El RGPD los datos de carácter personal como cualquier información concerniente a personas físicas identificadas o identificables; por lo que toda información sobre una persona física identificada o identificable constituye dato personal.

Más allá del acotamiento del sujeto pasivo a las personas físicas y no a las personas jurídicas, lo más destacable es que el concepto legal de dato personal es el de cualquier información concerniente a una persona, sin necesidad de que necesariamente haga referencia a datos íntimos de la misma. Además, existen datos públicos (nombre, apellidos, estado civil, teléfono, D.N.I, número de hijos, trabajo, …) y datos privados (ideología, creencias, salud, datos biométricos ...). Pues bien, la protección de datos también alcanza a los datos personales obtenidos de fuentes públicas, ya que se debe informar siempre de la fuente donde se han obtenido los datos, a parte de que por el hecho de que los datos sean públicos no se deriva una legitimación especial para realizar usos no permitidos o prohibidos por la ley[3].

Por tanto, los datos o informaciones personales se refieren a cualquier aspecto parcial que afecte a nuestra persona que pueda ser objeto de registro en algún soporte físico, que lo haga susceptible de tratamiento y toda modalidad de uso posterior de estos

---

[3] Se consideran datos accesibles al público aquéllos que se encuentran a disposición del público en general, no impedida por cualquier norma limitativa, y están recogidos en medios tales como censos, anuarios, bases de datos públicas, repertorios de jurisprudencia, archivos de prensa, repertorios telefónicos o análogos, así como los datos publicados en forma de listas de personas pertenecientes a grupos profesionales que contengan únicamente los nombres, títulos, profesión, actividad, grados académicos, dirección e indicación de su pertenencia al grupo. No obstante, cuando se habla de datos públicos para contraponerlos a los privados también se hace referencia a aquellos datos que no están publicados específicamente en ninguna fuente de acceso público pero que son conocidos por un gran número de personas y que se consideran notorios, es decir, el carácter notorio o público de un dato no le situaría fuera de la protección de la Ley Orgánica de Protección de Datos.

datos por los sectores públicos y privados. Datos que aisladamente pueden no significar nada pero que asociándolos o tratándolos informativamente pueden revelar un perfil más completo del individuo.

Por ello el concepto legal de dato personal se caracterizan por su total amplitud, lo que ha permito englobar en su ámbito aquellos aspectos que han ido surgiendo a consecuencia de la evolución de la informática y las nuevas tecnologías, como toda información numérica, alfabética, gráfica, fotográfica, acústica o de cualquier otro tipo, susceptible de recogida, registro, tratamiento o transmisión concerniente a una persona física identificada o identificable. En consecuencia, la regla es que cualquier detalle o circunstancia que permita ser asociado a una persona determinada se considerará dato de carácter personal.

Así, por ejemplo, la Agencia de Protección de Datos ha sostenido desde 1999 la consideración de la dirección de correo electrónico como un dato de carácter personal alegando que, en todo caso, las direcciones de correo electrónico se forman por un conjunto de signos o palabras libremente elegidos, generalmente por su titular, con la única limitación de que dicha dirección no coincida con la correspondiente a otra persona, pudiendo con los datos obtenidos a través de una cuenta de correo elaborar un perfil detallado del usuario, quedando vulnerada con ello su intimidad, su vida privada.

Y desde la Instrucción 1/2006, de 8 de noviembre, de la Agencia Española de Protección de Datos, considera la grabación de la imagen de una persona como un dato de carácter personal, en virtud de lo establecido en el artículo 3 de la Ley Orgánica 15/1999 y el artículo 1.4 del Real Decreto 1332/1994 de 20 de junio, que considera como dato de carácter personal la información gráfica o fotográfica. Por ello, en relación con la instalación de sistemas de videocámaras, será necesario ponderar los bienes jurídicos protegidos (especialmente los de seguridad, libertad e intimidad) y toda instalación deberá respetar el principio de proporcionalidad y adecuación al fin que se persigue de manera que se salvaguarde en todo momento los derechos fundamentales de las personas, lo que en definitiva supone, siempre que resulte posible, adoptar otros medios menos intrusivos a la intimidad de las personas, con el fin de prevenir interferencias injustificadas en los derechos y libertades fundamentales.

La adecuación a los criterios de proporcionalidad en lo que refiere a la instalación de cámaras de seguridad debe cumplir tres requisitos o condiciones: que la colocación de la cámara permita conseguir el objetivo propuesto (juicio de idoneidad); que no exista otra medida más moderada para la consecución de tal propósito con igual eficacia (juicio de necesidad); y, finalmente, que sea ponderada o equilibrada, por derivarse de ella más beneficios o ventajas para el interés general que perjuicios sobre otros bienes o valores en conflicto (juicio de proporcionalidad en sentido estricto)[4].

---

4 Asimismo, la proporcionalidad es un elemento fundamental en todos los ámbitos en los que se instalen sistemas de videovigilancia, dado que son numerosos los supuestos en los que la vulneración del mencionado principio puede llegar a generar situaciones abusivas, tales como la instalación de sistemas de vigilancia en espacios comunes, o aseos del lugar de trabajo. Por todo ello se trata de evitar la vigilancia omnipresente, con el fin de impedir la vulnerabilidad de la persona.

Si se dan esas circunstancias y se procede a la instalación de cámaras o videocámaras se deberá informar adecuadamente de tal circunstancia y deberán colocar, en las zonas videovigiladas, al menos un distintivo informativo ubicado en lugar suficientemente visible, tanto en espacios abiertos como cerrados y tener a disposición de los/las interesados/as impresos en los que se detalle la información prevista en el artículo 5.1 de la Ley Orgánica 15/1999.

Además el tratamiento y la cesión de datos, aunque se obtengan mediante un sistema de captación y/o grabación de imágenes a través de cámara o videocámara requiere de la obtención de los preceptivos consentimientos de los afectados en la forma y condiciones previstos en la Ley Orgánica de Protección de Datos de Carácter Personal y sobre los mismos el responsable del tratamiento lo es también de la custodia y seguridad de los mismos y la persona cuya imagen ha sito captada, registrada o grabada conservar sus derechos de acceso, rectificación y cancelación que podrá ejercitar ante el responsable del tratamiento.

1.5. Sujeto pasivo: la persona física

Primero, el sujeto pasivo del derecho a la protección de datos de carácter personal es «la persona física», pero no la «persona jurídica». Esta concepción se pone de manifiesto en la propia rúbrica o denominación del Reglamento 2016/679, que se intitula «relativo a la protección de las *personas físicas* en lo que respecta al tratamiento de datos personales y a la libre circulación de estos datos» y así queda de manifiesto en el mismo art. 1 del Reglamento. Por supuesto, nada impide a los Estados miembro extender la misma protección a las personas jurídicas, pero esto ya será potestativo y no consustancial al propio fundamento del derecho de protección de datos.

Efectivamente, la Ley Orgánica de Protección de Datos vigente ha entendido que sólo las personas físicas (las llamadas personas de carne y hueso) merecían protección frente al tratamiento de datos personales y que las personas jurídicas (corporaciones, sociedades, asociaciones, fundaciones, cooperativas) no merecían tal protección, y todo ello sobre la base de que los datos de las personas jurídicas son públicos.

Ello no impide que las personas jurídicas puedan encontrar una protección de sus datos personales en ámbitos concretos como en el Código Penal (en el delito de descubrimiento y relevación de secretos mediante el acceso y cesión inconsentida de datos de la empresa), o en la normativa de protección de las comunicaciones electrónicas.

En mi opinión, la exclusión de las personas jurídicas, con carácter general, del ámbito de la protección de datos de carácter personal, más allá de que tiene su acomodo en el principio de

---

Finalmente se excluyen del régimen jurídico fijado con la Instrucción 1/2006 de la AEPD los datos personales grabados para uso o finalidad doméstica o cuando éstas se utilizan para el ejercicio de sus funciones por parte de las Fuerzas y Cuerpos de Seguridad, que está cubierto por normas específicas, aunque estos tratamientos también deberán cumplir las garantías establecidas por la Ley Orgánica 15/1999.

dignidad humana, parte de una concepción excesivamente dogmática, en la que se cree que todos los datos de las empresas y demás personas jurídicas son públicos y en el que se desconoce tanto la existencia de datos que las empresas y personas jurídicas quieren mantener en secreto, de forma reservada y bajo su control, así como que el daño derivado del tratamiento erróneo de los datos es el mismo en las personas físicas que en las jurídicas y que, en consecuencia, deberían de gozar de los mismos derechos de acceso, rectificación y cancelación de los datos.

1.6. Dato personal y fichero de datos

De hecho el concepto legal que el Reglamento da de «dato personal» es «toda información sobre una *persona física* identificada o identificable ("el interesado"); se considerará persona física identificable toda persona cuya identidad pueda determinarse, directa o indirectamente, en particular mediante un identificador, como por ejemplo un nombre, un número de identificación, datos de localización, un identificador en línea o uno o varios elementos propios de la identidad física, fisiológica, genética, psíquica, económica, cultural o social de dicha persona».

Pasamos pues al segundo fundamento: el dato personal no tiene porqué ser un dato íntimo, ya que es cualquier información relativa a la persona. Lo único es que dentro del derecho de protección de datos de carácter personal habrá datos que gozarán de una especial protección, por su carácter íntimo o singular.

El tercer fundamento deriva del propio concepto fichero (en inglés «filing system»), que es «todo conjunto estructurado de datos personales, accesibles con arreglo a criterios determinados, ya sea centralizado, descentralizado o repartido de forma funcional o geográfica». Y que no requiere que se trate de un fichero informático o integrado en una base de datos electrónica, sino que pueden se ficheros en soporte papel.

Además, el derecho de protección de datos gravita en torno a dos fuentes de legitimación y dos ámbitos de proyección.

2. LA PROTECCIÓN DE LOS DATOS DE CARÁCTER PERSONAL EN EL RGPD

2.1. Principales novedades del Reglamento General de Protección de Datos europeo

Son muchas y muy variadas las novedades que introduce el Reglamento General de Protección de Datos Europea (4) . Tantas que se puede hablar de un verdadero cambio, basado en la prevención, en un mayor grado de protección y en un sistema que requiere de análisis concretos de riesgos y protección y de verificación constantes de las medidas de seguridad y protección (5) . En ese sentido, se formula un principio de responsabilidad proactiva, ya que el RGPD señala que las medidas dirigidas a garantizar su cumplimiento deben tener en cuenta la naturaleza, el ámbito, el contexto y los fines del tratamiento, así como el riesgo para los derechos y libertades de las personas. Esto se traduce en un sistema de *accontability*, con la realización periódica de evaluaciones de impacto, siempre que el tratamiento de los datos entrañe un riesgo para los derechos y libertades de los titulares de los datos, y la adopción, con carácter previo al tratamiento y durante el mismo, de aquellas medidas técnicas y organizativas que resulten precisas para determinar los riesgos que puede conllevar un concreto tratamiento de datos.

Asimismo, se deberá de establecer relaciones contractuales entre el responsable del tratamiento y los encargados del tratamiento de datos, de los que, por su complejidad, la AEPD ya ha publicado unas directrices (6) .

Y aparece una obligación general de notificar las brechas de seguridad que afecten a datos personales. Dichas brechas deben ser notificadas a las autoridades y a los particulares que puedan verse afectados «sin demoras injustificadas» en 72 horas y con sanciones en caso de no hacerlo. En concreto, en caso de violación de la seguridad de los datos personales, el responsable del tratamiento notificará a la autoridad de control competente sin dilación indebida y, de ser posible, a más tardar 72 horas después de que haya tenido constancia de ella, a menos que sea improbable que dicha violación de la seguridad constituya un riesgo para los derechos y las libertades de las personas físicas. Además, «cuando sea probable que la violación de la seguridad de los datos personales entrañe un alto riesgo para los derechos y libertades de las personas físicas, el responsable del tratamiento la comunicará al interesado sin dilación indebida».

Por todo ello, se introduce la figura del Delegado de Protección de Datos, que será obligatorio para el sector público y conveniente para las empresas privadas.

Pero más allá de este cambio de paradigma que supone el RGPD, la gran novedad radica en que por primera vez esta materia no se regula en una Directiva, sino en un Reglamento comunitario, como norma directamente aplicable, pues no requiere de normas internas de trasposición ni tampoco, en la mayoría de los casos, de normas de desarrollo o aplicación. Por ello, los responsables deben ante todo asumir que la norma de referencia es el RGPD y no las normas nacionales, como venía sucediendo hasta ahora con la Directiva 95/46. No obstante, la futura Ley de Protección de Datos que sustituirá a la actual Ley Orgánica de Protección de Datos (LOPD) sí podrá incluir algunas precisiones o desarrollos en materias en las que el RGPD lo permite.

De ahí que la aplicación de las medidas previstas por el RGPD deban adaptarse, por tanto, a las características de las empresas e instituciones responsables del tratamiento y la cesión de datos, especialmente si se manejan datos de muchos usuarios o, puntualmente, en tratamientos complejos que involucran información personal sensible (como los datos de salud, datos biométricos, ADN, revelación de ideología o creencias...).

Se impone además un principio de transparencia, con información clara, sencilla y compresible, y con iconos estandarizados, para facilitar la información. Además, aparece un derecho a obtener copia de los datos personales, a diferencia de lo que ocurría hasta ahora, donde bastaba con dar información de los datos, pero no copias ni documentos (excepto en el caso de historias clínicas).

En el RGPD se definen nuevos derechos, como el derecho al olvido, de los que se tiene que garantizar su ejercicio de forma sencilla y permanente junto al resto de Derechos ARCO, con medidas seguras de identificación de los usuarios. Es verdad que el derecho al olvido ya se reconoció por el TJUE en el caso Mario Costeja, que está llamado a jugar un papel fundamental en el libre desarrollo de la persona y en la necesidad de eliminar información que es inexacta o está desactualizada, especialmente cuando afecta o causa daño a las personas.

Asimismo, en el RGPD se definen nuevos límites para el uso de los datos que la persona podrá invocar en todo momento y que serán de obligado cumplimiento, como el de suspender el tratamiento hasta que no se tenga certeza sobre la exactitud o sobre la legalidad de los mismos. Y se reconoce un derecho europeo de portabilidad de datos personales para los usuarios. En concreto, la persona «tendrá derecho a recibir los datos personales que le incumban, que haya facilitado a un responsable del tratamiento, en un formato estructurado, de uso común y lectura mecánica, y a transmitirlos a otro responsable del tratamiento sin que lo impida el responsable al que se los hubiera facilitado» (art. 20 RGPD).

Especial atención merece el derecho que tendrá toda persona a no ser objeto de una decisión basada únicamente en el tratamiento automatizado, incluida la elaboración de perfiles, de los que la persona debe tener un especial conocimiento (art. 22 RGPD).

Pero, por el contrario, se endurece el régimen de sanciones, que podrán llegar a ser de hasta 20.000.000 de euros o de hasta el 4% de la facturación general (la superior de estas dos cantidades). Ésta va a ser la principal razón de observancia de la norma, aunque debe hacerse con un fin preventivo y no sancionador.

Por último, entre las novedades más destacadas está también el referido al modo de obtener el consentimiento. Ya no cabe el consentimiento prestado de forma tácita o por silencio u omisión. El consentimiento ahora ha de ser «inequívoco», esto es, mediante un consentimiento claro y afirmativo (p.e. seguir navegando tras la información expresa y clara sobre cookies). Además, ha de ser «explícito» cuando afecta a datos sensibles, o si hay transferencia internacional de datos o para tratamientos automatizados (mediante decisiones automatizadas). De ahí que, por su trascendencia práctica, ya que las empresas e instituciones que han obtenido sus datos de manera tácita deberán de cambiar su modo de obtención, resulte conveniente prestarle una cierta atención ya que, como he puesto de manifiesto, el consentimiento forma parte del contenido esencial del derecho de protección de datos de carácter personal.

De todos modos, y hasta la aprobación de la nueva LOPD, hay muchos aspectos, como el del consentimiento de los menores para el tratamiento de los datos, que quedan en la indefinición , si bien, dado el carácter internacional de las multinacionales que operan en Europa en materia de nuevas tecnologías y prestación de servicios de la sociedad de la información, se impone el criterio de los 16 años como edad mínima a partir de la cual se puede prestar válidamente el consentimiento (art. 8 RGPD).

2.2. *El consentimiento y la ley como fuentes de legitimación del tratamiento o la cesión*

Las dos fuentes de legitimación en la Carta de los Derechos Fundamentales de la Unión Europea son la Ley o el consentimiento del titular del derecho (persona física). Respecto de las dos fuentes de legitimación, conviene recordar que la protección de las personas físicas en relación con el tratamiento de datos personales es un Derecho Fundamental, y así se reconoce en el art. 8, apartado 1, de la Carta de los Derechos Fundamentales de la Unión Europea («la Carta») y en el art. 16, apartado 1, del Tratado de Funcionamiento de la Unión Europea (TFUE).

Pues bien, en el art. 8 de la Carta, tras reconocer que toda persona tiene un Derecho Fundamental a la protección de los datos de carácter personal que la conciernan, añade que estos datos se tratarán de modo leal, para fines concretos y sobre la base:

— Bien «del consentimiento de la persona afectada» o

— Bien «en virtud de otro fundamento legítimo previsto por la ley».

Por tanto, el consentimiento que puede legitimar el tratamiento o la cesión de los datos, no es un consentimiento cualquiera, sino que es un «consentimiento informado y cualificado», ya que requiere que con carácter previo se informe a las personas de los fines concretos para los que se requiere su autorización (es el llamado principio de calidad de los datos).

En concreto, el nuevo Reglamento General establece que el «consentimiento del interesado» es toda manifestación de voluntad libre, específica, informada e inequívoca por la que el interesado acepta, ya sea mediante una declaración o una clara acción afirmativa, el tratamiento de datos personales que le conciernen.

La gran novedad del Reglamento radica en exigir que el consentimiento deba prestarse

«mediante un acto afirmativo claro que refleje una manifestación de voluntad libre, específica, informada, e inequívoca del interesado de aceptar el tratamiento de datos de carácter personal que le conciernen», como una declaración por escrito, inclusive por medios electrónicos, o una declaración verbal. Desaparece así la posibilidad de obtenerlo de forma tácita o por silencio.

Es verdad que en la propia Exposición de Motivos se indica que el consentimiento podría incluir actos tales como: marcar una casilla de un sitio web en internet, escoger parámetros técnicos para la utilización de servicios de la sociedad de la información, o cualquier otra declaración o conducta que indique claramente en ese contexto que el interesado acepta la propuesta de tratamiento de sus datos personales. Por tanto, el silencio, las casillas ya marcadas o la inacción no deben constituir consentimiento.

Eso sí, el consentimiento debe darse para todas las actividades de tratamiento realizadas con el mismo o los mismos fines. Cuando el tratamiento tenga varios fines, debe darse el consentimiento para todos ellos. Si el consentimiento del interesado se ha de dar a raíz de una solicitud por medios electrónicos, la solicitud ha de ser clara, concisa y no perturbar innecesariamente el uso del servicio para el que se presta.

Pero en ocasiones no es posible determinar totalmente la finalidad del tratamiento de los datos personales con fines de investigación científica en el momento de su recogida. En tales casos, debe permitirse a los interesados dar su consentimiento para determinados ámbitos de investigación científica que respeten las normas éticas reconocidas para la investigación científica. Y los interesados deben tener la oportunidad de dar su consentimiento solamente para determinadas áreas de investigación o partes de proyectos de investigación, en la medida en que lo permita la finalidad perseguida.

Además, el Reglamento exige ahora que cuando el tratamiento se lleva a cabo con el consentimiento del interesado, el responsable del tratamiento debe ser capaz de demostrar que aquél ha dado su consentimiento a la operación de tratamiento. En particular, en el contexto de una declaración por escrito efectuada sobre otro asunto, debe haber garantías de que el interesado es consciente del hecho de que da su consentimiento y de la medida en que lo hace.

Para que el consentimiento sea informado, el interesado debe conocer como mínimo la identidad del responsable del tratamiento y los fines del tratamiento a los cuales están destinados los datos personales. El consentimiento no debe considerarse libremente prestado cuando el interesado no goza de verdadera o libre elección o no puede denegar o retirar su consentimiento sin sufrir perjuicio alguno.

Para garantizar que el consentimiento se haya dado libremente, este no debe constituir un fundamento jurídico válido para el tratamiento de datos de carácter personal en un caso concreto en el que exista un desequilibrio claro entre el interesado y el responsable del tratamiento, en particular cuando dicho responsable sea una autoridad pública y sea por lo tanto improbable que el consentimiento se haya dado libremente en todas las circunstancias de dicha situación particular. Se presume que el consentimiento no se ha dado libremente cuando no permita autorizar por separado las distintas operaciones de tratamiento de datos personales pese a ser adecuado en el caso concreto, o cuando el cumplimiento de un contrato, incluida la prestación de un servicio, sea dependiente del consentimiento, aún cuando este no sea necesario para dicho cumplimiento.

2.3. Tratamiento de datos y la cesión o transferencia de datos

El RGPD acota claramente un ámbito de «tratamiento», que debe distinguirse de otro como es la transferencia o cesión. Y precisamente es sobre ese doble ámbito, el del tratamiento y el de la transferencia o cesión, sobre el que se proyecta y sobre el que se exige, o bien una ley que lo autorice o bien el consentimiento del interesado, ya que en mi opinión son dos ámbitos totalmente distinguibles y separables de la protección de datos de carácter personal, por lo que se requiere de una autorización legal o de consentimiento específico para el tratamiento y de una autorización legal o de consentimiento específico para el tratamiento o la cesión.

Cierto es que, a falta de previsión legal, dicho consentimiento puede obtenerse en un mismo acto, pero debe de especificarse y de informarse claramente del «ámbito del tratamiento» y del

«ámbito de la transferencia o cesión». Es más, el hecho de que exista autorización legal o que se obtenga consentimiento específico para el tratamiento de los datos, no significa que se tenga autorización legal para la cesión, por lo que realizar una cesión o transferencia sin consentimiento o autorización legal de los datos tratados debidamente puede ser un ilícito muy grave y, desde luego, un ilícito civil que, caso de generar daños, obligará a su reparación más allá del ilícito administrativo.

Pues bien, «tratamiento» (en inglés «processing»), según el Reglamento es «cualquier operación o conjunto de operaciones realizadas sobre datos personales o conjuntos de datos personales, ya sea por procedimientos automatizados o no, como la recogida, registro, organización, estructuración, conservación, adaptación o modificación, extracción, consulta, utilización, comunicación por transmisión, difusión o cualquier otra forma de habilitación de acceso, cotejo o interconexión, limitación, supresión o destrucción».

Además, el RGPD contiene una regulación especial en materia de cesión internacional de datos que va a ser muy relevante, pues si bien la UE es consciente de que los flujos transfronterizos de datos personales a y desde países no pertenecientes a la Unión y organizaciones internacionales son necesarios para la expansión del comercio y la cooperación internacionales, también es consciente de que el aumento de estos flujos plantea nuevos retos e inquietudes en lo que respecta a la protección de los datos de carácter personal.

No obstante, si los datos personales se transfieren de la Unión a responsables, encargados u otros destinatarios en terceros países o a organizaciones internacionales, el RGPD no quiere que esto afecte o menoscabe el nivel de protección de las personas físicas garantizado en la Unión Europea por el RGPD, ni tan siquiera en ulteriores cesiones de datos personales desde el tercer país u organización internacional a responsables y encargados en el mismo u otro tercer país u organización internacional.

Por lo que, en todo caso, las transferencias a terceros países y organizaciones internacionales solo pueden llevarse a cabo de plena conformidad con el presente Reglamento (arts. 44 y ss. RGPD).

2.4. El Delegado de Protección de Datos

Entre las novedades más singulares del RGPD figura la nueva figura el Delegado de Protección de Datos (DPD, y en inglés DPO), que adquiere una destacada importancia en el Reglamento y también lo tendrá en la futura LOPD, que posiblemente amplíe el elenco de supuestos en los que será obligatorio haberlo nombrado (8) .

A la espera de la LOPD, que ampliará previsiblemente el elenco de sujetos a designar obligatoriamente un DPD, conforme al RGPD, el DPD es obligatorio cuando el tratamiento de datos lo lleve a cabo una autoridad u organismo público, excepto los tribunales que actúen en ejercicio de su función judicial; o las actividades principales del responsable o del encargado consistan en operaciones de tratamiento que, en razón de su naturaleza, alcance y/o fines, requieran una observación habitual y sistemática de interesados a gran escala, o las actividades principales del responsable o del encargado consistan en el tratamiento a gran escala de categorías datos especialmente protegidos o de datos relativos a condenas e infracciones penales

Dicho delegado podrá formar parte de la empresa o institución responsable o podrá externalizarse dicho servicio, siendo conveniente que las posibles responsabilidades queden debidamente aseguradas, pero teniendo en cuenta que el Delegado de protección de datos no es, en principio, el responsable civil, penal o administrativo por infracciones o intromisiones al derecho de protección de datos, siendo responsable el titular del fichero. Además, el responsable o titular del fichero no podrá removerle de su puesto, salvo en los supuestos de dolo o negligencia grave; y sin perjuicio, en estos casos, de las vías de regreso legales o contractuales que puedan existir para que el titular o responsable del fichero pueda exigir responsabilidad al DPD.

Y sus funciones, son las que fija el art. 39:

— Informar y asesorar al responsable o al encargado del tratamiento y a los empleados que se ocupen del tratamiento de las obligaciones que les incumben en virtud del presente Reglamento y de otras disposiciones de protección de datos de la Unión o de los Estados miembros.

— Supervisar el cumplimiento de lo dispuesto en el presente Reglamento, de otras disposiciones de protección de datos de la Unión o de los Estados miembros y de las políticas del responsable o del encargado del tratamiento en materia de protección de datos personales, incluida la asignación de responsabilidades, la concienciación y formación del personal que participa en las operaciones de tratamiento, y las auditorías correspondientes.

— Ofrecer el asesoramiento que se le solicite acerca de la evaluación de impacto relativa a la protección de datos y supervisar su aplicación de conformidad con el art. 35.

— Cooperar con la autoridad de control (en este caso la AEPD, salvo que haya autoridad autonómica competente) y actuar como punto de contacto de la autoridad de control para cuestiones relativas al tratamiento, y recibir consultas, en su caso, sobre cualquier otro asunto.

Pero con independencia de que el DPD pueda tener un carácter obligatorio o voluntario, estar o no integrado en la organización del responsable o encargado y ser tanto una persona física como una persona jurídica, la designación del delegado de protección de datos ha de comunicarse a la autoridad de protección de datos competente (en el caso de España a la AEPD) antes del 25 de mayo. Por ello, la Agencia Española de Protección de Datos mantendrá una relación pública y actualizada de los delegados de protección de datos, accesible por cualquier persona.

Los conocimientos en la materia para ser DPD se podrán acreditar mediante esquemas de certificación voluntarios (y aconsejables, especialmente, para aquellos DPD que no puedan acreditar conocimientos de Derecho específicos).

En todo caso la formación dispensada por la Universidad a través de sus profesionales no necesita ningún tipo de certificación y su calidad se justifica por sí mismo.

Es de destacar que el delegado de protección de datos permite configurar una institución y un medio para la resolución amistosa de reclamaciones, pues el interesado podrá reproducir ante él la reclamación que no haya sido atendida por el responsable o encargado del tratamiento (9) .

A modo de resumen o conclusión podemos señalar que las principales novedades del RGPD son las siguientes:

2.5. Es plenamente exigible desde el 25 de mayo de 2018.

2.6. Impone sanciones de hasta 20 millones de euros o el 4 % del «volumen de negocio total anual global del ejercicio financiero anterior».

2.7. Todo el sector público y parte del sector privado (los que utilicen datos especialmente protegidos, como los de salud, o manejen un elevado número de datos) tienen que nombrar un delegado de protección de datos y comunicárselo a la AEPD.

2.8. La futura LOPD puede ampliar el número de sujetos obligados a designar un Delegado de Protección de Datos.

2.9. Se tiene que comunicar a la AEPD y a los afectados las «brechas de seguridad» de las que se tenga constancia.

2.10. No valen ni se pueden utilizar lícitamente todos los datos que se hayan obtenido de forma tácita, sin información o por el sistema de marcado previo de casillas, siendo necesario un consentimiento implícito o expreso.

2.11. Se tiene que garantizar los nuevos derechos: potabilidad, derecho al olvido, limitación al tratamiento y prohibición de la elaboración de perfiles automatizados de la persona sin su conocimiento.

Además, con la aprobación de la futura LOPD el grado de dificultad para el conocimiento del derecho de protección de datos, tanto para el ciudadano como para el sector público o privado afectado por este nuevo marco normativo va a ser relevante, ya que va a obligar a conocer y utilizar dos textos normativos, el RGPD y la futura LOPD, pues el proyecto de LOPD, siguiendo la recomendación del Dictamen de Consejo de Estado, no ha querido reproducir y completar de forma sistemática el RGPD en la LOPD, de forma que quien lea la LOPD también tenga un conocimiento completo de lo que dispone el RGPD, sino que habrá muchos aspectos, como el elenco completo de definiciones del RGPD, o el art. 82 RGPD que regula los nuevos criterios de las acciones de responsabilidad civil, y que, salvo que se modifique en el trámite de enmiendas, no tendrán reflejo en la futura LOPD.

En ese sentido, debemos de reflexionar sobre el modo en el que la normativa de los Estados miembro en general, y España en particular, debe de recoger, reflejar e integrar el contenido de los Reglamentos provenientes de la Unión Europea, para favorecer el conocimiento y aplicación de dichos Reglamentos en nuestro derecho interno y facilitar la labor a los juristas.

De todos modos, para tener la visión completa de cómo quedará el nuevo marco normativo del derecho de protección de datos en nuestro país, será necesario esperar a la aprobación definitiva de la nueva LOPD que se está tramitando, y analizar las novedades que contendrá (tales como las relativa al ámbito sucesorio o la concreción de la edad del menor), para tener una visión más terminada y completa de este nuevo marco normativo.

3. PRINCIPALES NOVEDADES DE LA LOPD-GDD

Uno de los aspectos que más llama la atención es el carácter asistemático de la Ley Orgánica 3/2018. En primer lugar, porque aunque un Reglamento Europeo es una norma que se aplica directamente, sin necesidad de realizar ningún acto de transposición, lo bien cierto es que no se ha contemplado el carácter unitario y sistemático que tiene ya Ley, como la LOPDGDD, que además es la principal Ley sobre la materia de protección de datos en España. Además, la LOPDGDD es sin lugar a duda una de las leyes más citadas y más utilizadas, y lo es tanto por expertos juristas especializados en la materia como por personas que se ven abocadas a su utilización constante u ocasional.

Por ello creo que hubiera sido un acierto que el legislador español hubiera tomado en consideración tanto la importancia de la Ley como el conjunto heterogéneo de destinatarios, y hubiera integrado los principales aspectos del RGPD junto con el desarrollo propio de la LOPDGDD, dotando a esta última Ley de una mayor coherencia y sistematicidad.

Por tanto, la LOPDGDD es una ley profundamente asistemática, básicamente por tres motivos:

El primero es porque no contiene un elenco de conceptos jurídicos propios, por lo que los conceptos jurídicos básico como (dato personal, fichero, responsable y encargado de tratamiento, dato genético, dato biométrico, brecha de seguridad...) se tienen que tomar del RGPD.

En segundo lugar, porque los derechos de acceso, rectificación, oposición y cancelación, a los que se añade el derecho al olvido, el de portabilidad, el de limitación del tratamiento y el de control sobre la elaboración de perfiles, tampoco tienen un desarrollo en la LOPDGDD, ya que ésta remite al contenido del RGPD

Y, en tercer lugar, porque muchos derechos y regulaciones que se contienen en la LOPG, se repiten de forma idéntica o similar en el Título X LOPDGDD, dedicado a los derechos digitales. Tal el caso de la protección del menor, el propio derecho al olvido (regulado en los artículos 15, 93 y 94) o del mal llamado "testamento digital". Además, los llamados derechos digitales, salvo aquellos que están relacionados con el honor, la intimidad, la propia imagen, en su mayoría no tienen carácter de derecho fundamental, por lo que este elenco de los derechos digitales que se contienen en la LOPD realmente es una parte minoritaria de los derechos digitales, que son básicamente aquellos que tienen que ver con la intimidad o con la protección de datos

Por último, las disposiciones adicionales contienen la regulación de muchos aspectos que hubieran merecido estar en el texto, como la protección de datos en materia de salud o la regulación de publicación de listados con nombres, apellidos y DNI. Y lo mismo con la disposición final undécima sobre la obligación de publicar el registro de actividades de tratamiento en el portal de transparencia.

Efectivamente, de los aspectos que más impacto ha tenido desde un punto de vista práctico es que la a nueva LOPD-GDD impide el uso conjunto apellidos, nombre y número completo del documento de identificación oficial de las personas en aquellos actos administrativos que vayan a ser objeto de publicación o notificación por medio de anuncios.

A partir de la entrada en vigor de la Ley Orgánica, cuando un acto administrativo se deba publicar se identificará a la persona mediante su nombre y apellidos, añadiendo cuatro cifras numéricas aleatorias de su documento identificativo oficial; recomendándose que sean las cuatro cifras del medio.

Respecto de los datos personales en investigación sanitaria, la nueva Ley Orgánica flexibiliza el tratamiento de datos para la investigación en salud, ya que amplía las finalidades para las que se puede otorgar el consentimiento al tratamiento, recoge la posibilidad de reutilizar la información sobre la que se ya se haya prestado consentimiento con anterioridad, recoge el uso de datos pseudonimizados como una opción para facilitar la investigación sanitaria incluyendo garantías para evitar la reidentificación de los afectados y regula las garantías de este tratamiento, incluyendo la intervención de los Comités de Ética de la Investigación o, en su defecto, del Delegado de Protección de Datos o de un experto en protección de datos personales.

Pero también tiene otras novedades, en el ámbito funcional, como, por ejemplo, la publicación del Registro de actividades de tratamiento del órgano u organismo del Sector Público en su página web, junto con el inventario de las actividades de tratamiento de datos personales que realizan, identificando quién trata los datos, con qué finalidad y qué base jurídica legitima ese tratamiento.

En cuanto a la obligación de información a los ciudadanos sobre el ejercicio de sus derechos, los órganos y organismos del

Sector Público quedan obligados a incluir en su página web información clara y precisa destinada a los administrados sobre el ejercicio de los derechos de acceso, rectificación, supresión, derecho a la limitación del tratamiento, así como a la portabilidad y oposición.

Asimismo, los órganos y organismos del Sector Público pueden verificar, sin necesidad de solicitar consentimiento del interesado, la exactitud de los datos personales manifestados por los ciudadanos que obren en poder de los órganos y organismos del Sector Público.

La LOPD-GDD, también contiene una nueva regulación respecto de la aportación de documentación por parte de los ciudadanos. Ya en ley 30/1992 reconocía a los administrados el derecho a no aportar a los procedimientos administrativos los documentos que obrasen en poder de la Administración, o que hubiesen sido elaborados por ésta. La base jurídica del tratamiento de los datos personales por la Administración era el consentimiento del administrado, que se entendía tácitamente concedido si el interesado no se oponía expresamente.

Asimismo, la nueva redacción otorgada por la Ley Orgánica al artículo 28 de la Ley 39/2015 reconoce al interesado la posibilidad de oponerse a que órganos y organismos del Sector Público consulten o recaben los citados documentos, pero en ese caso el administrado deberá aportarlos necesariamente para que la Administración pueda conocer que concurren en él los requisitos establecidos por la norma. En caso contrario no podrán estimar su solicitud, precisamente porque no habría demostrado los requisitos requeridos.

En todo caso, dicho derecho de oposición no juega en los casos de potestades de verificación o inspección.

En cuanto al Delegado de Protección de Datos del órgano u organismo del Sector Público la LOPD-GDD asigna un nuevo rol, ya que debe recibir las reclamaciones que les dirijan los administrados, cuando opten por esta vía antes de plantear una reclamación ante la AEPD, y comunicará la decisión adoptada al administrado en el plazo máximo de dos meses.

Asimismo, el Delegado de Protección de Datos deberá recibir las reclamaciones que la AEPD decida trasladarle con carácter previo al inicio de un expediente sancionador. El Delegado debe comunicar la decisión adoptada al administrado y a la AEPD en el plazo máximo de un mes.

De esta forma, con carácter general, si el Delegado de Protección de Datos consigue que el responsable resuelva por cualquiera de estas dos vías la reclamación, y sin perjuicio de que el interesado posteriormente se dirija a la AEPD, no se iniciaría expediente de declaración de infracción a esa Administración Pública.

4. LA PROTECCIÓN DE DATOS EN EL ÁMBITO DE INTERNET Y REDES DE COMUNICACIÓN

4.1. El envío de comunicaciones comerciales no solicitadas

El régimen de envío de comunicaciones comerciales enviados a través de Internet se regula en la Ley 34/2002, de Servicios de la Sociedad de la Información y Comercio Electrónico.

En primer lugar, las comunicaciones comerciales realizadas por vía electrónica deberán ser claramente identificables como tales y deberán indicar la persona física o jurídica en nombre de la cual se realizan.

Sin embargo, lo más importante es que al ley prohíbe taxativamente el envío de comunicaciones publicitarias o promocionales por correo electrónico u otro medio de comunicación electrónica equivalente que previamente no hubieran sido solicitadas o expresamente autorizadas por los destinatarios de las mismas, salvo que exista una relación contractual previa, siempre que el prestador hubiera obtenido de forma lícita los datos de contacto del destinatario y los empleara para el envío de comunicaciones comerciales referentes a productos o servicios de su propia empresa que sean similares a los que inicialmente fueron objeto de contratación con el cliente.

En todo caso, el prestador deberá ofrecer al destinatario la posibilidad de oponerse al tratamiento de sus datos con fines promocionales mediante un procedimiento sencillo y gratuito, tanto en el momento de recogida de los datos como en cada una de las comunicaciones comerciales que le dirija.

Y el particular o cliente podrá revocar en cualquier momento el consentimiento prestado a la recepción de comunicaciones comerciales con la simple notificación de su voluntad al remitente. A tal efecto, las empresas que presten sus servicios a través de Internet deberán habilitar procedimientos sencillos y gratuitos para que los destinatarios de servicios puedan revocar el consentimiento que hubieran prestado, así como información accesible por medios electrónicos sobre dichos procedimientos[5].

---

[5] Cuando el envío de comunicaciones electrónicas comerciales es masivo o reiterado se conoce como SPAM y tiene un régimen sancionador que se contiene en el artículo 38.2 de la Ley 34/2002, sobre servicios de la sociedad de la información y comercio electrónico, según el cual se considera infracción grave el envío masivo de comunicaciones comerciales por correo electrónico u otro medio de comunicación electrónica equivalente a destinatarios que no hayan autorizado o solicitado expresamente su remisión, o el envío, en el plazo de un año, de más de tres comunicaciones comerciales por los medios aludidos a un mismo destinatario, cuando éste no hubiera solicitado o autorizado su remisión.

Mientras que se considera infracción leve, según el artículo 38.4 de la Ley 34/2002, el envío de comunicaciones comerciales por correo electrónico u otro medio de comunicación electrónica equivalente a los destinatarios que no hayan autorizado su remisión o se hayan opuesto a ella, cuando no constituya infracción grave.

Respecto de la normativa sobre llamadas telefónicas y el envío de fax no solicitado, ésta se contiene básicamente en el artículo 38.3, letra h), de la Ley General de Telecomunicaciones, según el cual los abonados a servicios de comunicaciones electrónicas tienen derecho a no recibir llamadas automáticas sin intervención humana o mensajes de fax, con fines de venta directa sin haber prestado su consentimiento previo e informado para ello.

Finalmente, el envío comunicaciones no comerciales o personales no tiene una regulación singular, y se rige por la normativa general

4.2. La instalación de cookies o chivatos en páginas web

La incidencia que tiene en nuestra día a día las Sentencias del TJUE y el Derecho comunitario o proveniente de la Unión Europea es cada vez mayor.

Así, una Sentencia del Tribunal del Justicia de la Unión Europea de 1 de octubre de 2019, en el asunto C-673/17, entre Bundesverband der Verbraucherzentralen und Verbraucherverbände — Verbraucherzentrale Bundesverband eV versus Planet49 GmbH (esto es, entre la Asociación Federal de Centros y Asociaciones de Consumidores y Planet 49 S.L.) tiene como consecuencia que hay que cambiar tanto la política de cookies como el modo de obtener el consentimiento para instalarlas y utilizarlas de forma válida en la inmensa mayoría de las páginas web actuales.

Las cookies o "chivatos" son ficheros que el proveedor de un sitio de Internet instala en el ordenador de los usuarios cuando estos acceden a dicho espacio web con el fin de facilitar la navegación o las transacciones y, sobre todo, con el fin de obtener información sobre el comportamiento y preferencia de dichos usuarios en el acceso y en la búsqueda de la información ofrecida o de los diferentes productos y servicios que se ofertan en dicha web.

Lo que establece ahora el TJUE es que el consentimiento para instalar cookies no se presta de manera válida con un sistema de casilla marcada por defecto que el usuario debe desmarcar si no desea dar su consentimiento.

Ello implica, con más motivo, que el consentimiento tácito para instalar cookies, con fórmulas tales como: "por el hecho de navegar y entrar en la web se entiende que aceptas las políticas de cookies", y que es el modelo de consentimiento más utilizado en cookies nuestro país actualmente, tampoco es válido.

Después de la STJUE de 1 de octubre se requiere de un consentimiento inequívoco, en el que haya que marcar casillas que no están marcadas, y además, dicho consentimiento debe ser informado, puesto que el proveedor de servicios debe facilitar al usuario información sobre el tiempo durante el cual las cookies estarán activas, así como el tipo de cookies, y la posibilidad de navegar en la web incluso rechazándolas todas.

El mejor modelo de políticas de cookies es el de la página web de la Unión Europea:

https://europa.eu/european-union/index_es

Como puede observarse, el banner sobre consentimiento para cookies aparece al principio de la página, destacado, dando una opción inicial, no "premarcada" y en igualdad de condiciones de "aceptar" o "rechazar" cookies, además de permitir seleccionar algunas cookies y excluir otras de forma informada.

Otra opción es la de la AEPD, que informa que no utiliza cookies para recoger información de los usuarios, ni registra las direcciones IP de acceso. Únicamente se utilizan cookies propias, de sesión, con finalidad técnica (aquellas que permiten al usuario la navegación a través del sitio web y la utilización de las diferentes opciones y servicios que en ella existen)..

Lo cierto es que esta Sentencia del TJUE supone una novedad relativa, ya que dicha solución se contenía en la Propuesta de Reglamento de E-Privacidad, que no llegó a aprobarse y que posiblemente se hará en breve, pero ya había base legal para aplicarse sobre la base del Reglamento General de Protección de datos de la Unión Europea, y eso es lo que ha aclarado la citada Sentencia.

Dicho esto, vamos a analizar brevemente la Sentencia TJUE de 1 de octubre de 2019 (asunto C-673/17, Planet49), en la que resuelve las cuestiones prejudiciales planteadas tanto sobre la base de la Directiva 95/46 (que es la primera que reguló las cookies) como del RGPD.

Respecto del caso concreto, esta cuestión prejudicial tiene su origen en un litigio entre la Federación de Organizaciones y Asociaciones de Consumidores de Alemania y una sociedad (Planet49), que ofrece juegos en línea.

Planet49 organizó un juego con fines promocionales en un sitio de Internet. Los usuarios que deseaban participar en dicho juego debían introducir su código postal, accediendo así a una página web en la que debían introducir su nombre y dirección. Debajo de los campos reservados para facilitar la dirección figuraban dos casillas. La primera no estaba marcada por defecto y servía para que los usuarios prestasen su consentimiento "para que determinados patrocinadores y empresas colaboradoras puedan informarme por correo, teléfono, correo electrónico o SMS sobre ofertas de su respectivo ámbito de actividad".

El enlace que figuraba en la mención que acompañaba a esta primera casilla, vinculado a las palabras "patrocinadores y empresas colaboradoras", conducía a una lista en la que constaban cincuenta y siete empresas, sus direcciones, el sector de actividad publicitado y el medio de comunicación utilizado para la publicidad (correo electrónico, correo ordinario o teléfono). A continuación del nombre de cada empresa figuraba la expresión "dar de baja".

La segunda casilla estaba marcada por defecto y, mediante la misma, el usuario prestaba su consentimiento para que el organizador del juego instalara cookies en el equipo del usuario con el fin de poder observar su comportamiento de navegación y el uso de páginas web de socios publicitarios, así como para el envío de publicidad específica conforme a sus intereses.

La participación en el juego solo era posible si se marcaba, al menos, la primera casilla.

El Tribunal Supremo alemán, cuando le llega el caso, entiende que la solución del litigio depende de la interpretación de las disposiciones de los artículos 5, apartado 3, y 2, letra f), de la Directiva 2002/58, artículo 2, letra h) de la Directiva 95/46 y del RDGP, por lo que decidió suspender el procedimiento y plantear al Tribunal de Justicia dos cuestiones prejudiciales relativas al alcance de la exigencia del consentimiento del usuario para la instalación de cookies en su equipo y sobre la información que se le debe facilitar a estos efectos.

Y la respuesta del TJUE es que «El consentimiento al que se hace referencia en los artículos 2, letra f), y 5, apartado 3, de la

Directiva 95/46 no se presta de manera válida cuando el almacenamiento de información o el acceso a la información ya almacenada en el equipo terminal del usuario de un sitio de Internet a través de cookies se autoriza mediante una casilla marcada por defecto de la que el usuario debe retirar la marca en caso de que no desee prestar su consentimiento».

Según explica el Tribunal en el considerando 52 de la sentencia, acogiendo la opinión del Abogado General en sus conclusiones, "la exigencia de una «manifestación» de voluntad del interesado sugiere claramente un comportamiento activo y no pasivo" y en este sentido, "el consentimiento dado mediante una casilla marcada por defecto no implica un comportamiento activo por parte del usuario de un sitio de Internet", ya que "parece prácticamente imposible determinar de manera objetiva si el usuario de un sitio de Internet ha dado efectivamente su consentimiento para el tratamiento de sus datos personales al no quitar la marca de una casilla marcada por defecto y si dicho consentimiento ha sido dado, en todo caso, de manera informada", pues "no puede descartarse que dicho usuario no haya leído la información que acompaña a la casilla marcada por defecto, o que ni tan siquiera la haya visto, antes de proseguir con su actividad en el sitio de Internet que visita" (considerando 55).

Por todo ello, "la manifestación de voluntad a que se hace referencia en el articulo 2, letra h, de la Directiva 95/46 debe ser, en particular, «específica», en el sentido de que debe tener concretamente por objeto el tratamiento de datos de que se trate y no puede deducirse de una manifestación de voluntad que tenga un objeto distinto" (considerando 58).

Dicha interpretación viene avalada además la luz del RGPD, cuyo artículo 4, punto 11, "es todavía más estricto puesto que exige una manifestación de voluntad «libre, específica, informada e inequívoca» del interesado, que ha de adoptar la forma de una declaración o de una «clara acción afirmativa» que marque su aceptación del tratamiento de datos personales que le conciernen", por lo que no se presta de manera válida cuando el almacenamiento de información o el acceso a la información ya almacenada en el equipo terminal del usuario de un sitio de Internet se autoriza mediante una casilla marcada por defecto de la que el usuario debe retirar la marca en caso de que no desee prestar su consentimiento.

En segundo lugar, añade el TJUE en el número 2 del fallo, a estos efectos "resulta indiferente que la información almacenada o consultada en el equipo terminal del usuario de un sitio de Internet sean o no datos personales, ya que si bien "la colocación de cookies controvertida en el litigio principal constituye un tratamiento de datos personales", el artículo 5, apartado 3 de la Directiva 95/46 hace referencia al «almacenamiento de información» y a la «obtención de acceso a la información ya almacenada», sin calificar dicha información ni precisar si esta ha de consistir en datos personales" (considerandos 67 y 68).

Por último, y en respuesta la segunda cuestión prejudicial planteada, relativa a la información que el proveedor de servicios debe facilitar al usuario de un sitio de Internet según el artículo 5, aparado 3, de la Directiva 2002/58, el Tribunal declara en el número 3 de su fallo, que esta "incluye el tiempo durante el cual las cookies estarán activas y la posibilidad de que terceros tengan acceso a ellas".

Y ello porque, según se desprende del considerando 46 de esta sentencia, " el art. 5, aparado 3, de la Directiva 2002/58requiere que el usuario haya dado su consentimiento después de que se le haya facilitado información clara y completa, en particular sobre los fines del tratamiento de los datos, «con arreglo a lo dispuesto en la Directiva 95/46" y esta información clara y completa "debe permitir al usuario determinar fácilmente las consecuencias de cualquier consentimiento que pueda dar y garantizar que dicho consentimiento se otorgue con pleno conocimiento de causa. Debe ser claramente comprensible y suficientemente detallada para que el usuario pueda comprender el funcionamiento de las cookies empleadas", lo cual, en casos como el de autos, incluye "la información acerca del tiempo durante el cual las cookies estarán activas y la posibilidad de que terceros tengan acceso a ellas" (considerandos 73, 74 y 75).

En particular, la información relativa al tiempo durante el cual las cookies estarán activas "responde a la exigencia [establecida en el artículo 10 de la Directiva], de que el tratamiento de los datos sea leal, puesto que, en una situación como la controvertida en el litigio principal, un período de tiempo largo, o incluso ilimitado, implica la recogida de numerosos datos sobre los hábitos de navegación y la frecuencia de las eventuales visitas del usuario a los sitios de los socios publicitarios del organizador del juego con fines promocionales". Interpretación que "queda corroborada" por el artículo 13, apartado 2, letra a), del RGPD, que prevé que, para garantizar un tratamiento de datos leal y transparente, el responsable del tratamiento debe facilitar al interesado información, entre otras cosas, sobre el plazo durante el cual se conservarán los datos personales o, cuando no sea posible, sobre los criterios utilizados para determinar este plazo" (considerandos 78 y 79).

En definitiva, que la mayoría de las páginas web de nuestro país y del resto de Estados Miembro de la Unión Europea deben adaptar su política de cookies y el modo de obtener el consentimiento para su correcta instalación y utilización a las exigencias del RGPD, recomendándose para ello el modelo de la propia web institucional de la UE: https://europa.eu/european-union/index_es

5. BIBLIOGRAFÍA

ÁLVAREZ CIENFUEGOS SUÁREZ, J.M., «Notas a la nueva regulación de la protección de datos de carácter personal», La Ley, 2000-3.

CASACUBERTA, D., «La privacidad en los nuevos medios electrónicos. Aspectos éticos y sociales», REDI, nº 11, junio 1999.

CAMPUZANO LAGUILLO, A., "Algunas consideraciones sobre la libertad informática y el derecho a la protección de datos de carácter personal en la jurisprudencia constitucional", Revista Aranzadi de Derecho y Nuevas Tecnologías, número 1, 2003, págs. 99 y ss.

DAVARA RODRÍGUEZ, M.A., *Guía práctica de la protección de datos,* Ed. Asnef Equifax, Madrid, 1999.

DAVARA RODRÍGUEZ, M.A., *La protección de datos en Europa: principios, derechos y procedimiento.* Ed. Asnef Equifax, Madrid, 1998.

DÍAZ ARIAS, R., «Transferencia de Datos Personales. ¿Llegarán nuestros datos a buen puerto?, sobre el reciente acuerdo sobre protección de datos alcanzado entre Estados Unidos y la Unión Europea», REDI, nº 23, junio 2000.

GÓMEZ-JUÁREZ SIDERA, I., "Reflexiones sobre el derecho a la protección de datos de los menores de edad y la necesidad de su regulación específica en la legislación española", Revista Aranzadi de Derecho y Nuevas Tecnologías, número 11, 2006, págs. 71-88.

GUILLÉN CATALÁN, R., "Control o fiscalización del correo electrónico de los trabajadores por su empresa", Revista Aranzadi de Derecho y Nuevas Tecnologías, número 4, 2004, págs. 7-94.

FERNÁNDEZ-SAMANIEGO, J., «La Nueva Ley de Protección de Datos de Carácter Personal Española (Ley Orgánica 15/199, del 13 de Diciembre)», REDI, nº 24, julio 2000.

GALINDO.F., «Protección de datos e intimidad», La Ley, 1996-6.

HERRÁN ORTIZ, A.I., *La violación de la intimidad en la protección de datos personales,* Ed. Dykinson, Madrid, 1998.

LOSANO, M.A., PÉREZ LUÑO, A.E., GUERRERO MATEUS, M.F., *libertad informática y leyes de protección de datos personales,* Ed. Centro de Estudios Constitucionales, Madrid, 1998.

MAESTRE, J.A., «Comentarios a la Nueva Legislación sobre Protección de Datos», REDI, nº 21, abril 2000.

MARTÍNEZ MARTÍNEZ, R., Vida privada y tecnología de la información en el entorno laboral, Revista Aranzadi de Derecho y Nuevas Tecnologías, número 9, 2005, págs. 65-78.

MARTÍNEZ MARTÍNEZ, R., "Videovigilancia y protección de datos personales. La Instrucción 1/2006, de 12 de diciembre, de la Agencia Española de Protección de Datos, Revista Aranzadi de Derecho y Nuevas Tecnologías, número 13, 2007, págs. 72 y ss.

MARTÍNEZ MARTÍNEZ, RI., Protección de datos. Comentarios al Reglamento de Desarrollo de la LOPD. Ed. Tirant lo Blanch, 2009.

PÉREZ DE VELASCO, J.R., «Protección de Datos de Carácter Personal», REDI, nº 27, octubre 2000.

PLAZA PENADES, J., «El nuevo modelo de protección de datos personales europeo y el modo de obtener un consentimiento lícito», Revista Aranzadi de derecho y nuevas tecnologías, ISSN 1696-0351, Nº. 44, 2017, pág. 19 y ss.

PLAZA PENADES, J., «Implementando el nuevo Reglamento General europeo de Protección de Datos», Revista Aranzadi de derecho y nuevas tecnologías, ISSN 1696-0351, Nº. 43, 2017, págs. 19-21

PLAZA PENADES, J., «El nuevo marco normativo de la protección de datos», Actualidad civil, ISSN 0213-7100, Nº 5, 2018 (Ejemplar dedicado a: Protección de datos: entre el RGPD y la nueva LOPD).

PLAZA PENADES, J., «El delegado de protección de datos o DPO (Data Protection Officer) Revista Aranzadi de derecho y nuevas tecnologías, ISSN 1696-0351, Nº. 42, 2016, págs. 19-21

PLAZA PENADÉS, J., «Cuestiones actuales de la inteligencia artificial y el BIG DATA, Protección jurídica de la privacidad.: Inteligencia artificial, salud y contratación / Luz M. Martínez Velencoso (dir.), Marina Sancho López (dir.), 2022, ISBN 9788413917986, págs. 45-70.

PLAZA PENADES, J., «La moderna configuración de la transparencia en la prestación de servicios y en la contratación en Internet, Transparencia y explicabilidad de la inteligencia artificial / coord. por Lorenzo Cotino Hueso, Jorge Castellanos Claramunt, 2022, ISBN 9788411471602, págs. 225-248.

PLAZA PENADES, J., «Los derechos en la Era digital (Comentario al artículo 79 LOPDGDD) », Comentario al Reglamento General de Protección de Datos y a la Ley Orgánica de Protección de Datos personales y Garantía de los Derechos Digitales / Antonio Troncoso Reigada (dir.), Juan José González Rivas (pr.), Vol. 2, 2021, ISBN 978-84-1346-102-1, págs. 3855-3867.

PLAZA PENADES, J., «Derecho a la neutralidad de internet (Comentario al artículo 80 LOPDGDD) », Comentario al Reglamento General de Protección de Datos y a la Ley Orgánica de Protección de Datos personales y Garantía de los Derechos Digitales / Antonio Troncoso

Reigada (dir.), Juan José González Rivas (pr.), Vol. 2, 2021, ISBN 978-84-1346-102-1, págs. 3869-3871.

PLAZA PENADES, J., «Derecho de acceso universal a internet (Comentario al artículo 81 LOPDGDD)» Comentario al Reglamento General de Protección de Datos y a la Ley Orgánica de Protección de Datos personales y Garantía de los Derechos Digitales / Antonio Troncoso Reigada (dir.), Juan José González Rivas (pr.), Vol. 2, 2021, ISBN 978-84-1346-102-1, págs. 3873-3879.

PLAZA PENADES, J., «Derecho a la seguridad digital (Comentario al artículo 82 LOPDGDD) » Comentario al Reglamento General de Protección de Datos y a la Ley Orgánica de Protección de Datos personales y Garantía de los Derechos Digitales / Antonio Troncoso Reigada (dir.), Juan José González Rivas (pr.), Vol. 2, 2021, ISBN 978-84-1346-102-1, págs. 3881-3886.

PLAZA PENADES, J., «La responsabilidad en investigación con datos personales y su nuevo marco normativo», Cuestiones clásicas y actuales del Derecho de daños: estudios en homenaje al profesor Dr. Roca Guillamón / coord. por Joaquín Ataz López, José Antonio Cobacho Gómez; Juan

RAMOS SUAREZ, F., «¿Es legal el uso de cookies?», REDI, nº 1, agosto 1998.

RAMOS SUAREZ, F., «Nuevo reglamento de seguridad para la protección de ficheros automatizados con datos de carácter personal: ¿obstáculo o ayuda al desarrollo de la empresa española?», REDI, nº 14, septiembre 1999.

SÁNCHEZ ALMEIDA, C., «Intimidad: Un derecho en Crisis. La Erosión de la Privacidad», REDI, nº 24, julio 2000.

ROMEO CASABONA, CARLOS M, "La protección penal de los mensajes de correo electrónico y de otras comunicaciones de carácter personas a través de la Red", Revista Aranzadi de Derecho y Nuevas Tecnologías, número 10, 2006, págs.15-33

SÁNCHEZ CARAZO, C., Y SÁNCHEZ CARAZO, J.M., *Protección de datos de carácter personal relativos a la salud*, Ed. Agencia de Protección de Datos, Madrid, 1999.

SEMPERE NAVARRO. ANTONIO V., y SAN MARTÍN MAZZUCCONI, CAROLINA, "Nuevas tecnologías y relaciones laborales: una tipología jurisprudencial", Revista Aranzadi de Derecho y Nuevas Tecnologías, número 10, 2006, págs 35-64.

USTARAN, E., «Data Protection obligations for e-businesses», REDI, nº 24, julio, 2000.

ZABÍA DE LA MATA, J., "Una novedad de la LO 15/1999, de Protección de Datos: la figura del encargado del tratamiento", Revista Aranzadi de Derecho y Nuevas Tecnologías, número 4, 2004, págs. 95-101.

II. VULNERACIÓN DE LA PROTECCIÓN DE DATOS Y SU IMPLICACIÓN EN EL RGPD Y EN LA LOPDDG

RAQUEL GUILLÉN CATALÁN
Profesora Titular de Derecho Civil
Universitat de València

SUMARIO: NOTAS PRELIMINARES. 1. NUEVO RÉGIMEN SANCIONADOR DEL RGPD. 1.1. Catálogo de infracciones. 1.2. Sanciones imponibles. 2. SU CORRESPONDENCIA EN LA LOPDDG. 3. CONCLUSIONES. BIBLIOGRAFÍA

NOTAS PRELIMINARES

El derecho fundamental de la «protección de datos» es el derecho que nos permite acceder, rectificar y cancelar la información almacenada y disponer de los propios datos personales, es decir, es el derecho de controlar la veracidad o exactitud de dichos datos y de verificar su utilización para el fin autorizado[1].

Como ya se ha señalado en el trabajo anterior, la Constitución española, en su artículo 18 CE, apartado cuarto, establece que «la ley limitará el uso de la informática para garantizar el honor y la intimidad personal y familiar de los ciudadanos y el pleno ejercicio de sus derechos».

Dicho reconocimiento constitucional a la protección de datos fue desarrollado por la Ley Orgánica 5/1992, de 29 de octubre, de regulación del tratamiento automatizado de los datos de ca-

---

1 PEREZ LUÑO, A., *Derechos Humanos, Estado de Derecho y Constitución*, Tecnos, Madrid, 1984, pp. 316–375.

rácter personal (LORTAD), posteriormente por la Ley Orgánica 15/1999, de 13 de diciembre, de Protección de Datos de Carácter Personal, (en adelante LOPD), que trasponía a nuestro ordenamiento jurídico la Directiva de protección de datos (Directiva 95/46/CE del Parlamento Europeo y del Consejo, de 24 de octubre de 1995, relativa a la protección de las personas físicas en lo que respecta al tratamiento de datos personales y a la libre circulación de estos datos) y por el Real Decreto 1720/2007, de 21 de diciembre, por el que se aprueba el Reglamento de desarrollo de la Ley Orgánica 15/1999, de 13 de diciembre, de protección de datos de carácter personal, (en adelante RLOPD).

En la actualidad, la protección de datos se regula por el Reglamento (UE) 2016/679 del Parlamento Europeo y del Consejo, de 27 de abril de 2016, relativo a la protección de las personas físicas en lo que respecta al tratamiento de datos personales y a la libre circulación de estos datos y por el que se deroga la Directiva 95/46/CE (Reglamento general de protección de datos, en adelante RGPD).

El citado Reglamento es aplicable en todos los Estados de la Unión Europea y pretende homogeneizar[2] la normativa en materia de protección de datos[3], impidiendo que exista disparidad de regulaciones en cada Estado miembro[4].

---

2 Téngase en cuenta que mientras los reglamentos son normas vinculantes, las directivas únicamente establecen unos objetivos para todos los Estados miembros que deben trasponer a través de su propio ordenamiento jurídico. Vid. LÓPEZ CALVO, J., *Comentarios al Reglamento Europeo de Protección de Datos,* Sepín, Madrid, 2017, p.63

3 Uno de los objetivos del Reglamento era «evitar la fragmentación de los ordenamientos jurídicos de los Estados miembros en materia de protección de datos personales, especialmente en lo relativo al régimen sancionador». Vid. MARTÍNEZ VÁZQUEZ, F., «La tramitación parlamentaria de la Ley Orgánica de protección de datos», *op. cit.*, pp. 55-56.

4 Al respecto se debe tener en cuenta que una de las críticas a la Directiva 95/46/CE relativa a la protección de las personas físicas en lo respectivo al tratamiento de datos personales se refería a «la excesiva libertad con la que contaban los Estados miembros a la hora de establecer el correspondiente régimen sancionador». CORRAL SASTRE, A., «El régimen sancionador

No obstante, el legislador nacional promulgó la Ley Orgánica 3/2018, de 5 de diciembre, de Protección de Datos Personales y garantía de los derechos digitales (LOPDDG)[5], ya no sólo integrando las normas establecidas en el RGPD[6], sino complementando la misma, atendiendo a que, como se verá más adelante, los Estados miembros debían precisar algunos aspectos que quedaban sin concretar en la normativa europea[7].

La protección que se dispensa a través de la normativa señalada sería inútil si, a la vez, no se estableciera un régimen disciplinario que garantizase el cumplimiento de la legislación y, más, teniendo en cuenta, el impacto que tienen las tecnologías en cualquier ámbito de la sociedad, ya no sólo por las innumerables ventajas que ofrecen, como la contratación de un modo global o el desarrollo de nuevas formas de comunicación, como las plataformas de comunicación en línea[8], sino también por los nuevos retos a los que hacer frente, si se realiza de un modo masivo la recogida de nuestros datos personales, especialmente en relación a los menores, usuarios más desprotegidos[9].

---

en materia de protección de datos en el Reglamento general de la Unión Europea», en PIÑAR MAÑAS, J.L., *Reglamento General de protección de datos. Hacia un nuevo modelo europeo de privacidad,* Reus, Madrid, 2016, p.573.

5 Para más información sobre el iter parlamentario de la norma. Véase, MARTÍNEZ VÁZQUEZ, F., «La tramitación parlamentaria de la Ley Orgánica de protección de datos», *op. cit.* pp. 56-77,

6 Vid. GARCÍA MEXÍA, P., «La singular naturaleza jurídica del Reglamento General de protección de datos de la UE. Sus efectos en el acervo nacional sobre protección de datos», en PIÑAR MAÑAS, J.L., *Reglamento General de protección de datos. Hacia un nuevo modelo europeo de privacidad,* Reus, Madrid, 2016, pp. 25-26.

7 Junto con el objetivo mencionado, se debe señalar que la promulgación de la LOPDDG también supuso completar el RGPD con medidas más eficaces y clarificar la normativa aplicable al derogar expresamente la LOPD. Vid. AMÉRIGO ALONSO, J., «Objeto y ámbito de aplicación», en RALLO LOMBARTE, A., *Tratado de protección de datos,* Tirant Lo Blanch, Valencia, 2019, p. 80.

8 GIL ANTÓN, A. M., «La privacidad del menor en internet», *REDS. Revista de Derecho, Empresa y Sociedad,* núm.3, septiembre-diciembre, 2013, p.79.

9 En este sentido señala el Prof. Vázquez de Castro que «el menor es un usuario más débil y menos consciente de sus derechos». VÁZQUEZ DE CAS-

Por todo ello, en este capítulo se describe el régimen sancionador actual del derecho a la protección de datos de carácter personal[10], tanto del Reglamento Europeo de protección de datos[11] como de la Ley española.

1. NUEVO RÉGIMEN SANCIONADOR DEL RGPD

1.1. Catálogo de infracciones

En los apartados 4 y 5 del artículo 83 RGPD se recogen las infracciones que puede dar lugar a la imposición de multas administrativas[12], aunque sin especificar una clasificación de infracciones, a diferencia de lo que establece el legislador español y que luego veremos realizada por el sujeto responsable.

TRO, E., «Protección de datos personales, redes sociales y menores», *Revista Aranzadi de derecho y nuevas tecnologías*, núm. 29, 2012, p. 53.

[10] No sólo en el ámbito de las nuevas tecnologías de la información y la comunicación, sino cuando se incumpla la normativa de protección de datos, con carácter general. Téngase en cuenta que la vulneración del derecho a la protección de datos debe ser sancionable independientemente del medio a través del cual se realiza. Véase VÁZQUEZ DE CASTRO, E., «Protección de datos personales, redes sociales y menores», *op.cit.* pp. 44 y ss.

[11] No obstante, cuando se proceda a la lectura de este capítulo se debe tener en cuenta que con la regulación actual se incorpora a nuestro ordenamiento el principio de responsabilidad proactiva que conlleva la necesaria articulación de medidas que garanticen el cumplimiento de las normas. Vid. NÚÑEZ GARGÍA, J. L., «Responsabilidad y obligaciones del responsable y del encargado del tratamiento», en RALLO LOMBARTE, A., *Tratado de protección de datos,* Tirant Lo Blanch, Valencia, 2019, pp. 354 y 385.

[12] Es necesario tener en cuenta que «el nuevo Reglamento establece un parámetro de cumplimiento que obliga a demostrar la existencia de diligencia debida por parte de los responsables y encargados, de forma que, si no existe, se estaría incumplimiento de facto el Reglamento». Vid. LÓPEZ ÁLVAREZ, F., «La responsabilidad del responsable», en PIÑAR MAÑAS, J.L., *Reglamento General de protección de datos. Hacia un nuevo modelo europeo de privacidad,* Reus, Madrid, 2016, p.291.

El párrafo cuarto especifica las siguientes infracciones con su correlativa sanción:

- Las obligaciones del responsable y del encargado a tenor de los artículos 8, 11, 25 a 39, 42 y 43. Por ejemplo, dentro de estas infracciones podemos mencionar aquellas cometidas por vulnerar las condiciones aplicables al consentimiento de los menores de edad en relación con los servicios de la sociedad de la información.
- Las obligaciones de los organismos de certificación a tenor de los artículos 42 y 43;
- Las obligaciones de la autoridad de control a tenor del artículo 41, apartado 4[13].

El párrafo quinto y sexto señalan las siguientes infracciones a las que se les aumenta la cuantía económica:

- Los principios básicos para el tratamiento, incluidas las condiciones para el consentimiento a tenor de los artículos 5, 6, 7 y 9. Por ejemplo, las normas relativas a la licitud del tratamiento, las condiciones del consentimiento o el tratamiento de datos especiales.
- Los derechos de los interesados a tenor de los artículos 12 a 22. Piénsese, por ejemplo, en las vulneraciones de los derechos de acceso, rectificación, supresión, portabilidad u oposición.
- Las transferencias de datos personales a un destinatario en un tercer país o una organización internacional a tenor de los artículos 44 a 49;

---

13 Tal y como señala el Prof. Corral hay una defectuosa traducción del reglamento, puesto que al hablar de autoridades de control realmente se debería haber hecho referencia a los órganos de supervisión del cumplimiento de los códigos de conducta. Vid. CORRAL SASTRE, A., «El régimen sancionador en materia de protección de datos en el Reglamento general de la Unión Europea», op.cit., p.576.

- Toda obligación que adopten los Estados miembros con relación a situaciones específicas de tratamiento, como la conciliación entre la protección de datos y la libertad de información o el acceso a documentos oficiales, o el tratamiento del número nacional de identificación.
- El incumplimiento de una resolución o de una limitación temporal o definitiva del tratamiento o la suspensión de los flujos de datos por parte de la autoridad de control.
- El incumplimiento de las resoluciones de la autoridad de control.

El Reglamento no aborda, en ningún momento, el plazo de prescripción de las infracciones, por lo que se tendrá que acudir a la legislación nacional de cada Estado miembro.

1.2. Sanciones imponibles

En primer lugar, se debe señalar que en el RGPD se configuró un régimen sancionador compuesto no solo de multas administrativas, sino también de medidas coercitivas impuestas por las autoridades de control.

El legislador europeo, como medida de armonización[14], ya señala en el Considerando 148 RGPD que «a fin de reforzar la aplicación de las normas del presente Reglamento, cualquier infracción de este debe ser castigada con sanciones, incluidas multas administrativas, con carácter adicional a medidas adecuadas

---

[14] Señala el Prof. Corral que lo que se pretende es que «todas las autoridades de control puedan imponer multas por la comisión de infracciones, de manera que se eviten los denominados paraísos de datos, dentro de la Unión Europea, que de alguna manera, impide la libre circulación de los datos, obstaculicen el ejercicio de las actividades económicas y false en la competencia impidiendo que las autoridades cumplan con las funcionen encomendadas..».. Vid. CORRAL SASTRE, A., «El régimen sancionador en materia de protección de datos en el Reglamento general de la Unión Europea», op.cit., p.581.

impuestas por la autoridad de control en virtud del presente Reglamento, o en sustitución de éstas».

Se observa claramente las diferencias con la regulación anterior donde el artículo 24 de la Directiva 95/46/CE dejaba total libertad a los Estados miembros de establecer los tipos de sanciones que consideraran al establecer literalmente que «los Estados miembros adoptarán las medidas adecuadas para garantizar la plena aplicación de las disposiciones de la presente Directiva y determinarán, en particular, las sanciones que deben aplicarse en caso de incumplimiento de las disposiciones adoptadas en ejecución de la presente Directiva».

Por tanto, a continuación, se debe realizar una breve exposición de las sanciones, diferenciándolas por su diversa naturaleza.

Respecto a las multas administrativas, el legislador europeo, regula las condiciones de su imposición, como su cuantía en el artículo 83 RGPD.

El mencionado precepto atribuye a las autoridades de control de cada Estado miembro la potestad sancionadora, de conformidad con el artículo 58.2.i) RGPD que atribuye el poder correctivo de «imponer una multa administrativa con arreglo al artículo 83, además o en lugar de las medidas mencionadas en el presente apartado, según las circunstancias de cada caso particular» a cada autoridad de control. Por tanto, en España, la competencia sancionadora le corresponde a la Agencia Española de Protección de Datos.

En cuanto a sus características, se debe señalar que las mismas deben ser efectivas, proporcionadas y disuasorias para cada caso individual.

En relación a la cuantía económica a abonar por la comisión de la infracción, el legislador hace dos bloques: Por un lado, las infracciones contenidas en el apartado cuarto del artículo 83 RGPD, se sancionarán, con multas administrativas de 10.000.000 EUR como máximo o, tratándose de una empresa, de una cuantía equivalente al 2 % como máximo del volumen de negocio total anual global del ejercicio financiero anterior, optándose por la de mayor cuantía y, por otro lado, las infracciones del apartado quinto y sexto se sancionarán con multas administrativas de 20.000.000 EUR como máximo o, tratándose de una empresa, de una cuantía equivalente al 4 % como máximo del volumen de negocio total anual global del ejercicio financiero anterior, optándose por la de mayor cuantía.

Como se observa las autoridades de control tienen un amplio margen de discrecionalidad para determinar la sanción[15].

Por ello, para determinar la cuantía económica, las autoridades de control al imponerlas deben tener en cuenta los siguientes criterios[16]:

a) La naturaleza, gravedad y duración de la infracción, teniendo en cuenta la naturaleza, alcance o propósito de la operación de tratamiento de que se trate, así como el número de interesados afectados y el nivel de los daños y perjuicios que hayan sufrido;

b) la intencionalidad o negligencia en la infracción;

c) cualquier medida tomada por el responsable o encargado del tratamiento para paliar los daños y perjuicios sufridos por los interesados;

d) el grado de responsabilidad del responsable o del encargado del tratamiento, habida cuenta de las medidas técnicas

---

15 Así mismo debe tenerse en cuenta que «el ejercicio por una autoridad de control de sus poderes en estos casos estará sujeto a garantías procesales adecuadas». Vid. BRITO IZQUIERDO, N., «Recursos, responsabilidad y sanciones (arts. 77-84 RGPD)», en LÓPEZ CALVO, J., *El nuevo marco regulatorio derivado del Reglamento Europeo de Protección de datos,* Wolters Kluwer, Madrid, 2018, p. 663

16 Comparto con el Prof. Corral el hecho de que la graduación de las cuantías de las multas en función de las circunstancias de cada caso individual evidencia una apuesta decidida por la responsabilidad proactiva, como criterio inspirador del régimen sancionador. Vid. CORRAL SASTRE, A., «El régimen sancionador en materia de protección de datos en el Reglamento general de la Unión Europea», op.cit., p.581.

u organizativas que hayan aplicado en virtud de los artículos 25 y 32;

e) toda infracción anterior cometida por el responsable o el encargado del tratamiento;

f) el grado de cooperación con la autoridad de control con el fin de poner remedio a la infracción y mitigar los posibles efectos adversos de la infracción;

g) las categorías de los datos de carácter personal afectados por la infracción;

h) la forma en que la autoridad de control tuvo conocimiento de la infracción, en particular si el responsable o el encargado notificó la infracción y, en tal caso, en qué medida;

i) cuando las medidas indicadas en el artículo 58, apartado 2, hayan sido ordenadas previamente contra el responsable o el encargado de que se trate en relación con el mismo asunto, el cumplimiento de dichas medidas;

j) la adhesión a códigos de conducta en virtud del artículo 40 o a mecanismos de certificación aprobados con arreglo al artículo 42, y

k) cualquier otro factor agravante o atenuante aplicable a las circunstancias del caso, como los beneficios financieros obtenidos o las pérdidas evitadas, directa o indirectamente, a través de la infracción.

Junto con estos criterios generales, el Considerando 150 RGPD, además, señala que «si las multas administrativas se imponen a personas que no son una empresa, la autoridad de control debe tener en cuenta al valorar la cuantía apropiada de la multa el nivel general de ingresos prevaleciente en el Estado miembro, así como la situación económica de la persona». Por tanto, será esencial identificar la condición de empresa o no del encargo o responsable del tratamiento.

Así mismo, se debe precisar que el apartado tercero del precepto establece que «si un responsable o un encargado del tratamiento incumpliera de forma intencionada o negligente, para las mismas operaciones de tratamiento u operaciones vinculadas, diversas disposiciones del presente Reglamento, la cuantía total de la multa administrativa no será superior a la cuantía prevista para las infracciones más graves», lo que supone, desde mi punto de vista una equivocación, puesto que si el objetivo del legislador europeo era imponer sanciones cuantiosas como medida disuasoria, al responsable le sale igualmente gravoso incumplir una o varias obligaciones, puesto que no se le va a poder imponer la cuantía total de la multa administrativa que fuera superior a la cuantía prevista para las infracciones más graves, es decir, 20.000.000 EUR como máximo o, tratándose de una empresa, de una cuantía equivalente al 4 % como máximo del volumen de negocio total anual global del ejercicio financiero anterior.

Las multas administrativas señaladas se podrán imponer con carácter adicional o sustitutivo de las medidas contempladas en el artículo 58, apartado 2, letras a) a h) y j), es decir, de las medidas correctivas de advertencia, apercibimiento, rectificación o supresión de datos, retirar una certificación u ordenador la suspensión de flujos de datos internacionales, entre otras.

Dichas multas administrativas recaerán, ya no solo respecto del responsable o encargado del tratamiento, sino también sobre los organismos de certificación y los órganos de supervisión del cumplimiento de los códigos de conducta[17], de conformidad con el artículo 83 RGPD.

A pesar del avance armonizador del legislador europeo en regular de manera concreta las sanciones a imponer a través de un Reglamento, en lugar de utilizar una Directiva, como ocurría con la regulación anterior, existen determinados aspectos que quedan abiertos a la voluntad o deseo de los Estados miembros. Por ejemplo, uno

---

17 Para una mayor información sobre los Códigos de conducta en general y los organismos de supervisión, en particular, véase SAIZ PEÑA, C. A., «Seguridad de los datos, evaluación de impacto, códigos de conducta y certificación», en RALLO LOMBARTE, A., (Dir.), *Tratado de protección de datos,* Tirant Lo Blanch, Valencia, 2019, pp. 423-427.

de ellos, es la posibilidad que se contiene en el párrafo séptimo del artículo de que cada Estado miembro establezca normas sobre si se puede, y en qué medida, imponer multas administrativas a autoridades y organismos públicos establecidos en dicho Estado miembro, es decir, las administraciones públicas como responsables o encargados de los tratamientos serán sujetos responsables de las infracciones, pero desconocemos cómo serán sancionados, puesto que el legislador europeo lo deja a criterio de cada Estado miembro[18].

Puede darse el caso de que el ordenamiento jurídico de un Estado miembro no establezca multas administrativas, en cuyo caso el legislador europeo prevé, en el apartado noveno del art. 83 RGPD, la posibilidad de que pueda aplicarse de tal modo las sanciones incoando los procedimientos a través de la autoridad de control competente y se imponga por los tribunales nacionales competentes.

Serán, en ese caso, los Estados miembros los que establecerán las normas en materia de otras sanciones aplicables a las infracciones, en particular, las infracciones que no se sancionen con multas administrativas, y adoptarán todas las medidas necesarias para garantizar su observancia y que las citadas sanciones sean efectivas, proporcionadas y disuasorias, de conformidad con el art. 84 RGPD.

Del mismo modo que se ha señalado respecto a las infracciones, el Reglamento no especifica cuál es el plazo de prescripción de las sanciones. Por tanto, nos remitimos al contenido del epígrafe correspondiente de la Ley de protección de datos española, que analizaremos posteriormente.

Como se observa del análisis de las sanciones económicas que prevé el legislador europeo, deja poco margen de discrecionalidad a los Estados miembros.

---

18 No obstante, aunque se excluyera de multas económicas a las Administraciones Públicas, como sucede en el ordenamiento español, como se indicará más adelante, se podría interponer por las personas a las que se les haya vulnerado sus datos personales la acción de indemnización por daños y perjuicios como mecanismos de resarcimiento. Vid. LÓPEZ CALVO, J., *Comentarios al Reglamento Europeo de Protección de Datos, op. cit.*, p. 101.

A continuación, el artículo 84 RGPD establece la posibilidad de que los Estados miembros configuren otro tipo de sanciones aplicables a las infracciones del presente Reglamento.

Al respecto el legislador europeo únicamente señala que dichas sanciones deberán ser efectivas, proporcionadas y disuasorias y los Estados miembros deberán adoptar todas las medidas necesarias para garantizar su observancia.

Como se aprecia, a diferencia de las multas administrativas, en este caso, los legisladores nacionales tendrán un amplio margen de configuración y desarrollo, siempre que las sanciones establecidas cumplan con los principios de eficacia, proporcionalidad y disuasión que señala el precepto[19].

2. SU CORRESPONDENCIA EN LA LOPDDG

En la actualidad el régimen sancionador se regula en el título IX de la Ley Orgánica 3/2018, de 5 de diciembre, de Protección de Datos Personales y garantía de los derechos digitales, en adelante LOPDDG.

Es importante describir el régimen de infracciones y sanciones de la LOPDDG, puesto que, aunque el RGPD es de obligado cumplimiento y directamente aplicable a cada Estado Miembro[20], no deroga el régimen sancionador previsto en la normativa nacional, sino que lo desplaza[21], puesto que ésta se

---

19 Piénsese, por ejemplo, en la potestad de inmovilización de un fichero que preveía el artículo 49 LOPD o sanciones disciplinarias. Vid. LÓPEZ CALVO, J., *Comentarios al Reglamento Europeo de Protección de Datos, op. cit.* p. 299.

20 Vid. Artículo 288 del tratado de funcionamiento de la Unión Europea

21 El Prof. Corral señala literalmente que «el régimen sancionador que establece la Ley orgánica de protección de datos actual queda postergado a la aplicación de aquellos supuestos que queden fuera del ámbito de aplicación material del reglamento». CORRAL SASTRE, A., «El régimen sancionador en materia de protección de datos en el Reglamento general de la Unión Europea», op.cit., p. 573.

aplicará en aquellos supuestos no incluidos en el ámbito de aplicación del Reglamento[22].

Así mismo, debe recordarse, tal y como se ha señalado en el análisis del RGPD, que determinados aspectos se dejaban a su desarrollo por los Estados miembros e incluso encontrábamos determinadas lagunas, como, por ejemplo, el aspecto de la prescripción de las infracciones y sanciones, que deben ser suplidas por los ordenamientos internos de cada Estado miembro o el establecimiento de las sanciones a los organismos públicos como responsables de los tratamientos.

Del análisis del citado Título se puede observar, en primer lugar, que, a diferencia de lo que ocurría con el RGPD, el legislador español ha preferido seguir utilizando la técnica mantenida en las leyes de protección de datos anteriores y diferenciar las infracciones muy graves, de las graves y leves[23], a través de un listado ejemplificativo de algunos de los actos sancionables que deben entenderse incluidos dentro de los tipos generales establecidos en la norma europea[24].

No obstante, antes de analizar el contenido de los artículos 72, 73 y 74[25], debe señalarse que el artículo 71 recuerda que son infracciones no sólo los actos contenidos en los apartados 4, 5 y 6 del artículo 83 RGPD, sino también las conductas que sean contrarias a la LOPDDG[26].

---

22 Vid. AMÉRIGO ALONSO, J., «Objeto y ámbito de aplicación», *op. cit.*, p. 95.

23 No obstante, el punto V del Preámbulo LOPDDG establece que dicha distinción se realiza tomando en consideración la diferenciación en la cuantía de las sanciones del RGPD y que dicha categorización se introduce a los solos efectos de determinar los plazos de prescripción.

24 Así lo considera expresamente el legislador español en el punto V del Preámbulo.

25 Me remito al excelente trabajo realizado por la doctrina respecto a la correlación entre las infracciones del RGPD y LOPDDG. Vid. LÓPEZ CALVO, J., «Régimen sancionador: tipologías de infracciones, sanciones y multas», en RALLO LOMBARTE, A. (Dir.), *Tratado de protección de datos*, Tirant Lo Blanch, Valencia, 2019, pp. 591-597.

26 Comparto con el Prof. López la importancia de esa apreciación al extender la potestad sancionadora de la autoridad de control no sólo a las in-

El artículo 72 LOPDDG recoge como infracciones consideradas muy graves las infracciones que supongan una vulneración sustancial del párrafo quinto y las del párrafo sexto del artículo 83 RGPD y, en particular, las siguientes:

a) El tratamiento de datos personales vulnerando los principios y garantías establecidos en el artículo 5 del Reglamento (UE) 2016/679.

b) El tratamiento de datos personales sin que concurra alguna de las condiciones de licitud del tratamiento establecidas en el artículo 6 del Reglamento (UE) 2016/679

c) El incumplimiento de los requisitos exigidos por el artículo 7 del Reglamento (UE) 2016/679 para la validez del consentimiento.

d) La utilización de los datos para una finalidad que no sea compatible con la finalidad para la cual fueron recogidos, sin contar con el consentimiento del afectado o con una base legal para ello.

e) El tratamiento de datos personales de las categorías a las que se refiere el artículo 9 del Reglamento (UE) 2016/679, sin que concurra alguna de las circunstancias previstas en dicho precepto y en el artículo 9 de esta ley orgánica.

f) El tratamiento de datos personales relativos a condenas e infracciones penales o medidas de seguridad conexas fuera de los supuestos permitidos por el artículo 10 del Reglamento (UE) 2016/679 y en el artículo 10 de esta ley orgánica.

g) El tratamiento de datos personales relacionados con infracciones y sanciones administrativas fuera de los supuestos permitidos por el artículo 27 de esta ley orgánica.

---

fracciones del RGPD, sino a cualquier norma de la LOPDDG. Vid. LÓPEZ CALVO, J., «Régimen sancionador: tipologías de infracciones, sanciones y multas», *op. cit.*, pp. 587 y 590.

h) La omisión del deber de informar al afectado acerca del tratamiento de sus datos personales conforme a lo dispuesto en los artículos 13 y 14 del Reglamento (UE) 2016/679 y 12 de esta ley orgánica.

i) La vulneración del deber de confidencialidad establecido en el artículo 5 de esta ley orgánica.

j) La exigencia del pago de un canon para facilitar al afectado la información a la que se refieren los artículos 13 y 14 del Reglamento (UE) 2016/679 o por atender las solicitudes de ejercicio de derechos de los afectados previstos en los artículos 15 a 22 del Reglamento (UE) 2016/679, fuera de los supuestos establecidos en su artículo 12.5.

k) El impedimento o la obstaculización o la no atención reiterada del ejercicio de los derechos establecidos en los artículos 15 a 22 del Reglamento (UE) 2016/679.

l) La transferencia internacional de datos personales a un destinatario que se encuentre en un tercer país o a una organización internacional, cuando no concurran las garantías, requisitos o excepciones establecidos en los artículos 44 a 49 del Reglamento (UE) 2016/679.

m) El incumplimiento de las resoluciones dictadas por la autoridad de protección de datos competente en ejercicio de los poderes que le confiere el artículo 58.2 del Reglamento (UE) 2016/679.

n) El incumplimiento de la obligación de bloqueo de los datos establecida en el artículo 32 de esta ley orgánica cuando la misma sea exigible.

ñ) No facilitar el acceso del personal de la autoridad de protección de datos competente a los datos personales, información, locales, equipos y medios de tratamiento que sean requeridos por la autoridad de protección de datos para el ejercicio de sus poderes de investigación.

o) La resistencia u obstrucción del ejercicio de la función inspectora por la autoridad de protección de datos competente.

p) La reversión deliberada de un procedimiento de anonimización a fin de permitir la reidentificación de los afectados.

El artículo 73 señala como infracciones graves, las contenidas en el apartado cuarto del artículo 83 RGPD cuando la citada infracción suponga una vulneración sustancial.

No obstante, el legislador español especifica como infracción grave una serie de actuaciones concretas, entre las que destaco las siguientes:

a) El tratamiento de datos personales de un menor de edad sin recabar su consentimiento, cuando tenga capacidad para ello, o el del titular de su patria potestad o tutela, conforme al artículo 8 del Reglamento (UE) 2016/679;

b) No acreditar la realización de esfuerzos razonables para verificar la validez del consentimiento prestado por un menor de edad o por el titular de su patria potestad o tutela sobre el mismo, conforme a lo requerido por el artículo 8.2 del Reglamento (UE) 2016/679.

c) El impedimento o la obstaculización o la no atención reiterada de los derechos de acceso, rectificación, supresión, limitación del tratamiento o a la portabilidad de los datos en tratamientos en los que no se requiere la identificación del afectado, cuando este, para el ejercicio de esos derechos, haya facilitado información adicional que permita su identificación.

g) El quebrantamiento, como consecuencia de la falta de la debida diligencia, de las medidas técnicas y organizativas que se hubiesen implantado conforme a lo exigido por el artículo 32.1 del Reglamento (UE) 2016/679.

h) El incumplimiento de la obligación de designar un representante del responsable o encargado del tratamiento no establecido en el territorio de la Unión Europea, conforme a lo previsto en el artículo 27 del Reglamento (UE) 2016/679.

i) La falta de atención por el representante en la Unión del responsable o del encargado del tratamiento de las solicitudes efectuadas por la autoridad de protección de datos o por los afectados.

j) La contratación por el responsable del tratamiento de un encargado de tratamiento que no ofrezca las garantías suficientes para aplicar las medidas técnicas y organizativas apropiadas conforme a lo establecido en el Capítulo IV del Reglamento (UE) 2016/679.

k) Encargar el tratamiento de datos a un tercero sin la previa formalización de un contrato u otro acto jurídico escrito con el contenido exigido por el artículo 28.3 del Reglamento (UE) 2016/679.

l) La contratación por un encargado del tratamiento de otros encargados sin contar con la autorización previa del responsable, o sin haberle informado sobre los cambios producidos en la subcontratación cuando fueran legalmente exigibles.

m) La infracción por un encargado del tratamiento de lo dispuesto en el Reglamento (UE) 2016/679 y en la presente ley orgánica, al determinar los fines y los medios del tratamiento, conforme a lo dispuesto en el artículo 28.10 del citado reglamento.

n) No disponer del registro de actividades de tratamiento establecido en el artículo 30 del Reglamento (UE) 2016/679.

ñ) No poner a disposición de la autoridad de protección de datos que lo haya solicitado, el registro de actividades de tratamiento, conforme al apartado 4 del artículo 30 del Reglamento (UE) 2016/679.

o) No cooperar con las autoridades de control en el desempeño de sus funciones en los supuestos no previstos en el artículo 72 de esta ley orgánica.

p) El tratamiento de datos personales sin llevar a cabo una previa valoración de los elementos mencionados en el artículo 28 de esta ley orgánica.

q) El incumplimiento del deber del encargado del tratamiento de notificar al responsable del tratamiento las violaciones de seguridad de las que tuviera conocimiento.

r) El incumplimiento del deber de notificación a la autoridad de protección de datos de una violación de seguridad de los datos personales de conformidad con lo previsto en el artículo 33 del Reglamento (UE) 2016/679.

s) El incumplimiento del deber de comunicación al afectado de una violación de la seguridad de los datos de conformidad con lo previsto en el artículo 34 del Reglamento (UE) 2016/679 si el responsable del tratamiento hubiera sido requerido por la autoridad de protección de datos para llevar a cabo dicha notificación.

t) El tratamiento de datos personales sin haber llevado a cabo la evaluación del impacto de las operaciones de tratamiento en la protección de datos personales en los supuestos en que la misma sea exigible.

u) El tratamiento de datos personales sin haber consultado previamente a la autoridad de protección de datos en los casos en que dicha consulta resulta preceptiva conforme al artículo 36 del Reglamento (UE) 2016/679 o cuando la ley establezca la obligación de llevar a cabo esa consulta.

v) El incumplimiento de la obligación de designar un delegado de protección de datos cuando sea exigible su nombramiento de acuerdo con el artículo 37 del Reglamento (UE) 2016/679 y el artículo 34 de esta ley orgánica.

w) No posibilitar la efectiva participación del delegado de protección de datos en todas las cuestiones relativas a la protección de datos personales, no respaldarlo o interferir en el desempeño de sus funciones.

x) La utilización de un sello o certificación en materia de protección de datos que no haya sido otorgado por una entidad de certificación debidamente acreditada o en caso de que la vigencia del mismo hubiera expirado.

y) Obtener la acreditación como organismo de certificación presentando información inexacta sobre el cumplimiento de los requisitos exigidos por el artículo 43 del Reglamento (UE) 2016/679.

z) El desempeño de funciones que el Reglamento (UE) 2016/679 reserva a los organismos de certificación, sin haber sido debidamente acreditado conforme a lo establecido en el artículo 39 de esta ley orgánica.

aa) El incumplimiento por parte de un organismo de certificación de los principios y deberes a los que está sometido según lo previsto en los artículos 42 y 43 de Reglamento (UE) 2016/679.

ab) El desempeño de funciones que el artículo 41 del Reglamento (UE) 2016/679 reserva a los organismos de supervisión de códigos de conducta sin haber sido previamente acreditado por la autoridad de protección de datos competente.

ac) La falta de adopción por parte de los organismos acreditados de supervisión de un código de conducta de las medidas que resulten oportunas en caso de que se hubiera producido una infracción del código, conforme exige el artículo 41.4 del Reglamento (UE) 2016/679.

Por su parte, el artículo 74 considera como leves las restantes infracciones de carácter meramente formal de los artículos mencionados en los apartados 4 y 5 del artículo 83 RGPD y, en particular, las siguientes:

a) El incumplimiento del principio de transparencia de la información o el derecho de información del afectado por no facilitar toda la información exigida por los artículos 13 y 14 del Reglamento (UE) 2016/679.

b) La exigencia del pago de un canon para facilitar al afectado la información exigida por los artículos 13 y 14 del Reglamento (UE) 2016/679 o por atender las solicitudes de ejercicio de derechos de los afectados previstos en los artículos 15 a 22 del Reglamento (UE) 2016/679, cuando así lo permita su artículo 12.5, si su cuantía excediese el importe de los costes afrontados para facilitar la información o realizar la actuación solicitada.

c) No atender las solicitudes de ejercicio de los derechos establecidos en los artículos 15 a 22 del Reglamento (UE) 2016/679, salvo que resultase de aplicación lo dispuesto en el artículo 72.1.k) de esta ley orgánica.

d) No atender los derechos de acceso, rectificación, supresión, limitación del tratamiento o a la portabilidad de los datos en tratamientos en los que no se requiere la identificación del afectado, cuando este, para el ejercicio de esos derechos, haya facilitado información adicional que permita su identificación, salvo que resultase de aplicación lo dispuesto en el artículo 73 c) de esta ley orgánica.

e) El incumplimiento de la obligación de notificación relativa a la rectificación o supresión de datos personales o la limitación del tratamiento exigida por el artículo 19 del Reglamento (UE) 2016/679.

f) El incumplimiento de la obligación de informar al afectado, cuando así lo haya solicitado, de los destinatarios a los que se hayan comunicado los datos personales rectificados, suprimidos o respecto de los que se ha limitado el tratamiento.

g) El incumplimiento de la obligación de suprimir los datos referidos a una persona fallecida cuando ello fuera exigible conforme al artículo 3 de esta ley orgánica.

h) La falta de formalización por los corresponsables del tratamiento del acuerdo que determine las obligaciones, funciones y responsabilidades respectivas con respecto al tratamiento de datos personales y sus relaciones con los afectados al que se refiere el artículo 26 del Reglamento (UE) 2016/679 o la inexactitud en la determinación de las mismas.

i) No poner a disposición de los afectados los aspectos esenciales del acuerdo formalizado entre los corresponsables del tratamiento, conforme exige el artículo 26.2 del Reglamento (UE) 2016/679.

j) La falta del cumplimiento de la obligación del encargado del tratamiento de informar al responsable del tratamiento acerca de la posible infracción por una instrucción recibida de este de las disposiciones del Reglamento (UE) 2016/679 o de esta ley orgánica, conforme a lo exigido por el artículo 28.3 del citado reglamento.

k) El incumplimiento por el encargado de las estipulaciones impuestas en el contrato o acto jurídico que regula el tratamiento o las instrucciones del responsable del tratamiento, salvo que esté legalmente obligado a ello conforme al Reglamento (UE) 2016/679 y a la presente ley orgánica o en los supuestos en que fuese necesario para evitar la infracción de la legislación en materia de protección de datos y se hubiese advertido de ello al responsable o al encargado del tratamiento.

l) Disponer de un Registro de actividades de tratamiento que no incorpore toda la información exigida por el artículo 30 del Reglamento (UE) 2016/679.

m) La notificación incompleta, tardía o defectuosa a la autoridad de protección de datos de la información relacionada con una violación de seguridad de los datos personales de conformidad con lo previsto en el artículo 33 del Reglamento (UE) 2016/679.

n) El incumplimiento de la obligación de documentar cualquier violación de seguridad, exigida por el artículo 33.5 del Reglamento (UE) 2016/679.

ñ) El incumplimiento del deber de comunicación al afectado de una violación de la seguridad de los datos que entrañe un alto riesgo para los derechos y libertades de los afectados, conforme a lo exigido por el artículo 34 del Reglamento (UE) 2016/679, salvo que resulte de aplicación lo previsto en el artículo 73 s) de esta ley orgánica.

o) Facilitar información inexacta a la Autoridad de protección de datos, en los supuestos en los que el responsable del tratamiento deba elevarle una consulta previa, conforme al artículo 36 del Reglamento (UE) 2016/679.

p) No publicar los datos de contacto del delegado de protección de datos, o no comunicarlos a la autoridad de protección de datos, cuando su nombramiento sea exigible de acuerdo con el artículo 37 del Reglamento (UE) 2016/679 y el artículo 34 de esta ley orgánica.

q) El incumplimiento por los organismos de certificación de la obligación de informar a la autoridad de protección de datos de la expedición, renovación o retirada de una certificación, conforme a lo exigido por los apartados 1 y 5 del artículo 43 del Reglamento (UE) 2016/679.

r) El incumplimiento por parte de los organismos acreditados de supervisión de un código de conducta de la obligación de informar a las autoridades de protección de datos acerca de las medidas que resulten oportunas en caso de infracción del código, conforme exige el artículo 41.4 del Reglamento (UE) 2016/679.

El legislador, atendiendo a la falta de pronunciamiento del RGPD, respecto del plazo de prescripción de las infracciones, se pronuncia específicamente sobre el mismo en los artículos anteriormente citados. Concretamente, establece que las infracciones leves prescribirán al año, las graves a los dos años y las muy graves a los tres años.

Dicho plazo de prescripción no podrá interrumpirse[27] ni por la denuncia ni por la notificación de que se ha admitido a trámite[28], puesto que, de conformidad con el 75 LOPDDG, sólo podrá interrumpirse por la iniciación, con conocimiento del interesado, del procedimiento sancionador[29], reiniciándose el plazo de prescrip-

---

27 El punto V del Preámbulo LOPDDG señala expresamente que «la ley orgánica regula los supuestos de interrupción de la prescripción partiendo de la exigencia constitucional del conocimiento de los hechos que se imputan a la persona, pero teniendo en cuenta la problemática derivada de los procedimientos establecidos en el reglamento europeo».

28 Vid. LÓPEZ CALVO, J., «Régimen sancionador: tipologías de infracciones, sanciones y multas», *op. cit.*, p. 597.

29 Aunque me extralimitaría del objeto de este trabajo con el estudio del procedimiento sancionar, debo precisar que el RGPD únicamente hace referencia al mismo en el Considerando 141 cuando señala que « Todo interesado debe tener derecho a presentar una reclamación ante una autoridad de control única, en particular en el Estado miembro de su residencia habitual, y derecho a la tutela judicial efectiva de conformidad con el artículo 47 de la Carta si considera que se vulneran sus derechos con arreglo al presente Reglamento o en caso de que la autoridad de control no responda a una reclamación, rechace o desestime total o parcialmente una reclamación o no actúe cuando sea necesario para proteger los derechos del interesado. La investigación a raíz de una reclamación debe llevarse a cabo, bajo control judicial, si procede en el caso concreto. La autoridad de control debe informar al interesado de la evolución y el resultado de la reclamación en un plazo razonable. Si el asunto requiere una mayor investigación o coordinación con otra autoridad de control, se debe facilitar información intermedia al interesado. Para facilitar la presentación de reclamaciones, cada autoridad de control debe adoptar medidas como el suministro de un formulario de reclamaciones, que pueda cumplimentarse también por medios electrónicos, sin excluir otros medios de comunicación». En consecuencia, nos remitimos a las legislaciones nacionales para conocer los citados procedimientos. En el caso del Estado español, se debe acudir a los arts. 63 a 69 LOPDDG. Para un estudio exhaustivo del procedimiento véase BUISÁN GARCÍA, N., «Procedimientos por vulneración de la

ción si el expediente sancionador estuviere paralizado durante más de seis meses por causas no imputables al presunto infractor.

En relación con las sanciones vigentes, el legislador nacional remite, en virtud del artículo 76 LOPDDG, tanto las cuantías económicas a imponer, cómo los criterios de graduación, al artículo 83 RGPD.

No obstante, el párrafo segundo del precepto español citado señala de manera específica una serie de criterios adicionales que se podrán tener en cuenta:

- El carácter continuado de la infracción.
- La vinculación de la actividad del infractor con la realización de tratamientos de datos personales.
- Los beneficios obtenidos como consecuencia de la comisión de la infracción.
- La posibilidad de que la conducta del afectado hubiera podido inducir a la comisión de la infracción.
- La existencia de un proceso de fusión por absorción posterior a la comisión de la infracción, que no puede imputarse a la entidad absorbente.
- La afectación a los derechos de los menores.
- Disponer, cuando no fuere obligatorio, de un delegado de protección de datos.
- El sometimiento por parte del responsable o encargado, con carácter voluntario, a mecanismos de resolución alternativa de conflictos, en aquellos supuestos en los que existan controversias entre aquellos y cualquier interesado.

---

normativa de protección de datos: tramitación de denuncias», en RALLO LOMBARTE, A., (DIR.), *Tratado de protección de datos,* Tirant Lo Blanch, Valencia, 2019, pp. 549-583. Si se analizan los anteriores preceptos se observa caramente la ampliación de los plazos de resolución de la reclamación por infracción respecto de los establecidos por la LOPD. Vid. la comparativa de ambas legislaciones en LÓPEZ CALVO, J., «Régimen sancionador: tipologías de infracciones, sanciones y multas», *op. cit.,* pp. 584-585.

Junto con la cuantía económica que fijó el legislador europeo[30], la comisión de la infracción puede llevar aparejada, de conformidad con el apartado cuarto del art. 76 LOPDDG, la publicación en el BOE de la información que identifique al infractor, la infracción cometida y el importe de la sanción impuesta cuando la autoridad competente sea la Agencia Española de Protección de Datos, la sanción fuese superior a un millón de euros y el infractor sea una persona jurídica[31].

Como ya señalamos anteriormente, el RGPD omitía cualquier referencia al plazo de prescripción de las sanciones. Por ello, el legislador español estableció, en el artículo 78 LOPDDG, un año para sanciones por importe igual o inferior a 40.000 euros, dos años para las sanciones por importe comprendido entre 40.001 y 300.000 euros y tres años para las sanciones por un importe superior a 300.000 euros prescriben a los tres años[32].

Dicho plazo de prescripción de las sanciones comenzará a contarse desde el día siguiente a aquel en que sea ejecutable la resolución por la que se impone la sanción o haya transcurrido el plazo para recurrirla.

Así mismo, la prescripción podrá ser interrumpida por la iniciación, con conocimiento del interesado, del procedimiento de ejecución, volviendo a transcurrir el plazo si el mismo está paralizado durante más de seis meses por causa no imputable al infractor.

---

30 Obsérvese que tras la publicación del RGPD, las sanciones son mucho más cuantiosas que las establecidas en la LOPD: para las infracciones leven de 9000 a 40.000 euros, en las infracciones graves de 40.001 a 300.000 euros y para las muy graves de 300.001 a 600.000 euros

31 Dicha publicación será adicional a la que se realice por la propia AEPD. Vid. LÓPEZ CALVO, J., «Régimen sancionador: tipologías de infracciones, sanciones y multas», *op. cit.*, p. 600.

32 Al respecto considero que hubiera sido más coherente con el régimen sancionador actual que el legislador podría haber adaptado los plazos de prescripción de las sanciones a las cuantías actuales en lugar de mantener las cuantías de la derogada normativa de protección de datos.

También se debe hacer mención al apartado tercero del art. 76 LOPDDG, en la línea de lo establecido por el párrafo segundo del art. 83 RGPD, que establece la posibilidad de que, complementaria o alternativamente, se adopten, cuando proceda, las restantes medidas correctivas.

Por último, con relación a los sujetos responsables el artículo 70 LOPDDG hace referencia a los ya señalados en el RGPD, es decir, los responsables y encargados de los tratamientos, las entidades de certificación y las entidades acreditadas de supervisión de los códigos de conducta, pero, respecto a la infracción del principio de confidencialidad, la responsabilidad se extenderá a cualquier persona que intervenga en el tratamiento[33].

Sin olvidar, cómo ha actuado el legislador español respecto a la posibilidad que otorga el párrafo séptimo del artículo 83 RGPD a los Estados miembros de imponer multas administrativas a los organismos públicos. Al respecto, se debe señalar que la LOPDDG no recoge tal posibilidad, tal y como veía haciendo la LOPD, puesto que el artículo 77 LOPDDG referente al régimen aplicable a determinadas categorías de responsables o encargados del tratamiento establece como sanción a las infracciones cometidas por los organismos públicos que cita en dicho precepto el apercibimiento, así como medidas disciplinarias[34], la comunicación al Defensor del Pueblo y la publicidad de las resoluciones.

3. CONCLUSIONES

La aprobación del RGPD ha supuesto la introducción de numerosas novedades en el régimen de infracciones y sanciones establecido para hacer efectivo el cumplimiento de las obligaciones en materia de protección de datos.

---

33 Vid. LÓPEZ CALVO, J., «Régimen sancionador: tipologías de infracciones, sanciones y multas», *op. cit.*, p. 589.

34 Se entiende del precepto que las medidas disciplinarias son frente a los empleados públicos responsables. Vid. LÓPEZ CALVO, J., «Régimen sancionador: tipologías de infracciones, sanciones y multas», *op. cit.*, p. 602.

En primer lugar, ya no sólo por los avances que ha supuesto la ampliación del ámbito de aplicación de la normativa de protección de datos a los responsables o encargados de los tratamientos, aunque tenga su sede social fuera de un Estado miembro de la Unión Europea, si recurre a medios situados en el territorio de la Unión Europea con el fin de recabar datos personales en cualquier Estado miembro, sin que la utilización de tales equipos para la recogida de datos se realice exclusivamente con fines de tránsito o de transmisión por el territorio de la Unión Europea, sino también porque la especificación de las actividades que debe realizar el responsable o el encargado del fichero no establecido en la Unión facilitará el sometimiento de éstos al Reglamento.

Continuando por el establecimiento de las infracciones, ya no a través de la enumeración exhaustiva de cada conducta tipificada como tal, sino remitiéndose al incumplimiento de las obligaciones de cada uno de los sujetos responsables de las infracciones. Considero que hubiera sido preferible que el RGPD hubiera establecido, de manera concreta, cada una de las infracciones de manera específica, porque, quizás, esta técnica legislativa suponga problemas a la hora de imponer las multas.

Sin olvidar, que en el Reglamento se suprime la distinción de infracciones y sanciones en muy graves, graves y leves, aunque el legislador español la ha seguido recogiendo por tradición legislativa.

No obstante, un aspecto positivo que se debe resaltar es el referente a los sujetos responsables de las infracciones que pueden ser sancionados, puesto que ya no sólo responderán los encargados y los responsables del tratamiento, sino también los organismos de control y las autoridades de supervisión de los códigos de conducta, pero no se pronuncia específicamente sobre los organismos públicos infractores, quedando, por tanto, a la discreción de cada Estado miembro de su sanción. Al respecto, considero que España, aunque ha perdido la oportunidad de sancionar económicamente a los organismos públicos cuando infringen la normativa de protección de datos, dará ejemplo a través de la aplicación de las medidas sancionatorias previstas por la legislación vigente, especialmente con el inicio de medidas disciplinarias correspondientes frente a la persona física responsable de la infracción.

Respecto a la cuantificación de las sanciones, resalta la finalidad disuasoria del Reglamento europeo al haber incrementado considerablemente las cuantías de las multas administrativas, que pueden alcanzar los diez millones de euros o si se trata de una empresa del 2% como máximo del volumen de negocio total anual global del ejercicio financiero anterior hasta los veinte millones de euros o si es una empresa el 4% como máximo del volumen de negocio total anual global del ejercicio financiero anterior, dependiendo de la gravedad de la infracción cometida.

No podemos dejar de mencionar que el Reglamento europeo tampoco despeja las dudas referidas al plazo de prescripción de las infracciones y de las sanciones, cuya laguna deberá ser suplida por las normativas de los Estados miembros.

A pesar de que se le podría reprochar al legislador europeo, desde la óptica de la propia finalidad del legislador europeo al promulgar un Reglamento y no una Directiva y con ello dotar de un mismo régimen jurídico de protección de datos a todos los Estados miembros, no regular determinados aspectos del régimen sancionador, considero que haber realizado un detallado régimen de infracciones y sanciones cumple con su finalidad armonizadora.

Por ello, considero que la aprobación de este nuevo modelo de protección de datos aprobado por el legislador europeo ha supuesto un avance de la salvaguarda del derecho fundamental de protección de datos.

4. BIBLIOGRAFÍA

AMÉRIGO ALONSO, J., «Objeto y ámbito de aplicación», en RALLO LOMBARTE, A., *Tratado de protección de datos,* Tirant Lo Blanch, Valencia, 2019, pp. 79-113.

ARIAS POU, M, «Definiciones a efectos del Reglamento General de Protección de datos», en PIÑAR MAÑAS, J.L., *Reglamento General de protec-*

ción de datos. Hacia un nuevo modelo europeo de privacidad, Reus, Madrid, 2016, pp. 115-134.

BRITO IZQUIERDO, N., «Recursos, responsabilidad y sanciones (arts. 77-84 RGPD)», en LÓPEZ CALVO, J. (Coord.), *El nuevo marco regulatorio derivado del Reglamento Europeo de Proteccón de datos,* Wolters Kluwer, Madrid, 2018, pp. 633-670

BUISÁN GARCÍA, N., «Procedimientos por vulneración de la normativa de protección de datos: tramitación de denuncias», en RALLO LOMBARTE, A., (DIR.), *Tratado de protección de datos,* Tirant Lo Blanch, Valencia, 2019, pp. 549-583.

CORRAL SASTRE, A., «El régimen sancionador en materia de protección de datos en el Reglamento general de la Unión Europea», en PIÑAR MAÑAS, J.L., *Reglamento General de protección de datos. Hacia un nuevo modelo europeo de privacidad,* Reus, Madrid, 2016, pp. 571-586.

GARCÍA MEXÍA, P., «La singular naturaleza jurídica del Reglamento General de protección de datos de la UE. Sus efectos en el acervo nacional sobre protección de datos», en PIÑAR MAÑAS, J.L., *Reglamento General de protección de datos. Hacia un nuevo modelo europeo de privacidad,* Reus, Madrid, 2016, pp. 23-34.

GIL ANTÓN, A. M., «La privacidad del menor en internet», *REDS. Revista de Derecho, Empresa y Sociedad,* núm.3, septiembre-diciembre, 2013, pp.

LÓPEZ ÁLVAREZ, F., «La responsabilidad del responsable», en PIÑAR MAÑAS, J.L., *Reglamento General de protección de datos. Hacia un nuevo modelo europeo de privacidad,* Reus, Madrid, 2016, pp. 275-294.

LÓPEZ CALVO, J., «Régimen sancionador: tipologías de infracciones, sanciones y multas», en RALLO LOMBARTE, A. (Dir.), *Tratado de protección de datos,* Tirant Lo Blanch, Valencia, 2019, pp. 583-605.

LÓPEZ CALVO, J., *Comentarios al Reglamento Europeo de Protección de Datos,* Sepín, Madrid, 2017.

MARTÍNEZ VÁZQUEZ, F., «La tramitación parlamentaria de la Ley Orgánica de protección de datos», en RALLO LOMBARTE, A., *Tratado de protección de datos,* Tirant Lo Blanch, Valencia, 2019, pp.53-78.

MINERO ALEJANDRE, G., «Presente y futuro de la protección de datos personales. Análisis normativo y jurisprudencial desde una perspectiva nacional y europea», *Anuario jurídico y económico escurialense,* núm. 50, 2017, p.

NÚÑEZ GARCÍA, J.L., «El encargado del tratamiento», en PIÑAR MAÑAS, J.L., *Reglamento General de protección de datos. Hacia un nuevo modelo europeo de privacidad,* Reus, Madrid, 2016, pp. 321-334.

NÚÑEZ GARGÍA, J. L., «Responsabilidad y obligaciones del responsable y del encargado del tratamiento», en RALLO LOMBARTE, A., *Tratado de protección de datos,* Tirant Lo Blanch, Valencia, 2019, pp. 353-387.

ORTI VALLEJO, A., *Derecho a la intimidad e informática,* Granada (1994): Comares.

PEREZ LUÑO, A., *Derechos Humanos, Estado de Derecho y Constitución,* Madrid (1984): Tecnos.

RALLO LOMBARTE, A., «España en la vanguardia de la Protección de datos: nuevos retos del Reglamento Europeo», en LÓPEZ CALVO, J. (Coord.), *El nuevo marco regulatorio derivado del Reglamento Europeo de Proteccón de datos,* Wolters Kluwer, Madrid, 2018, pp. 75-80.

RIPOL CARULLA, S., «Aplicación territorial del Reglamento», en PIÑAR MAÑAS, J.L., *Reglamento General de protección de datos. Hacia un nuevo modelo europeo de privacidad,* Reus, Madrid, 2016, pp. 77-96.

ROYO V. y MÉLER, N., «Multas impuestas por la AEPD en aplicación del RGPD: motivos y cuantías», *Diario La Ley,* de 5 de septiembre de 2019, pp. 1-4.

SAIZ PEÑA, C. A., «Seguridad de los datos, evaluación de impacto, códigos de conducta y certificación», en RALLO LOMBARTE, A., (Dir.), *Tratado de protección de datos,* Tirant Lo Blanch, Valencia, 2019, pp. 387-430.

URIARTE LANDA, I., «Ámbito de aplicación material», en PIÑAR MAÑAS, J.L., *Reglamento General de protección de datos. Hacia un nuevo modelo europeo de privacidad,* Reus, Madrid, 2016, pp. 63-76.

VÁZQUEZ DE CASTRO, E., «Protección de datos personales, redes sociales y menores», *Revista Aranzadi de derecho y nuevas tecnologías,* núm. 29, 2012, pp..

III. SISTEMAS DE INFORMACIÓN CREDITICIA Y PROTECCIÓN DE DATOS

JAVIER PLAZA PENADÉS
Catedrático de Derecho Civil
Delegado de Protección de Datos UV

SUMARIO: 1. INTRODUCCIÓN. 2. DERECHO DE PROTECCIÓN DE DATOS DE CARÁCTER PERSONAL. 2.1. Protección Constitucional. 2.2. Qué aspectos básicos se deben tener en cuenta en materia de protección de dato de carácter personal. 3. LAS NOVEDADES INTRODUCIDAS POR EL RGPD. 3.1. Nuevo modelo de protección del RGPD. 3.2. El consentimiento y la ley como fuentes de legitimación del tratamiento o la cesión. 3.3. Tratamiento de datos y la cesión o transferencia de datos. 3.4. El Delegado de protección de datos. 4. PRINCIPALES NOVEDADES DE LA LOPDGDD. 5. ¿CÓMO SE TIENE QUE LEGALIZAR UN FICHERO O TRATAMIENTO DE PROTECCIÓN DE DATOS DE UN FICHERO DE INFORMACIÓN SOBRE SOLVENCIA PATRIMONIAL Y DE CRÉDITO? 6. APLICACIÓN DEL REGLAMENTO DE DESARROLLO DE LA LOPD DE 1999 A FICHEROS DE INFORMACIÓN SOBRE SOLVENCIA PATRIMONIAL Y DE CRÉDITO. 7. RESPONSABILIDAD CIVIL DERIVADA DE FICHEROS DE INFORMACIÓN SOBRE SOLVENCIA PATRIMONIAL Y DE CRÉDITO. 8. ADECUACIÓN AL RGPD DE EVALUACIONES DE SOLVENCIA BASADAS EN TRATAMIENTOS AUTOMATIZADOS Y ELABORACION DE PERFILES. 9. CONCLUSIONES.

1. INTRODUCCIÓN

La Ley 5/2019, de 15 de marzo, reguladora de los contratos de créditos inmobiliarios, se ocupa del derecho de protección de datos en diversos artículos, como el artículo 11, relativo a la obligación de evaluar la solvencia del deudor, cuyo punto sexto establece que «cuando se deniegue la solicitud de préstamo, el prestamista informará por escrito y sin demora al potencial prestatario y, en su caso, al fiador o avalista de su respectivo resultado advirtiéndoles, de forma motivada de dicha denegación y, si procede, de que la decisión se basa en un tratamiento automático de datos. Cuando la denegación se base en el resultado de una consulta de una base de datos entregará una copia del resultado, el prestamista informará también al potencial prestatario del resultado de dicha consulta y de los pormenores de la base de datos consultada, como son el nombre, el responsable, así como del derecho que le asiste de acceder y rectificar, en su caso, los datos contenidos en la misma».

Del mismo modo, el artículo 12 LCCI, sobre información crediticia del deudor, establece en su punto primero que «los prestamistas e intermediarios de crédito y sus representantes designados especificarán de manera clara y directa en la fase precontractual la información necesaria y las pruebas, comprobables independientemente, que el potencial prestatario deberá facilitar, así como el marco temporal en que debe facilitar la información en cuestión. La información solicitada por el prestamista será proporcionada y limitada a lo necesario para la realización de una evaluación adecuada de la solvencia, con los límites establecidos en la normativa de protección de datos.

El prestamista deberá consultar el historial crediticio del cliente acudiendo a la Central de Información de Riesgos del Banco de España (CIRBE), así como a alguna de las entidades privadas de información crediticia en los términos y con los requisitos y garantías previstos en la legislación de protección de datos personales. En caso de que el prestamista conceda el préstamo, podrá comunicar los siguientes datos a las oficinas privadas de información crediticia: importe original, fecha de inicio, fecha de vencimiento, importes pendientes de pago, tipo de préstamo, garantías existentes y valor al que estas alcanzan, así como cualquier otro que establezca la persona titular del Ministerio de Economía y Empresa».

Por otro lado, y en relación con los intermediarios del crédito, el artículo 35 LCCI establece en su punto quinto que «Los intermediarios de crédito inmobiliario o representantes designados deben presentar fielmente al prestamista correspondiente la información necesaria obtenida a través del prestatario, con el fin de que pueda realizarse la evaluación de la solvencia, sin perjuicio de lo previsto en la legislación de protección de datos personales».

Pero además, en el régimen de infracciones, se considera una infracción muy grave, artículo 46.1 letra c) LCCI «El incumplimiento por parte de un prestamista o intermediario de crédito inmobiliario del deber de confidencialidad sobre los datos recibidos de la Central de Información de Riesgos, su uso para fines diferentes de los previstos en la normativa reguladora de la misma, o la solicitud de informes sobre personas titulares de riesgos fuera de los casos expresamente autorizados en la citada normativa. Todo ello salvo que, por el número de afectados o por la importancia de la información, tales incumplimientos puedan estimarse poco relevantes».

Y en el punto 2, del citado artículo 46, se considera infracción grave:

b) La no remisión por parte de un prestamista o intermediario de crédito inmobiliario al Banco de España de los datos o documentos que deban serle remitidos o que el mismo requiera en el ejercicio de sus funciones en aplicación de lo previsto en el Capítulo VI de la Ley 44/2002, de 22 de noviembre, de Medidas de Reforma del Sistema Financiero, o su remisión incompleta o inexacta. A los efectos de esta letra se entenderá, asimismo, como falta de remisión, la remisión extemporánea fuera del plazo previsto en la norma correspondiente o del plazo concedido por el órgano competente al efectuar, en su caso, el oportuno requerimiento y

c) El incumplir el deber de confidencialidad sobre los datos recibidos de la Central de Información de Riesgos, su uso para fines diferentes de los previstos en la normativa reguladora de la misma, o la solicitud de informes sobre personas titulares de riesgos fuera de los casos expresamente autorizados en dicha Ley, siempre que ello no suponga una infracción muy grave de conformidad con lo dispuesto en el apartado anterior.

Paralelamente, la Disposición adicional duodécima sobre Información en materia de contratos de crédito al consumo, establece que en los mismos términos que los indicados en el artículo 12 de la presente Ley y de conformidad con lo dispuesto en la legislación de protección de datos personales, los prestamistas podrán consultar el historial crediticio del cliente o deudor y, en caso de conceder el crédito o préstamo, comunicar a las entidades privadas de información crediticia los datos que correspondan, todo ello en cumplimiento de lo dispuesto en los artículos 14 y 15 de la Ley 16/2011, de 24 de junio, de contratos de crédito al consumo, y del artículo 29 de la Ley 2/2011, de 4 de marzo, de Economía Sostenible.

Todo ello contrasta con la Directiva 2014/17/UE del Parlamento Europeo y del Consejo, de 4 de febrero de 2014, sobre los contratos de crédito celebrados con los consumidores para bienes inmuebles de uso residencial, donde solo se preveía, en el artículo 18, punto 5, letra c) que, cuando se deniegue la solicitud de crédito, el prestamista informará sin demora al consumidor de dicha denegación y, si procede, de que la decisión se basa en un tratamiento automático de datos. Cuando la denegación se base en el resultado de una consulta de una base de datos, el prestamista informará también al consumidor del resultado de dicha consulta y de los pormenores de la base de datos consultada.

Y, el artículo 21 del Reglamento (UE) 2016/679 del Parlamento Europeo y del Consejo de 27 de abril de 2016 relativo a la protección de las personas físicas en lo que respecta al tratamiento de datos personales y a la libre circulación de estos datos y por el que se deroga la directiva 95/46/CE (RGPD), sobre acceso a bases de datos, según el cual cada Estado miembro garantizará que todos los prestamistas de todos los Estados miembros puedan acceder a las bases de datos utilizadas en ese Estado miembro, a efectos de evaluar la solvencia del consumidor y con el fin exclusivo de verificar que este cumple con las obligaciones crediticias durante toda la vigencia del contrato de crédito. Se garantizará que este acceso se haga en condiciones no discriminatorias. Dicho acceso, se aplicará tanto a las bases de datos gestionadas por agencias de información crediticia o agencias de referencia de crédito privadas como a los registros públicos.

Como puede observarse, en materia de evaluación de la (in) solvencia nos enfrentamos a una doble obligación:

— La primera es la que atañe a los titulares de los ficheros de información sobre solvencia patrimonial y de crédito, que tienen un complejo marco normativo que cumplir. Por ello, nos vamos a centrar en la nueva normativa de protección de datos y su afectación al tratamiento de datos de carácter personal sobre solvencia patrimonial y crédito, donde se tiene que tener en consideración, además, la vigencia, en este ámbito, del Real Decreto 1720/2007, de 21 de diciembre, por el que se aprueba el Reglamento de desarrollo de la Ley Orgánica 15/1999, de 13 de diciembre, de protección de datos de carácter personal, y que en algunos aspectos contiene una visión más detallada que el propio RGPD o la vigente Ley Orgánica 3/2018, de 5 de diciembre, de Protección de Datos y Garantía de Derechos Digitales (LOPDGDD).

— La segunda consiste en que para las entidades prestamistas, incumplir la normativa de protección de datos también puede ser fuente de responsabilidades, más allá de que no hacer un estudio de insolvencia y conceder crédito a quienes no pueden devolverlo, puede conllevar la imposibilidad de exigir su cumplimiento en caso de impago; por lo que en breve la *praxis* de las entidades bancarias y financieras será endurecer este tipo de evaluaciones y, con ello, el acceso al crédito.

De ahí la importancia de este tipo de servicios y la prerrogativa del acceso a dichos datos, respetando siempre el derecho de protección de datos del solicitante.

2. DERECHO DE PROTECCIÓN DE DATOS DE CARÁCTER PERSONAL

2.1. Protección Constitucional

El derecho a la protección de datos de carácter personal es un derecho cuya formulación inicial se contiene en nuestra Constitución en el artículo 18.4 y en el que se indica literalmente que «La ley limitará el uso de la informática para garantizar el honor y la intimidad personal y familiar de los ciudadanos y el pleno ejercicio de sus derechos».

Sobre esa base se construyó un derecho que ha ido ganando sustantividad propia y que se llegó a conocer impropiamente como «libertad informática», ya que expresa la idea de que la persona debe tener en todo momento el conocimiento y la capacidad de control para decidir qué datos personales pueden ser informatizados y conocidos por terceros.

A fecha de hoy subsiste esa idea originaria de que la persona tiene el derecho a conocer que datos personales suyos son o pueden ser tratados por terceros, conservando las facultades de decisión y disposición sobre los datos personales propios, lo que justifica la necesidad de recabar un consentimiento previo para el tratamiento y la cesión de datos, de suministrar un adecuado nivel de información sobre los fines perseguidos con el tratamiento o la cesión, de custodiar los datos personales ajenos con un determinado grado de seguridad y de reconocer a las personas cuyos datos han sido tratados los derechos de oposición, acceso, rectificación y cancelación sobre sus datos.

Pero la protección legal ya no se proyecta sólo (como prevé nuestra Constitución) sobre los riesgos o peligros de «la informática», sino sobre el ámbito del tratamiento de datos en sí mismo, entendido como la posibilidad que tiene un tercero de almacenar distintos datos que cruzados y unidos pueden revelar un determinado perfil ideológico o conductual que la persona desearía mantener en secreto y dentro de su ámbito de control, pero sin importar si el fichero en el que se almacenan o tratan datos está o no informatizado.

Por ello, resulta más adecuado hablar hoy de un «derecho a la protección de datos personales» (informatizados o no informatizados) donde la protección se proyecta tanto en el ámbito del tratamiento como en el ámbito de la posterior cesión de datos, configurándose como un derecho fundamental de la persona que debe ser en todo caso respetado por todos[1].

Respecto del desarrollo normativo en España, la materia de protección de datos se regula en la Ley Orgánica 3/2018, de 5 de diciembre, de protección de datos de carácter personal y garantía de derechos digitales (LOPDGDD). Si bien, por encima de dicha Ley Orgánica se sitúa el Reglamento 2016/679, de 27 de abril de 2016, «General de Protección de Datos de carácter personal» RGPD, que es una norma comunitaria directamente aplicable y jerárquicamente superior a la LOPD-GDD.

Además, debe tenerse en cuenta la Directiva 2002/58/CE, de 12 de julio de 2002, relativa al tratamiento de los datos personales y a la protección de la intimidad en el sector de las comunicaciones electrónicas, y cuyos preceptos se han incorporado en nuestro derecho a través de la Ley 9/2014, de 9 de mayo, de Telecomunicaciones, así como en la Ley 34/2002, de servicios de la sociedad de la información y comercio electrónico.

2.2. *Qué aspectos básicos se deben tener en cuenta en materia de protección de dato de carácter personal*

Que su objeto son los datos únicamente de personas naturales o físicas. Y, por tanto, no afecta al tratamiento de «datos no per-

---

[1] De hecho, ya en la Constitución Europea, en la que se contiene una Carta de Derechos Fundamentales de la Unión, el derecho a la protección de datos personales se reconoce de manera singular y en clara, en un artículo propio que tiene el siguiente tenor literal:
Artículo 8. Protección de datos de carácter personal.
1. Toda persona tiene derecho a la protección de los datos de carácter personal que le conciernan.
2. Estos datos se tratarán de modo leal, para fines concretos y sobre la base del consentimiento de la persona afectada o en virtud de otro fundamento legítimo previsto por la ley. Toda persona tiene derecho a acceder a los datos recogidos que la conciernan y a obtener su rectificación.
3. El respeto de estas normas estará sujeto al control de una autoridad independiente.

sonales» o al tratamiento de «datos de personas jurídicas» (sociedades, asociaciones, fundaciones, Administraciones e Instituciones Públicas...). O dicho con otras palabras, los datos de insolvencia de las personas jurídicas no gozan de un derecho fundamental a la protección de datos de carácter personal. Lo único que ocurre, en mi opinión, es que, por un lado, se benefician de que la estructura y los mecanismos diseñados para la protección de datos de las personas física, puesto que se les aplica también y en las mismas condiciones a las personas jurídicas. Y que además, en el ámbito de los datos sobre insolvencia, la persona jurídica sufre el mismo daño y perjuicio que una persona física cuando los datos de insolvencia son erróneos o inexactos y se les deniega el crédito por ello; denegación de crédito que además tiene dos vertientes, el importe del préstamo o crédito que debería de haberse obtenido con los datos y la información de solvencia correcta, y además, las consecuencias que ha tenido la denegación del crédito. En tal coso, concurre tanto el derecho de protección de datos como el derecho de protección al honor, puesto que indudablemente, la inclusión indebida o con datos inexactos en un fichero de información sobre solvencia patrimonial y de crédito afecta a la percepción u opinión tendrán de la persona jurídica, ya que la condición de «moroso» lleva implícita un reproche moral y una desconsideración social.

Además, el «dato personal» comprende, desde la óptica de este derecho fundamental, «toda información sobre una persona física identificada o identificable».

Pero dentro de los datos personales hay que tener especial cuidado y atención con:

a) los datos sensibles o especialmente protegidos (etnia o raza, opinión política, convicciones religiosas o filosóficas, afiliación sindical, datos genéticos, datos biométricos dirigidos a identificar unívocamente, salud, vida u orientación sexual). Dichos datos gozan de una protección reforzada y compleja.

b) Los datos personales relativos a condenas e infracciones penales, que solo podrán tratarse bajo ciertas circunstancias.

c) El tratamiento de la imagen de las personas y los datos que puedan afectar al honor e intimidad de las personas, especialmente en el caso de menores (porque son derechos fundamentales a la que se aplica otras leyes como la Ley Orgánica de Protección al honor, intimidad y propia imagen o la de protección del menor).

Pues bien, todo dato de solvencia es un dato especialmente protegido, ya que tiene unas implicaciones muy fuertes, tanto en el derecho a la intimidad de la persona (lo que explica y justifica la aplicación exhaustiva de deberes de confidencialidad por parte de quienes tratan este tipo de datos) y en el honor de la persona, puesto que, como se ha indicado, la condición de moroso cuando no se es afecta a la opinión que los demás puedan tener de la persona presuntamente morosa.

Pero es importante recalcar que el derecho de protección de datos en ante todo un derecho fundamental de toda persona, reconocido como tal tanto en la Constitución Española como en diversos tratados internacionales (especialmente en el artículo 8 de la Carta de Derechos Fundamentales de la Unión Europea) y este derecho se encuentra regulado en el «Reglamento general de protección de datos, 2016/679» (RGPD) —norma de la UE— y en nuestra «Ley Orgánica 3/2018, de 5 de diciembre, de Protección de datos y garantía de derechos digitales» (LOPD-GDD).

Este derecho fundamental se materializa, a su vez, en una serie de derechos concretos, los llamados derechos ARCO (Acceso, Rectificación, Cancelación y Oposición): y que comprende el derecho a acceder a los datos personales, el derecho a rectificarlos, el derecho a cancelar o suprimirlos (derecho al olvido) y el derecho de oposición al tratamiento o cesión. Pero el RGPD ha añadido el derecho a limitar el acceso, el derecho a la portabilidad de los datos propios, y el derecho a no ser objeto de perfiles personales sobre los que se tomen decisiones automatizadas.

Obviamente, todos estos derechos ARCO deben de ser garantizados por las entidades titulares de los ficheros de información sobre solvencia patrimonial y de crédito, que deben de posibilitar a toda persona el ejercicio de estos derechos de una forma sencilla y gratuita. Además, la persona que cede datos de morosidad a las entidades responsables de gestionar los derechos debe de facilitar, al titular de los datos, los concretos datos de incumplimiento de obligaciones que va a ceder y la base jurídica en la que se basa dicha cesión.

Los datos personales deben ser tratados de manera lícita, leal y transparente en relación con el interesado; y debe procurar que sean adecuados, pertinentes y limitados a lo estrictamente necesario en relación con los fines para los que son tratados (principio de «minimización de datos» o «de protección por defecto»). Que sean exactos y recogidos con fines determinados, explícitos y legítimos, y que no serán tratados ulteriormente de manera incompatible con dichos fines.

Además, se debe tener una responsabilidad proactiva y, en ese sentido, las entidades que gestionan los ficheros de solvencia deben de estar involucradas en el cumplimiento de la compleja normativa de protección de datos, a lo que puede y debe ayudar el Delegado de Protección de Datos desde la institución, implementando una protección desde el diseño (velando por el cumplimiento íntegro de la normativa de protección de datos desde antes de poner en marcha cualquier tratamiento) y por defecto (ya que se deben de tratar únicamente los datos que sean imprescindibles).

Por «tratamiento de datos» se entiende cualquier operación o conjunto de operaciones realizadas sobre datos personales, ya sea por procedimientos automatizados o no, como la recogida, el registro, la organización, la estructuración, etc., lo que afecta tanto a los ficheros informatizados o en soporte electrónico como a los ficheros en papel. Mientas que «la cesión» de datos consiste en la transmisión de los mismo o el acceso no autorizado de terceros.

Así, para poder tratar y/o ceder datos personales hace falta:

— o bien una *ley* que lo autorice

— o bien un *consentimiento.*

Consentimiento que además *no puede ser tácito ni venir premarcado*, y que tiene que ser «*informado*» y «*transparente*», pues toda persona, dentro de su «derecho a controlar y a decidir sobre el uso de sus datos», tiene que conocer y comprender la finalidad y utilidad que reporta el tratamiento y la cesión de sus datos. Además, dicho consentimiento se puede revocar en cualquier momento, de forma gratuita y sin coste adicional para la persona titular de los datos, y se debe tener especial cuidado con aquellos supuestos en los que la ley permite el tratamiento pero no la cesión, pue en estos casos, la cesión requiere de consentimiento inequívoco y específico[2].

Así pues, y dado que todo «tratamiento de datos» y toda «transferencia o cesión de datos» de datos personales debe tener su base en la «ley» o en un «consentimiento» inequívoco, en el que se informe tanto de la finalidad del tratamiento y/cesión y del uso y destino que se va a hacer de los datos personales, en ese sentido, ya hemos visto anteriormente la compleja base legal en la que se asientan lo datos de insolvencia, esto es, los artículos 11, 12 y 35 LCCI, que tienen a su vez una base y un fundamento común en el Derecho Comunitario (artículo 21 RGPD y 18 de la Directiva 2014/17/CE)Además, la necesidad de informar al titular de los datos del uso y destino de los mismo obliga a observar escrupulosos deberes de información y confidencialidad, más allá de que cualquier persona física o jurídica que quiera ceder datos a los ficheros de información sobre solvencia patrimonial y de crédito debe obtener una consentimiento válido, específico y por escrito de las condiciones en que se producir una cesión de datos a entidades responsables de ficheros de información sobre solvencia patrimonial y de crédito en caso de incumplimiento de las obligaciones.

---

2 Vid. GÓMEZ-JUÁREZ SIDERA, I., «Reflexiones sobre el derecho a la protección de datos de los menores de edad y la necesidad de su regulación específica en la legislación española», *Revista Aranzadi de Derecho y Nuevas Tecnologías*, número 11, 2006, págs. 71-88.

Y, por último, conviene tener presente que el «responsable de un tratamiento» y titular de los datos (*controller*) es la persona física o jurídica, autoridad pública, servicio u otro organismo que, solo o junto con otros, determine los fines y medios del tratamiento. Mientras que el «encargado del tratamiento» (*processor*) es la persona que trata o cede los datos siguiendo las indicaciones del responsable.

Sobre esa premisa, las entidades que gestionan los ficheros de datos son los responsables o *controllers* de los ficheros y de los tratamientos de los datos, pero sobre datos que reciben o le ceden terceros sobre impagos y situaciones de mora. Por tanto, esa cesión de datos a las entidades responsables de los ficheros de información sobre solvencia patrimonial y de crédito requiere necesariamente de la observancia y cumplimiento de la normativa de protección de datos, especialmente en lo que refiere a las condiciones en que la deuda será cedida, lo que requiere del cumplimiento de unos deberes de información y de transparencia a la hora de formalizarse la relación obligacional y, por supuesto, se impone un estricto cumplimiento en el deber de observancia de la exactitud de los datos que se ceden a estos ficheros de información sobre solvencia patrimonial y de crédito, junto con un específico deber de comunicación de los específicos datos que serán remitidos, ya que la inexactitud de los datos y la indebida negación del crédito como consecuencia de ello genera responsabilidad, especialmente en la entidad cedente, más allá del deber de garantizar de forma objetiva el cumplimiento de todos los derechos inherentes a la protección de datos, y cuyo incumplimiento también genera responsabilidad.

Las entidades de crédito lo que tienen garantizado por ley es un derecho de acceso a la información global del CIRBE y de los ficheros de información sobre solvencia patrimonial y de crédito, pero limitado a su deber de evaluar la solvencia en una concreta relación jurídica crediticia, por lo que dicho acceso debe realizarse bajo una estricta observancia de deberes de secreto, profesional y bancario, cuya vulneración también general responsabilidad.

3. LAS NOVEDADES INTRODUCIDAS POR EL RGPD

3.1. Nuevo modelo de protección del RGPD

Son muchas y muy variadas las novedades que introduce el Reglamento General de Protección de Datos Europea y que, en consecuencia, afectan a los ficheros y tratamientos de datos sobre insolvencia. Tantas que se puede hablar de un verdadero cambio, basado en la prevención, en un mayor grado de protección y en un sistema que requiere de análisis concretos de riesgos y protección y de verificación constantes de las medidas de seguridad y protección. En ese sentido, se formula un principio de responsabilidad proactiva, ya que el RGPD señala que las medidas dirigidas a garantizar su cumplimiento deben tener en cuenta la naturaleza, el ámbito, el contexto y los fines del tratamiento, así como el riesgo para los derechos y libertades de las personas. Esto se traduce en un sistema de *accontability*, con la realización periódica de evaluaciones de impacto, siempre que el tratamiento de los datos entrañe un riesgo para los derechos y libertades de los titulares de los datos, y la adopción, con carácter previo al tratamiento y durante el mismo, de aquellas medidas técnicas y organizativas que resulten precisas para determinar los riesgos que puede conllevar un concreto tratamiento de datos.

Asimismo, se deberá de establecer relaciones contractuales entre el responsable del tratamiento y los encargados del tratamiento de datos, de los que, por su complejidad, la AEPD ya ha publicado unas directrices.

Entre esas nuevas obligaciones se encuentra la obligación general de notificar las brechas de seguridad que afecten a datos personales; especialmente los de insolvencia, que lleven aparejadas implicaciones en el honor o en la intimidad de la persona titular de los datos. Dichas brechas deben ser notificadas a las autoridades de control (en España, la AEPD o agencias autonómicas) y a los particulares que puedan verse afectados «sin demoras injustificadas» en setenta y dos horas y con sanciones en caso de no hacerlo. En concreto, en caso de violación de la seguridad de los datos personales, el responsable del tratamiento notificará a la autoridad de control competente sin dilación indebida y, de ser posible, a más tardar setenta y dos horas después de que haya tenido constancia de ella, a menos que sea improbable que dicha violación de la seguridad constituya un riesgo para los derechos y las libertades de las personas físicas. Además, «cuando sea probable que la violación de la seguridad de los datos personales entrañe un alto riesgo para los derechos y libertades de las personas físicas, el responsable del tratamiento la comunicará al interesado sin dilación indebida».

Por todo ello, y para prevenir brechas de seguridad y responsabilidades sobre ello, conviene que tengan que las entidades que gestionan ficheros de información sobre solvencia patrimonial y de crédito tengan implementado el Esquema Nacional de Seguridad ENS.

Además, el RGPD introduce la figura del Delegado de Protección de Datos, que será obligatorio para el sector público y conveniente para las empresas privadas, lo que obliga a que todas las instituciones públicas y privadas que gestionan ficheros o tratan datos de insolvencia a que deban tener nombrado un Delegado de Protección de datos, cuya misión es velar por el cumplimiento riguroso de la normativa de protección de datos y asesorar e informar a dichas entidades en cualquier proceso o procedimiento que afecte al derecho fundamental de protección de datos.

Pero más allá de este cambio de paradigma que supone el RGPD, la gran novedad radica en que por primera vez esta materia no se regula en una Directiva, sino en un Reglamento comunitario, como norma directamente aplicable, pues no requiere de normas internas de trasposición ni tampoco, en la mayoría de los casos, de normas de desarrollo o aplicación. Por ello, los responsables deben ante todo asumir que la norma de referencia es el RGPD, junto con la LOPDGDD, que tendrá un lugar jerárquicamente inferior y subordinado al RGPD.

De ahí que la aplicación de las medidas previstas por el RGPD deban adaptarse, por tanto, a las características de las empresas e instituciones responsables del tratamiento y la cesión de datos, especialmente si se manejan datos de muchos usuarios o, puntualmente, en tratamientos complejos que involucran información personal sensible (como los datos de salud, datos biométricos, ADN, revelación de ideología o creencias... e insolvencia).

Además, aparece un derecho a obtener copia de los datos personales, a diferencia de lo que ocurría hasta ahora, donde bastaba con dar información de los datos, pero no copias ni documentos. Por tanto, cualquier persona puede exigir copia documentada y detallada de los datos personales que figuren en ficheros o tratamiento de datos de insolvencia.

En el RGPD se definen nuevos derechos, como el derecho al olvido, algunos de los cuales afectan a la información crediticia, como el derecho al olvido, si bien, dicho derecho al olvido se reconoció por el primera vez por el Tribunal de Justicia de la Unión Europea en el caso Mario Costeja; derecho que está llamado a jugar un papel fundamental en el libre desarrollo de la persona y en la necesidad de eliminar información que es inexacta o está desactualizada, especialmente cuando afecta o causa daño a las personas.

Y precisamente el caso Mario Costeja (STJUE, Gran Sala, de 13 de mayo de 2014, Asunto C131/12) y el origen derecho al olvido está claramente vinculado a los ficheros de información sobre solvencia patrimonial y de crédito, ya que era una información desactualizada, el hecho de que esta persona había sido objeto de embargo por la Seguridad Social durante la crisis de 2008, embargos que se publicitaron en el diario La Vanguardia, la información que aparecía en primer lugar al introducir el nombre de Mario Costeja en Google, y esa información, que en principio fue cierta, con el paso del tiempo y la rehabilitación del empresario era inexacta y estaba desactualizada, pero era la información que utilizaban distintas entidades financieras en sus informes de evaluación crediticia para denegar la financiación a este empresario ya rehabilitado; pese a que ya se encontraba al corriente de pago y no tenía deudas pendientes ni figuraba en ficheros de información sobre solvencia patrimonial y de crédito.

Actualmente, si las entidades de crédito (además de la información del CIRBE y de los ficheros de información sobre solvencia patrimonial y de crédito) elaboran perfiles con informaciones adicionales publicadas en Internet y redes sociales en sus informes de evaluación de solvencia, deben de informar específicamente a la persona de esta *praxis*, ya que el derecho a conocer la elaboración de perfiles personales sobre los que se toman decisiones que afectan a la persona requiere de un consentimiento específico y de unos deberes de información y transparencia adicional (artículo 22 RGPD); todo ello sin perjuicio del ejercicio del derecho al olvido frente a los motores de búsqueda como (Google, Yahoo, Bing y similares), que ya han habilitado sus mecanismos para ejercitar el derecho al olvido.

Por último, otro de los aspectos del RGPD más notorios es el endurecimiento del régimen de sanciones, que podrán llegar a ser de hasta 20.000.000 de euros o de hasta el 4% de la facturación general (la superior de estas dos cantidades). Ésta va a ser la principal razón de observancia de la norma, aunque debe hacerse con un fin preventivo y no sancionador.

3.2. El consentimiento y la ley como fuentes de legitimación del tratamiento o la cesión

Las dos fuentes de legitimación en la Carta de los Derechos Fundamentales de la Unión Europea son la Ley o el consentimiento del titular del derecho (persona física). Respecto de las dos fuentes de legitimación, conviene recordar que la protección de las personas físicas en relación con el tratamiento de datos personales es un Derecho Fundamental, y así se reconoce en el art. 8, apartado 1, de la Carta de los Derechos Fundamentales de la Unión Europea («la Carta») y en el art. 16, apartado 1, del Tratado de Funcionamiento de la Unión Europea (TFUE)[3].

---

[3] DE MIGUEL ASENCIO «Además la obligación de información aparece estrechamente unida al aspecto clave del consentimiento del afectado, no

Pues bien, en el art. 8 de la Carta, tras reconocer que toda persona tiene un Derecho Fundamental a la protección de los datos de carácter personal que la conciernan, añade que estos datos se tratarán de modo leal, para fines concretos y sobre la base «del consentimiento de la persona afectada» o «en virtud de otro fundamento legítimo previsto por la ley».

Por tanto, el consentimiento que puede legitimar el tratamiento o la cesión de los datos por parte de cualquier persona o entidad que ante un incumplimiento cederá los datos a un fichero de información sobre solvencia patrimonial y de crédito no es un consentimiento cualquiera, sino que es un «consentimiento informado y cualificado», ya que requiere que con carácter previo se informe a las personas de los fines concretos para los que se requiere su autorización (es el llamado principio de calidad de los datos).

En concreto, el nuevo Reglamento General establece que el «consentimiento del interesado» es toda manifestación de voluntad libre, específica, informada e inequívoca por la que el interesado acepta, ya sea mediante una declaración o una clara acción afirmativa, el tratamiento de datos personales que le conciernen.

Y esa es precisamente una de las grandes novedades del RGPD, exigir que el consentimiento deba prestarse «mediante un acto afirmativo claro que refleje una manifestación de voluntad libre, específica, informada, e inequívoca del interesado de aceptar el tratamiento de datos de carácter personal que le conciernen», como una declaración por escrito, inclusive por medios electrónicos, o una declaración verbal. Desaparece así la posibilidad de obtenerlo de forma tácita o por silencio.

---

sólo porque el consentimiento ha de ser informado, sino también porque en ocasiones la mera información, unida a la posibilidad de que el usuario manifieste su negativa, puede ser determinante de que concurra el consentimiento (cuando no haya manifestado el usuario su voluntad en contra)». DE MIGUEL ASENCIO, P. A., «Principio de protección de datos», *Derecho Privado de Internet*, Editorial Aranzadi, 2011, p. 260.

Ello supone que ya no es válido ni posible obtener el consentimiento para el tratamiento o cesión de datos de forma tácita o por silencio u omisión. El consentimiento ahora ha de ser «inequívoco», esto es, mediante un consentimiento claro y afirmativo (p.e. seguir navegando tras la información expresa y clara sobre cookies). Además, ha de ser «explícito» cuando afecta a datos sensibles, o si hay transferencia internacional de datos o para tratamientos automatizados (mediante decisiones automatizadas). De ahí que, por su trascendencia práctica, ya que las empresas e instituciones que han obtenido sus datos de manera tácita deberán de cambiar su modo de obtención, resulte conveniente prestarle una cierta atención ya que, como he puesto de manifiesto, el consentimiento forma parte del contenido esencial del derecho de protección de datos de carácter personal[4].

Respecto de la forma correcta de obtener el consentimiento en materia de protección de datos, es verdad que en la propia Exposición de Motivos RGPD se indica que el consentimiento podría incluir actos tales como: marcar una casilla de un sitio web en internet, escoger parámetros técnicos para la utilización de servicios de la sociedad de la información, o cualquier otra declaración o conducta que indique claramente en ese contexto que el interesado acepta la propuesta de tratamiento de sus datos personales. Por tanto, el silencio, las casillas ya marcadas o la inacción no deben constituir consentimiento.

Eso sí, el consentimiento debe darse para todas las actividades de tratamiento realizadas con el mismo o los mismos fines. Y, por ello, cuando el tratamiento tenga varios fines, debe darse el con-

---

4 DE MIGUEL ASENCIO «Además la obligación de información aparece estrechamente unida al aspecto clave del consentimiento del afectado, no sólo porque el consentimiento ha de ser informado, sino también porque en ocasiones la mera información, unida a la posibilidad de que el usuario manifieste su negativa, puede ser determinante de que concurra el consentimiento (cuando no haya manifestado el usuario su voluntad en contra)». DE MIGUEL ASENCIO, P. A., «Principio de protección de datos», *Derecho Privado de Internet*, Editorial Aranzadi, 2011, p. 260.

sentimiento para todos ellos. Si el consentimiento del interesado se ha de dar a raíz de una solicitud por medios electrónicos, la solicitud ha de ser clara, concisa y no perturbar innecesariamente el uso del servicio para el que se presta.

Pero en ocasiones no es posible determinar totalmente la finalidad del tratamiento de los datos personales con fines de investigación científica en el momento de su recogida. En tales casos, debe permitirse a los interesados dar su consentimiento para determinados ámbitos de investigación científica que respeten las normas éticas reconocidas para la investigación científica. Y los interesados deben tener la oportunidad de dar su consentimiento solamente para determinadas áreas de investigación o partes de proyectos de investigación, en la medida en que lo permita la finalidad perseguida.

El Reglamento exige ahora que cuando el tratamiento se lleve a cabo con el consentimiento del interesado, el responsable del tratamiento debe ser capaz de demostrar que aquél ha dado su consentimiento a la operación de tratamiento. En particular, en el contexto de una declaración por escrito efectuada sobre otro asunto, debe haber garantías de que el interesado es consciente del hecho de que da su consentimiento y de la medida en que lo hace. Ello es muy importante, ya que determinar quién tiene la carga de la prueba de la obtención de un consentimiento válido e informado.

Además, para que el consentimiento sea informado, el interesado debe conocer como mínimo la identidad del responsable del tratamiento y los fines del tratamiento a los cuales están destinados los datos personales. El consentimiento no debe considerarse libremente prestado cuando el interesado no goza de verdadera o libre elección o no puede denegar o retirar su consentimiento sin sufrir perjuicio alguno.

Para garantizar que el consentimiento se haya dado libremente, este no debe constituir un fundamento jurídico válido para el tratamiento de datos de carácter personal en un caso concreto en el que exista un desequilibrio claro entre el interesado y el responsable del tratamiento, en particular cuando dicho responsable sea una autoridad pública y sea por lo tanto improbable que el consentimiento se haya dado libremente en todas las circunstancias de dicha situación particular.

Por último, conforme al RGPD se presume que el consentimiento no se ha dado libremente cuando no permita autorizar por separado las distintas operaciones de tratamiento de datos personales pese a ser adecuado en el caso concreto, o cuando el cumplimiento de un contrato, incluida la prestación de un servicio, sea dependiente del consentimiento, aun cuando este no sea necesario para dicho cumplimiento. Por tanto, se deberá tener especial cuidado en este aspecto y no vincular el consentimiento para la cesión de datos a ficheros de información sobre solvencia patrimonial y de crédito a la aceptación de la realización de la obra o la prestación del servicio contratado.

3.3. Tratamiento de datos y la cesión o transferencia de datos

El RGPD acota claramente un ámbito de «tratamiento», que debe distinguirse de otro como es la transferencia o cesión, lo que se proyecta en especial sobre los datos de insolvencia, puesto que los ficheros de información sobre solvencia patrimonial y de crédito se conforman con la cesión de datos de impago de una serie de entidades y el derecho/deber de acceso a eso datos por las entidades financieras para realizar sus evaluaciones de solvencia. Y precisamente es sobre ese doble ámbito, el del tratamiento y el de la transferencia o cesión, sobre el que se proyecta y sobre el que se exige, o bien una ley que lo autorice o bien el consentimiento del interesado, ya que en mi opinión son dos ámbitos totalmente distinguibles y separables de la protección de datos de carácter personal, por lo que se requiere de una autorización legal o de consentimiento específico para el tratamiento y de una autorización legal o de consentimiento específico para el tratamiento o la cesión.

Cierto es que, a falta de previsión legal, dicho consentimiento puede obtenerse en un mismo acto, pero debe de especificarse y de informarse claramente del «ámbito del tratamiento» y del «ámbito de la transferencia o cesión». Es más, el hecho de que exista autorización legal o que se obtenga consentimiento específico para el tratamiento de los datos, no significa que se tenga autorización legal para la cesión, por lo que realizar una cesión o transferencia sin consentimiento o autorización legal de los datos tratados debidamente puede ser un ilícito muy grave y, desde luego, un ilícito civil que, caso de generar daños, obligará a su reparación más allá del ilícito administrativo.

Pues bien, «tratamiento» (en inglés «processing»), según el Reglamento es «cualquier operación o conjunto de operaciones realizadas sobre datos personales o conjuntos de datos personales, ya sea por procedimientos automatizados o no, como la recogida, registro, organización, estructuración, conservación, adaptación o modificación, extracción, consulta, utilización, comunicación por transmisión, difusión o cualquier otra forma de habilitación de acceso, cotejo o interconexión, limitación, supresión o destrucción».

Además, el RGPD contiene una regulación especial en materia de cesión internacional de datos que va a ser muy relevante, pues si bien la UE es consciente de que los flujos transfronterizos de datos personales a y desde países no pertenecientes a la Unión y organizaciones internacionales son necesarios para la expansión del comercio y la cooperación internacionales, también es consciente de que el aumento de estos flujos plantea nuevos retos e inquietudes en lo que respecta a la protección de los datos de carácter personal.

No obstante, si los datos personales se transfieren de la Unión a responsables, encargados u otros destinatarios en terceros países o a organizaciones internacionales, el RGPD no quiere que esto afecte o menoscabe el nivel de protección de las personas físicas garantizado en la Unión Europea por el RGPD, ni tan siquiera en ulteriores cesiones de datos personales desde el tercer país u organización internacional a responsables y encargados en el mismo u otro tercer país u organización internacional.

Por lo que, en todo caso, las transferencias a terceros países y organizaciones internacionales de datos de insolvencia solo pueden llevarse a cabo de plena conformidad con el presente Reglamento (arts. 44 y ss. RGPD).

3.4. El Delegado de protección de datos

Entre las novedades más singulares del RGPD figura la nueva figura el Delegado de Protección de Datos (DPD, y en inglés DPO), que adquiere una destacada importancia en el Reglamento[5].

Pue bien, el artículo 34 LOPDGDD establece que será obligatorio que tengan un Delegado de Protección de Datos:

> «e) Las entidades incluidas en el artículo 1 de la Ley 10/2014, de 26 de junio, de ordenación, supervisión y solvencia de entidades de crédito.
>
> f) Los establecimientos financieros de crédito.
>
> g) Las entidades aseguradoras y reaseguradoras.
>
> h) Las empresas de servicios de inversión, reguladas por la legislación del Mercado de Valores».

---

5 Como se ha puesto de manifiesto, el Reglamento europeo no recoge una definición del delegado de protección de datos. RECIO GAYO, M.: «El delegado de protección de datos», en *Reglamento General de Protección de Datos. Hacia un nuevo modelo europeo de privacidad*, dir. PIÑAR MAÑAS, J. L., ÁLVAREZ. No obstante lo anterior, debemos reseñar que el Reglamento europeo ha desechado la solución adoptada por la Directiva 95/46/CE de inclusión de un elenco de definiciones, quizás en consonancia con el clásico principio de que el legislador debe regular, no definir ni conceptuar. No obstante, como ya se ha señalado por otros autores, la Comisión Europea ha manejado una definición de dicho cargo en algún documento relativo a la evaluación de impacto del nuevo Reglamento. Así, se definía al DPD en dicho documento como «una persona responsable en el seno de un responsable del tratamiento o un encargado de tratamiento de supervisar y monitorear de manera independiente la aplicación interna y el respeto de las normas sobre protección de datos. El DPD puede ser tanto un empleado interno como un consultor externo».
CARO, M. y RECIO GAYO, M. coord., ed. Reus, Madrid, 2016, pp. 374-375.

Po tanto, nos encontramos con la convergencia de distintos Delegados de Protección de Datos, tano de las entidades cedente, como del titular del fichero de información sobre solvencia patrimonial y de crédito y de las entidades que tienen un derecho de acceso a dichos ficheros que garantizarán el cumplimiento de la compleja normativa de protección de datos.

Dicho delegado podrá formar parte de la empresa o institución responsable o podrá externalizarse dicho servicio, siendo conveniente que las posibles responsabilidades queden debidamente aseguradas, pero teniendo en cuenta que el Delegado de protección de datos no es, en principio, el responsable civil, penal o administrativo por infracciones o intromisiones al derecho de protección de datos, siendo responsable el titular del fichero. Además, el responsable o titular del fichero no podrá removerle de su puesto, salvo en los supuestos de dolo o negligencia grave; y sin perjuicio, en estos casos, de las vías de regreso legales o contractuales que puedan existir para que el titular o responsable del fichero pueda exigir responsabilidad al DPD[6].

---

[6] Las funciones del DPD se establecen en el artículo 39 RGPD y consisten en:
— Informar y asesorar al responsable o al encargado del tratamiento y a los empleados que se ocupen del tratamiento de las obligaciones que les incumben en virtud del presente Reglamento y de otras disposiciones de protección de datos de la Unión o de los Estados miembros.
— Supervisar el cumplimiento de lo dispuesto en el presente Reglamento, de otras disposiciones de protección de datos de la Unión o de los Estados miembros y de las políticas del responsable o del encargado del tratamiento en materia de protección de datos personales, incluida la asignación de responsabilidades, la concienciación y formación del personal que participa en las operaciones de tratamiento, y las auditorías correspondientes.
— Ofrecer el asesoramiento que se le solicite acerca de la evaluación de impacto relativa a la protección de datos y supervisar su aplicación de conformidad con el art. 35.
— Cooperar con la autoridad de control (en este caso la AEPD, salvo que haya autoridad autonómica competente) y actuar como punto de contacto de la autoridad de control para cuestiones relativas al tratamiento, y recibir consultas, en su caso, sobre cualquier otro asunto.

Asimismo, el Delegado de Protección de Datos deberá recibir las reclamaciones que la AEPD decida trasladarle con carácter previo al inicio de un expediente sancionador. El Delegado debe comunicar la decisión adoptada al administrado y a la AEPD en el plazo máximo de un mes. Para ello la LOPDGDD permite configurar una institución y un medio para la resolución amistosa de reclamaciones, pues el interesado podrá reproducir ante él la reclamación que no haya sido atendida por el responsable o encargado del tratamiento y, en nuestra opinión de deben de fomentar estos mecanismos.

4. PRINCIPALES NOVEDADES DE LA LOPDGDD

Brevemente nos vamos a ocupar de las principales novedades que introduce la Ley Orgánica 3/2018, de 5 de diciembre, de Protección de datos de Carácter Personal y Garantía de Derechos Digitales, Ley que por un lado complementa el RGPD, pero que por otro lado dificulta el conocimiento y la aplicación del derecho de protección de datos.

Claro ejemplo de ello es la ausencia de una regulación detallada de los ficheros de información sobre solvencia patrimonial y de crédito, cuya regulación específica se ha omitido en la LOPDG-DD, y, por ello, la regulación más detallada de dicho ficheros de información de solvencia patrimonial se encuentra en una norma que debería de estar derogada de forma tácita, pero que en materia de ficheros de información sobre solvencia patrimonial y de crédito debe entenderse vigente, como es el Decreto 1720/2007, de 21 de diciembre, por el que se aprueba el Reglamento de desarrollo de la Ley Orgánica 15/1999, de 13 de diciembre, de protección de datos de carácter personal (RLOPD), Reglamento que se analizará con posterioridad con más detalle, puesto que ahora vamos a tratar, aunque sea brevemente, las principales novedades de la LOPDGDD y sobre todo, vamos a tratar de aclarar cómo se debe legalizar un fichero de protección de datos, en general, y de solvencia patrimonial y de crédito, en particular.

Uno de los aspectos que más llama la atención es el carácter asistemático de la Ley Orgánica 3/2018, porque si bien es vedad que el Reglamento Europeo es una norma que se aplica directamente, sin necesidad de realizar ningún acto de transposición, lo bien cierto es que no se ha contemplado el carácter unitario y sistemático que debe tener una Ley, como la LOPDGDD, que además es la principal Ley sobre la materia de protección de datos en España, pues dicha ley es sin lugar a dudas una de las leyes más citadas y utilizadas, y lo es tanto por expertos juristas especializados en la materia como por personas que se ven abocadas a su utilización constante u ocasional[7].

---

[7] El carácter asistemático de la LOPDGDD se evidencia básicamente por tres motivos:

El primero es porque no contiene un elenco de conceptos jurídicos propios, por lo que los conceptos jurídicos básico como (dato personal, fichero, responsable y encargado de tratamiento, dato genético, dato biométrico, brecha de seguridad…) se tienen que tomar del RGPD.

En segundo lugar, porque los derechos de acceso, rectificación, oposición y cancelación, a los que se añade el derecho al olvido, el de portabilidad, el de limitación del tratamiento y el de control sobre la elaboración de perfiles, tampoco tienen un desarrollo en la LOPDGDD, ya que ésta remite al contenido del RGPD.

Y, en tercer lugar, porque muchos derechos y regulaciones que se contienen en la LOPD, se repiten de forma idéntica o similar en el Título X LOPDGDD, dedicado a los derechos digitales. Tal el caso de la protección del menor, el propio derecho al olvido (regulado en los artículos 15, 93 y 94) o del mal llamado «testamento digital». Además, los llamados Básicamente por tres motivos:

El primero es porque no contiene un elenco de conceptos jurídicos propios, por lo que los conceptos jurídicos básico como (dato personal, fichero, responsable y encargado de tratamiento, dato genético, dato biométrico, brecha de seguridad…) se tienen que tomar del RGPD.

En segundo lugar, porque los derechos de acceso, rectificación, oposición y cancelación, a los que se añade el derecho al olvido, el de portabilidad, el de limitación del tratamiento y el de control sobre la elaboración de perfiles, tampoco tienen un desarrollo en la LOPDGDD, ya que ésta remite al contenido del RGPD.

Y, en tercer lugar, porque muchos derechos y regulaciones que se contienen en la LOPD, se repiten de forma idéntica o similar en el Título X LOPDGDD, dedicado a los derechos digitales. Tal el caso de la protección

Por ello creo que hubiera sido un acierto que el legislador español hubiera tomado en consideración tanto la importancia de la Ley como el conjunto heterogéneo de destinatarios, y hubiera integrado los principales aspectos del RGPD junto con el desarrollo propio de la LOPDGDD, dotando a esta última Ley de una mayor coherencia y sistematicidad.

Además, la LOPD-GDD se caracteriza porque las disposiciones adicionales contienen la regulación de muchos aspectos esenciales que hubieran merecido estar en el texto, como la protección de datos en materia de salud o la regulación de publicación de listados con nombres, apellidos y DNI. Y lo mismo con la disposición final undécima sobre la obligación de publicar el registro de actividades de tratamiento en el portal de transparencia. Efectivamente, de los aspectos que más impacto ha tenido desde un punto de vista práctico es que la a nueva LOPD-GDD impide el uso conjunto apellidos, nombre y número completo del documento de identificación oficial de las personas en aquellos actos administrativos que vayan a ser objeto de publicación o notificación por medio de anuncios.

A partir de la entrada en vigor de la Ley Orgánica, cuando un acto administrativo se deba publicar se identificará a la persona mediante su nombre y apellidos, añadiendo cuatro cifras numéricas aleatorias de su documento identificativo oficial; recomendándose que sean las cuatro cifras del medio.

Pero también la LOPDGDD tiene otras novedades, en el ámbito funcional, como, por ejemplo, la publicación del Registro de actividades de tratamiento del órgano u organismo del Sector Pú-

---

del menor, el propio derecho al olvido (regulado en los artículos 15, 93 y 94) o del mal llamado «testamento digital». Además, los llamados derechos digitales, salvo aquellos que están relacionados con el honor, la intimidad, la propia imagen, en su mayoría no tienen carácter de derecho fundamental, por lo que este elenco de los derechos digitales que se contienen en la LOPD realmente es una parte minoritaria de los derechos digitales, que son básicamente aquellos que tienen que ver con la intimidad o con la protección de datos.

blico en su página web, junto con el inventario de las actividades de tratamiento de datos personales que realizan, identificando quién trata los datos, con qué finalidad y qué base jurídica legitima ese tratamiento.

Pero, con todo, el mayor impacto de la LOPD-GDD se ha producido en el régimen de legalización de ficheros, ya que ha desaparecido el Registro de la AEPD, y dicho régimen de legalización ha sido sustituido por la obligación de que cada fichero de datos personales tenga un registro de actividades de tratamiento. Pero además, en los ficheros de información sobre solvencia patrimonial y de crédito que se vayan a implementar *ex novo* es necesario un informe de evaluación de impacto previo (artículo 35 RGPD), sobre la base del principio de minimización de datos, que tenga en cuenta desde el diseño el impacto que dicho derecho tendrá en el respeto al derecho de protección de datos.

5. ¿CÓMO SE TIENE QUE LEGALIZAR UN FICHERO O TRATAMIENTO DE PROTECCIÓN DE DATOS DE UN FICHERO DE INFORMACIÓN SOBRE SOLVENCIA PATRIMONIAL Y DE CRÉDITO?

Cualquier fichero o base de datos de solvencia o impagos de personas físicas identificadas o identificables debe tener presente, para la «legalización», que ya no se produce mediante la «inscripción en el registro de la AEPD» (Agencia Española de Protección de Datos). De hecho, el Registro de la AEPD ya no existe.

Pello, conviene que todos los ficheros de información sobre solvencia patrimonial y de crédito que tuvieran inscritos sus ficheros en el Registro de la AEPD se legalicen conforme al nuevo modelo de legalización que consiste en la llevanza de un «RAT» o «registro de actividades de tratamiento» de cada fichero o tratamiento, que además debe de estar visible en la propia web de la entidad titular del fichero junto con el modo en que el titular de los daos puede ejercitar de forma sencilla y gratuita sus derechos ARCO[8].

Además, algunos ficheros creados después del 25 de mayo del 2018 con datos especiales o sensibles, requieren de un «informe de evaluación de impacto».

En concreto, requieren de informe de evaluación de impacto, según listado de la AEPD, como una «lista no exhaustiva»[9],

---

8 Sobre el contenido y diseño de un registro de actividades de tratamiento se puedes ver en https://www.aepd.es/agencia/transparencia/inventario-actividades-tratamiento/index.html

9 Estos son los tratamientos que requieren de informe de evaluación de impacto, y que enumeramos porque algunos tratamientos de los que se describen a continuación también requieren de su propio informe de evaluación de impacto:
— Tratamientos que impliquen perfilado o valoración de sujetos, incluida la recogida de datos del sujeto en múltiples ámbitos de su vida (desempeño en el trabajo, personalidad y comportamiento), que cubran varios aspectos de su personalidad o sobre sobre sus hábitos.
— Tratamientos que impliquen la toma de decisiones automatizadas o que contribuyan en gran medida a la toma de decisiones, incluyendo cualquier tipo de decisión que impida a un interesado el ejercicio de un derecho o el acceso a un bien o un servicio o formar parte de un contrato.
— Tratamientos que impliquen la observación, monitorización, supervisión, geolocalización o control del interesado de forma sistemática y exhaustiva, incluida la recogida de datos y metadatos a través de redes, aplicaciones o en zonas de acceso público, así como el procesamiento de identificadores únicos que permitan la identificación de usuarios de servicios de la sociedad de la información como pueden ser los servicios web, tv interactiva, aplicaciones móviles, etc.
— Tratamientos que impliquen el uso de categorías especiales de datos a las que se refiere el artículo 9.1 del RGPD (datos de salud física y psíquica, orientación sexual, ideología), datos relativos a condenas o infracciones penales a los que se refiere el artículo 10 del RGPD o datos que permitan determinar la situación financiera o de solvencia patrimonial o deducir información sobre las personas relacionada con categorías especiales de datos.
— Tratamientos que impliquen el uso de datos biométricos con el propósito de identificar de manera única a una persona física.
— Tratamientos que impliquen el uso de datos genéticos para cualquier fin.
Tratamientos que impliquen el uso de datos a gran escala. para determinar si un tratamiento se puede considerar a gran escala se considerarán los

los ficheros o tratamientos de «datos que permitan determinar la situación financiera o de solvencia patrimonial o deducir información sobre las personas relacionada con categorías especiales de datos».

En concreto, el contenido del informe de evaluación de impacto (IEI), artículo 35.7 RGPD deberá incluir como mínimo:

— Una *descripción sistemática de las operaciones de tratamiento previstas y de los fines del tratamiento*, inclusive, cuando proceda, el interés legítimo perseguido por el responsable del tratamiento.

— Una evaluación de la necesidad y la proporcionalidad de las operaciones de tratamiento con respecto a su finalidad[10].

---

criterios establecidos en la guía wp243 «directrices sobre los delegados de protección de datos (DPD)» del grupo de trabajo del artículo 29.
— Tratamientos que impliquen la asociación, combinación o enlace de registros de bases de datos de dos o más tratamientos con finalidades diferentes o por responsables distintos.
— Tratamientos de datos de sujetos vulnerables o en riesgo de exclusión social, incluyendo datos de menores de 14 años, mayores con algún grado de discapacidad, discapacitados, personas que acceden a servicios sociales y víctimas de violencia de género, así como sus descendientes y personas que estén bajo su guardia y custodia.
— Tratamientos que impliquen la utilización de nuevas tecnologías o un uso innovador de tecnologías consolidadas, incluyendo la utilización de tecnologías a una nueva escala, con un nuevo objetivo o combinadas con otras, de forma que suponga nuevas formas de recogida y utilización de datos con riesgo para los derechos y libertades de las personas.
— Tratamientos de datos que impidan a los interesados ejercer sus derechos, utilizar un servicio o ejecutar un contrato, como por ejemplo tratamientos en los que los datos han sido recopilados por un responsable distinto al que los va a tratar y aplica alguna de las excepciones sobre la información que debe proporcionarse a los interesados según el artículo 14.5 (b, c, d) del RGPD.

10 Asimismo, la proporcionalidad es un elemento fundamental en todos los ámbitos en los que se instalen sistemas de videovigilancia, dado que son numerosos los supuestos en los que la vulneración del mencionado principio puede llegar a generar situaciones abusivas, tales como la instalación de sistemas de vigilancia en espacios comunes, o aseos del lugar de trabajo. Por

— Una evaluación de los riesgos para los derechos y libertades de los interesados y

— Las medidas previstas para afrontar los riesgos, incluidas garantías, medidas de seguridad y mecanismos que garanticen la protección de datos personales, y a demostrar la conformidad con el RGPD, teniendo en cuenta los derechos e intereses legítimos de los interesados y de otras personas afectadas.

Con todo ello podemos concluir que toda entidad que gestione ficheros de solvencia patrimonial, para tener debidamente legalizados sus ficheros, debe tener en consideración que los datos de solvencia patrimonial son datos especialmente protegidos, cuyos ficheros requieren de informe de evaluación de impacto previo y de la llevanza y publicación en su espacio web, o en la forma que estimen conveniente, de un Registro de Actividades de Tratamiento. Además, tienen la obligación legal de tener nombrado un delegado de protección de datos. Y, en caso de brecha de seguridad sobre dichos ficheros, se debe notificar esta circunstancia a la AEPD y a los afectados, por lo que se recomienda que, por lo menos, cumplan con los requisitos del ENS (Esquema Nacional de Seguridad) para evitar responsabilidades. El incumplimiento de estos requisitos legales, más allá de la posible infracción administrativa, puede generar responsabilidad civil por los daños ocasionados al titular de los datos, al que deben de garantizar en todo momento el ejercicio de los derechos de acceso, rectificación, cancelación, oposición, portabilidad, limitación de tratamiento y elaboración de perfil personal.

---

todo ello se trata de evitar la vigilancia omnipresente, con el fin de impedir la vulnerabilidad de la persona.

Si se dan esas circunstancias y se procede a la instalación de cámaras o videocámaras se deberá informar adecuadamente de tal circunstancia y deberán colocar, en las zonas videovigiladas, al menos un distintivo informativo ubicado en lugar suficientemente visible, tanto en espacios abiertos como cerrados y tener a disposición de los/las interesados/as impresos en los que se detalle la información prevista en el artículo 22 LOPD-GDD.

6. APLICACIÓN DEL REGLAMENTO DE DESARROLLO DE LA LOPD DE 1999 A FICHEROS DE INFORMACIÓN SOBRE SOLVENCIA PATRIMONIAL Y DE CRÉDITO

Curiosamente, el Decreto 1720/2007, de 21 de diciembre, por el que se aprueba el Reglamento de desarrollo de la Ley Orgánica 15/1999, de 13 de diciembre, de protección de datos de carácter personal (RLOPD) contiene una normativa de protección de datos sobre ficheros de solvencia patrimonial y de crédito que completa y mucho la legislación vigente, tanto en lo que refiere a la vigente LOPDGDD (artículo 21) como lo dispuesto los artículos 11 y 12 LCCI.

Por tanto, dentro del nuevo modelo vigente derivado de la LOPDGDD, debe de insertarse y aplicarse todo lo dispuesto en los artículos 37 y siguientes del RLOPD todavía vigente.

Así, el artículo 37 establece que los derechos ARCO de este tipo de ficheros de solvencia patrimonial se rigen por los siguientes criterios:

a) Cuando la petición de ejercicio de los derechos se dirigiera al responsable del fichero, éste estará obligado a satisfacer, en cualquier caso, dichos derechos.

b) Si la petición se dirigiera a las personas y entidades a las que se presta el servicio, éstas únicamente deberán comunicar al afectado aquellos datos relativos al mismo que les hayan sido comunicados y a facilitar la identidad del responsable para que, en su caso, puedan ejercitar sus derechos ante el mismo.

Respecto del tratamiento de datos relativos al cumplimiento o incumplimiento de obligaciones dinerarias facilitados por el acreedor o por quien actúe por su cuenta o interés, el artículo 38 RLOPD establece que sólo será posible la inclusión en estos ficheros de datos de carácter personal que sean determinantes para enjuiciar la solvencia económica del afectado, cunado concurran los siguientes tres requisitos:

— Existencia previa de una deuda cierta, vencida, exigible, que haya resultado impagada y respecto de la cual no se haya entablado reclamación judicial, arbitral o administrativa, o tratándose de servicios financieros, no se haya planteado una reclamación en los términos previstos en el Reglamento de los Comisionados para la defensa del cliente de servicios financieros.

— Que no hayan transcurrido seis años desde la fecha en que hubo de procederse al pago de la deuda o del vencimiento de la obligación o del plazo concreto si aquélla fuera de vencimiento periódico.

— Y que haya habido un requerimiento previo de pago a quien corresponda el cumplimiento de la obligación.

Además, el acreedor o quien actúe por su cuenta o interés estará obligado a conservar a disposición del responsable del fichero común y de la Agencia Española de Protección de Datos documentación suficiente que acredite el cumplimiento de todos estos requisitos.

El acreedor deberá, a su vez, informar al deudor, en el momento en que se celebre el contrato y, en todo caso, al tiempo de efectuar el requerimiento de pago, que en caso de no producirse dicho pago en el término previsto para ello y cumplirse los requisitos previstos en el citado artículo, los datos relativos al impago podrán ser comunicados a ficheros relativos al cumplimiento o incumplimiento de obligaciones dinerarias.

Además, el responsable del fichero común deberá notificar a los interesados respecto de los que hayan registrado datos de carácter personal, en el plazo de treinta días desde dicho registro, una referencia de los que hubiesen sido incluidos, informándole asimismo de la posibilidad de ejercitar sus derechos de acceso, rectificación, cancelación y oposición.

Se debe efectuar una notificación por cada deuda concreta y determinada con independencia de que ésta se tenga con el mismo o con distintos acreedores. Dicha notificación deberá efectuarse a través de un medio fiable, auditable e independiente de la entidad notificante, que la permita acreditar la efectiva realización de los envíos.

En todo caso, será necesario que el responsable del fichero pueda conocer si la notificación ha sido objeto de devolución por cualquier causa, en cuyo caso no podrá proceder al tratamiento de los datos referidos a ese interesado.

Pero no se entenderán suficientes para que no se pueda proceder al tratamiento de los datos referidos a un interesado las devoluciones en las que el destinatario haya rehusado recibir el envío. Y si la notificación de inclusión fuera devuelta, el responsable del fichero común comprobará con la entidad acreedora que la dirección utilizada para efectuar esta notificación se corresponde con la contractualmente pactada con el cliente a efectos de comunicaciones y no procederá al tratamiento de los datos si la mencionada entidad no confirma la exactitud de este dato.

El artículo 41 RLOPD es muy importante también, puesto que establece que el pago o cumplimiento de la deuda determinará la cancelación inmediata de todo dato relativo a la misma en los concerniente al pago de la deuda, y que los datos deberán ser cancelados cuando se hubieran cumplido seis años contados a partir del vencimiento de la obligación o del plazo concreto si aquélla fuera de vencimiento periódico.

También lo es el artículo 43 RLOPD, porque delimita los ámbitos de responsabilidad. Así, en primer lugar, el acreedor o quien actúe por su cuenta o interés será responsable de la inexistencia o inexactitud de los datos que hubiera facilitado para su inclusión en el fichero, puesto que es al acreedor que cede o facilita los datos de incumplimiento de obligación al titular del fichero de información sobre solvencia patrimonial y de crédito es quien debe asegurarse del hecho cierto de impago y de los importes adeudados.

Por tanto, concluyo señalando que la LOPDGDD se olvidó de regular con detalle este tipo de ficheros de cumplimiento de obligaciones, y que dicha laguna se suple por los aspectos aquí reseñados y contenidos en el RLOPD.

7. RESPONSABILIDAD CIVIL DERIVADA DE FICHEROS DE INFORMACIÓN SOBRE SOLVENCIA PATRIMONIAL Y DE CRÉDITO

Son habituales los supuestos de responsabilidad civil en caso de inexactitudes o inclusiones indebidas en fichero de información sobre solvencia patrimonial y de crédito, en los que se demanda tanto a la entidad cedente de los datos como a la entidad titular del fichero de solvencia patrimonial y de crédito, siendo habitual los supuestos de inclusiones y no notificadas al titular de los datos, que siempre sufre el daño de su inclusión indebida y la reparación de los daños morales. En ese sentido, se puede citar la reciente STS 192/2020, de 27 de febrero 2020 (Roj: STS 603/2020 – ECLI: ES:TS:2020:603) que resumen toda la jurisprudencial al respecto.

Es verdad que la dificultad radica en la cuantificación del daño moral, que aunque no tiene nada que ve con el importe de la deuda por la que indebidamente se ha incluido a alguien en este tipo de fichero, sino por el mero hecho de estar indebidamente en dicho fichero, lo cierto es que una cuantificación de dichos daños ha ido disminuyendo gradualmente para el titular de los datos cuyo derecho fundamental se ha visto lesionando, y se sitúa actualmente entre 3.000 y 6.000 euros; muy alejado de las sanciones administrativas que suponen la infracción de dicho derecho.

Pero más allá de la jurisprudencia, lo cierto es que actualmente hay una gran desconocimiento respecto del derecho aplicable, que no es otro que el artículo 82 y concordantes RGPD, que prevé, en el ámbito del Derecho de daños comunitario, la posibilidad de ejercitar acciones de responsabilidad civil por infracción al derecho de protección de datos de carácter personal; acciones judiciales que en ejercicio de este derecho a la indemnización se deben presentar ante los tribunales competentes con arreglo al Derecho del Estado miembro en que se inicia el procedimiento.

Dicho artículo 82 RGPD establece que «toda persona que haya sufrido daños y perjuicios materiales o inmateriales como consecuencia de una infracción del presente Reglamento tendrá derecho a recibir del responsable o el encargado del tratamiento una indemnización por los daños y perjuicios sufridos».

Es verdad que la traducción al español y a nuestro sistema jurídico no es muy afortunada, ya que se trata de una traducción de la versión inglesa, pero es evidente que la referencia a los daños inmateriales debe entenderse referida al llamado daño moral.

Cualquier responsable que participe en la operación de tratamiento responderá de los daños y perjuicios causados en caso de que dicha operación no cumpla lo dispuesto por el RGPD y la LOPDGDD.

Y, de conformidad con el apartado 4 del artículo 82 RGPD, cuando exista más de un responsable o encargado del tratamiento, o un responsable y un encargado hayan participado en la misma operación de tratamiento y sean, como ocurre en los ficheros de información sobre solvencia patrimonial y de crédito (donde está, por un lado, el titular o responsable del fichero y, por otro, la persona o entidad que remitió los datos a dicho fichero), serán responsables de cualquier daño o perjuicio causado por dicho tratamiento y, en consecuencia, serán considerados responsable de todos los daños y perjuicios, a fin de garantizar la indemnización efectiva del interesado; sentándose con ello un principio de responsabilidad solidaria (en el ámbito del Derecho Privado Comunitario), idéntico al que se viene aplicando por los Jueces y Tribunales Españoles[11].

Por ello, también se reconoce en dicho artículo 82, apartado 5, una vía de regreso cuando un responsable o encargado del tra-

---

[11] Vid. reciente STS 192/2020, de 27 de febrero 2020 (Roj: STS 603/2020 – ECLI: ES:TS:2020:603).

tamiento haya pagado una indemnización total por el perjuicio ocasionado. En tal caso, dicho responsable o encargado tendrá derecho a reclamar a los demás responsables o encargados que hayan participado en esa misma operación de tratamiento la parte de la indemnización correspondiente a su parte de responsabilidad por los daños y perjuicios causados.

Por último, conviene señalar que el responsable o encargado del tratamiento únicamente estarán exentos de responsabilidad si demuestran que no son en modo alguno responsable del hecho que haya causado los daños y perjuicios.

8. ADECUACIÓN AL RGPD DE EVALUACIONES DE SOLVENCIA BASADAS EN TRATAMIENTOS AUTOMATIZADOS Y ELABORACION DE PERFILES

La SENTENCIA DEL TRIBUNAL DE JUSTICIA (Sala Primera), de 7 de diciembre de 2023, asunto C-634/21 es, en mi opinión, bastante trascendente, pues en el marco de una concreta evaluación de solvencia de un posible prestatario, SCHUFA Holding AG («SCHUFA»), que es una sociedad de derecho privado que presta sus servicios a entidades bancarias y financieras, en el caso objeto de controversia, facilitó a una entidad de crédito un "score" de solvencia negativo relativo a un ciudadano en cuestión, razón por la cual la entidad de crédito le denegó el crédito. Dicho ciudadano pidió entonces a SCHUFA que suprimiese los datos que le concernía y que le informase de los datos que SCHUFA tenía de él y que habían sido utilizados para la elaboración de su informe negativo de evaluación de solvencia. Sin embargo, SCHUFA le informó únicamente del funcionamiento genérico de los algoritmos y principios que subyacían en su método de cálculo para evaluar la solvencia, pero sin informarle ni facilitarle detalle concreto de los datos personales ni de los criterios específicos que se habían tenido en cuenta en su evaluación, alegando que el método de cálculo específico o concreto constituía un secreto comercial (Know-How).

El ciudadano afectado alega que la negativa de SCHUFA de facilitarle sus datos personales para su oposición y cancelación al tratamiento de los mismos, así como la negativa a informarle del método específico de cálculo utilizado para determinar el riesgo de insolvencia y poder valorar si se trata de la elaboración de un perfil personal, es contraria al régimen de protección de datos. Así es como dicha cuestión llega al Tribunal de lo Contencioso-Administrativo de Wiesbaden, que plantea la cuestión al TJUE.

En este asunto, ya el Abogado General Priit Pikamäe, señaló en sus conclusiones que el artículo 22 RGPD consagra un «derecho» del interesado a no ser objeto de una decisión basada únicamente en un tratamiento automatizado, incluida la elaboración de perfiles. En concreto, el artículo 22 RGPD, intitulado "decisiones individuales automatizadas, incluida la elaboración de perfiles", establece que «Todo interesado tendrá derecho a no ser objeto de una decisión basada únicamente en el tratamiento automatizado, incluida la elaboración de perfiles, que produzca efectos jurídicos en él o le afecte significativamente de modo similar».

Curiosamente "interesado" en la versión inglesa del RGPD (esto es, en el GDPR) es "The data subject", esto es, "el titular de los datos". De nuevo estamos ante una versión mejorable de lo que debía haber sido la traducción oficial, pues creo que es mejor y más exacto traducir el texto como «el titular de los datos» o «toda persona» tendrá derecho a no ser objeto de una decisión basada únicamente en el tratamiento automatizado, incluida la elaboración de perfiles...».

Aparentemente estamos ante este "nuevo derecho" que tiene toda persona a no ser objeto de decisiones automatizadas, entre las que se incluye la "elaboración de perfiles" o "profiling". Pero este derecho a no ser objeto de decesiones automatizadas ni de perfilados, que en apariencia es el más moderno del RGPD y de la LOPD-GDD, nos retrotrae al artículo 18.4 de la Constitución Española, desarrollado a través de la ya derogada (Ley Orgánica 5/1992, de "tratamiento automatizado" de datos carácter personal, la LOTRAD), planteamiento que está superado por el vigente artículo 8 de la Carta de Derechos Fundamentales UE, en el que el derecho de protección de datos se proyecta también sobre el tratamiento no automatizado y los ficheros en papel.

Resulta evidente que el derecho de protección de datos personales, tal y como lo concibieron los padres de la Constitución en el año 78, respondía a ese temor de que a través de la informática se realizasen (tratamientos automatizados de datos) desconocidos por la persona afectada, que revelasen aspectos personales e incluso íntimos de la persona que forman parte de su esfera de privacidad. Obviamente, la protección actual de perfilados no consentidos del artículo afecta también a ficheros y tratamientos realizados en soporte papel.

Lo más importante de las Conclusiones del Abogado General es que, en su opinión, en este supuesto se cumplen los requisitos de este derecho contenido en el artículo 22 RGPD, porque:

— El procedimiento en cuestión supone una «elaboración de perfiles»;

— la decisión produce efectos jurídicos en el interesado o lo afecta significativamente de modo similar, y

— Cabe considerar que se trata de una decisión basada únicamente en un tratamiento automatizado, pues la entidad bancaria justificó la denegación del crédito en el informe emitido por SCHUFA, sin que (en opinión del Abogado General, opinión que suscribo) la intervención de la entidad bancaria pueda considerarse "intervención humana" a los efectos de desvirtuar la consideración de "decisión automatizada", pues en nada corrigió la calificación de SCHUFA.

Así pues, el asunto principal, la elaboración de un informe de solvencia mediante la elaboración de un "perfilado" al margen del conocimiento y voluntad del afectado encaja perfectamente con el supuesto previsto en el artículo 22 RGPD y, por ello, el Abogado General llega a la conclusión de que dicha disposición debe interpretarse en el sentido de que la generación automatizada de un valor de probabilidad acerca de la capacidad futura de un interesado para satisfacer un préstamo (informe de evaluación de solvencia) constituye ya una decisión basada únicamente en un tratamiento automatizado, incluida la elaboración de perfiles, que produce efectos jurídicos en el interesado o lo afecta significativamente de modo similar, cuando dicho valor, hallado a partir de datos personales del interesado, es transmitido por el responsable del tratamiento a un tercero responsable del tratamiento y, según una práctica reiterada, este tercero, de un modo determinante, basa en dicho valor su decisión sobre el establecimiento, la ejecución o la extinción de una relación contractual con ese interesado. Además, una explicación genérica sobre cómo funciona el proceso de toma de decisión, sin indicar los datos específicos que se tienen de la persona y como ha sido el concreto proceso de toma de decisión, no es suficiente para que la persona afectada pueda tener toda la información a para valorar si se trata o no de un tratamiento ilícito o una " decisión automatizada".

De otra parte, el Tribunal de lo Contencioso-Administrativo de Wiesbaden ha plantado otras dos peticiones de decisión prejudicial en relación con el RGPD (asuntos C-26/22 y C-64/22). Estas dos peticiones, que han dado lugar a las pertinentes Conclusiones del Abogado General, se insertan en el marco de dos litigios entre dos ciudadanos y el Land Hessen, representado por el HBDI (que es la autoridad de control competente, equivalente en España a la AEPD o agencia autonómica), acerca de unas solicitudes que aquellos ciudadanos habían presentado ante el HBDI para que este actuara con el fin de que SCHUFA suprimiese una inscripción relativa a una "remisión de deuda restante" (expresión que me permito traducir como "condonación o quita de la deuda").

Pero en este caso la trascendencia es menor, en primer lugar, porque se plantea si una decisión de una autoridad de control (en España la AEPD y agencias autónomas similares) está sujeta siempre a un control jurisdiccional pleno sobre el fondo de sus decisiones, siendo evidente que sí, lo que garantiza además la tutela judicial efectiva.

Y lo más relevante es el tema de conservación de datos de impagos que se deben tomar para realizar evaluaciones de solvencia, donde el Abogado General llega a la conclusión de que la conservación de los datos por una agencia privada de información comercial no puede ser lícita, conforme al RGPD y a la ponderación de derechos en juego, cuando datos de "remisión de deuda restante" (esto es, de condenación o quita de deudas) suprimidos de los registros públicos de conformidad con el derecho nacional (en este caso alemán) se conservan por dichas agencias privadas (en concreto SCHUFA) más de tres años para elaborar sus informes de solvencia.

Según el Abogado General, en ese supuesto, el interesado tiene derecho a obtener del responsable del tratamiento la supresión sin demora de los datos personales que le conciernan, aunque corresponde al órgano jurisdiccional remitente examinar si existen, con carácter excepcional, motivos legítimos imperiosos para justificar dicho tratamiento adicional de tres años desde la cancelación en el registro público de insolvencia.

El TJUE, en su Sentencia de 7 de diciembre e 2023, solo responde a la primera de las cuestiones planteadas, y sostiene que "el artículo 22, apartado 1, del RGPD debe interpretarse en el sentido de que la generación automatizada, por una agencia de información comercial, de un valor de probabilidad a partir de datos personales relativos a una persona y acerca de la capacidad de esta para hacer frente a compromisos de pago en el futuro constituye una «decisión individual automatizada», en el sentido de la mencionada disposición, cuando de ese valor de probabilidad dependa de manera determinante que un tercero, al que se comunica dicho valor, establezca, ejecute o ponga fin a una relación contractual con esa persona".

Con todo, el impacto previsible de dicho supuesto en nuestro derecho es menor, dado que, para ficheros de insolvencia, la LOPD-GDD establece, en su artículo 20, que "los datos únicamente se pueden mantener en el sistema mientras persista el incumplimiento, con el límite máximo de cinco años desde la fecha de vencimiento de la obligación dineraria, financiera o de crédito". Y además la exoneración del pasivo insatisfecho en los procesos concursales debe producir efectos por sí misma, debiéndose permitir el acceso al crédito a toda persona que haya superado procesos de ejecución singular o colectiva cuando no haya otra razón justificada, como las que se deriven de la CIRBE (Central de Información de Riegos del Banco de España, donde se informa de la totalidad de préstamos y créditos de una persona) o de ficheros de insolvencia, que justifique objetivamente la denegación del crédito; todo ello además haciendo aplicación del derecho al olvido, caso Mario Costeja vs. Google (SENTENCIA DEL TRIBUNAL DE JUSTICIA (Gran Sala) de 13 de mayo de 2014 (asunto c-131/12) y en aplicación de los artículos 17 RGPD y 15, 93 y 94 LOPD-GDD, cuyo origen fue el carácter obsoleto de la información que los motores de búsqueda (Google y otros buscadores) ofrecían de la capacidad de solvencia de la persona.

9. CONCLUSIONES

Primera. El prestamista debe informa por escrito, sin demora y de forma motivada al solicitante del préstamo y, en su caso, a las personas que quieran garantizar la deuda como fiador o avalista, cuando se deniegue la solicitud de préstamo basada en la decisión derivada de la información de la Central de Información de Riesgos del Banco de (CIRBE) o de un fichero de información sobre solvencia patrimonial y de crédito, entregando una copia del resultado y el nombre o datos de contacto del responsable del fichero de información sobre solvencia patrimonial y de crédito, para que puedan ejercitar ante dicho responsable el derecho de acceso y, en su caso, rectificación los datos contenidos en la misma». (Esta obligación se contiene también en la Directiva 2014/17/CE).

Segunda. En todo caso, el prestamista deberá consultar el historial crediticio del cliente acudiendo a la Central de Información de Riesgos del Banco de España (CIRBE), así como a alguna de las entidades privadas de información crediticia en los términos y con los requisitos y garantías previstos en la legislación de protección de datos personales. En caso de que el prestamista conceda el préstamo, podrá comunicar los siguientes datos a las oficinas privadas de información crediticia: importe original, fecha de inicio, fecha de vencimiento, importes pendientes de pago, tipo de préstamo, garantías existentes y valor al que estas alcanzan, así como cualquier otro que establezca la persona titular del Ministerio de Economía y Empresa.

Tercera. Los intermediarios de crédito inmobiliario o representantes designados están obligados también a presentar fielmente al prestamista toda la información necesaria obtenida a través del prestatario, con el fin de que pueda realizarse la evaluación de la solvencia, debiendo para ello respetar la normativa de protección de datos personales en lo que requiere a la información y el consentimiento para dicha cesión.

Cuarta. El incumplimiento por parte de un prestamista o intermediario de crédito inmobiliario del deber de confidencialidad sobre los datos recibidos del CIRBE o de los ficheros de información sobre solvencia patrimonial y de crédito y su uso para fines diferentes de los previstos en la normativa reguladora de la misma, o la solicitud de informes sobre personas titulares de riesgos fuera de los casos expresamente autorizados en la citada normativa son infracciones administrativas graves que puede generar responsabilidad civil de conformidad con el artículo 82 RGPD.

Quinta. La falta de remisión o la remisión incompleta o inexacta por parte de un prestamista o intermediario de crédito inmobiliario España de los datos o documentos que deban serle remitidos al Banco de España, o que éste requiera en el ejercicio de sus funciones será una infracción administrativa grave.

Sexta. El RGPD reconoce un derecho de acceso lícito a las bases de datos a efectos de evaluar la solvencia del deudor/consumidor y con el fin exclusivo de verificar que este cumple con las obligaciones crediticias durante toda la vigencia del contrato de crédito. Se garantizará que este acceso se haga en condiciones no discriminatorias. Dicho acceso, se aplicará tanto a las bases de datos gestionadas por agencias de información crediticia o agencias de referencia de crédito privadas como a los registros públicos.

Séptima. la inexactitud de los datos que obran en un fichero de información sobre solvencia patrimonial y de crédito pueden causar daño y deben ser reparados y están amparados por el vigente artículo 82 del RGPD y la doctrina del Tribunal Supremo. Los responsables pueden ser o bien la persona que cedió los datos al fichero de información sobre solvencia patrimonial y de crédito, cuando lo haya hecho sin consentimiento y sin informar de los importes y circunstancia de cada concreta cesión. También puede existir responsabilidad del titular del fichero de información sobre solvencia patrimonial y de crédito por no notificar al deudor cuyos datos han sido cedidas dicha circunstancia o el ejercicio de derecho de acceso y, dicha responsabilidad puede ser solidaria, conforme al artículo 82 RGPD.

Octava. También puede existir responsabilidad para las entidades que gestionan los ficheros de información sobre solvencia patrimonial y de crédito (artículo 82 RGPD), sabiendo que son datos especialmente protegidos, cuyos ficheros requieren de informe de evaluación de impacto y de la llevanza y publicación en su espacio web o en la forma que estimen conveniente de un Registro de Actividades de Tratamiento. Además, por Ley, deben tener nombrado un delegado de protección de datos. Y, en caso de brecha de seguridad sobre dichos ficheros, se debe notificar esta circunstancia a la AEPD y a los afectados, por lo que se recomienda que, por lo menos, cumplan con los requisitos del ENS (Esquema Nacional de Seguridad) para evitar responsabilidades. El incumplimiento de estos requisitos legales, más allá de la posible infracción administrativa, puede generar responsabilidad civil por los daños ocasionados al titular de los datos, al que deben de garantizar en todo momento el ejercicio de los derechos de acceso, rectificación, cancelación, oposición, portabilidad, limitación de tratamiento y elaboración de perfil personal.

10. BIBLIOGRAFÍA

ÁLVAREZ CIENFUEGOS SUÁREZ, J.M., *Notas a la nueva regulación de la protección de datos de carácter personal*, La Ley, 2000-3.

CASACUBERTA, D., «La privacidad en los nuevos medios electrónicos. Aspectos éticos y sociales», *REDI*, n.° 11, junio 1999.

CAMPUZANO LAGUILLO, A., «Algunas consideraciones sobre la libertad informática y el derecho a la protección de datos de carácter personal en la jurisprudencia constitucional», *Revista Aranzadi de Derecho y Nuevas Tecnologías*, número 1, 2003, págs. 99 y ss.

DAVARA RODRÍGUEZ, M.A., *Guía práctica de la protección de datos*, Ed. Asnef Equifax, Madrid, 1999.

— *La protección de datos en Europa: principios, derechos y procedimiento*. Ed. Asnef Equifax, Madrid, 1998.

DÍAZ ARIAS, R., «Transferencia de Datos Personales. ¿Llegarán nuestros datos a buen puerto?, sobre el reciente acuerdo sobre protección de datos alcanzado entre Estados Unidos y la Unión Europea», *REDI*, n.° 23, junio 2000.

FERNÁNDEZ-SAMANIEGO, J., «La Nueva Ley de Protección de Datos de Carácter Personal Española (Ley Orgánica 15/199, del 13 de diciembre)», *REDI*, n.° 24, julio 2000.

GALINDO, F., *Protección de datos e intimidad*, La Ley, 1996-6.

GÓMEZ-JUÁREZ SIDERA, I., «Reflexiones sobre el derecho a la protección de datos de los menores de edad y la necesidad de su regulación específica en la legislación española», *Revista Aranzadi de Derecho y Nuevas Tecnologías*, número 11, 2006, págs. 71-88.

GUILLÉN CATALÁN, R., «Control o fiscalización del correo electrónico de los trabajadores por su empresa», *Revista Aranzadi de Derecho y Nuevas Tecnologías*, número 4, 2004, págs. 7-94.

HERRÁN ORTIZ, A.I., *La violación de la intimidad en la protección de datos personales*, Ed. Dykinson, Madrid, 1998.

LOSANO, M.A., PÉREZ LUÑO, A.E., GUERRERO MATEUS, M.F., *libertad informática y leyes de protección de datos personales*, Ed. Centro de Estudios Constitucionales, Madrid, 1998.

MAESTRE, J.A., «Comentarios a la Nueva Legislación sobre Protección de Datos», *REDI*, n.º 21, abril 2000.

MARTÍNEZ, R., «Vida privada y tecnología de la información en el entorno laboral», *Revista Aranzadi de Derecho y Nuevas Tecnologías*, número 9, 2005, págs. 65-78.

— «Videovigilancia y protección de datos personales. La Instrucción 1/2006, de 12 de diciembre, de la Agencia Española de Protección de Datos», *Revista Aranzadi de Derecho y Nuevas Tecnologías*, número 13, 2007, págs. 72 y ss.

— *Protección de datos. Comentarios al Reglamento de Desarrollo de la LOPD*. Ed. Tirant lo Blanch, 2009.

PÉREZ DE VELASCO, J.R., «Protección de Datos de Carácter Personal», *REDI*, n.º 27, octubre 2000.

RAMOS SUAREZ, F., «¿Es legal el uso de cookies?», *REDI*, n.º 1, agosto 1998.

— «Nuevo reglamento de seguridad para la protección de ficheros automatizados con datos de carácter personal: ¿obstáculo o ayuda al desarrollo de la empresa española?», *REDI*, n.º 14, septiembre 1999.

ROMEO CASABONA, Carlos M., «La protección penal de los mensajes de correo electrónico y de otras comunicaciones de carácter personas a través de la Red», *Revista Aranzadi de Derecho y Nuevas Tecnologías*, número 10, 2006, págs. 15-33.

SÁNCHEZ ALMEIDA, C., «Intimidad: Un derecho en Crisis. La Erosión de la Privacidad», *REDI*, n.º 24, julio 2000.

SÁNCHEZ CARAZO, C., y SÁNCHEZ CARAZO, J.M., *Protección de datos de carácter personal relativos a la salud*, Ed. Agencia de Protección de Datos, Madrid, 1999.

SEMPERE NAVARRO. ANTONIO V., y SAN MARTÍN MAZZUCCONI, CAROLINA, «Nuevas tecnologías y relaciones laborales: una tipología jurisprudencial», *Revista Aranzadi de Derecho y Nuevas Tecnologías*, número 10, 2006, págs. 35-64.

USTARAN, E., «Data Protection obligations for e-businesses», *REDI*, n.º 24, julio 2000.

ZABÍA DE LA MATA, J., «Una novedad de la LO 15/1999, de Protección de Datos: la figura del encargado del tratamiento», *Revista Aranzadi de Derecho y Nuevas Tecnologías*, número 4, 2004, págs. 95-101.

IV. LA COOPERACIÓN JURÍDICA INTERNACIONAL: DIMENSIÓN Y PROTECCIÓN DE LOS DATOS PENALES

ÁLVARO PALACIOS MARTÍNEZ
Profesor asociado de la Universitat de València

SUMARIO: 1. INTRODUCCIÓN. 2. LOS PRINCIPALES INSTRUMENTOS DE COOPERACIÓN JUDICIAL INTERNACIONAL. 2.1 La extradición y entrega. 2.2. El traslado de las personas condenadas. 2.3. La transferencia de los procedimiento penales. 3. LA HOMOGENEIZACIÓN LEGISLATIVA EUROPEA EN MATERIA PENAL: LA COOPERACIÓN JUDICIAL .3.1 La lucha contra la corrupción, la ciberdelincuencia, el fraude y el blanqueo de capitales. 3.2. Instrumentos para el intercambio de información entre los Estados miembros 3.3. Protección de las víctimas. 4. LA PROTECCIÓN DE DATOS EN LOS PROCESOS PENALES.

1. INTRODUCCIÓN

La evolución tecnológica no ha dejado de aportar nuevos recursos a la sociedad provocando en las últimas décadas una profunda transformación en todos sus ámbitos. En este camino evolutivo, los datos se han configurado como un elemento esencial en múltiples aspectos del desarrollo evolutivo: estratégicos, personales; comerciales; económicos…

Esta evolución, y el incremento del valor de los datos, también ha potenciado, de forma exponencial, los riesgos sobre ellos y, fundamentalmente, en los individuos a los que pertenecen y de los que son parte indisoluble. Dado el carácter transfronterizo que supone la nueva dimensión social, los estados han tratado de establecer estrategias que permitan, de una forma más eficaz, establecer instrumentos comunes útiles para la lucha contra la ciberdelincuencia.

El Convenio de Budapest[1], sobre ciberdelincuencia, aportó novedades de cooperación, coordinación y armonización legislativa que han sentado importantes bases en la estrategia de lucha contra la cibercriminalidad. El Convenio ha sido desarrollado por el Protocolo Adicional[2] y el Segundo Protocolo Adicional[3] que han seguido avanzando, desde una óptica legislativa, en la necesidad de su adecuación en una triple vertiente: en el derecho penal sustantivo, adecuación de normas procesales y el fortalecimiento de la cooperación judicial internacional desde un amplio espectro.

El Convenio se abría tanto a los estados miembros del Consejo de Europa como otros estados, destacando en su Preámbulo el "convencimiento *de la necesidad de aplicar, con carácter prioritario, una política penal común encaminada a proteger a la sociedad frente a la ciberdelincuencia, entre otras formas, mediante la adopción de la legislación adecuada y el fomento de la cooperación internacional; Conscientes de los profundos cambios provocados por la digitalización, la convergencia y la globalización continua de las redes informáticas; Preocupados por el riesgo de que las redes informáticas y la información electrónica sean utilizadas igualmente para cometer delitos y de que las pruebas relativas a dichos delitos sean almacenadas y transmitidas por medio de dichas redes; Reconociendo la necesidad de una cooperación entre los Estados y el sector privado en la lucha contra la ciberdelincuencia, así como la necesidad de*

---

1 Aprobados por el Comité de Ministros del Consejo de Europa en su 109ª reunión (8 de noviembre de 2001) y el Convenio fue abierto a la firma en Budapest, el 23 de noviembre de 2001, con motivo de la celebración de la Conferencia Internacional sobre la ciberdelincuencia. Y que fue ratificado por España mediante el Instrumento de Ratificación del Convenio sobre la Ciberdelincuencia, hecho en Budapest el 23 de noviembre de 2001. BOE-A-2010-14221. En la actualidad forman parte del Tratado 77 países y 110 han adaptado parte de su derecho penal sustantivo en aras de la armonización.

2 Protocolo adicional al Convenio sobre la ciberdelincuencia relativo a la penalización de actos de índole racista y xenófoba cometidos por medio de sistemas informáticos. Estrasburgo, 28.I.2003,

3 Segundo Protocolo adicional al Convenio sobre la Ciberdelincuencia, relativo a la cooperación reforzada y la revelación de pruebas electrónicas «DOUE» núm. 63, de 28 de febrero de 2023,

proteger los legítimos intereses en la utilización y el desarrollo de las tecnologías de la información; En la creencia de que la lucha efectiva contra la ciberdelincuencia requiere una cooperación internacional en materia penal reforzada, rápida y operativa (...)."

El cibercrimen supone una amenaza para los derechos humanos, la democracia y el propio Estado de Derecho. No es posible abordar en este espacio las múltiples adaptaciones legislativas que ha supuesto en nuestro derecho nacional las obligaciones derivadas del derecho de la UE que, de forma directa o indirecta, han surgido como consecuencia de la conciencia de la necesidad de armonización de los sistemas penales con los países de nuestro entorno y los compromisos adquiridos. Si embargo, conviene destacar algunos de estos cambios legislativos para visibilizar, por un lado, los esfuerzos del espacio europeo en la armonización de los sistemas penales y, por otro, la dimensión del tránsito de datos transfronterizo que se genera en la aplicación de la normativa en el ámbito penal.

Cabe destacar inicialmente el reconocimiento mutuo de resoluciones penales en la Unión Europea que abordó Ley 23/2014[4] , a la que nos referiremos posteriormente, en la que se avanza en el desarrollo de figuras como el embargo provisional[5].

---

4 Ley 23/2014, de 20 de noviembre, de reconocimiento mutuo de resoluciones penales en la Unión Europea.

5 Como expone el Preámbulo de la propia Ley 23/2014 la figura fue introducida por la Ley 18/2006, de 5 de junio : "*La segunda decisión marco adoptada en este ámbito, fue la Decisión Marco 2003/577/JAI, de 22 de julio de 2003, relativa a la ejecución en la Unión Europea de las resoluciones de embargo preventivo de bienes y aseguramiento de pruebas, que permite que la autoridad judicial del Estado de origen adopte una resolución acordando la realización de un embargo provisional en otro Estado miembro, de aquellos bienes que bien vayan a ser objeto de un ulterior comiso, o bien vayan a ser utilizados como prueba en juicio. Su incorporación al Derecho español se efectuó a través de la Ley 18/2006, de 5 de junio, para la eficacia en la Unión Europea de las resoluciones de embargo y aseguramiento de pruebas en procedimientos penales y la Ley Orgánica 5/2006, de 5 de junio, complementaria de la anterior, por la que se modifica la Ley Orgánica 6/1985, de 1 de julio, del Poder Judicial*".

2. LOS PRINCIPALES INSTRUMENTOS DE COOPERACIÓN JUDICIAL INTERNACIONAL

La cooperación en asuntos penales necesita instrumentos ágiles y efectivos para conseguir adecuarse a la realidad delincuencial actual, donde la cibercriminalidad y los elementos transfronterizos adquieren cada vez más relevancia. El acceso a datos en los procesos de investigación se configura como una necesidad por el rápido avance de la cibercriminalidad y la realidad compleja que genera la conjunción de los elementos tecnológicos y transfronterizos. Algunos de estos instrumentos han tenido que ir adaptándose a las nuevas realidades sociales para seguir siendo efectivos, otros, más recientes, también requieren de una actualización constante para mejorar tanto los procesos como las garantías exigidas por la legislaciones nacionales y europeas con una base jurídica adecuada.

Muchos son los aspectos que podrían abordarse en el ámbito de la cooperación jurídica internacional tales como, la asistencia judicial mutua, la validez internacional de las sentencias judiciales, la vigilancia de los delincuentes, el embargo y el decomiso de los productos del delito, en este caso nos centraremos, a modo de ejemplo, en la extradición y entrega, el traslado de personas condenadas y la transferencia de procedimientos penales.

2.1. *La extradición y entrega*

Los procesos de investigación requieren cada vez más de una agilidad que no responde únicamente ya a términos clásicos de una justicia ágil. Se impone también una necesidad de protección de las víctimas y la eficacia en la obtención de pruebas mediante la cooperación internacional, que se adecue, por ejemplo, a la volatilidad o dificultad de acceso a los elementos probatorios.

Centrándonos en la ODE, ha establecido un plazo máximo de 60 días desde la detención para la adopción de una decisión definitiva[6]. Debiendo procederse de forma efectiva a la entrega en un plazo máximo diez días desde la adopción de la decisión de entrega, respetándose idéntico plazo cuando la persona consiente en ser entregada. En sus inicios, la entonces conocida como OEDE[7] establecía, en su art. 9, las categorías delictuales por las que podía ser de aplicación en instrumento de detención y entrega, requisito que ha sido eliminado por la Ley 23/2014 que, en su art. 20, expresamente recoge que el instrumento no estará sujeto al control de doble tipificación.

La eliminación del principio de doble incriminación responde también al propio proceso de armonización de las legislaciones penales en el ámbito europeo, dotando de mayor agilidad al proceso, respetándose las garantías y homogeneizando los procesos de transferencia de los datos necesarios para la cumplimentación del trámite.

La Ley 23/2014 incluye el formulario de solicitud en su Anexo I, en el que se incluyen las exigencias en relación a los datos y contenidos establecidos en el art. 36 y a los que se refería la Audiencia Nacional en mérito de recurso de apelación interpuestos en contra la resolución dictada por solicitud de OEDE solicitada por las autoridades polacas: *"alega en primer lugar el reclamado, la falta de motivación del auto de entrega al concurrir la causa de denegación prevista en el artículo 32.1 c) de la Ley 23/2014 en relación con el artículo 36 e) de la misma, ya que el formulario recibido no especifica ni describe las circunstancias, las fechas no el grado de participación del reclamado en los hechos. La descripción de las autoridades polacas es muy genérica y carece de la información necesa-*

---

6 Conviene señalar, por su naturaleza, que el plazo contiene similitudes con el plazo máximo de internamiento en CIE aunque, en el caso de internamiento de extranjeros, se circunscribe a un proceso administrativo en el que se acuerda una medida privativa de libertad. Real Decreto 162/2014, de 14 de marzo, por el que se aprueba el reglamento de funcionamiento y régimen interior de los centros de internamiento de extranjeros. Art. 21.2. *El período de internamiento se mantendrá por el tiempo imprescindible para los fines del expediente y no podrá exceder en ningún caso de sesenta días.*

7 Ley 3/2003, de 14 de marzo, sobre la orden europea de detención y entrega. Norma derogada por la disposición derogatoria única de la Ley 23/2014, de 20 de noviembre

ria a la que hace referencia la legislación aplicable a la ejecución de la OEDE. Una cosa es la falta de motivación de la resolución recurrida que forma parte del más amplio derecho a la tutela judicial efectiva (art. 24.1 CE) y otra bien distinta la falta o ausencia del contenido legalmente exigido del formulario de OEDE. Así el artículo 36 de la Ley 23/2014, de 20 de noviembre, de Reconocimiento Mutuo de resoluciones penales en la Unión Europea, recoge el contenido de la orden europea de detención y entrega, y así dispone: La orden europea de detención y entrega se documentará en el formulario que figura en el anexo I, con mención expresa a la siguiente información: a) La identidad y nacionalidad de la persona reclamada. b) El nombre, la dirección, el número de teléfono y de fax y la dirección de correo electrónico de la autoridad judicial de emisión. c) La indicación de la existencia de una sentencia firme, de una orden de detención o de cualquier otra resolución judicial ejecutiva que tenga la misma fuerza prevista en este Título. d) La naturaleza y tipificación legal del delito. e) Una descripción de las circunstancias en que se cometió el delito, incluidos el momento, el lugar y el grado de participación en el mismo de la persona reclamada. f) La pena dictada, si hay una sentencia firme, o bien, la escala de penas que establece la legislación para ese delito. g) Si es posible, otras consecuencias del delito." AAN 438/2023, de 24 de agosto.

Para la emisión de una orden de detención y entrega, el art. 37 establece límites cuando el objeto de la entrega tiene como fin el cumplimiento de pena o medida de seguridad no inferior a cuatro meses de libertad, o de una medida de internamiento en régimen cerrado de un menor por el mismo plazo y, para los supuestos de investigación penal, hechos para los que la ley penal española señale una pena o una medida de seguridad privativa de libertad cuya duración máxima sea, al menos, de doce meses, o de una medida de internamiento en régimen cerrado de un menor por el mismo plazo. La ejecución en España de una pena o medida privativa de libertad no será necesaria la doble tipificación si se trata de delitos contenidos en el art. 20.1 siempre que estén castigados en el Estado de emisión con penas o medidas privativas de libertad cuya duración máxima sea de al menos tres años.[8]

---

8 En este sentido puede verse AAN 326/2024, de 28 de mayo: "*Sin embargo asumiendo el criterio del Ministerio Fiscal, y asumiendo que el cumplimiento de la pena que*

2.2. El traslado de las personas condenadas.

Uno de los objetivos perseguidos mediante el traslado de extranjeros condenados es facilitar la reinserción social de los mismos. El traslado a países del entorno lingüístico del condenado y próximo a su entorno familiar se configuran como elementos favorecedores a la consecución de los fines penológicos. Además, permite equilibrar las poblaciones reclusas de los centros penitenciarios y un mayor control para el país receptor puesto que se facilita el conocimiento del perfil delincuencial que al que no se tendría acceso tras la finalización de la condena en el país inicial de cumplimiento.

La Convención de Palermo[9] abordó en su artículo 17[10], el traslado de personas condenadas, teniendo como principales instrumentos jurídicos en el ámbito europeo la Decisión Marco 2008/909/JAI de 27 de noviembre[11] y, fundamentalmente, el

---

resta será inferior a 6 meses por el abono de la prisión provisional en la que se encuentra el reclamado, la Sala concluye que no concurre ninguno de los supuestos de denegación de entrega, toda vez que a la fecha de la recepción de la presente OEDE la pena por cumplir era superior a 6 meses (6 meses y 27 días), y todo ello conforme establece el art 37 de la LEY 23/14 , en relación con el art 9.1h de la decisión Marco 2008/909JAI. No encontrándonos en ninguno de los supuestos del art 77 de la Ley 23/14 para proceder al cumplimiento de la citada pena en nuestro país. La Sala concluye en los mismos términos que el Juez a quo en su primer fundamento, que no es otro que el cumplimiento de los requisitos formales necesarios para acceder a la entrega; los hechos están descritos en la orden de detención , de tales hechos se desprende la participación a título de presunto autor del recurrente, los hechos son típicos, están expresamente recogidos en el art 20 de la Ley 23/14 castigados con penas privativas de libertad superiores a 3 años de prisión. Se cumplen con creces los requisitos formales del art 36 de la citada ley de cooperación así como los art 35 y 35 de la misma. La orden procede de mandato judicial y lo es a efectos de cumplimiento de la condena que se impuso por tales delitos".

9 Resolución 55/25 de la Asamblea General, de 15 de diciembre de 2000.

10 Art 17. *Los Estados Parte podrán considerar la posibilidad de celebrar acuerdos o arreglos bilaterales o multilaterales sobre el traslado a su territorio de toda persona que haya sido condenada a pena de prisión o a otra pena de privación de libertad por algún delito comprendido en la presente Convención a fin de que complete allí su condena.*

11 Decisión Marco 2008/909/JAI de 27 de noviembre, relativa a la aplicación del reconocimiento mutuo de sentencias en materia penal por las que se imponen penas u tras medias privativas de libertad a efectos de su ejecución en la Unión Europea.

Convenio del Consejo de Europa sobre el traslado de personas condenadas[12].

A los efectos de acordar el traslado el penado debe ser escuchado, configurándose su consentimiento como uno de los elementos facilitadores de la decisión, sin embargo, la Decisión Marco, en su art. 6, ha previsto supuestos en los que la falta de consentimiento no implica una elemento determinante para el efectivo traslado:

a) *al Estado miembro de nacionalidad en que viva el condenado;*

b) *al Estado miembro al que el condenado vaya a ser expulsado una vez puesto en libertad sobre la base de una orden de expulsión o traslado contenida en la sentencia o en una resolución judicial o administrativa o cualquier otra medida derivada de la sentencia;*

c) *al Estado miembro al que el condenado se haya fugado o al que haya regresado ante el proceso penal abierto contra él en el Estado de emisión o por haber sido condenado en el Estado de emisión.*[13]

2.3. *La transferencia de los procedimiento penales*

El Convenio Europeo permite a los estados que formen parte del mismo perseguir un delito, con su propia legislación, configurándose como un elemento de confianza entre los países del entorno.

La transferencia de procedimientos no está permitida en los casos en los que se vulnere el principio de *ne bis in idem*[14], en que no esté prevista sanción en la legislación del país requerido y no se cumplan los casos y condiciones previstas en el Convenio o si existe prescripción del delito en el país requiriente.

---

12 Convenio sobre traslado de personas condenadas (nº 112), hecho en Estrasburgo el 21 de marzo de 1983.

13 Véase art. 6 Decisión Marco 2008/909/JAI de 27 de noviembre relativa a la aplicación del reconocimiento mutuo de sentencias en materia penal por las que se imponen penas u tras medias privativas de libertad a efectos de su ejecución en la Unión Europea.

14 Véase art. 35 del Convenio…

La solicitud podrá realizarse si la persona objeto de investigación reside en el país requerido; puede facilitar el acceso a los elementos de prueba y el esclarecimiento de los hechos; es más beneficioso a los efectos de readaptación social en caso de condena; si existen procedimientos con nexos al que origina la petición; se tienen dificultades en el para instruir; dificultades para la comparecencia del sospechoso...[15] .

El procedimiento de transmisión se encuentra regulado en los arts 13 a 29 del Convenio, estableciendo un procedimiento en el que tanto la solicitud como las demás comunicaciones deben realizarse por escrito, debe ser formulada por el Ministerio de Justicia al homólogo del país requerido o directamente por las autoridades del Estado requirente a las del Estado requerido, si está previsto por acuerdos especiales. A la solicitud deberá acompañarse original o copia certificada y todos los documentos precisos.

Para la resolución de conflictos de jurisdicción será de aplicación la Ley 29/2022, de 21 de diciembre[16].

3. LA HOMOGENEIZACIÓN LEGISLATIVA EUROPEA EN MATERIA PENAL: LA COOPERACIÓN JUDICIAL

En todos los ámbitos, se impone una necesidad de superación del modelo actual, quizá a un modelo de justicia europeo de corte federal que supere el modelo actual con una mayor capacidad central de las instituciones europeas. Mientras, el modelo europeo se esfuerza por crear bases para avanzar en la lucha contra la criminalidad. No resulta posible abordar en este artículo la amplitud normativa y de instrumentos que en las últimas décadas se

---

15 Véase art. 8 del Convenio...

16 Ley 29/2022 de 21 de diciembre, por la que se adapta el ordenamiento nacional al Reglamento (UE) 2018/1727 del Parlamento Europeo y del Consejo, de 14 de noviembre de 2018, sobre Eurojust, y se regulan los conflictos de jurisdicción, las redes de cooperación jurídica internacional y el personal dependiente del Ministerio de Justicia en el exterior.

han ido creando y actualizando, pero conviene dejar constancia de parte de la misma señalando algunas las directivas europeas más relevantes en los ámbitos de la lucha contra la corrupción, la ciberdelincuencia, el fraude y el blanqueo de capitales, sobre los instrumentos para el intercambio de información entre los Estados miembros y sobre la protección de las víctimas[17].

3.1. La lucha contra la corrupción, la ciberdelincuencia, el fraude y el blanqueo de capitales

a. Directiva 2013/40/UE. Entendiendo los sistemas de información como elementos esenciales para interacción política, social y económica, y ante los ataques y riesgos que suponen, establece el objetivo de una política criminal, mediante la modificación o introducción en sus legislaciones penales adecuadas a la amenaza y una mejora en la cooperación policial, define infraestructura crítica. Define dicha infraestructura como "*un elemento, sistema o parte de este situado en los estados miembros que es esencial para el mantenimiento de funciones vitales de la sociedad, la salud, la seguridad, la protección y el bienestar económico y social de la población, como las centrales eléctricas, las redes de transporte y la redes de los órganos de gobierno*"[18]. La legislación española adaptó su legislación, por medio de la Ley 8/2011, de 28 de abril[19], a

---

17 Siguiendo parte de la Fichas Temáticas sobre la Unión Europea. Parlamento Europeo. La cooperación judicial en materia penal. Visto el 18 de julio de 2024. https://www.europarl.europa.eu/factsheets/es/sheet/155/la-cooperacion-judicial-en-materia-penal

18 Véase Directiva 2013/40/UE del Parlamento Europeo y del Consejo, de 12 de agosto de 2013, relativa a los ataques contra los sistemas de información y por la que se sustituye la Decisión Marco 2005/222/JAI del Consejo (Directiva sobre ciberdelincuencia).

19 Ley 8/2011, de 28 de abril, por la que se establecen medidas para la protección de las infraestructuras críticas.

lo establecido en la Directiva 2008/841/JAI[20], y en la que la se establecían las definiciones de servicio esencial, sector estratégico, subsector estratégico, infraestructuras estratégicas, infraestructuras críticas, Infraestructuras críticas europeas, operadores críticos, nivele de seguridad, catálogo nacional de infraestructuras estratégicas…

b. Directiva 2014/42/UE. Profundiza en el ámbito del embargo y del decomiso estableciendo su ámbito de aplicación en la corrupción en la que estén implicados funcionarios, falsificación de moneda, fraude y medidos de pago distintos del efectivo, terrorismo, corrupción en el sector privado, tráfico ilícito de drogas, delincuencia organizada, trata de seres humanos y a la protección de las víctimas, lucha contra los abusos sexuales y la explotación sexual de los menores y la pornografía infantil y los ataques contra a los sistemas de información. Estableciendo, en su art. 8, las garantías que debe operar para el efectivo derecho a la tutela judicial efectiva de las personas afectadas.[21]

c. Directiva 2014/57/UE. La Directiva 2003/6/CE avanzó en la protección de los mercados financieros, sin embargo, el Grupo de Expertos de Alto Nivel sobre la protección financiera de la UE, llegó a la consideración de que los regímenes sancionadores de los estados miembros no estaban investidos de la fortaleza y homogeneidad adecuada[22]. La Directiva establece la obligación a los Estados miembros de adoptar medidas, penales con carácter general en los casos más graves, para perseguir las operaciones con información privilegiada, recomendación o indicción a otra persona a realizar operaciones con información privilegiada; así

---

20 Decisión Marco 2008/841/JAI del Consejo, de 24 de octubre de 2008 , relativa a la lucha contra la delincuencia organizada.

21 Véase Directiva 2014/42/UE del Parlamento Europeo y del Consejo, de 3 de abril de 2014, sobre el embargo y el decomiso de los instrumentos y del producto del delito en la Unión Europea.

22 Informe de 25 de enero de 2009.

como en los casos de comunicación ilícita de información privilegiada; en los casos de manipulación de mercado; y para las personas jurídicas.[23]

d. Directiva 2014/62/UE.. La Directiva actualiza la Decisión Marco 2000/383/JAI del Consejo habiéndose detectado la necesidad de proteger a la sociedad de los efectos negativos que el aumento de la falsificación de moneda supone para la misma. Así, establece la obligación de perseguir penalmente: *a) la fabricación o alteración fraudulentas de moneda, independientemente del medio empleado al efecto; b)la puesta en circulación fraudulenta de moneda falsa; c) la importación, exportación, transporte, recepción u obtención de moneda falsa con el objeto de ponerla en circulación, sabiéndola falsa; d) la fabricación, recepción, obtención o posesión fraudulentas de: i) instrumentos, objetos, programas y datos informáticos y otros medios especialmente adaptados para la falsificación o alteración de moneda, o ii) elementos de seguridad como hologramas, marcas de agua u otros componentes de la moneda que sirvan para protegerla contra la falsificación.*[24]

e. Directiva (UE) 2018/843. La interrelación de la delincuencia organizada y el terrorismo y las nuevas formas de financiación alternativa que ofrecen las tecnologías requieren una intervención para que medios de financiación utilizados, que en muchos casos, quedan fuera del control de la Unión, y que requieren un mayor esfuerzo en la lucha contra el blanqueo de capitales con el objeto de que sea más efectivo. En cualquier caso, la propia Directiva refleja la necesidad de proporcionalidad en las medidas que se

[23] Directiva 2014/57/UE del Parlamento Europeo y del Consejo, de 16 de abril de 2014, sobre las sanciones penales aplicables al abuso de mercado (Directiva sobre abuso de mercado).

[24] Directiva 2014/62/UE del Parlamento Europeo y del Consejo, de 15 de mayo de 2014, relativa a la protección penal del euro y otras monedas frente a la falsificación, y por la que se sustituye la Decisión Marco 2000/383/JAI del Consejo.

adopten y el riesgo perseguido. Establece la modificación de directivas anteriores desarrollando un amplio conjunto de medidas de cooperación entre Estados.[25]

f. Directiva (UE) 2018/1673. En la búsqueda de la armonización y homogeneización de las legislaciones penales de los Estados miembro en la lucha contra el blanqueo de capitales, destacamos su Considerando (5): "*La definición de las actividades delictivas que constituyen los delitos antecedentes a efectos del blanqueo de capitales debe ser suficientemente uniforme en todos los Estados miembros. Los Estados miembros deben garantizar que todos los delitos castigados con una pena de prisión conforme a lo establecido en la presente Directiva sean considerados delitos antecedentes al blanqueo de capitales. Además, los Estados miembros deben incluir, si no lo estuvieran ya por razón del umbral de pena que lleven aparejada, un catálogo de delitos dentro de cada una de las categorías de delitos enumeradas en la presente Directiva. En ese caso, los Estados miembros deben poder decidir la forma de delimitar el conjunto de delitos dentro de cada categoría. Cuando una categoría de delitos, como el terrorismo o los delitos contra el medio ambiente, incluye delitos previstos en actos jurídicos de la Unión, la presente Directiva debe remitir a dichos actos jurídicos. Los Estados miembros deben, no obstante, considerar cualquier delito establecido en estos actos jurídicos de la Unión como constituyente de un delito antecedente al de blanqueo de capitales. Cualquier tipo de participación punible en la comisión de un delito antecedente, tipificado de conformidad con el Derecho nacional, debe considerarse también como actividad delictiva a efectos de la presente Directiva. En los casos en que el Derecho de la Unión permita a los Estados miembros establecer sanciones distintas de las sanciones penales, la presente Directiva no debe obligar a los Estados miembros a clasificar los delitos en tales supuestos como*

---

25 Directiva (UE) 2018/843 del Parlamento Europeo y del Consejo, de 30 de mayo de 2018, por la que se modifica la Directiva (UE) 2015/849 relativa a la prevención de la utilización del sistema financiero para el blanqueo de capitales o la financiación del terrorismo;

delito antecedente a efectos de la presente Directiva". Así como la inclusión de las monedas virtuales en la lucha contra el blanqueo de capitales.[26]

g. Reglamento (UE) 2018/1805. Sin duda, uno de los principales avances en la lucha contra la delincuencia lo ha constituido el fortalecimiento de las medidas de cooperación en el reconocimiento mutuo de resoluciones judiciales. [27]

3.2. Instrumentos para el intercambio de información entre los Estados miembros

Otro de los aspectos fundamentales en el ámbito europeo lo constituye en intercambio de información entre los Estados miembros y las agencias de la Unión para una mayor efectividad de los fines perseguidos. Deben destacarse entre otras:

a. Directiva 2014/41/UE. Con el fin de la Orden Europea de Investigación (en adelante OEI) se articula como un instrumento esencial en el ámbito de la cooperación judicial de los países de la UE. Configurada como una resolución judicial, de naturaleza horizontal, obliga al país de ejecución a reconocer y garantizar la ejecución de la resolución dictada. Los plazos para el reconocimiento de de la OEI son de treinta días, estableciéndose un plazo de noventa días para efectiva ejecución. Puede emitirse la OEI:

   a) *en relación con los procedimientos penales incoados por una autoridad judicial, o que puedan entablarse ante una autoridad judicial, por hechos constitutivos de delito con arreglo al Derecho interno del Estado de emisión;*

---

26 Directiva (UE) 2018/1673 del Parlamento Europeo y del Consejo, de 23 de octubre de 2018, relativa a la lucha contra el blanqueo de capitales mediante el Derecho penal.

27 Reglamento (UE) 2018/1805 del Parlamento Europeo y del Consejo, de 14 de noviembre de 2018, sobre el reconocimiento mutuo de las resoluciones de embargo y decomiso.

b) *en los procedimientos incoados por autoridades administrativas por hechos tipificados en el Derecho interno del Estado de emisión por ser infracciones de disposiciones legales, y cuando la decisión pueda dar lugar a un procedimiento ante una autoridad jurisdiccional competente, en particular, en materia penal;*

c) *n los procedimientos incoados por autoridades judiciales por hechos tipificados en el Derecho interno del Estado de emisión por ser infracciones de disposiciones legales, y cuando la decisión pueda dar lugar a un procedimiento ante un órgano jurisdiccional competente, en particular, en materia penal, y*

d) *en relación con los procedimientos mencionados en las letras a), b) y c) que se refieran a delitos o infracciones por los cuales una persona jurídica pueda ser considerada responsable o ser castigada en el Estado de emisión.*

Se reconocen como autoridades a los efectos de la emisión de la OEI el juez, órgano jurisdiccional, el juez de instrucción, el fiscal competente así como cualquier otra autoridad que tenga competencia de conformidad con la legislación nacional de emisión, estableciéndose medidas de control previo.[28]

b. Reglamento (UE) 2018/1726. En el 2011 se creó la La Agencia Europea para la gestión operativa de sistemas informáticos de gran magnitud en el espacio de libertad, seguridad y justicia (en adelante eu-LISA)[29] Reglamento (UE) 2018/1726 [30]

---

28 Directiva 2014/41/UE del Parlamento Europeo y del Consejo, de 3 de abril de 2014, relativa a la orden europea de investigación en materia penal.

29 Creada mediante el Reglamento (UE) n.o 1077/2011 del Parlamento Europeo y del Consejo.

30 Reglamento (UE) 2018/1726 del Parlamento Europeo y del Consejo, de 14 de noviembre de 2018, relativo a la Agencia de la Unión Europea para la Gestión Operativa de Sistemas Informáticos de Gran Magnitud en el Espacio de Libertad, Seguridad y Justicia (eu-LISA)

c. Reglamento (UE) 2018/1862[31].Aborda la información que gestiona el SIS (Shengen Information System). En la actualidad, desde marzo de 2023, el SIS contiene datos biométricos: fotografías; impresiones palmares; impresiones dactilares; huellas dactilares; huellas palmares; registros de ADN (solo en el caso de personas desaparecidas). Las categorías de datos fijadas han sido fijadas por el el Reglamento en el art. 20[32], destacando la regulación sobre las descripciones sobre personas en búsqueda para su detención a efectos de entrega y extradición que deberán ser introducidos a instancia de autoridad judicial.

---

[31] Reglamento (UE) 2018/1862 del Parlamento Europeo y del Consejo, de 28 de noviembre de 2018, relativo al establecimiento, funcionamiento y utilización del Sistema de Información de Schengen (SIS) en el ámbito de la cooperación policial y de la cooperación judicial en materia penal.

[32] Art. 20.3. 3. Las descripciones del SIS que incluyan información sobre personas contendrán solo los datos siguientes: a) apellidos; b)nombres; c) nombres y apellidos de nacimiento; d) nombres y apellidos usados con anterioridad y alias; e) rasgos físicos particulares, objetivos e inalterables; f) lugar de nacimiento; g) fecha de nacimiento; h) sexo; i) nacionalidad o nacionalidades; j) indicación de si la persona afectada: i)va armada; ii)es violenta; iii) está fugada o se ha evadido; iv) presenta un riesgo de suicidio; v) es una amenaza para la salud pública; o vi) está implicada en alguna actividad de las recogidas en los artículos 3 a 14 de la Directiva (UE) 2017/541; k) motivo de la descripción; l) autoridad que creó la descripción; m) referencia a la decisión que da lugar a la introducción de la descripción; n) medidas que deben tomarse en caso de respuesta positiva; o) conexión con otras descripciones de conformidad con el artículo 63; p) tipo de delito; q) número de registro de la persona en un registro nacional; r) para las descripciones a que se refiere el artículo 32, apartado 1, categorización del tipo de caso; s) categoría de los documentos de identificación de la persona; t) país de expedición de los documentos de identificación de la persona; u) número o números de los documentos de identificación de la persona; v) fecha de expedición de los documentos de identificación de la persona; w) fotografías e imágenes faciales; x) con arreglo al artículo 42, apartado 3, perfiles de ADN pertinentes; y) datos dactiloscópicos; z) fotocopia, a ser posible en color, de los documentos de identificación.

d. Reglamento (UE) 2019/816[33]. El reglamento aborda las dificultades de información de condenas de ciudadanos de terceros países, siendo necesario para el acceso a dicha información hasta la puesta en práctica del contenido del Reglamento la consulta individualizada a todos los países para el acceso a dicha información. Se establece como plazo de retención de los datos aquel en el que estén consignados en el registro nacional de antecedentes penales, por lo que la armonización de legislativa europea penal es determinante en un plano de proporcionalidad.

> *La puesta en marcha de esta base de datos complementa el Sistema Europeo de Información de Antecedentes Penales (ECRIS) de forma que los órganos judiciales y demás operadores con acceso a la información penal de los ciudadanos de la UE puedan también conocer la identidad de los condenados en los diferentes Estados que sean naturales de terceros países, apátridas o cuya nacionalidad resulte desconocida*[34].

e. Directiva (UE) 2023/977. La Directiva instrumenta un proceso de intercambio de información adecuado y rápido entre los servicios de seguridad y aduanas que facilite la lucha contra la delincuencia transfronteriza. Prevé la centralización de los procesos de intercambio por medio de un punto único y establece, en su art. 6, los motivos de denegación de la solicitud de información[35].

---

33 Reglamento (UE) 2019/816 del Parlamento Europeo y del Consejo, de 17 de abril de 2019, por el que se establece un sistema centralizado para la identificación de los Estados miembros que poseen información sobre condenas de nacionales de terceros países y apátridas («ECRIS-TCN») a fin de complementar el Sistema Europeo de Información de Antecedentes Penales y por el que se modifica el Reglamento (UE) 2018/1726. Este Reglamento está vinculado a la Directiva (UE) 2019/884, de 17 de abril de 2019, por la que se modifica la Decisión Marco 2009/315/JAI del Consejo en lo que respecta al intercambio de información sobre nacionales de terceros países y al Sistema Europeo de Información de Antecedentes Penales (ECRIS);

34 https://www.lamoncloa.gob.es/serviciosdeprensa/notasprensa/justicia/Paginas/2019/240519-reglamento.aspx. Consultado el 16 de julio de 2024.

35 Denegación de solicitudes de información. 1. Los Estados miembros garantizarán que su punto de contacto único únicamente deniegue facilitar

Para garantizar la agilidad se han establecido plazos para el cumplimiento de las obligaciones impuestas. Art. 5.1: *a) ocho horas, en el caso de las solicitudes urgentes relacionadas con información accesible directamente; b) tres días naturales, en el caso de las solicitudes urgentes relacionadas con información accesible indirectamente; c) siete días naturales, en el caso de todas las demás solicitudes.*[36]

f. Reglamento (UE) 2023/1543[37]. Con el fin de obtener y conservar pruebas electrónicas el Reglamento el Regla-

---

información solicitada de conformidad con el artículo 4 en la medida en que concurra cualquiera de los siguientes motivos: a) que la información solicitada no esté disponible para el punto de contacto único ni para los servicios de seguridad y de aduanas competentes del Estado miembro que recibe la solicitud; b) que la solicitud de información no cumpla los requisitos establecidos en el artículo 4; c) que se deniegue la autorización judicial necesaria en virtud del Derecho nacional del Estado miembro que recibe la solicitud de conformidad con el artículo 9; d) que la información solicitada conste de datos personales distintos de los pertenecientes a las categorías de datos personales mencionadas en el artículo 10, letra b); e) que se haya comprobado que la información solicitada es inexacta o incompleta o ya no está actualizada y no puede facilitarse de conformidad con el artículo 7, apartado 2, de la Directiva (UE) 2016/680; f) que haya motivos objetivos para creer que la comunicación de la información solicitada podría: i) ser contraria a los intereses fundamentales de seguridad nacional del Estado miembro que recibe la solicitud, o perjudicarlos, ii) comprometer el correcto desarrollo de la investigación en curso de una infracción penal o la seguridad de una persona, iii) perjudicar de forma indebida importantes intereses protegidos de una persona jurídica; g) que la solicitud se refiera a: i) una infracción penal castigada con una pena máxima de privación de libertad de un año o menos con arreglo al Derecho del Estado miembro que recibe la solicitud, o ii) un asunto que no constituya infracción penal con arreglo al Derecho del Estado miembro que recibe la solicitud; h) que la información solicitada se haya obtenido inicialmente de otro Estado miembro o de un tercer país y dicho Estado miembro o tercer país no haya dado su consentimiento para que se facilite la información.

36 Directiva (UE) 2023/977 del Parlamento Europeo y del Consejo, de 10 de mayo de 2023, relativa al intercambio de información entre los servicios de seguridad y de aduanas de los Estados miembros, por la que se deroga la Decisión Marco 2006/960/JAI del Consejo.

37 Reglamento (UE) 2023/1543 del Parlamento Europeo y del Consejo, de 12 de julio de 2023, sobre las órdenes europeas de producción y las órde-

mento avanza en la armonización legislativa de la producción, conservación y entrega de las pruebas electrónicas. El Reglamento, entre otras definiciones establecidas en el art. 3, define:

La OEP como: *«orden europea de producción»: una decisión por la que se ordena la entrega de pruebas electrónicas, emitida o validada por una autoridad judicial de un Estado miembro de conformidad con el artículo 4, apartados 1, 2, 4 y 5, y dirigida a un establecimiento designado o a un representante legal de un prestador de servicios que ofrezca servicios en la Unión, cuando dicho establecimiento designado o representante legal esté situado en otro Estado miembro vinculado por el presente Reglamento;*

La OEC como: *«orden europea de conservación»: una decisión por la que se ordena la conservación de pruebas electrónicas a los efectos de una solicitud posterior de entrega, y que es emitida o validada por una autoridad judicial de un Estado miembro de conformidad con el artículo 4, apartados 3, 4 y 5, y dirigida a un establecimiento designado o a un representante legal de un prestador de servicios que ofrezca servicios en la Unión, cuando dicho establecimiento designado o representante legal esté situado en otro Estado miembro vinculado por el presente Reglamento;*

Y a las pruebas electrónicas como: *los datos de los abonados, datos de tráfico o datos de contenido almacenados por un prestador de servicios, o en nombre de un prestador de servicios, en formato electrónico, en el momento de la recepción de un certificado de orden europea de producción (EPOC, por sus siglas en inglés de European Production Order Certificate) o de un certificado de orden europea de conservación (EPOC-PR, por sus siglas en inglés de European Preservation Order Certificate);*

Como señala CUADRADO SALINAS, en un análisis conjunto del Reglamento y de la Directiva a la que nos refe-

---

nes europeas de conservación a efectos de prueba electrónica en procesos penales y de ejecución de penas privativas de libertad a raíz de procesos penales;

riremos a continuación, el art. 18.5 muestra la necesidad de ponderar la investigación con el respeto al derecho de defensa y un proceso equitativo de la En el apartado 5 del artículo 18, además, se recoge la exigencia de que se respeten los derechos de defensa y equidad del proceso en la valoración de las pruebas obtenidas a través de la orden europea de producción. "En este sentido, una vez más, se deja en manos de la normativa nacional la decisión acerca de cuándo debe excluirse una prueba por entenderse obtenida vulnerando derechos fundamentales, cuestión que, como se sabe, no goza de un criterio uniforme en el ámbito de la UE, ni de la doctrina del TEDH"[38].

g. Directiva (UE) 2023/1544. No parece necesario ahondar en la importancia que de la prueba electrónica ha adquirido en las últimas décadas en la realidad procesal donde, la esfera tecnológica se instaura como prueba fundamental como reflejo se ser testigo de los hechos por su inmersión en la sociedad. Cuando la prueba tecnológica se configura a través de las redes, ocurre, cada vez con más frecuencia, que la misma no se encuentre a disposición en el territorio con jurisdicción para la investigación y enjuiciamiento de los hechos. La diversidad de legislaciones crea obligaciones dispares a los prestadores de servicios por lo que se trata de homogeneizarlas. Establece la Directiva el plazo, hasta 2026, para que los prestadores de servicios en la Unión designen un establecimiento o un representante legal, quienes serán los encargados de facilitar los datos requeridos y los Estados deberán velar por el cumplimiento. BUENO DE MATA lo define acertadamente como un "*sistema innovador vinculado al tratamiento de la prueba electrónica transfron-*

---

38 CUADRADO SALINAS, C.: La Directiva Europea y las Órdenes de Producción y Conservación de pruebas electrónicas en los procesos penales. ¿Nuevas perspectivas? Recibido: 01 de noviembre de 2023 | Aceptado: 06 de diciembre de 2023; IUS ET SCIENTIA; 2023 ;Vol. 9; Nº 2; pp. 117-135; ISSN 2444-8478 http://doi.org/10.12795/IESTSCIENTIA.2023.i02.06.

teriza en el proceso penal[39]". Para su efectivo cumplimiento establece la obligación de implantar un régimen adecuado de sanciones ante su eventual incumplimiento [40].

3.3. *Protección de las víctimas*

a. Directiva 2011/36/UE.[41] Nuestro Código Penal tipifica como delito de trata de seres humanos *el que, sea en territorio español, sea desde España, en tránsito o con destino a ella, empleando violencia, intimidación o engaño, o abusando de una situación de superioridad o de necesidad o de vulnerabilidad de la víctima nacional o extranjera, o mediante la entrega o recepción de pagos o beneficios para lograr el consentimiento de la persona que poseyera el control sobre la víctima, la captare, transportare, trasladare, acogiere, o recibiere, incluido el intercambio o transferencia de control sobre esas personas*[42], con las finalidades previstas en el tipo.

Entre las medidas de protección, adecuadas a los estatutos de la víctima de cada país, se encuentran el asesoramiento

---

39 BUENO DE MATA, F. (2024). Directiva (UE) 2023/1544, del Parlamento Europeo y del Consejo, de 12 de julio de 2023, por la que se establecen normas armonizadas para la designación de establecimientos designados y de representantes legales a efectos de recabar pruebas electrónicas en. AIS: Ars Iuris Salmanticensis,12(1),305–307.Recuperado a partir de https://revistas.usal.es/cuatro/index.php/ais/article/view/32046.

40 Directiva (UE) 2023/1544 del Parlamento Europeo y del Consejo, de 12 de julio de 2023, por la que se establecen normas armonizadas para la designación de establecimientos designados y de representantes legales a efectos de recabar pruebas electrónicas en procesos penales.

41 Directiva 2011/36/UE del Parlamento Europeo y del Consejo, de 5 de abril de 2011, relativa a la prevención y lucha contra la trata de seres humanos y a la protección de las víctimas. Directiva que se encuentra pendiente de modificación: Resolución legislativa del Parlamento Europeo, de 23 de abril de 2024, sobre la propuesta de Directiva del Parlamento Europeo y del Consejo por la que se modifica la Directiva 2011/36/UE relativa a la prevención y lucha contra la trata de seres humanos y a la protección de las víctimas (COM(2022)0732 – C9-0431/2022 – 2022/0426(COD)).

42 Art. 177 bis CP.

jurídico y asistencia letrada, de celeridad procesal —especialmente para menores víctima—, acceso a indemnizaciones, de protección y prevención.

La reciente propuesta de modificación ahonda en la necesidad de la figura del coordinador UE, nuevos planes de análisis estadísticos anonimizados, incluyendo, entre otros, víctimas identificadas y presuntas, así como la elaboración de un plan nacional contra la trata de seres humanos que aborde: *a) objetivos, prioridades y medidas para hacer frente a la trata de seres humanos respecto a todas las formas de explotación, incluidas medidas específicas para los menores víctimas de trata; b) medidas preventivas, como la educación, las campañas de concienciación y la formación, y medidas preventivas como parte de la respuesta de emergencia a los riesgos de trata de seres humanos causados por crisis humanitarias, cuando proceda; c) medidas para reforzar la lucha contra la trata de seres humanos, lo que incluye mejorar la investigación y el enjuiciamiento de los casos de trata de seres humanos y la cooperación transfronteriza; d) medidas para reforzar la identificación temprana y la asistencia, el apoyo y la protección de las víctimas de trata de seres humanos; e) procedimientos para el seguimiento y la evaluación periódicas de la ejecución de los planes de acción nacionales contra la trata de seres humanos*[43].

b. Directiva 2011/93/UE[44]. Destacaremos el contenido del art. 6 de la Directiva relativa al embaucamiento de menores por medios tecnológicos, a los fines de la adecuación del sistema penal de los países cuando mediante el uso de las tecnologías de la comunicación y la información, se acceda a los menores que no han alcanzado la edad de consentimiento sexual[45].

---

43 Art. 19 ter 2. de la Propuesta de modificación.

44 Directiva 2011/93/UE del Parlamento Europeo y del Consejo, de 13 de diciembre de 2011, relativa a la lucha contra los abusos sexuales y la explotación sexual de los menores y la pornografía infantil.

45 En concreto la conductas abordadas por el artículo se centran en las consistentes en: Art. 3.4. Realizar actos de carácter sexual con un menor que

La Directiva establece la necesidad de inclusión de circunstancias agravantes en las legislaciones nacionales —muestra de una necesidad de adaptación de las legislaciones con países del entorno y en la que nuestra legislación penal ha realizado siempre importantes adaptaciones en el orden penal[46]— en relación con lo dispuesto respecto de las infracciones relacionadas con la pornografía infantil, el embaucamiento de menores con fines sexuales por medios tecnológicos y las relativas a la inducción, complicidad y tentativa, que consistan en: *a) que la infracción haya sido cometida contra un menor en una situación de especial vulnerabilidad, por ejemplo discapacidad física o mental, dependencia o incapacidad física o mental; b) que la infracción haya sido cometida por un miembro de la familia, una persona que convivía con el menor o una persona que haya abusado de su posición reconocida de confianza o de autoridad; c) que la infracción haya sido cometida por varias personas actuando conjuntamente; d) que la infracción haya sido cometida en el marco de una organización delictiva según la definición de la Decisión marco 2008/841/JAI del Consejo, de 24 de octubre de 2008, sobre la lucha contra la delincuencia organizada (1); e) que el autor de la infracción haya sido condenado con anterioridad por infracciones de la misma naturaleza; f) que el autor de la infracción haya puesto en peligro la vida del menor*

---

no ha alcanzado la edad de consentimiento sexual se castigará con penas privativas de libertad de una duración máxima de al menos cinco años. Art. 5.6. La producción de pornografía infantil se castigará con penas privativas de libertad de una duración máxima de al menos tres años.

46 En este sentido conviene destacar, entre otras, la modificación operada por la Ley 13/2015, de 5 de octubre, de modificación de la Ley de Enjuiciamiento Criminal para el fortalecimiento de las garantías procesales y la regulación de las medidas de investigación tecnológica; y la Ley Orgánica 8/2021, de 4 de junio, de protección integral a la infancia y la adolescencia frente a la violencia. En la actualidad se ha aprobado el Anteproyecto de Ley Orgánica para la protección de las personas menores de edad en los entornos digitales. https://www.mjusticia.gob.es/es/institucional/gabinete-comunicacion/noticias-ministerio/APLO-proteccion-menores-entornos-digitales. Visto el 24 de julio de 2024.

de forma deliberada o negligente; g) que la infracción haya sido cometida empleando violencia grave contra el menor o causándole un daño grave[47].

c. Directiva 2011/99/UE sobre la orden europea de protección[48] y Directiva 2012/29/UE[49], por la que en el ámbito de la información y apoyo se desarrollan el derecho a entender y ser entendido, a recibir información desde el primer contacto con la autoridad competente, a recibir información sobre su causa, a traducción e interpretación, de acceso a los servicios de apoyo; en la participación en el proceso penal, se desarrolla el derecho a ser oído…

4. LA PROTECCIÓN DE DATOS EN LOS PROCESOS PENALES

En el año 2007, con la firma del Tratad de Lisboa, la protección de datos se configuró como un derecho fundamental en el derecho de la UE por medio del art. 8 de la Carta de los Derechos Fundamentales de la UE.

En el contexto de la cooperación judicial internacional, es esencial la transmisión de datos para su materialización y, no solo, datos personales como nombre y apellidos, domicilio, número de documento de identidad, datos de localización, también datos de ADN o ARN y otros también de naturaleza especialmente sensibles que pueden aportar o aportan información sobre enfermedades, elementos genéticos susceptibles de ser interpretados de forma discriminatoria…

---

47 Véase art. 9 Directiva 2011/93/UE…

48 Directiva 2011/99/UE del Parlamento Europeo y del Consejo, de 13 de diciembre de 2011, sobre la orden europea de protección

49 Directiva 2012/29/UE del Parlamento Europeo y del Consejo, de 25 de octubre de 2012, por la que se establecen normas mínimas sobre los derechos, el apoyo y la protección de las víctimas de delitos.

La respuesta a la necesidad de adecuación de la regulación existente llego con Directiva (UE) 2016/680[50], que entró en vigor en el año 2018, para el tratamiento de datos que deben ser recogidos con fines explícitos y dentro del ámbito de aplicación de la Directiva y cuyo objeto sea la prevención, investigación, detección o el enjuiciamiento de infracciones penales o la ejecución de sanciones penales.

Los fines implican que, entre los afectados por el tratamiento de datos, se categoricen de distinta naturaleza: sospechosos y condenados, víctimas y testigos, cuya afectación a los derechos fundamentales tiene diversa significación.

La Directiva, en su considerando (34) establece que el tratamiento, a los fines previstos, *debe abarcar toda operación o conjunto de operaciones con datos personales o conjuntos de datos personales que se lleve a cabo con tales fines, ya sea de modo automatizado o no, y entre las que se incluye la recopilación, registro, organización, estructuración, almacenamiento, adaptación o modificación, recuperación, consulta, utilización, cotejo o combinación, limitación del tratamiento, supresión o destrucción de datos.*

El derecho de acceso podrá quedar total o parcialmente limitado cuando la medida se constituya como necesaria y proporcional, respetándose los derechos fundamentales en los siguientes supuestos: *a) evitar que se obstaculicen indagaciones, investigaciones o procedimientos oficiales o judiciales; b) evitar que se cause perjuicio a la prevención, detección, investigación o enjuiciamiento de infracciones penales o a la ejecución de sanciones penales; c) proteger la seguridad pública; d) proteger la seguridad nacional; e) proteger los derechos y libertades de otras personas*[51].

---

50 Directiva (UE) 2016/680 del Parlamento Europeo y del Consejo, de 27 de abril de 2016, relativa a la protección de las personas físicas en lo que respecta al tratamiento de datos personales por parte de las autoridades competentes para fines de prevención, investigación, detección o enjuiciamiento de infracciones penales o de ejecución de sanciones penales, y a la libre circulación de dichos datos y por la que se deroga la Decisión Marco 2008/977/JAI del Consejo

51 Véase art. Directiva (UE) 2016/680...

El derecho de rectificación cuando los datos existentes sean inexactos se reconocerá sin mayor dilación y el derecho de supresión quedará condicionado al cumplimiento del plazo de la normativa habilitante, quedando limitado el tratamiento a la conservación cuando persista la necesidad a efectos probatorios y cuando no pueda determinarse la exactitud o inexactitud puestos en duda por el interesado[52].

En la actualidad, con carácter general, es difícil cuantificar el valor de los datos personales. Los rápidos avances tecnológicos también se constituyen como una dificultad para la sociedad en la conciencia del valor real de los datos y, sobre todo del valor que en la sociedad del futuro puedan llegar a tener ya que dicho valor se incrementa proporcionalmente a las capacidades de uso de los mismos.

Los retos para el sistema penal de protección de datos también van a ir en aumento en primer lugar por la cantidad de datos, y nuevos datos a los que somos capaces de gestionar y almacenar y gestionar; en segundo lugar por el aumento de las capacidades de la ciberdelincuencia que en su sofisticación es capaz de detectar vulnerabilidades y abordar grandes ataques a los sistemas de información y, quizás el que más incertidumbre genera en estos momentos actuales constituido por las capacidades que pueda llegar a ofrecer la IA.

[52] Véase art. 16 de la Directiva (UE) 2016/680…

Capítulo segundo

ESPECIAL REFERENCIA A LA PROTECCIÓN DE DATOS DE SOLVENCIA PATRIMONIAL

I. EL RETO DE LA PROTECCIÓN DE DATOS EN EL ANÁLISIS DE SOLVENCIA PARA LA CONCESIÓN DE CRÉDITOS

Carlos Alonso Martínez
Director Departamento Legal-Grupo Equifax

SUMARIO: 1. FICHEROS DE SOLVENCIA Y REGLAMENTO EUROPEO DE PROTECCIÓN DE DATOS. 2. FICHEROS DE SOLVENCIA EN LA LEGISLACIÓN NACIONAL. LEY ORGÁNICA DE PROTECCIÓN DE DATOS PERSONALES Y GARANTÍAS DE DERECHOS DIGITALES (EN ADELANTE LOPDGDD) (Art. 20.1). PRESUNCIÓN DE INTERÉS LEGÍTIMO. 3. REQUISITOS PARA LA PRESUNCIÓN *IURIS TANTUM* DEL INTERÉS LEGÍTIMO (Art 20.1 LOPDGDD). 3.1. Notificación de inclusión. 3.2. Otros requisitos en la LOPDGDD (Art. 20.1). 3.3. Los problemas del requerimiento previo de pago. 3.4. Certeza de la deuda. 4. MANTENIMIENTO DE DATOS Y CRITERIOS DE ENTRADA. (Art 20 LOPDGDD). 4.1. Particularidades. 4.2. Derecho de consulta e información del resultado (Art. 20.1 e) LOPDGDD). 4.3. Información del Resultado. 5. RESPONSABILIDAD Y CORRESPONSABILIDAD (Art. 20 LOPDGDD). 5.1. Responsabilidad. 6. SCORE: LOPDGDD V. RGPD. 7. LOS FICHEROS DE SOLVENCIA EN SENTENCIAS DEL TRIBUNAL SUPREMO. 7.1. INTERPRETACIÓN RESPECTO A NOTIFICACIONES DE INCLUSIÓN Y REQUERIMIENTOS PREVIOS. STS NÚM. 34/2024, DE FECHA 11 DE ENERO DE 2024. 7.1.1. Sentencia del TS núm. 34/2024, de fecha 11 de enero de 2024. 7.1.2. STS núm. 863/2023, de fecha 5 de junio de 2023. 7.1.3. STS núm. 413/2023, de fecha 27 de marzo de 2023. 8. LA RESPONSABILIDAD EN SENTENCIAS DEL TRIBUNAL SUPERIOR DE JUSTICIA DE LA UNIÓN EUROPEA. FICHEROS DE SOLVENCIA, RECIENTE LÍNEA JURISPRUDENCIAL. 8.1. Sentencia del TJUE, de fecha 4 de mayo de 2023 (asunto C-300/2021). 8.2. Sentencia TSJUE, de fecha 14 de diciembre de 2023 (ASUNTO C-340-21). Cuestión quinta: indemnización por daños y perjuicios inmateriales II.

1. FICHEROS DE SOLVENCIA Y REGLAMENTO EUROPEO DE PROTECCIÓN DE DATOS

Al igual que la mayoría de los tratamientos, los ficheros de solvencia patrimonial y crédito no cuentan con una regulación específica, por lo que:

- Están sometidos a las **causas de legitimación del tratamiento** reguladas en las letras de la a) a la f) del Artículo 6 el Reglamento General de Protección de Datos (en adelante RGPD) y,
- En caso de **incumplimientos** "*toda persona que haya sufrido daños y perjuicios materiales o inmateriales como consecuencia de una infracción del presente Reglamento tendrá derecho a recibir del responsable o el encargado del tratamiento una indemnización por los daños y perjuicios sufridos*". (Art. 82 UE RGPD). Por tanto, el Reglamento Europeo afecta a esta actividad en toda su regulación pero no contiene disposiciones específicas. En el presente trabajo nos vamos a focalizar en las causas de legitimación para éstos tratamientos y las consecuencias de su incumplimiento.

2. FICHEROS DE SOLVENCIA EN LA LEGISLACIÓN NACIONAL. LEY ORGÁNICA DE PROTECCIÓN DE DATOS PERSONALES Y GARANTÍAS DE DERECHOS DIGITALES (EN ADELANTE LOPDGDD) (ART. 20.1). PRESUNCIÓN DE INTERÉS LEGÍTIMO

La legislación nacional ha regulado estos tratamientos en el Art. 20, estableciendo una **presunción iuris tantum a favor del interés legítimo,** al indicar que:

> "*Salvo prueba en contrario, **se presumirá lícito** el tratamiento de datos personales relativos al incumplimiento de obligaciones dinerarias, cuando se cumplan los requisitos indicados en este artículo*".

La regulación nacional plantea problemas de posibles conflictos con el Reglamento Europeo en la medida que, en lo relativo a las causas de legitimación, éste plantea limitaciones regulatorias a los estados miembros, de forma que claramente:

- En el art. 6.2 RGPD se indican los tratamientos en los que los Estados miembros podrán mantener o introducir disposiciones "más específicas" con el fin de adaptar la aplicación de las normas del Reglamento . En concreto, se habilita esta regulación nacional para : c) relativo al cumplimiento de una obligación legal y letra e) necesidad de cumplir una misión de interés público. Como se puede observar, no aparece el interés legítimo.
- En el mismo sentido, el art 6.3 RGPD indica que la base del tratamiento indicado en el artículo 6.1, letras c) y e), deberá ser establecida por el Derecho de la Unión, o de los Estados miembros.
- Respecto a los supuestos de interés público o ejercicio de poderes públicos (art 6.1 e)), dicha base jurídica podrá contener disposiciones específicas para adaptar la aplicación de normas del presente Reglamento, entre otras:
  - **La licitud del tratamiento.**
  - Los tipos de datos.
  - Los interesados afectados.
  - Las entidades a las que se pueden comunicar datos personales y los fines.
  - Los plazos de conservación de los datos...

Por tanto, en nuestra opinión, existe una extralimitación del legislador nacional al regular la presunción del interés legítimo en el Artículo 20 LOPDGDD.

3. REQUISITOS PARA LA PRESUNCIÓN *IURIS TANTUM* DEL INTERÉS LEGÍTIMO (ART 20.1 LOPDGDD)

3.1. Notificación de inclusión

La entidad que mantenga el sistema de información crediticia con datos relativos al incumplimiento de obligaciones dinerarias, financieras o de crédito **deberá notificar al afectado la inclusión** de tales datos y le informará sobre la posibilidad de ejercitar los derechos establecidos en los artículos 15 a 22 del Reglamento (UE) 2016/679 **dentro de los treinta** días **siguientes a la notificación** de la deuda al sistema, **permaneciendo bloqueados los datos durante ese plazo.** Este requisito nada aporta a la regulación Europea en la que su artículo 14 a) regula la información que deberá facilitarse cuando los datos personales no se hayan obtenido del interesado, y además el plazo para notificar es el mismo: "3. *El responsable del tratamiento facilitará la información dentro de un plazo razonable y a más tardar dentro de un mes*".

3.2. Otros requisitos en la LOPDGDD (Art. 20.1)

El artículo 20 continúa estableciendo dentro de la presunción "*iuris tantum*":

- Que los datos hayan sido facilitados por el acreedor o por quien actúe por su cuenta o interés.
- Que los datos refieran a deudas ciertas, vencidas y exigibles, cuya existencia o cuantía no hubiese sido objeto de reclamación administrativa o judicial por el deudor o mediante un procedimiento alternativo de resolución de disputas vinculantes entre las partes.
- Que el acreedor haya informado al afectado en el contrato o en el momento de requerir el pago acerca de la posibilidad de inclusión en dichos sistemas, con indicación de aquellos en los que participe.

Algunos de estos requisitos han originado problemas de cumplimiento a las entidades financieras, sobre todo en lo relativo a la certeza, la deuda y el requerimiento previo de pago. En éste último, el mayor problema estaba en demostrar su realización cuando el consumidor negaba la recepción fehaciente del mismo. Este problema ha quedado solucionado en recientes sentencias de nuestro Tribunal Supremo. En los próximos epígrafes se analizarán diversas sentencias respecto a estos aspectos más conflictivos.

3.3. Los problemas del requerimiento previo de pago

La Sentencia de fecha 11 de enero de 2024 de la Sección 991 de la Sala de lo Civil del Tribunal Supremo, con núm. de Recurso 641/2023, ha venido a resolver la mayor parte de los problemas interpretativos que se habían tenido con anterioridad:

- "« *[...] nuestra doctrina sobre el carácter recepticio del* ***requerimiento previo de pago no exige, como hemos dicho, la fehaciencia de su recepción****, que se puede considerar fijada a través de las presunciones, como en este caso, siempre que exista garantía o constancia razonable de ella, que en el presente supuesto también existe, puesto que en ningún momento se ha negado que el domicilio del demandado coincidiera con la dirección de destino indicada en la comunicación o argumentado que esta se hubiera malogrado por razones achacables al servicio postal de correos, de las que, por lo demás, no existe reflejo alguno en los autos*".
- » *Tampoco se puede tachar la comunicación por formar parte de un gran conjunto de ellas, puesto que dicha circunstancia, igual que si se hubiera presentado de forma independiente e individual, no impide su puesta a disposición del servicio postal de correos, que opera un número ingente de comunicaciones y que no puede denegar su admisión (documentada en los autos con los albaranes de entrega) por el mero hecho de formar parte de una remesa masiva de envíos que le son confiados por el remitente para la realización de un proceso postal integral (clasificación, transporte, distribución y entrega) que debe garantizar de manera efectiva los derechos*

de los usuarios y del que, una vez producida la recepción, se hace responsable, conforme a lo dispuesto por el art. 3.12.b) de la Ley 43/2010, de 30 de diciembre, del servicio postal universal, de los derechos de los usuarios y del mercado postal.

- *» Ni equipararse este supuesto, atendidas las circunstancias que lo califican, con otros cuya tipología es distinta, como aquellos en los que la comunicación fue remitida a una dirección postal de la que fue devuelta por ser el destinatario desconocido o donde anteriormente ya se había producido una devolución por la misma circunstancia, lo que sí cuestiona, como ya hemos dicho, la garantía de la recepción (Sentencia 854/2021, de 10 de diciembre).* **(Motivo quinto del Fundamento Segundo)**
- "*Es cierto que la jurisprudencia de esta sala ha tomado en consideración el casuismo existente en esta materia. Y así, hemos considerado pertinentes para confirmar la práctica efectiva del requerimiento circunstancias tales como la remisión de correos electrónicos o mensajes de texto por teléfono; y, al contrario, para considerar que no puede considerarse realizado el requerimiento de pago, hemos entendido que son relevantes circunstancias tales como que la comunicación se había remitido a una dirección de la que con anterioridad habían venido devueltas otras comunicaciones. Pero no concurriendo circunstancias especiales, el simple hecho de que la comunicación que contenía el requerimiento de pago fuera depositada en el servicio de correos junto con otras muchas cartas, no basta por sí solo para considerar que no se ha practicado el requerimiento de pago, cuando, como sucede en el presente caso, la comunicación ha sido remitida a una dirección idónea, como es la que la demandante hizo constar en el contrato del que deriva la deuda, sin que conste que hubiera comunicado un cambio de domicilio o que la demandada hubiera podido inferir dicho cambio de alguna otra circunstancia.*" **(Motivo séptimo del Fundamento Segundo)**

En el Motivo segundo del Fundamento Tercero rebaja las exigencias del requerimiento previo cuando a ha habido anotaciones de morosidad previas:

- *"En el encabezamiento de este motivo, la recurrente invoca la «infracción de los artículos 38 y 39 del Reglamento, sobre el requisito de información al afectado en el momento de requerir el pago acerca de la posibilidad de inclusión de dichos sistemas, y la doctrina de Excmo. Tribunal Supremo sobre la no exigencia de este requisito en los casos en los que existen anotaciones previas en los ficheros de solvencia, recogida en sus sentencias núm. 609/2022, de 19 de septiembre de 2022, núm. 660/2022, de 13 de octubre de 2022, núm. 563/2019, de 2 de octubre de 2019, núm. 740/2015, de 22 de diciembre de 2015». Al desarrollar el motivo se argumenta que la Audiencia Provincial, pese a reconocer que los datos personales de la demandante habían sido objeto de comunicación y tratamiento en estos registros sobre incumplimiento de obligaciones dinerarias a instancias de siete entidades diferentes, además de por la demandada y, al menos en cuatro ocasiones, en un momento anterior a que la demandada comunicará los datos a dos de estos ficheros, no aplica la jurisprudencia del Tribunal Supremo sobre el carácter funcional del requerimiento y sobre la irrelevancia de su ausencia o carácter defectuoso cuando existen estas otras anotaciones por impagos en ficheros sobre solvencia patrimonial".* Estas alegaciones son suficientes para considerar que se trata de una cuestión que fue adecuadamente introducida en el litigio mediante su alegación en la contestación a la demanda; fue objeto de prueba y la Audiencia Provincial lo recogió en su sentencia.

A la vista de la anterior jurisprudencia, se puede ver con claridad que los requisitos que se exigen en la anterior han cambiado y han quedado claros cúal son los que deben cumplirse.

3.4. Certeza de la deuda

La Sentencia núm. 5596/2023 de fecha 20 de diciembre de 2023 en su Sección 1 de la Sala de lo Civil del Tribunal Supremo, da pautas sobre la certeza de la deuda y como debe no ser tratada cuando el deudor cuestiona la existencia y cuantía de la deuda:

- “*Conforme a lo expuesto, constituye una intromisión ilegítima la comunicación de los datos personales del deudor a uno de estos ficheros cuando las circunstancias del caso revelan con suficiente claridad que la falta de pago no está relacionada con la solvencia del deudor, sino con su oposición a la certeza, existencia o cuantía de dicha deuda. Así ha ocurrido con cierta frecuencia con las deudas relacionadas con servicios de telefonía móvil, cuando existía una controversia entre la compañía y el cliente sobre los criterios de facturación (por ejemplo, sentencia 740/2015, de 22 de diciembre) o sobre la aplicación de penalizaciones por baja en el servicio antes del periodo de permanencia. La indicada sentencia 174/2018, de 23 de marzo, declaró que incluso siendo posible que la deuda resulte finalmente cierta y por tanto pueda considerarse como un dato veraz, puede no ser un dato pertinente y proporcionado a la finalidad del fichero, que no es la simple constatación de las deudas, sino la solvencia patrimonial de los afectados. Y por ello, sólo es pertinente la inclusión de los deudores que no pueden o no quieren, de modo no justificado, pagar sus deudas, pero no aquellos que legítimamente discrepan del acreedor respecto de la existencia y cuantía de la deuda.*” **(Motivo sexto del Fundamento Cuarto)**

La certeza de la deuda. Jurisprudencia reciente

No todo cuestionamiento de la certeza de la deuda debe dar lugar a la cancelación del dato. En este sentido la Sentencia núm. 5727/2023 de fecha 19 de diciembre de 2023 en su Sección 1 de la Sala de lo Civil del Tribunal Supremo, dice que en un caso relativo a CIRBE establece como no todo cuestionamiento de la deuda debe dar lugar a la baja de estos ficheros: “*por las características del efecto general de la exoneración de créditos no resulta razonable exigir al acreedor que realiza las comunicaciones necesarias para actualizar la información crediticia de sus créditos que hayan resultado exonerados, mientras no conste que sea conocedor de la exoneración de su crédito ni razonablemente pudiera serlo.*” **(Motivo tercero del Fundamento Segundo)**

4. MANTENIMIENTO DE DATOS Y CRITERIOS DE ENTRADA. (ART 20 LOPDGDD)

4.1. Particularidades

Los datos únicamente se pueden mantener en el sistema:

- **Mientras persista el incumplimiento, con el límite máximo de cinco años desde la fecha de vencimiento de la obligación dineraria, financiera o de crédito.**
- No se incorporarán a los sistemas de información crediticia a los que se refiere el artículo 20.1 de esta ley orgánica deudas en que la cuantía del principal sea inferior a cincuenta euros. (Disposición adicional sexta —antes octava—).

En esta parte la presunción *iuris tantum* a favor del interés legítimo puede resultar cuestionable en la medida que la legislación nacional puede conducir a diferencias entre los diferentes Estados miembros, en la medida que éstos fijen requisitos diferentes o ni si quiera los regulen lo que podría conducir a dificultar la libre circulación de los mismos.

4.2. Derecho de consulta e información del resultado (Art. 20.1 e) LOPDGDD)

Los datos referidos a un deudor determinado **solamente pueden ser consultados "*cuando quien consulte el sistema mantuviese una relación contractual con el afectado que implique el abono de una cuantía pecuniaria o este le hubiera solicitado la celebración de un contrato que suponga financiación, pago aplazado o facturación periódica, como sucede entre los supuestos, en los previstos en la legislación de contratos de crédito al consumo y de contratos de crédito inmobiliarios*"**.

4.3. Información del Resultado

En el caso de que se denegase la solicitud de celebración del contrato, o éste no llegara a celebrarse, como consecuencia de la consulta efectuada, quien haya consultado el sistema debe **informar al afectado del resultado de dicha consulta.**

Nuevamente en éste apartado cabe hacerse la pregunta ¿si no se cumplen estos requisitos se considera no aplicable la presunción de interés legítimo?, o lo que es más importante ¿cuál es la consecuencia de la no aplicación del interés legítimo? Entendemos que esta clase de preguntas podrían terminar bajo el formato de Cuestiones Prejudiciales ante el Tribunal Superior de Justicia de la Unión Europea, en el sentido de si se oponen al Reglamento.

5. RESPONSABILIDAD Y CORRESPONSABILIDAD (ART. 20 LOPDGDD)

5.1. *Responsabilidad*

En el artículo 20 se regula que las entidades que mantengan el sistema y las acreedoras, respecto del tratamiento de los datos referidos a sus deudores, **tendrán la condición de corresponsables del tratamiento de los datos,** siendo de aplicación lo establecido por el artículo 20 del Reglamento (UE) 2016/679.

También se indica que corresponderá al acreedor garantizar que concurren los requisitos exigidos para la inclusión en el sistema de la deuda, respondiendo de su existencia o inexistencia.

Consideramos innecesaria esta parte del artículo en la medida que ya se encuentra regulada en el Art. 26 del Reglamento; y la responsabilidad del acreedor y de quién gestiona el fichero común de información ha sido analizado en Sentencia de nuestro Tribunal Supremo.

Sentencia del TS núm. 126/2022, de fecha 17 de febrero de 2022 indica respecto a la corresponsabilidad "*El acreedor o quien actúe por su cuenta deberá asegurarse de la concurrencia de dichos requisitos en el momento de notificar los datos adversos al responsable del fichero común (art. 43.1 RLOPD). Además, será responsable de la inexistencia o inexactitud de los datos que hubieras facilitado para su inclusión en el fichero, en los términos previstos en la LOPDGDD (art. 43.2 RLOPD). Sobre el responsable del fichero recae el deber de notificar la inclusión en los términos del art. 40 RLOPD*".

La Sentencia del TS núm. 456/2024, de fecha 1 de febrero de 2024 en el Motivo segundo de su Fundamento Segundo, indica que "*la vulneración del Derecho al Honor se constata con el incumplimiento de los requisitos recogidos en el art. 20 LOPDGDD, que se reparten entre el acreedor y la entidad gestora del fichero de solvencia patrimonial y crédito*".

Por tanto, no se puede declarar culpable a la entidad encargada del fichero de la vulneración Derecho al Honor siempre que:

1. Notifique al consumidor la inclusión de la deuda y mantenga bloqueados sus datos durante los 30 días siguientes.
2. Atienda, en tiempo y forma, a los derechos ARCOL ejercitados por el consumidor.

Con estos dos puntos deja clara cuál es la responsabilidad de los titulares del fichero común.

Esto no quiere decir que el responsable del fichero común no tenga ninguna responsabilidad aunque la misma debe ser valorada según el caso concreto. En este sentido la Sentencia del TS núm. 456/2024, de fecha 1 de febrero de 2024 en el Motivo segundo de su Fundamento Segundo, establece lo siguiente: "*No es aceptable la tesis de que el responsable del fichero común carece de disponibilidad sobre los datos registrados y, por tanto, de responsabilidad. El responsable del fichero común debe examinar el fundamento del derecho de cancelación o rectificación ejercitado por el afectado y, en caso de que ese fundamento sea razonable y adecuado (por ejemplo, porque aporte la documentación de la que resulte que la deuda fue pagada), poner fin al tratamiento de los datos controvertidos*" También es importante la Sentencia que indica que deben ser acreditadas: "*El responsable del fichero "no vulneró el derecho al honor del demandante pues su decisión de no cancelar los datos personales del demandante fue correcta porque la reclamación del afectado no puede considerarse documentada y justificada, … pues no consta como se ha dicho, que por medio de las demandas presentadas se hubiera cuestionado la certeza, realidad y vigencia de la deuda inscrita*"".

6. SCORE: LOPDGDD V. RGPD

Nuevamente entendemos que se producen contradicciones entre LOPDGDD y RGPD a la regulación de los Scores.

Mientras que el **ART 20.3 LOPDGDD** indica que "*el presente artículo no ampara los supuestos en que la información crediticia fuese asociada por la entidad que mantuviera el sistema a informaciones adicionales relacionadas con el deudor y obtenidas de otras fuentes, a fin de llevar a cabo un perfilado del mismo, en particular mediante la aplicación de técnicas de calificación crediticia*", en una redacción de nuestro juicio confuso, que no permite ver dónde quiere llegar. Sin embargo, el **art 22 RGPD** regula con total claridad las causas de legitimación y requisitos de esta clase de tratamientos indicando sobre las decisiones individuales automatizadas, incluida la elaboración de perfiles, que

1. **Todo interesado tendrá derecho a no ser objeto de una decisión basada** únicamente **en el tratamiento autorizado,** incluida la elaboración de perfiles, que produzcan efectos jurídicos en él o le afecte significativamente de modo similar.
2. El apartado 1 no se aplicará si la decisión:
    a. **Es necesaria para la celebración o la ejecución de un contrato;**
    b. Está **autorizada por el Derecho de la Unión o de los Estados Miembros** o
    c. Se basa en el **consentimiento explícito** del interesado.

Finalmente, y lo que parece más importante, regula el derecho de impugnación que en la práctica es lo que realmente protege al consumidor.

Recientemente se ha valorado el uso de los scoring por el TSJUE en el asunto C/634/21 Schufa Holding.

La cuestión central era si la calificación (scoring) realizada por las agencias de referencia de crédito **puede considerarse una de-**

cisión automatizada de acuerdo al artículo 22 del RGPD, el TJUE establece que debe haber **tres requisitos cumulativos**:

- La existencia de una "**decisión**", concepto que debe ser interpretado en sentido amplio como cualquier acto susceptible de afectar al interesado de múltiples maneras; (no se refiere sólo a actos que produzcan efectos jurídicos que afecten al interesado de que se trate, sino también a actos que lo afecten significativamente de modo similar).
- El hecho de que la decisión esté "**basada** únicamente **en el tratamiento automatizado**, incluida la elaboración de perfiles" (El TJUE no plantea duda sobre la existencia de este punto).
- El requisito de que la decisión deba producir "**efectos jurídicos**" en el interesado o "**afectarlo significativamente** de modo similar", lo que a juicio del TJUE implica que la acción del tercero (por ejemplo, el banco que solicita un score crediticio) acerca de la concesión o no de un crédito esté basada "de un modo determinante". Así pues, según las apreciaciones de hecho del órgano jurisdiccional remitente, en el caso de que un consumidor solicite un préstamo a un banco, un valor de probabilidad insuficiente dará lugar, en la práctica totalidad de los casos, a que el banco deniegue la concesión del préstamo solicitado.

Por tanto, se ha pronunciado el TSJUE sobre la aplicabilidad del Art. 22 del GDPR que, como es evidente, no tiene aspectos comunes con el apartado 3 del Art 20 de la LOPDGDD, sino una regulación completamente diferente.

Adicionalmente, en el orden práctico el uso de los scores en Alemania es diferente al de España y otros países de la Unión Europea.

7. LOS FICHEROS DE SOLVENCIA EN SENTENCIAS DEL TRIBUNAL SUPREMO

7.1. Interpretación respecto a notificaciones de inclusión y requerimientos previos. Sts núm. 34/2024, De fecha 11 de enero de 2024

Nuestro Alto Tribunal considera válido el sistema de envíos postales que emplea un responsable de los ficheros comunes, a la hora de enviar requerimientos previos de pago y, por analogía, resulta extensible a las notificaciones de inclusión de deudas en sus ficheros.

A día de hoy, la jurisprudencia de nuestro TS establece los siguientes criterios:

- La fehaciencia en la recepción es innecesaria siempre que exista garantía o constancia razonable de ella.
- El envío en masa no es sinónimo de incumplimiento del RP.
- El carácter de la notificación es funcional de forma que pierde su finalidad cuando no impide el tratamiento de una persona morosa sin serlo (Ejem; persona que incumple sistemáticamente sus obligaciones).
- Los correos electrónicos y mensajes de texto por teléfono son pertinentes.

7.1.1. Sentencia del TS núm. 34/2024, de fecha 11 de enero de 2024

> "*La recepción del requerimiento de pago se puede considerar fijada a través de las presunciones o acreditada por medio de cualquier medio de prueba (sentencias 672/2020, 854/2021, 81/2022, y 436/2022, entre otras) siempre que exista garantía o constancia razonable de ella, lo que se produce cuando la comunicación depositada en el operador postal ha sido remitida al domicilio del deudor y no existen circunstancias (por ejemplo, la devolución de otras comunicaciones dirigidas a ese domicilio) que desvirtúen esta conclusión*".

7.1.2. STS núm. 863/2023, de fecha 5 de junio de 2023

> *"Conviene insistir, en ese sentido, en que* ***nuestra doctrina sobre el carácter receptivo del requerimiento previo de pago no exige la fehaciencia de su recepción, puesto que esta se puede considerar fijada a través de las presunciones siempre que exista garantía o constancia razonable de ella,*** *que en el presente supuesto también existe, puesto que en ningún momento ha negado que el domicilio de la recurrente coincidiera con la dirección de destino indicada en la comunicación o argumentado que esta se hubiera malogrado por razones achacables al servicio postal de correos, de las que, por lo demás, no existe reflejo alguno en los autos".*

7.1.3. STS núm. 413/2023, de fecha 27 de marzo de 2023

> "*Queda probado que el demandante recibió la carta porque se dirigieron al mismo domicilio indicado en el poder, que coincide con el domicilio al que se remitió otra carta que sí que había recibido y es el domicilio que confirmó por teléfono*".

La valoración probatoria que hace la Audiencia Provincial sobre el hecho de que el empleado de correos pueda depositar la carta en el buzón de la demandante no puede ser impugnado en casación: "*la Audiencia Provincial resuelve que aunque en el requerimiento previo de pago no se indique la planta de la vivienda, no impide su recepción. Esta práctica habitual y normal que una vez en la dirección, el encargado de la entrega pregunte a los vecinos para localizar la casa del destinatario*".

8. LA RESPONSABILIDAD EN SENTENCIAS DEL TRIBUNAL SUPERIOR DE JUSTICIA DE LA UNIÓN EUROPEA. FICHEROS DE SOLVENCIA, RECIENTE LÍNEA JURISPRUDENCIAL

Frente a la corriente de nuestro Tribunal Supremo de que los incumplimientos de protección de datos dan lugar, mediante una presunción "*iuris et de iure*" al pago de una indemnización, el Tribunal Superior de Justicia de la Unión Europea interpretando el Reglamento General de Protección de Datos ha modificado este criterio y ha sentado una nueva línea jurisprudencial.

La STS núm. 150/2024, de fecha 16 de enero de 2024, establece en su fundamento segundo:

> "*Hemos declarado de forma reiterada que la indemnización de los daños y perjuicios causados por la intromisión ilegítima en el derecho al honor está regulada en la LO 1/1982, de 5 de mayo, de protección civil del derecho al honor, a la intimidad personal y familiar y a la propia imagen. En consecuencia, existe una presunción iuris et de iure, sin posibilidad de prueba en contrario, de existencia de perjuicio cuando se acredite la intromisión ilegítima (art. 9.3). La indemnización se extenderá al daño moral, que se valorará atendiendo a las circunstancias del caso y a la gravedad de la lesión efectivamente producida. El hecho de que la valoración del daño moral no pueda obtenerse de una prueba objetiva no excusa ni imposibilita legalmente a los tribunales para fijar su cuantificación, atendiendo a las circunstancias del caso y utilizando criterios de prudente arbitrio*".

Frente a esta Sentencia el TSJUE ha establecido cómo debe interpretarse el derecho a la indemnización por daños y perjuicios.

La Sentencia del TJUE, de fecha 4 de mayo de 2023 (asunto C-300/2021) resuelve tres cuestiones prejudiciales estableciendo los tres requisitos que han de confluir para la concesión de una indemnización por daños y perjuicios en materia de Protección de Datos; el artículo 82 del RGPD lo interpreta de la siguiente manera:

- Infracción de alguna disposición del RGPD en el tratamiento de los datos personales.
- Daños y perjuicios sufridos por el reclamante (materiales o inmateriales).
- Relación de causalidad entre el tratamiento ilícito de los daños y los daños y perjuicios sufridos.

Establece además la relevancia:

- «La existencia de «daños y perjuicios» o de «daños y perjuicios» que se han «sufrido» constituye uno de los requisitos del derecho a indemnización previsto en dicha disposición, al igual que la existencia de una infracción del RGPD y de una relación de causalidad entre dichos daños y perjuicios y esa infracción, de modo que **estos tres requisitos son acumulativos**. (...)
- Habida cuenta de todas las consideraciones anteriores, procede a responder a la primera cuestión prejudicial que el "***artículo 82, apartado 1, del RGPD debe interpretarse en el sentido de que no basta la mera infracción de las disposiciones de dicho reglamento para reconocer un derecho a indemnización***".

Sentencia del TJUE, de fecha 4 de mayo de 2023 (asunto C-300/2021)

> *"A efectos de la determinación del importe de la indemnización por daños y perjuicios debida en virtud del derecho a indemnización consagrado en dicho artículo, los jueces nacionales deberán aplicar las normas internas de cada Estado Miembro relativas al alcance de la reparación pecuniaria, siempre que se respeten los principios de equivalencia y de efectividad del Derechos de la Unión."*

Por tanto:

— Normas internas de cada Estado miembro aplicadas por jueces nacionales.

— Respeto del Principio de Equivalencia y Efectividad (Derecho de la Unión).

8.1. Sentencia del TJUE, de fecha 4 de mayo de 2023 (asunto C-300/2021)

- El artículo 82, apartado 1, del RGPD debe interpretarse en el sentido de que se opone a una norma o práctica nacional que supedita la indemnización por daños y perjuicios inmateriales, en el sentido de esta disposición, al requisito de que los daños y perjuicios sufridos por el interesado hayan alcanzado cierto grado de gravedad.

- No obstante, esta interpretación no puede entenderse en el sentido de que implique que **un interesado afectado por una infracción del RGPD** que haya tenido consecuencias negativas para él no tenga que demostrar que estas consecuencias constituyen daños y perjuicios inmateriales, **en el sentido del artículo 82 de dicho Reglamento.**

La Sentencia TSJUE 14 de diciembre de 2023 (asunto C-340-21). Cuestión quinta: indemnización por daños y perjuicios inmateriales.

- Esta sentencia establece: del artículo 82, apartado 1, del RGPD se desprende claramente que la existencia de «daños» o de «perjuicios» que se han «sufrido» constituye uno de los requisitos del derecho a indemnización previsto en dicha disposición, al igual que la existencia de una infracción del mencionado Reglamento y de una relación de causalidad entre dichos daños y perjuicios y esa infracción, de modo que estos tres requisitos son acumulativos [Sentencia de 4 de mayo de 2023, Österreichische Post (C-300)] (Apartado 77).
- Para que se produzca la indemnización por daños inmateriales no es necesario que el daño o perjuicio haya alcanzado cierto grado de gravedad, Österreichische Post (C-300) (Apartado 78).

8.2. Sentencia TSJUE, de fecha 14 de diciembre de 2023 (ASUNTO C-340-21). Cuestión quinta: indemnización por daños y perjuicios inmateriales II.

Esta sentencia plantea la respuesta a preguntas sobre las las indemnizaciones por daños y perjuicios inmateriales, en concreto sobre qué:

- (Apartado 79) no tiene que haberse producido el uso indebido por terceros, basta que el daño y perjuicio esté relacionado con que el daño se pueda producir en el futuro (brechas). En este sentido, debe interpretarse el derecho de la Unión (Apartado 81).
- El legislador quiso incluir dentro del concepto de daños y perjuicios inmateriales "la pérdida de control", entre otros.
- Lo que sí debe probar el interesado es que las "consecuencias negativas" constituyen daños y perjuicios inmateriales (Apartado 84).
- El órgano jurisdiccional debe comprobar que ese temor es fundado habida cuenta de las circunstancias del caso y del interesado (Apartado 85).

Como se ha intentado reflejar en las páginas anteriores el cumplimiento del análisis de solvencia en protección de datos es uno de los temas más conflictivos, tanto por las distintas interpretaciones jurisprudenciales como por las diferencias que pueden existir entre el Reglamento General de Protección de Datos y la Ley Orgánica.

II. FICHEROS DE MOROSOS, PROTECCIÓN DE DATOS Y DERECHO AL HONOR A LA VISTA DE LA JURISPRUDENCIA RECIENTE. ESPECIAL MENCIÓN AL REGISTRO DE IMPAGADOS JUDICIALES[1]

David Aviño Belenguer
Profesor Ayudante Doctor de Derecho Civil
Universitat de València

SUMARIO: 1. LOS FICHEROS DE MOROSOS. 1.1. Concepto y finalidad de los ficheros de morosos. 1.2. Requisitos de los ficheros de morosos. 1.2.1. Los datos deben ser facilitados por el acreedor. 1.2.2. Los datos deben referirse a deudas ciertas, vencidas y exigibles, cuya existencia o cuantía no haya sido objeto de reclamación por el deudor. 1.2.3. Que el acreedor haya informado al afectado acerca de la posibilidad de inclusión en el fichero, así como de la propia inclusión en el mismo. 1.2.3.1. Información acerca de la posibilidad de inclusión en el fichero. 1.2.3.2. El requerimiento de pago previo a la inclusión en el fichero. 1.2.3.3. Información de la inclusión en el fichero. Obligaciones activas del titular. 1.2.4. Que los datos mantengan lo estrictamente necesario. 1.2.5. Que haya interés legítimo en la consulta. 1.2.6. Que en caso de no celebrarse un contrato como consecuencia de la consulta efectuada el titular del fichero informe al afectado. 1.3. Perfilado del deudor mediante técnicas de calificación crediticia. 2. FICHEROS DE MOROSOS Y VULNERACIÓN DEL DERECHO AL HONOR. 2.1. El derecho al honor. 2.2. Vulneración del derecho al honor y ficheros de morosos. 2.3. Obligaciones del

1 Este trabajo se ha realizado en el marco del Proyecto Prometeo 2023 "Los datos como bien patrimonial: uso y protección en el mercado único digital" (CIPROM/2022/67)". Asimismo, es fruto de la estancia de investigación realizada del 7 junio al 6 de septiembre de 2024 en el Santander Financial Institute (SANFI), dentro del grupo de investigación "Derecho e Innovación" (Universidad de Cantabria), bajo la dirección del profesor Dr. Eduardo Vázquez de Castro".

1. LOS FICHEROS DE MOROSOS

1.1. Concepto y finalidad de los ficheros de morosos

Los "sistemas de información crediticia", conocidos como "registros o ficheros de solvencia patrimonial y de crédito", o más comúnmente como "ficheros de morosos", son aquellas bases de datos gestionadas por empresas de prestación de servicios patrimoniales que sirven para suministrar información a terceros sobre el incumplimiento de las obligaciones dinerarias, financieras o de crédito[2] por parte de particulares, autónomos o empresas, según los datos personales y patrimoniales facilitados por el propio acreedor o quien actúe por su cuenta o interés. Son esencialmente ficheros de naturaleza privada, como p. e. ASNEF ("Asociación Nacional de Establecimientos Financieros de Créditos"[3]), RAI ("Registro de Aceptaciones Impagadas"[4]),

---

2 Únicamente se tienen en cuenta en materia de sistemas de información crediticia (ficheros de morosos) las deudas que tengan una naturaleza comercial, según PUYOL, J., "Los ficheros de solvencia patrimonial y crédito", *Diario La Ley*, Nº 10176, Sección Tribuna, 2022.

3 ASNEF es un fichero privado que recoge datos aportados por los miembros de su asociación: bancos, cajas de ahorros, servicios de financiación en compras, aseguradoras, empresas de telecomunicaciones, empresas proveedoras de servicios (p. e. agua, luz, gas, internet…) y otras empresas que pueden sufrir impagos en su actividad. No podrán tampoco incluir en un registro de morosos antes de cuatro meses desde el inicio del impago. La deuda mínima para personas físicas es de 50 € y para personas jurídicas es de 300 €.

4 RAI es un fichero privado que afecta a impagos sobre personas jurídicas cuya deuda sea igual o superior a 300 euros. Además, se exige un documen-

BANDEXCUG[5], RIJ ("Registro de Impagados Judiciales"[6]), etc. No veremos en este trabajo los ficheros de solvencia patrimonial públicos como p. e. la CIRBE ("Central de Información de Riesgos del Banco de España")[7] o el FIJ ("Fichero de Incidencias Judiciales"[8]).

El responsable de un registro de morosos es un operador jurídico, empresario profesional que tiene por actividad principal operar en el campo de los servicios de información sobre solvencia patrimonial mediante la creación y gestión de ficheros de datos personales que como responsables del fichero y del tratamiento de datos personales tiene unas obligaciones específicas[9].

---

to que certifique esa deuda con la firma del propio deudor (p. e. pagarés o cheques de cuenta corriente).

5 BANDEXCUG es un fichero privado gestionado por *Experian Bureau Empresarial* que se ocupa de aquellos morosos denunciados por algún acreedor (no requieren deuda mínima).

6 El RIJ es un fichero privado que facilita la ejecución de deudas reconocidas por resolución judicial firme superiores a 50 euros y con un máximo de 5 años de antigüedad.

7 Según PÁRAMO DE SANTIAGO, C. "Inclusión de datos de solvencia patrimonial en archivos privados. Comentario a la STS de 20 de septiembre de 2023", *Revista CEFLegal*, 274, pág. 146, la CIRBE es un servicio público que gestiona una base de datos en la que constan, prácticamente, todos los préstamos, créditos, avales, y riesgos que las entidades financieras tienen con sus clientes (prestatario, acreditado o fiador de una operación de crédito). La CIRBE reconoce únicamente a las entidades de crédito el derecho a obtener información sobre los riesgos de las personas físicas o jurídicas registrados en el fichero. La comunicación de estos datos es una obligación legal, con un contenido fijado directamente por ley y controlado por el Banco de España, que no puede ser eludida voluntariamente por las entidades de crédito a diferencia de los ficheros de morosos, en los que no existe obligación legal alguna y los datos se ceden de forma voluntaria por las entidades de crédito o servicios.

8 FIJ es un fichero público que contiene los deudores morosos de las Administraciones.

9 Dice la STS de 21 de mayo de 2014 (TOL 4.357.655) que entre las obligaciones del titular del fichero se encuentran "las de velar por la calidad de los datos objeto de tratamiento en el fichero y rectificar o cancelar los datos que le han sido suministrados por los acreedores cuando éstos comuniquen la inexactitud o incorrección de los datos, cuando los afectados justifiquen

La finalidad principal del fichero de morosos es el intercambio de información entre los operadores del mercado de crédito, a quienes facilita la labor de evaluar, de forma ágil y certera, la solvencia del cliente o potencial cliente y adoptar la decisión de conceder o no financiación o la relativa a las condiciones en las que esta se ofrece. Los ficheros son, *a priori*, una buena herramienta que responde a finalidades legítimas como evitar el sobre endeudamiento de los consumidores, promover el crédito responsable o facilitar la valoración de los clientes (deudores)[10]. Aunque, en realidad, abarcan todos los sectores de la actividad económica en España, destacando el mercado de seguros, arrendamiento de inmuebles, empleo, etc.

La inclusión en los ficheros de morosos de datos personales de los deudores se trata de prácticas, en ocasiones poco ortodoxas, empleadas como medida de presión porque existe cierta tendencia a utilizarse como medio para cobrar facturas impagadas[11]. Ello genera bastante litigiosidad en relación con la vulneración del derecho al honor, especialmente en época de crisis financiera, al conllevar una afectación en la reputación personal y en el prestigio profesional de consumidores y comerciantes afectados, con consecuencias negativas en el acceso a la financiación y en el ámbito comercial, con el consiguiente desmerecimiento y descrédito en la consideración ajena[12].

---

tales extremos o el incumplimiento de los requisitos precisos para poder ser incluidos como morosos (…) mediante el ejercicio de los derechos de rectificación y cancelación, o cuando ello le conste por cualquier otro medio".

10 TORRAS COLL, J. Mª., "Acotaciones a la indebida inclusión en los ficheros de morosidad", *Diario La Ley*, Nº 10263, Sección Tribuna, 2023.

11 HERNÁNDEZ MANZANARES, A., "Requerimiento de pago previo a la inclusión en fichero de morosos", *Diario La Ley*, Nº 10463, 2014.

12 TORRAS COLL, J. Mª., "Acotaciones a la indebida inclusión", cit. dice que "Los Juzgados y Tribunales se muestran sensibles a proscribir una práctica habitual consistente en la inclusión de deudas en ficheros de morosos, de una forma anodina, acrítica, automática, empleando usualmente como método o medida de presión para conseguir el abono de la cantidad reclamada, lo que llevará, implícitamente, caso de declararse la improcedencia

1.2. Requisitos de los ficheros de morosos

El Tribunal Constitucional ha definido el derecho fundamental a la protección de datos de carácter personal como "un derecho o libertad fundamental [...] frente a las potenciales agresiones a la dignidad y a la libertad de las personas provenientes de un uso ilegítimo del tratamiento mecanizado de datos"[13].

Al tratar datos personales los ficheros de morosos, el legislador ha regulado sus requisitos en el art. 20 la Ley Orgánica 3/2018, de 5 de diciembre, de Protección de Datos Personales y garantía de derechos digitales (en adelante LOPD)[14], lo que ha supuesto una mejora notable con respecto a la situación previa[15]. Si se cumplen los mismos se presumirá lícito el tratamiento de datos personales por parte del titular del fichero de morosos, así como del acreedor, que se consideran corresponsables del tratamiento de datos personales (art. 20.2 RGPD). Existe un interés legítimo de las entidades que consultan y aportan información a dicho fichero para dar seguridad al tráfico mercantil, prevenir la morosidad y valorar la solvencia patrimonial de las personas físicas y jurídicas con las que van a tener relaciones comerciales, de crédito y de pago periódico o aplazado.

Lógicamente, el incumplimiento de uno o varios de los requisitos del art. 20.1 LOPD tendrá consecuencias jurídicas negativas

---

de esa inclusión por indebida a la consiguiente indemnización de daños y perjuicios irrogados".

13 STC 292/2000, de 30 de noviembre (TOL 2.772).

14 La LOPD desarrolla el Reglamento 2016/679, de 27 de abril, de la UE relativo a la protección de las personas físicas en lo que respecta al tratamiento de datos personales y a la libre circulación de estos datos (en adelante RGPD).

15 Dice MANZORRO REYES, A., "Inclusión indebida en ficheros de morosidad versus derecho al honor, a propósito de la nueva LOPDGDD", *Revista Aranzadi Doctrinal*, N° 10, 2023, que antes de la entrada en vigor de la LOPD "nos encontrábamos con (...) que, frente a cualquier impago, ya sea de una factura de teléfono móvil, o bien ante el impago de cuotas de una tarjeta de crédito, se corría el riesgo de ser incluido en la lista «negra» en el listado de morosos".

para los corresponsables del tratamiento. Especial consideración merece la inclusión indebida en los ficheros de morosos y la responsabilidad civil derivada por la vulneración del derecho al honor[16], sin perjuicio de la competencia propia que en el marco administrativo tiene la Agencia Española de Protección de Datos (en adelante AEPD).

De manera complementaria, y desde el punto de vista de protección de datos personales (DP), toda comunicación en el sistema debe responder a los principios establecidos en el art. 5° del RGPD: a) licitud, lealtad y transparencia[17]; b) limitación de la finalidad[18]; c) minimización de datos[19]; d) exactitud[20]; e) limitación del plazo de conservación[21]; y f) integridad y confidencialidad[22]. Ello sin perjuicio del cumplimiento del resto de normas y principios que impregnan la normativa de protección de datos personales, sean nacionales o europeas.

1.2.1. Los datos deben ser facilitados por el acreedor

El primero de los requisitos que deben cumplir los ficheros de morosos consiste en que "los datos deben ser facilitados por el

16 SALES JIMÉNEZ, R., "Protección de datos personales y el derecho al honor en sistemas de información crediticia", *La Ley*, N° 10407, 2023.

17 Los DP serán tratados de manera lícita, leal y transparente en relación con el interesado.

18 Los DP serán recogidos con fines determinados, explícitos y legítimos, y no serán tratados ulteriormente de manera incompatible con dichos fines.

19 Los DP serán adecuados, pertinentes y limitados a lo necesario en relación con los fines.

20 Se adoptarán todas las medidas razonables para que se supriman o rectifiquen sin dilación los datos personales que sean inexactos con respecto a los fines para los que se tratan.

21 Los DP serán mantenidos de forma que se permita la identificación de los interesados durante no más tiempo del necesario para los fines del tratamiento de los datos personales.

22 Los DP serán tratados garantizando una seguridad adecuada de los mismos, incluida la protección contra el tratamiento no autorizado o ilícito y contra su pérdida, destrucción o daño accidental, mediante la aplicación de medidas técnicas u organizativas apropiadas.

acreedor o por quien actúe por su cuenta o interés" (art. 20.1 a) LOPD).

No obstante, la inclusión de los datos también puede hacerse por terceros, cuando haya habido una cesión de la deuda, o cuando existen encargados de reclamar su cumplimiento (en representación directa o indirecta del acreedor), p. e. cuando los datos son facilitados por banco encargado de gestionar el cobro que resulta fallido, o por entidad encargada de recuperar la deuda.

1.2.2. Los datos deben referirse a deudas ciertas, vencidas y exigibles, cuya existencia o cuantía no haya sido objeto de reclamación por el deudor

El segundo requisito contempla que los datos deben referirse a deudas ciertas, vencidas y exigibles, cuya existencia o cuantía no hubiese sido objeto de reclamación administrativa, judicial o extrajudicial por el deudor (art. 20.1 b).

Se exige la existencia previa de una deuda cierta[23] (inequívoca o determinada), vencida (el plazo para su cumplimiento ha expirado) y exigible (el acreedor tiene derecho a reclamar el pago de manera inmediata), que haya resultado impagada, y que tal impago resulte determinante para enjuiciar la solvencia económica del interesado[24], lo que supone además una conducta contraria a los buenos usos y prácticas bancarios[25], o en general empresariales.

Desde la perspectiva de la normativa de protección de datos, los datos de los ficheros de morosos deben ser adecuados, pertinentes

---

23 SSTS de 5 de julio de 2004 (TOL 483.417), 18 de noviembre de 2008 (TOL 4.931.872), 18 de marzo de 2011 (TOL 2.087.630), 9 de abril de 2012 (TOL 2.517.855), 22 de enero de 2014 (TOL 4.107.656), 8 de marzo de 2017 (TOL 5.995.006), 2 de noviembre de 2017 (TOL 6.420.685), etc.

24 STS de 27 de febrero de 2024 (TOL 9.902.645).

25 Pues, según la STS de 9 de abril de 2012 (TOL 2.517.855) las entidades bancarias deben velar de modo muy prudente por la exacta comunicación de tan importantes datos, atendiendo también a los perjuicios que pueden causar.

y proporcionados[26] a los fines para los que han sido recogidos y tratados[27] (principio de calidad de los datos: arts. 8.2 de la Carta de Derechos Fundamentales de la Unión Europea, 5.1.c) RGPD, 4 LOPD y 41 del Real Decreto 1720/2007, de 21 de diciembre[28], RLOPD)[29]. Estos principios y derechos son aplicables a todas las modalidades de tratamiento automatizado de datos personales, con especial trascendencia cuando se trata de los registros de morosos[30]. Y no será pertinente ni proporcionada cuando el deudor haya cuestionado legítimamente la existencia o cuantía de la deuda, si lo ha hecho en vía administrativa, judicial o arbitral, esto es, no debe haber controversia sobre la deuda[31]: no caben las deudas inciertas[32],

---

26 STS de 23 de marzo de 2018 (TOL 6.554.664).

27 Las SSTS de 29 de enero de 2013 (TOL 3.056.893), 19 de noviembre de 2014 (TOL 4.587.248) y 22 de diciembre de 2015 (TOL 5.605.734) afirman que "la LOPD descansa en principios de prudencia, ponderación y sobre todo, de veracidad, de modo que los datos objeto de tratamiento deben ser auténticos, exactos, veraces y deben estar siempre actualizados, y por ello el interesado tiene derecho a ser informado de los mismos y a obtener la oportuna rectificación o cancelación en caso de error o inexactitud".

28 Por el que se aprueba el Reglamento de desarrollo de la Ley Orgánica 15/1999, de 13 de diciembre, de protección de datos de carácter personal (actualmente derogada).

29 El art. 41 RLOPD dice que "1. Sólo podrán ser objeto de tratamiento los datos que respondan con veracidad a la situación de la deuda en cada momento concreto (...)".

30 STS de 27 de febrero de 2024 (TOL 9.902.645).

31 Dice ESQUIVIAS JARAMILLO, J. I., "Archivo de morosos. Deuda. Requerimiento de pago. Requisitos. Domicilio", *Revista CEFLegal*, 274, pág. 151, que "Si no hay controversia, es evidente que puede haber deuda cierta y requerida [exigible]". STS de 27 de febrero de 2024 (TOL 9.902.645). En la jurisprudencia, según la STS de 22 de diciembre de 2015 (TOL 5.605.734) "solo es pertinente la inclusión en estos ficheros de aquellos deudores que no pueden o no quieren, de modo no justificado, pagar sus deudas, pero no aquellos que legítimamente están discutiendo con el acreedor la existencia y cuantía de la deuda".

32 La STS de 12 de mayo de 2015 (TOL 5.003.940) trata de un caso en el que la deuda se comunicó a distintos registros de morosos, derivada de un préstamo hipotecario en el que se preveía la facultad de solicitar el aplazamiento del pago de las cuotas a los demandantes, y habiendo recibido dicha solicitud por parte de estos, debería haber ofrecido una respuesta expresa

dudosas, no pacíficas o litigiosas[33] (incluso por fraude en la contratación)[34].

Si reclaman al interesado una deuda por la prestación de un servicio con la que no esté de acuerdo, deberá dirigirse contra el acreedor, cuestionando su existencia o su cuantía y, en caso de no recibir respuesta o cuando la misma no le satisfaga, podrá some-

---

y motivada sobre las razones que impedirían hacer uso de dicha facultad, lo que no hizo. Según la STS de 27 de febrero de 2024 (TOL 9.902.645) "el demandante había pagado las cuotas del servicio televisión digital hasta que decidió darse de baja en dicho servicio. Tras la baja en el servicio surgió una disputa entre la empresa y el demandante sobre la entrega del decodificador: mientras DTS exigió que la entrega se hiciera conforme a la condición general 11.ª del contrato (entrega gratuita por parte del cliente en un distribuidor autorizado de DTS o recogida en el domicilio del cliente previo pago por este de 30 euros); el demandante consideró que la cláusula 11.ª (…) era una condición general abusiva pues hacía más onerosa la salida del contrato que la entrada al mismo, al requerir el pago de una determinada cantidad por la retirada de un decodificador que había sido instalado gratuitamente, por lo que infringía la prohibición del art. 62.3.º del texto refundido de la Ley General para la Defensa de los Consumidores y Usuarios de establecer "limitaciones que (...) obstaculicen el derecho del consumidor y usuario a poner fin al contrato" (…). Por tanto, no nos encontramos ante una deuda pacífica, sino que desde el primer momento el cliente no solo objetó la licitud de la cláusula en la que DTS basaba su exigencia (…) incluso la aplicabilidad de dicha cláusula penal, de modo razonado".

33 SSTS de 29 de enero de 2013 (TOL 3.056.893), 19 de noviembre de 2014 (TOL 4.587.248), 22 de diciembre de 2015 (TOL 5.605.734), 1 de marzo de 2016 (TOL 5.661.750), 23 de marzo de 2018 (TOL 6.554.664). La STS 20 de diciembre de 2022 (TOL 9.337.009) dice que "si el deudor no está de acuerdo con lo que se le reclama y así lo ha comunicado al acreedor, la falta de pago no es indicativa de su insolvencia, (…), motivo por el cual no es pertinente su inclusión en este tipo de ficheros". TORRAS COLL, J. Mª., "Acotaciones a la indebida inclusión", cit.

34 En el caso de que se esté reclamando una deuda que no sea del reclamado, bien por error, bien por fraude (suplantación de identidad), etc., este podrá presentar una denuncia ante la Policía Nacional o la Guardia Civil por presunto fraude en la contratación, y, posteriormente, podrá solicitarse la supresión o rectificación de los datos personales mediante escrito dirigido al responsable del fichero, acompañando copia de la denuncia interpuesta.

terse la cuestión debatida a las Juntas Arbitrales de Consumo u órgano sectorial que resulte competente, sin perjuicio de la posibilidad que le asiste de hacer valer sus derechos ante los Juzgados y Tribunales[35].

A efectos de considerar si la deuda es incierta, no es relevante el cuestionamiento hecho con posterioridad a su inclusión en el fichero[36]. Tampoco cualquier oposición al pago de una deuda convierte *per se* la deuda en incierta o dudosa, porque la certeza y exigibilidad de la deuda se dejaría al exclusivo arbitrio del deudor, al que le bastaría con cuestionar su procedencia, cualquiera que fuera el fundamento de su oposición[37]. Además, la discrepancia en la cuantía de la deuda comunicada al fichero respecto a la cantidad finalmente fijada en sentencia no vulnera necesariamente el derecho al honor del demandante[38], pues la cifra no añade ningún disvalor a la conducta renuente del deudor[39]. P. e. cuando la cantidad menor de deuda lo fuera porque no se deben los intereses (en caso de que se hubieran declarado nulos previo a la inclusión) y tan solo se debiera el capital, no supone la inexistencia

---

35 Aunque la formalización de una reclamación no paraliza las acciones de recobro, si la misma está siendo tramitada puede comunicarse al acreedor, para que, antes de que se resuelva, proceda a la baja cautelar de los datos de la deuda en los ficheros de morosos; y si se ha recibido resolución en que se anula o modifica la deuda, puede hacerse valer ante el acreedor.

36 STS de 1 de diciembre de 2021 (TOL 8.674.794).

37 STS de 25 de abril de 2019 (TOL 7.202.704).

38 La STS de 14 de julio de 2020 (TOL 8.036.217) rechazó la existencia de la intromisión ilegítima en el derecho al honor del deudor que, sin negar la realidad de la deuda, alegaba que el requerimiento previo de pago lo fue por cantidad inferior a la reflejada luego en el fichero. Dada la conducta persistente de impago, el interesado no pudo verse sorprendido por la inclusión de sus datos en el fichero y, ante la conducta enteramente pasiva del deudor ("contumaz en el impago de deudas"), la discordancia de cifras no era relevante. La STS de 14 de septiembre de 2022 (TOL 9.221.673) declaró que "la discordancia entre la cantidad por la que se practicó el requerimiento de pago en 2017 y la que en el año 2020 figura en el fichero (...) no determina por sí sola que haya existido una vulneración del derecho al honor de la demandante".

39 STS de 20 de diciembre de 2022 (TOL 9.337.009).

de deuda cierta (devolver el capital prestado)[40]. Lo crucial no es tanto la corrección exacta de la cantidad de la deuda, sino evitar tratar al individuo como moroso injustificadamente[41].

Tampoco debe usarse la inclusión en el fichero como medida de presión para zanjar disputas con el cliente sobre la existencia o cuantía de la deuda[42], cuyo máximo exponente viene representado con el conocido como "cobrador del frac", dado su carácter intimidante y vejatorio, tanto por la escenografía utilizada como por el ánimo de que los círculos cercanos al deudor sean plenamente conocedores[43] (sin negar la validez de los medios extrajudiciales)[44].

1.2.3. Que el acreedor haya informado al afectado acerca de la posibilidad de inclusión en el fichero, así como de la propia inclusión en el mismo

1.2.3.1. Información acerca de la posibilidad de inclusión en el fichero

El tercero de los requisitos exige que el acreedor haya informado al afectado en el contrato o en el momento de requerir el pago acerca de la posibilidad de inclusión en el fichero (art. 20.1 c), así como después de dicha inclusión[45].

---

40 La STS de 23 de marzo de 2018 (TOL 6.554.664) concluye que la reclamación posterior de don Luis en el juzgado no enerva ni priva de legalidad la inclusión en el fichero.

41 SSTS de 20 de diciembre de 2022 (TOL 9.337.009), 21 de diciembre de 2022 (TOL 9.334.682).

42 SSTS 20 de diciembre de 2022 (TOL 9.337.009) y 6 de marzo de 2013 (TOL 3.536.413).

43 SSTS de 2 de abril de 2001 (TOL 3.956.579) y 1 de julio de 2004 (TOL 482.922); SSAP de Ourense de 11 de febrero de 2009 (TOL 1.491.176) y Vizcaya de 11 de mayo de 2005 (TOL 695.011). Incluso, el uso de este tipo de empresas ha abierto la vía penal por una falta de coacciones (SAP, Penal, de Tarragona de 15 de abril de 2010 [TOL 1.885.969]).

44 STS de 2 de abril de 2011 (TOL 3.956.579).

45 Dice la STS de 20 de diciembre de 2022 (TOL 9.337.009) que el art. 20.1 c) LOPD deroga el art. 39 RLOPD que exigía que la información se hiciera en ambos momentos.

El acreedor debe haber informado al afectado en el contrato o cuando le requiera de pago acerca de la posibilidad de inclusión en dichos sistemas, con indicación de aquéllos en los que participe, por cada deuda concreta y determinada, otorgando un plazo prudencial para que proceda al pago o ejercer su derecho a oponerse a la inclusión de sus datos. Con ello se garantiza la transparencia y publicidad en su actuación, evitando cualquier tipo de fraude o ventaja injustificada contra el deudor, constituyendo una garantía de éste[46]. No es indispensable que en ese requerimiento de pago se advierta al deudor de la posibilidad de comunicar sus datos al fichero, siempre que se hubiera hecho en el contrato[47]. Asimismo, no se exige este requisito de información al afectado en el momento de requerir de pago acerca de la posibilidad de inclusión en dichos sistemas cuando existen anotaciones previas en los ficheros de solvencia[48].

---

46 Dice PUYOL, J., "Los ficheros de solvencia", cit. que: "Esta notificación de carácter previo tiene esencialmente dos finalidades: a) En primer término, tiene la virtualidad de informar al deudor de la posibilidad de la inclusión de sus datos en el registro de solvencia patrimonial, y con ello se le concede la facultad al titular del fichero de tener una referencia de los datos que efectivamente hayan sido incluidos. b) En segundo término, se posibilita que el propio deudor tenga a su alcance en cada momento la posibilidad de tener un pleno conocimiento de la deuda que ha originado la inclusión de sus datos personales en dicho fichero de solvencia patrimonial, lo que le otorga la capacidad de accionar contra la misma, su cancelación, e incluso la rectificación de la información de carácter errónea que al respecto ha sido inscrita, lo que si cabe, facilita el cumplimiento de sus obligaciones por parte de los deudores".

47 GÓMEZ FUENTES, A., "Sentencia del Pleno del Tribunal sobre el derecho al honor en un supuesto de inclusión de los datos personales en un fichero de morosos: estudio de la necesidad de requerimiento previo tras la entrada en vigor de la Ley Orgánica 3/2018", *Diario La Ley*, Nº 1026. En la jurisprudencia, vid. SSTS de 11 de enero de 2024 (TOL 9.842.158), 19 de septiembre de 2022 (TOL 9.232.105), 20 de diciembre de 2022 (TOL 9.337.009), 13 de octubre de 2022 (TOL 9.259.729), o 2 de octubre de 2019 (TOL 7.564.877), entre otras.

48 SSTS 19 de septiembre de 2022 (TOL 9.232.105), 13 de octubre de 2022 (TOL 9.259.729), 2 de octubre de 2019 (TOL 7.564.877), 22 de diciembre de 2015 (TOL 5.605.734).

1.2.3.2. El requerimiento de pago previo a la inclusión en el fichero

Según doctrina consolidada el carácter funcional del requerimiento de pago explica la distinta trascendencia que para la existencia de intromisión ilegítima en el derecho al honor del deudor puede tener su omisión o su práctica defectuosa en función de las circunstancias concretas de la deuda y el carácter sorpresivo que para el interesado pueda tener la inclusión de sus datos en el fichero[49]. Su exigibilidad se funda en la necesidad de evitar que sean incluidas en estos registros personas que, por un simple descuido, por un error al que son ajenas o por cualquier otra circunstancia de similar naturaleza, han dejado de hacer frente a una obligación dineraria vencida y exigible sin que este dato sea pertinente para enjuiciar su solvencia (art. 38.1 c) RLOPD)[50]. Además, les permite ejercitar sus derechos de acceso, rectificación, oposición y supresión[51]. No obstante, en ocasiones, la necesidad del requerimiento de pago decae ante la tenacidad del deudor en el impago de sus deudas, al perder su finalidad[52].

---

49 STS de 20 de diciembre de 2022 (TOL 9.337.009).

50 Según las SSTS de 13 de octubre de 2022 (TOL 9.259.729), 19 de septiembre de 2022 (TOL 9.232.105), 14 de septiembre de 2022 (TOL 9.221.673), 10 de diciembre de 2021 (TOL 8.714-507), 23 de octubre de 2019 (TOL 7.564.877), 22 de diciembre de 2015 (TOL 5.605.734) "el requerimiento de pago previo a la comunicación de los datos al fichero común de solvencia patrimonial no es simplemente un requisito formal cuyo incumplimiento solo pueda dar lugar a una sanción administrativa. (...) [E]s un requisito esencial que responde a la finalidad del fichero automatizado sobre incumplimiento de obligaciones dinerarias, que no es simplemente un registro de deudas, sino de datos de personas que incumplen sus obligaciones de pago porque no pueden afrontarlas o porque no quieren hacerlo de modo injustificado".

51 SSTS de 13 de octubre de 2022 (TOL 9.259.729), 19 de septiembre de 2022 (TOL 9.232.105), 14 de septiembre de 2022 (TOL 9.221.673), 10 de diciembre de 2021 (TOL 8.714.507), 23 de octubre de 2019 (TOL 7.564.877), 22 de diciembre de 2015 (TOL 5.605.734).

52 La STS de 23 de octubre de 2019 (TOL 7.564.877), en un caso de falta de constancia de la realización del requerimiento previo, rechazó la existencia de intromisión ilegítima en el honor del deudor cuyos datos habían sido comunicados al fichero por el impago de la deuda derivada del uso de

Para efectuar la reclamación de la deuda, el acreedor puede utilizar los datos personales que el deudor facilitó con la firma del contrato que origina la deuda, incluidos datos de familiares o amigos, pero únicamente con la intención de contactar con el deudor, por lo que no puede comunicarles la cuantía de la deuda o la condición de deudor. En cualquier caso, tanto los familiares como los amigos pueden ejercitar el derecho de oposición para no recibir este tipo de llamadas[53].

El acreedor estará obligado a conservar a disposición del responsable del fichero común y de la AEPD documentación suficiente que acredite el cumplimiento de tal requisito. No obstante, es doctrina consolidada la que afirma que el carácter recepticio del requerimiento previo de pago no exige la fehaciencia de su recepción, que se puede considerar fijada a través de las presunciones o a través de cualquier medio de prueba[54], siempre que

---

una tarjeta de crédito, cuyas condiciones de pago se habían novado hasta en siete ocasiones ante el impago del deudor, que siempre incumplió las nuevas condiciones establecidas para facilitarle el pago, por lo que el recurrente no se vio sorprendido por la inclusión de sus datos en el fichero. En este caso, el requerimiento había perdido su finalidad, ya que no era necesario para que el interesado tuviese plena certeza de la deuda ni podía considerarse que la inclusión de sus datos en el fichero fuera sorpresiva. En parecido sentido, vid. SSTS de 19 de septiembre de 2022 (TOL 9.232.105) y 11 de enero de 2024 (TOL 9.842.158).

53 Vid. pág. web de la AEPD https://www.aepd.es/preguntas-frecuentes/7-solvencia-patrimonial/FAQ-0707-me-reclaman-una-deuda-llamando-a-mis-familiares-y-amigos

54 SSTS de 11 de diciembre de 2020 (TOL 8.246.317), 10 de diciembre de 2021 (TOL 8.714.507), 2 de febrero de 2022 (TOL 8.798.036), 30 de mayo de 2022 (TOL 9.002.249). En la STS de 29 de enero de 2013 (TOL 3.056.893) la Sala entendió que se había producido el requerimiento, considerando como argumento principal, que la notificación se había efectuado con anterioridad a la inclusión en el fichero de morosos mediante envío postal, sin fehaciencia en la recepción, pero entendía indiciariamente justificado el recibo de la notificación, dado que posteriormente se recibieron en el mismo domicilio telegramas de cuya recepción hay constancia. Incluso puede ser suficiente la comunicación verbal entre el acreedor y el deudor, tal y como afirma la SAP Madrid de 24 de octubre de 2022 (TOL 9.331.766), pues —concluye— "ni la ley ni la jurisprudencia han determinado la forma

exista garantía o constancia razonable de ella[55], p. e. cuando haya sido enviada a una dirección adecuada (incluye sms y correo electrónico utilizando un servicio de entrega certificado[56]) y no haya constancia de su devolución[57] o devoluciones previas con respecto al mismo domicilio[58], o no existen datos en los autos que sugieran que la carta no llegó a su destino; aunque, en ocasiones se han exigido algunos indicios complementarios para dar por cumplido

---

en que se hayan de practicar tales requerimientos o notificaciones, exigiendo tan solo la constancia razonable de su recepción".

55 Vid. también SSTS 13 de octubre de 2022 (TOL 9.259.729), 14 de septiembre de 2022 (TOL 9.221.673), de 11 de diciembre de 2020 (TOL 8.246.317), 10 de diciembre de 2021 (TOL 8.714.507). En la doctrina, vid. AA.VV. "Inscripciones en ficheros de morosos: novedades jurisprudenciales en materia de derecho al honor", *Diario La Ley*, Nº 10232, 2023.

56 La STS de 14 de septiembre de 2022 (TOL 9.221.673) dice que esa exigencia de constancia razonable sobre la recepción de la comunicación se entiende cumplida y probada al haber hecho uso de la intervención de un tercero de confianza (contemplado en el artículo 25 de la Ley servicios de la sociedad de la información y del comercio electrónico), a la que la ley se refiere como servicio de entrega electrónica certificada, que informa de la remisión y recepción de los mensajes en los canales comunicados por la actora en el contrato suscrito (número de teléfono y correo electrónico), cuestión que como pone de manifiesto la sentencia, pese a su relevancia, no es tomada en consideración por la recurrente al formular su recurso de la información y de comercio electrónico), al que la ley se refiere como servicio de entrega electrónica certificada, que informa de la remisión y recepción de los mensajes".

57 SSTS de 2 de febrero de 2022 (TOL 8.798.036) y 27 de septiembre de 2023 (TOL 9.763.913). La STS de 21 de diciembre de 2022 (TOL 9.334.682) parece otorgar importancia a efectos de prueba el hecho de que conste el albarán de entrega (con el sello de correos) y el certificado de Equifax de no devolución de las cartas remitidas. Dice esta última que: "en ningún momento se ha negado que el domicilio del demandado coincidiera con la dirección de destino indicada en la comunicación o argumentado que esta se hubiera malogrado por razones achacables al servicio postal de correos, de las que, por lo demás, no existe reflejo alguno en los autos". En parecido sentido vid. STS de 11 de enero de 2024 (TOL 9.842.158) En la jurisprudencia menor, véase. SSAP de Cádiz de 19 de abril de 2022 (TOS 9.202.471), Sevilla de 14 de noviembre de 2022 (TOL 9.478.546), Madrid de 28 de julio de 2022 (TOL 9.256.104), entre otras.

58 STS de 5 de junio de 2023 (TOL 9.606.909).

este requisito[59]; además, no es impedimento que el requerimiento se haga de modo masivo[60]. Esto viene a flexibilizar el criterio adoptado anteriormente por la jurisprudencia que venía a defender que el hecho de que no conste la carta devuelta no prueba la recepción, habiendo otros mecanismos más adecuados para acreditar fehacientemente que se ha realizado el requerimiento de pago, p. e. el burofax, el correo ordinario envío con acuse de recibo, el correo electrónico (o el sms) certificado[61], etc.

En todo caso, el medio de notificación que deberá ser fiable, auditable e independiente de la entidad notificante que permita adverar la efectiva realización del envío. Si la notificación fuese objeto de devolución, el responsable del fichero deberá comprobar que el acreedor ha practicado la notificación[62].

---

59 P. e. la SAP Barcelona de 27 de octubre de 2022 (TOL 9.309.927) dice que "En aplicación de esta doctrina jurisprudencial debemos declarar que en la sentencia recurrida se han respetado los arts. 38.1. y 39 del RLOPD y el art. 9.3 de la LO 1/1982, en cuanto se concluye que el requerimiento se ha efectuado debidamente, deducido de la remisión por correo ordinario sin devolución, complementado por correo electrónico designado en el contrato y llamadas telefónicas, reconocidas por el demandante".

60 SSTS 2 de febrero de 2022 (TOL 8.798.036) y 11 de enero de 2024 (TOL 9.842.158).

61 STS de 11 de diciembre de 2020 (TOL 8.246.317). La STS de 10 de diciembre de 2021 (TOL 8.714.507) afirma que la práctica del requerimiento del art. 38.1 c) no es una mera fórmula ritual que se satisfaga con la remisión en bloque de unas cartas, de las que, una de ellas, es devuelta por destinatario desconocido; y la otra, en la que no figura el contenido de la carta remitida, para determinar el cumplimiento de las advertencias legalmente exigidas (...), es enviada, además, a la misma dirección, de la otra carta con respecto a la cual constaba que el mismo destinatario era desconocido, lo que cuestiona la garantía de la recepción". Algunos fallos de la Audiencia Provincial siguen diciendo que puede haber otros medios alternativos, complementarios y fiables de los que pueda deducirse la recepción pero que el hecho de no constar devuelta la carta no permite presumir su recepción. SSAP Valencia de 7 de abril de 2022 (TOL 9.134.016), La Rioja de 25 de mayo de 2022 (TOL 9.185.521), Barcelona de 4 de julio de 2022 (TOL 9.171.132), etc.

62 P. e. en la dirección contractualmente pactada con el cliente a efectos de comunicaciones.

En la práctica habitual llevada a cabo por los tradicionales sistemas de información crediticia (ficheros de morosos) un proveedor independiente (conocida como empresa de recobros) confecciona la carta de requerimiento, la envía mediante el servicio de Correos, monitoriza su distribución y la recibe de vuelta cuando el destinatario rechace la notificación, haya cambiado de domicilio, o haya un error en la dirección. El proveedor, después, certifica el contenido de la carta, y su entrega sin incidencias en el buzón del destinatario o con las incidencias que hayan ocurrido. Este certificado había venido sirviendo para que el acreedor tuviera por notificado el requerimiento de pago y, en consecuencia, anotara la deuda en el fichero de morosos o se abstuviera de hacerlo[63].

1.2.3.3. Información de la inclusión en el fichero. Obligaciones activas del titular

El responsable del fichero (no el acreedor[64]) deberá notificar al afectado la inclusión de tales datos y le informará sobre la posibilidad de ejercitar los derechos establecidos en los arts. 15 a 22 RGPD y art. 40 RLOPD (acceso[65], rectificación[66], supresión[67] y oposición)[68] den-

---

63 Las empresas de recobros necesitan conocer datos personales de los clientes de las empresas que las han contratado, pero dicho acceso no puede considerarse una cesión o comunicación de datos personales, ni tampoco necesita del consentimiento de los titulares de los datos, ya que el tratamiento que realiza deriva del servicio prestado al responsable del tratamiento (deberá constar contrato de prestación de servicios con el acreedor). Además, la empresa de recobro deberá informar cuando requiera de pago del nombre del titular de la deuda (acreedor).

64 STS de 27 de febrero de 2024 (TOL 9.902.645).

65 Vid. formulario en https://www.aepd.es/documento/formulario-derecho-de-acceso.pdf

66 Vid. formulario en https://www.aepd.es/documento/formulario-derecho-de-rectificacion.pdf

67 Vid. formulario en https://www.aepd.es/documento/formulario-derecho-de-supresion.pdf

68 Dice ESTEFANÍA PORTILLO CABRERA, M.ª V. C., "Vulneración del derecho al honor por inclusión en ficheros de morosos: alcance de la responsabilidad de los titulares de ficheros de solvencia patrimonial", *Revista Aran-*

tro de los treinta días siguientes a la notificación de la inclusión de la deuda en el fichero, permaneciendo bloqueados los datos durante ese plazo (no pudiendo ser consultados)[69]. Transcurrido un mes desde la recepción de la solicitud por el responsable del fichero[70] se podrá presentar reclamación ante la AEPD, acompañando la documentación acreditativa de la realización de dicha solicitud[71].

Por su parte, el Tribunal Supremo ha declarado recientemente que, cuando el afectado ejercita su derecho a la rectificación o cancelación, el titular del fichero de morosos no debe limitarse a trasladar la solicitud del acreedor para que éste decida, sino que ha de examinar si la reclamación está documentada y justificada y, en caso de que el fundamento de la misma sea razonable y adecuado, ponga fin al tratamiento de datos controvertidos[72].

---

zadi Doctrinal, Nº 4, 2024 que "En los últimos años, ha existido un auge de litigios en materia de intromisión en el derecho al honor por la inclusión de datos personales en ficheros de solvencia patrimonial, cuyas pretensiones habituales son la cancelación de dicha inscripción y la condena al pago de una indemnización por el daño moral".

69 STS de 20 de diciembre de 2022 (TOL 9.337.009).

70 Dejando un margen temporal prudencial para que pueda recepcionarse por el interesado la respuesta que habitualmente se produce por correo postal.

71 Debe tenerse en cuenta que la supresión de datos no debe confundirse con la solicitud de baja de un servicio permanente contratado o con la devolución de copias de documentos o contratos, para lo cual puede acudirse con carácter previo al sistema gratuito de reclamaciones gestionado con la entidad AUTOCONTROL (https://www.autocontrol.es/servicios/mediacion/).

72 La STS de 21 de mayo de 2014 (TOL 4.357.655) afirma que la mera omisión de una respuesta fundada a la solicitud de cancelación del interesado constituye un incumplimiento por parte del titular del registro, que no puede limitarse a seguir las indicaciones del acreedor. Por su parte, en la STS de 1 de febrero de 2024 (TOL 9.873.624) el Alto Tribunal resuelve que, si la reclamación se realiza de forma documentada y justificada, la entidad responsable del fichero de morosos tiene que satisfacer el derecho de rectificación o cancelación conforme a lo previsto en la normativa sobre protección de datos, sin que pueda limitarse a trasladar la solicitud al acreedor para que sea éste quien decida. No obstante, a juicio de la Sala Primera, la decisión de la Audiencia Provincial de Huelva fue correcta debido a que la reclamación del afectado no podía considerarse documentada y justificada por no constar que en la demanda interpuesta por el afectado

De este modo, la Sala Primera ha otorgado un papel relevante al titular del fichero, exigiéndole que no se limite a ser un mero intermediario o custodio de la información, sino a asumir un rol activo en la comprobación de posibles inscripciones irregulares una vez que los afectados presenten peticiones de cancelación o rectificación de sus datos, comprobando si la pretensión está debidamente documentada y justificada, haciendo un examen sobre la procedencia de la solicitud de cancelación o rectificación según las circunstancias del caso concreto, especialmente si existen sucesivas inscripciones y cancelaciones previas referidas a la misma deuda[73].

---

frente al acreedor se hubiera cuestionado la certeza, realidad y vigencia de la deuda inscrita. En la Sentencia objeto de análisis, la prueba consistente en la copia de la primera página de la demanda que el deudor había presentado frente al acreedor por vulnerar su derecho al honor al incluirlo en el fichero de morosos resultó ser insuficiente para la Audiencia Provincial a los efectos de acreditar que la deuda fuera controvertida. La Sala de apelación declaró no basta la mera interposición de una demanda frente a las entidades acreedoras a cuestionar la certeza, realidad y vigencia de la deuda inscrita. No obstante, dice ESTEFANÍA PORTILLO CABRERA, M.ª V. C., "Vulneración del derecho al honor", cit. que "Existen sin embargo sentencias de segunda instancia —(...)— que consideran la mera aportación de una demanda frente al acreedor prueba suficiente de la inexigibilidad de la deuda, sin que se considere necesario entrar a valorar los términos en que dicha demanda ha sido planteada, esto es, si son más o menos ambiguos o si el afectado ha negado claramente y con la debida precisión la deuda.". Vid. SSAP de Madrid de 22 de abril de 2022 (TOL 9.122.488) o Sevilla de 14 de diciembre de 2021 (TOL 8.811.995).

73 P. e., la STS de 16 de enero de 2022 (TOL 8.768.372) acordó declarar la vulneración del derecho al honor del interesado, en tanto que fue inscrito hasta en tres ocasiones por parte del acreedor, siendo canceladas las dos primeras por el titular del registro a instancias del afectado al considerar que los datos incluidos eran erróneos. La STS de 19 de febrero de 2020 (TOL 7.790.901) declara la intromisión ilegítima en el derecho al honor debido a que la entidad responsable del fichero no obró con la debida diligencia la segunda vez que incluyó los datos en el fichero de solvencia patrimonial (ocasionándole que le fuera denegada una tarjeta de crédito).

1.2.4. Que los datos mantengan lo estrictamente necesario

El cuarto de los requisitos dice: "Que los datos únicamente se mantengan en el sistema mientras persista el incumplimiento, con el límite máximo de cinco años desde la fecha de vencimiento de la obligación" (art. 20.1 d) LOPD).

Los datos incluidos en los respectivos ficheros deben de mantenerse hasta su cancelación (al haber liquidado su deuda el deudor)[74] o como máximo 5 años desde el vencimiento de la obligación o del plazo concreto si aquella fuera de vencimiento periódico, salvo que fuese de aplicación alguno de los supuestos que excepcionan la supresión contemplados en el art. 17.3 RGPD[75]. Este plazo cumple con la prescripción del art. 1964.2 del Código Civil a fin de asimilarlo con el plazo de prescripción de toda deuda para que deje de ser exigible.

---

74 En el caso de que se hubiera producido el pago de la deuda, y se estuviese incluido en fichero de morosidad, debería ser excluido del mismo de forma inmediata. El acreedor deberá comunicar al responsable del fichero, en el plazo de una semana, la inexactitud o inexistencia de la deuda, y este proceder a su supresión. Ahora bien, con independencia de que dicha exclusión deba realizarse a instancia del acreedor, se considera conveniente que de forma inmediata se comunique dicho pago al responsable del fichero mediante una solicitud de rectificación/ supresión de los datos, así como también cuando los datos resulten inexactos o incompletos.

75 Son los siguientes: a) para ejercer el derecho a la libertad de expresión e información; b) para el cumplimiento de una obligación legal que requiera el tratamiento de datos impuesta por el Derecho de la Unión o de los Estados miembros que se aplique al responsable del tratamiento, o para el cumplimiento de una misión realizada en interés público o en el ejercicio de poderes públicos conferidos al responsable; c) por razones de interés público en el ámbito de la salud pública de conformidad con el artículo 9, apartado 2, letras h) e i), y apartado 3; d) con fines de archivo en interés público, fines de investigación científica o histórica o fines estadísticos, de conformidad con el artículo 89, apartado 1, en la medida en que el derecho indicado en el apartado 1 pudiera hacer imposible u obstaculizar gravemente el logro de los objetivos de dicho tratamiento, o e) para la formulación, el ejercicio o la defensa de reclamaciones.

Por otro lado, mientras no se le hubiera comunicado directamente al acreedor que su crédito se había visto afectado por la exoneración del pasivo insatisfecho de su deudor, no incurre en responsabilidad alguna por no haber comunicado la exoneración de dicho crédito a los sistemas de información crediticia[76].

1.2.5. Que haya interés legítimo en la consulta

El quinto requisito exige "Que los datos referidos a un deudor determinado solamente puedan ser consultados cuando quien consulte el sistema mantuviese una relación contractual con el afectado" (art. 20.1 e) LOPD).

Únicamente podrán acceder a los datos que obren en los ficheros aquellos que tengan un vínculo contractual con el acreedor (o si el deudor ha solicitado tener alguna relación contractual con el mismo). Relación contractual que implique el abono de una cuantía pecuniaria o la celebración de un contrato que suponga financiación, pago aplazado o facturación periódica[77], p. e., en los previstos en la legislación de contratos de crédito al consumo o de crédito inmobiliario. El tercero debe comunicar al deudor su derecho a poder consultar esos datos.

Por su parte, cuando se hubiera ejercitado ante el sistema el derecho a la limitación del tratamiento de los datos impugnando su exactitud conforme a lo previsto en el art. 18.1.a) RGPD, el sistema informará a quienes pudieran consultarlo con arreglo al párrafo anterior acerca de la mera existencia de dicha circunstan-

---

76 STS de 19 de diciembre de 2023 (TOL 9.818.876).

77 A este respecto, el art. 42.1 RLOPD establece que "Los datos contenidos en el fichero común solo podrán ser consultados por terceros cuando precisen enjuiciar la solvencia económica del afectado". El mismo artículo detalla las circunstancias en las que ese tercero pueda tener legitimación, a saber: "a) mantenga algún tipo de relación contractual que aún no se encuentre vencida; b) pretenda celebrar un contrato que implique el pago aplazado del precio; y c) pretenda contratar con el tercero la prestación de un servicio de facturación periódica".

cia, sin facilitar los datos concretos respecto de los que se hubiera ejercitado el derecho, en tanto se resuelve sobre la solicitud del afectado.

1.2.6. Que en caso de no celebrarse un contrato como consecuencia de la consulta efectuada el titular del fichero informe al afectado

El último de los requisitos exige que en el caso de que se denegase la solicitud de celebración del contrato, o éste no llegara a celebrarse, como consecuencia de la consulta, informe al afectado del resultado de dicha consulta (art. 20.1 f).

Este requisito otorga cierta salvaguarda de los derechos del deudor, dado que puede salir perjudicado si sus datos constan en el fichero. No consta plazo.

El cumplimiento de todos los requisitos anteriores conforma un sistema eficaz a efectos del cumplimiento de la finalidad para la cual ha sido diseñado, implicando el respeto y el cumplimiento a los legítimos derechos de los consumidores, que a través de aquél evidencia la previsibilidad y la seguridad jurídica que no debe ser defraudada bajo ningún concepto, y que, en caso contrario, puede implicar la incursión en responsabilidad del acreedor y/o en el responsable del fichero[78].

1.3. Perfilado del deudor mediante técnicas de calificación crediticia

Finalmente, el art. 20.3 LOPD dice que "La presunción a la que se refiere el apartado 1 de este artículo no ampara los supuestos en que la información crediticia fuese asociada por la entidad que mantuviera el sistema a informaciones adicionales a las contempladas en dicho apartado, relacionadas con el deudor y obtenidas de otras fuentes, a fin de llevar a cabo un perfilado del

---

[78] PUYOL, J., "Los ficheros de solvencia", cit.

mismo, en particular mediante la aplicación de técnicas de calificación crediticia".

Esto hay que ponerlo en relación con el art. 22 RGPD , intitulado "Decisiones individuales automatizadas, incluida la elaboración de perfiles"[79]. Así, la decisión de conceder o no el crédito podrá sustentarse exclusivamente en la elaboración de un perfil de solvencia basada en un tratamiento automatizado de datos si el interesado ha consentido de modo explícito. A falta de consentimiento, el legislador nacional podría autorizar dicha posibilidad. Incluso podría aplicarse la excepción del art. 22.2.a) por cuanto el correcto desarrollo del contrato que suponga concesión de crédito está directamente vinculado con la solvencia, en sentido amplio. En cualquier caso, han de establecerse medidas adecuadas para salvaguardar los derechos y libertades y los intereses legítimos del interesado, como p. e. obtener intervención humana por parte del responsable y permitirle expresar su punto de vista e impugnar la decisión; aunque esto último se ciña a los supuestos a) y c) del art. 22.2 podría entenderse aplicable también a la letra

---

79 Art. 22 RGPD: "1. Todo interesado tendrá derecho a no ser objeto de una decisión basada únicamente en el tratamiento automatizado, incluida la elaboración de perfiles, que produzca efectos jurídicos en él o le afecte significativamente de modo similar. 2. El apartado 1 no se aplicará si la decisión: a) es necesaria para la celebración o la ejecución de un contrato entre el interesado y un responsable del tratamiento; b) está autorizada por el Derecho de la Unión o de los Estados miembros que se aplique al responsable del tratamiento y que establezca asimismo medidas adecuadas para salvaguardar los derechos y libertades y los intereses legítimos del interesado, o c) se basa en el consentimiento explícito del interesado. 3. En los casos a que se refiere el apartado 2, letras a) y c), el responsable del tratamiento adoptará las medidas adecuadas para salvaguardar los derechos y libertades y los intereses legítimos del interesado, como mínimo el derecho a obtener intervención humana por parte del responsable, a expresar su punto de vista y a impugnar la decisión. 4. Las decisiones a que se refiere el apartado 2 no se basarán en las categorías especiales de datos personales contempladas en el art. 9, apartado 1, salvo que se aplique el art. 9, apartado 2, letra a) o g), y se hayan tomado medidas adecuadas para salvaguardar los derechos y libertades y los intereses legítimos del interesado".

b) con base a la regulación general del derecho de oposición, de rectificación y cancelación[80].

2. FICHEROS DE MOROSOS Y VULNERACIÓN DEL DERECHO AL HONOR

2.1. El derecho al honor

El derecho al honor ampara la buena reputación de una persona protegiéndola frente a expresiones o mensajes que la hagan desmerecer en la consideración ajena al ir en su descrédito o menosprecio o sean tenidas en el concepto público por afrentosas[81]. Se trata de un derecho fundamental (art. 18.1 CE) que forma parte de las manifestaciones de la dignidad de la persona (art. 10 CE), especialmente protegido mediante los recursos de amparo constitucional y judicial. Constituye un concepto jurídico normativo cuya precisión depende de las normas, valores e ideas sociales vigentes en cada momento[82]. Se ha definido como dignidad personal reflejada en la consideración de los demás (aspecto externo de valoración social o "trascendencia") y en el sentimiento de la propia persona (aspecto interno de íntima convicción o "inmanencia")[83]. La protección frente a intromisiones ilegítimas

---

80 MÁS BADÍA, Mª. D., "Los sistemas de información crediticia y la protección de datos personales: un Reglamento europeo y una Ley Orgánica concebida y no nacida", *Actualidad Civil*, Nº 5, 2018.

81 SSTC 133/2018, de 13 de diciembre (TOL 6.977.385), 216/2013, de 19 de diciembre (TOL 4.061.228), 299/2006, de 23 de octubre (TOL 1.003.682), 180/1999, de 11 de octubre (TOL 81.221), 170/1994, de 7 de junio (TOL 82.575) 171/1990, de 12 de noviembre (TOL 344.513), 185/1989, de 13 de noviembre (TOL 81.758), 107/1988, de 8 de junio (TOL 109.338), etc.

82 SSTC 180/1999, de 11 de octubre (TOL 81.221), 51/2008, de 14 de abril (TOL 1.295.355), 14/2003, de 28 de enero (TOL 238.526), 127/2003, de 30 de junio (TOL 285.457), 9/2007, de 15 de enero (TOL 1.032.871), 16/2021, de 11 de mayo (TOL 8.451.608), etc.

83 Entre otras, base citar p. e. SSTS de 20 de junio de 2018 (TOL 6.654.206), 16 de febrero de 2010 (TOL 1.790.741) y 1 de junio de 2010 (TOL 1.878.187).

se encuentra regulada en el art. 7.7 de la Ley Orgánica 1/1982, de 5 de mayo, de protección civil del derecho al honor, a la intimidad personal y familiar y a la propia imagen (en adelante LO 1/82)[84].

Por su parte, el derecho a autodeterminación informativa viene regulado en el art. 18.4 CE: "La ley limitará el uso de la informática para garantizar el honor y la intimidad personal y familiar de los ciudadanos y el pleno ejercicio de sus derechos". Ambos derechos, la protección de datos y el derecho al honor (junto al derecho a la intimidad y la propia imagen) se conforman como pilares esenciales en el régimen jurídico que protege un ámbito de libertad y dignidad frente a las potenciales agresiones derivadas de la informática y la tecnología.

2.2. *Vulneración del derecho al honor y ficheros de morosos*

Dice el art. 2.2 LO 1/82 que "no se apreciará la existencia de intromisión ilegítima en el ámbito protegido cuando estuviere expresamente autorizada por Ley". Con base al citado artículo puede entenderse que la quiebra reputacional para el deudor no se produce por la inscripción de sus datos personales en el fichero de morosos, siempre que se cumplan con los requisitos recogidos en el art. 20.1 LOPD[85]. Cuando el interesado sea una persona jurídica, si bien no resulta de aplicación la normativa de protección de datos, la diligencia debe medirse (no se puede exigir una superior) en función de dicho precepto[86]. El atentado grave al derecho al honor surge de que el concepto de moroso se debe aplicar

---

En la doctrina, vid. SARAZÁ JIMENA, R., "La protección de datos personales en la reciente jurisprudencia de la Sala Primera del Tribunal Supremo", *Cuadernos Digitales de Formación*, Nº 63, 2018, 9 y 10.

84 Existe intromisión ilegítima al honor por "la imputación de hechos o la manifestación de juicios de valor a través de acciones o expresiones que de cualquier modo lesionen la dignidad de otra persona, menoscabando su fama o atentado contra su propia estimación".

85 MANZORRO REYES, A., "Inclusión indebida en ficheros de morosidad", cit.

86 STS de 7 de noviembre de 2018 (TOL 6.907.164).

a quien no responde —generalmente de forma sistemática— de las deudas contraídas[87].

Por el contrario, la inclusión en un registro de morosos, errónea o indebidamente, sí es una intromisión ilegítima en el derecho al honor (no en la intimidad)[88], por cuanto se le imputa la condición de moroso, lesionando la dignidad de la persona y menoscabando su fama y su propia estimación. No en vano la publicación de la morosidad de una persona incide negativamente en su buen nombre, prestigio o reputación, es decir, en su dignidad personal[89]. El Tribunal Supremo reafirma la importancia de considerar la actitud del deudor como elemento relevante en la evaluación de la vulneración del derecho al honor en casos de comunicación de datos a ficheros de solvencia patrimonial[90]. En esta materia resultan de aplicación los arts. 18.1 y 4 CE, 7 y 9 LO 1/82, 38 a 40 RLOPD y 4.1 LOPD.

El tratamiento de datos personales en sistemas de información crediticia se erige como un campo de especial relevancia

---

87 CHAPARRO MATAMOROS, P. "La incidencia de la declaración de morosidad de una persona en su derecho al honor", en De Verda y Beamonte, J. R. (coord.): *Derecho al honor: Tutela constitucional, Responsabilidad Civil y otras cuestiones*, Thomson Reuters Aranzadi, Cizur Menor, 2015, pág. 301. Aunque —matiza— el autor "resulta evidente que no es lo mismo publicitar la condición de moroso de una persona que eventualmente no ha respondido de una deuda (más si cabe si ésta es de escasa cuantía), que hacer lo mismo respecto de alguien que tiene por costumbre no saldar las deudas contraídas".

88 STS de 9 de abril del 2012 (TOL 2.517.855). No obstante, alguna sentencia (STS de 5 de julio de 2004 [TOL 483.417]) considera que lo que se produce es una intromisión en la intimidad.

89 STS de 24 de abril de 2009 (TOL 1.509.894).

90 La directora del departamento Jurídico del Registro de Impagados Judiciales, REYES RODRÍGUEZ ZARZA, J., valora de forma "muy positiva" esta sentencia, ya que "avala una vez más la operativa del fichero de morosos de la Abogacía Española en el respeto del derecho al honor del deudor", en *Diario La Ley*, "El Tribunal Supremo avala de nuevo que el RIJ cumple el derecho al honor", 15/3/2024, Consejo General de la Abogacía Española, <https://diariolaley.laleynext.es/content/Inicio.aspx> [fecha consulta: 27/05/2024].

y sensibilidad, dado su impacto directo en la esfera económica y personal de los sujetos[91], por lo que la conducta de quien maneja este tipo de datos debe ser de la máxima diligencia para evitar errores: la información debe ser veraz, pues de lo contrario estaríamos ante una intromisión ilegítima. No obstante, que la información sea veraz no supone automáticamente que la inclusión de los datos del deudor en el fichero sea lícita, por cuanto habrá que estar al resto de requisitos exigidos por la normativa de protección de datos y atender a las circunstancias del caso concreto. Y ello con independencia de si ese fichero ha sido o no consultado por terceras personas, dado que basta la posibilidad de que haya conocimiento público, sea o no restringido y que esta falsa morosidad haya salido de la esfera interna del conocimiento del acreedor y del deudor para ser de proyección pública[92].

En definitiva, la LOPD, en desarrollo del RGPD, pretende equilibrar el interés legítimo en el tratamiento de datos por parte de los sistemas de información crediticia (para que los acreedores puedan conocer la solvencia de los deudores) con la protección de los derechos y libertades individuales de los deudores.

2.3. Obligaciones del responsable del fichero de morosos y del acreedor

Según establece el art. 20.2 LOPD "Las entidades que mantengan el sistema y las acreedoras, respecto del tratamiento de los datos referidos a los deudores, tendrán la condición de corresponsables del tratamiento de datos". Estos responsables pueden ser, de forma individual, corresponsable o solidaria, tanto el propio acreedor como cualquier persona al que haya cedido la deuda o la reclamación de la misma; los responsables del fichero[93]; o el

---

91 SALES JIMÉNEZ, R., "Protección de datos personales", cit.

92 STS de 24 de abril de 2009 (TOL 1.509.894).

93 Según la STS de 1 de febrero de 2024 (TOL 9.873.624) a fin de determinar si concurre responsabilidad de la titular del registro, es preciso que concurra un tratamiento de datos personales injustificado fundado en el incum-

tercero que consulte esa información de forma incorrecta o contraviniendo las estipulaciones legales. No obstante, la litigiosidad ha venido dirigiéndose contra el acreedor[94].

El ámbito de responsabilidad del responsable del tratamiento depende de quién es el obligado en función de las exigencias recogidas en el art. 20.1 LOPD. Así, el acreedor será responsable del cumplimiento de los apartados a) a c): que la deuda se cierta, vencida y exigible; que se informe por parte del acreedor al afectado sobre la posibilidad de inclusión en ficheros de morosos, bien en el contrato bien en el momento de requerir el pago; y que se haga (y pueda acreditarse) el requerimiento previo al deudor por parte del acreedor (o quien actúe por su cuenta o interés). Por su parte, el titular del fichero deberá notificar al afectado sobre la inclusión de los datos, informándole sobre la posibilidad de ejercitar, en el plazo de 30 días siguientes, los derechos ARSO (acceso, rectificación, supresión y oposición) (arts. 15 a 22 RGPD), y atender las posibles reclamaciones que este le haga[95], examinando el fundamento de las mismas[96].

Si bien el comportamiento ilícito podría dar lugar a responsabilidad penal, dependiendo de la gravedad de la infracción acreditada, la responsabilidad civil, por la vía del art. 1902 CC, se ade-

---

plimiento de las obligaciones que le impone la normativa reguladora de protección de datos de carácter personal, y que dicho incumplimiento sea además relevante respecto de la existencia de la vulneración del derecho al honor.

94 ESTEFANÍA PORTILLO CABRERA, M.ª V. C., "Vulneración del derecho al honor", cit.

95 La STS de 1 de febrero de 2024 (TOL 9.873.624) exime al titular del registro de comprobar si en el momento de la inscripción el acreedor ha cumplido previamente con el deber de informar al deudor sobre la posibilidad de incluir sus datos en el fichero y requerirle previamente de pago, señalando que el afectado podrá dirigirse en estos casos contra el acreedor.

96 STS de 1 de febrero de 2024 (TOL 9.873.624). Es en este contexto en el que el Tribunal Supremo exige al titular del fichero que realice su propia valoración de la reclamación del afectado, a fin de garantizar la efectiva satisfacción de los derechos ARSO (acceso, rectificación, supresión y oposición).

cua más a lo establecido en el art. 82 RGPD y a la vulneración del derecho al honor con arreglo al art. 9.Tres LO 1/1982.

2.4. Responsabilidad civil por vulneración del derecho al honor

Si la intromisión ilegítima provoca unas consecuencias económicas (como la negación de un préstamo hipotecario) o un grave perjuicio a un comerciante (como el rechazo de la línea de crédito) el daño patrimonial sería indemnizable, además del daño moral que supone la intromisión en el derecho al honor[97]. El art. 82 RGPD dice que corresponderá indemnizar al perjudicado por los daños y perjuicios sufridos, al responsable o al encargado del tratamiento de esos datos. El perjudicado tendrá que acreditar la condición del responsable o encargado del tratamiento del demandado; la infracción de la normativa del RGPD o LOPD; cuantificar y acreditar los daños y la relación de causalidad entre ambas.

Para reclamar la indemnización por daños y perjuicios derivados de la inclusión indebida en ficheros de morosidad existe un plazo de caducidad de 4 años, y de acuerdo con la jurisprudencia más reciente, este plazo comienza a contar desde el momento en que el afectado tiene conocimiento de su inclusión en el fichero y de la posibilidad de reclamar, y no desde la inclusión efectiva en el fichero.

Para poder acreditar la infracción del derecho al honor, conviene tener una resolución administrativa (normalmente de la AEPD) que, si bien no tiene carácter vinculante para el procedimiento civil, impregna todo el procedimiento de un aura de acreditación de difícil discusión, pero evitando todo automatismo, ya que la función de la responsabilidad civil no es punitiva sino reparadora[98].

---

97 STS de 24 de abril de 2009 (TOL 1.509.894).

98 SALES JIMÉNEZ, R., "Protección de datos personales", cit.

Uno de los problemas advertidos a la hora de reclamar la indemnización por vulneración del derecho al honor es la posibilidad de que la acción haya precluido por no haberla solicitado en un procedimiento judicial anterior. De hecho, ambas pretensiones, la intromisión ilegítima al derecho al honor y la indemnización, deben ejercitarse conjuntamente cuando no haya inconveniencia para hacerlo[99].

2.4.1. La acreditación de intromisión ilegítima

Según el art. 9.Tres LO 1/1982 "La existencia de perjuicio se presumirá siempre que se acredite la intromisión ilegítima", es decir, cuando se haya procedido a la inclusión con incumplimiento de alguno/s de los requisitos del art. 20.1 LOPD.

---

99 AA.VV. "Inscripciones en ficheros de morosos", cit. En la SAP Madrid de 22 de junio de 2022 (TOL 9.221.808) se dice que "La representación procesal de D. Miguel Ángel interpuso demanda de juicio ordinario contra la entidad Servicios Prescriptor y Medios de Pagos E.F.C., en reclamación de cantidad, solicitando su condena al pago "de la cantidad que estime conveniente Su Señoría en concepto de indemnización por daños morales, con expresa imposición de costas a la demandada". Ello porque en fecha 7 de enero de 2020 el Juzgado de Primera Instancia nº 2 de Arcos de la Frontera dictó sentencia estimatoria de la demanda interpuesta por el hoy actor declarando la intromisión ilegítima de la entidad demandada en su honor al incluir y mantener sus datos registrados en el fichero de morosos Equifax. La sentencia de instancia desestimó la demanda al apreciar la excepción de cosa juzgada, propiamente preclusión, opuesta por la entidad demandada, razonando que en los dos pleitos se ha ejercitado la misma pretensión, legalmente configurada como única, de tutela judicial por intromisión ilegítima en el derecho al honor, variando solo las medidas que forman parte integrante de la misma, por cuanto que la petición de resarcir el perjuicio no puede configurarse como pretensión diferenciada de la declaración de existencia de la intromisión sino como efecto inherente a esa declaración, pues las medidas contempladas en los apartados a) a d) del [art. 9 nº 2 LO 1/82] no se pueden considerar pretensiones diferenciadas sino, como de hecho legalmente se contemplan, medidas a adoptar como consecuencia del ejercicio de una única pretensión de tutela".

Se ha señalado en alguna sentencia que no existe vulneración al derecho al honor por parte del responsable del fichero cuando actúe de manera diligente al cancelar de manera ágil y rápida las inscripciones las dos primeras veces que lo interesó el afectado y que, si no lo hizo la tercera vez, fue porque no fue requerida para ello, además de que ni siquiera se dirigiese acción frente a la acreedora como codemandada para clarificar la situación[100].

La inclusión en un fichero de morosidad puede tener un impacto negativo significativo en la reputación (dignidad, honor o fama) de un individuo, pudiendo provocar tanto daños patrimoniales como daños morales.

2.4.2. El daño moral

El daño moral es todo menoscabo de la persona en sí misma, de los bienes ligados a la personalidad, por cuanto afectan a alguna de las características que integran el núcleo de la personalidad, como son la integridad física y moral, la autonomía y la dignidad personal[101]. Deberá atenderse tanto al aspecto interno o subjetivo como el externo u objetivo. En cualquier caso, difícilmente pueden derivarse daños morales psicológicos de gran entidad, como p. e. ansiedad, estrés, trastornos, incapacidad laboral, etc. de una mera lesión del derecho al honor derivado de una inclusión indebida en un registro de morosos[102].

Se deberá hacer una valoración estimativa atendiendo a las circunstancias del caso y a la gravedad de la lesión efectivamente producida (art. 9.3 LO 1/82), y utilizando criterios de prudente arbitrio, p. e. que el perjudicado haya intentado extrajudicialmen-

---

100 STS de 7 de noviembre de 2018 (TOL 6.907.164).

101 Según TORRAS COLL, J. Mª., “Acotaciones a la indebida inclusión”, cit. la jurisprudencia abandona la visión estricta del daño moral entendido como *pretium doloris* (precio del dolor) o como vulneración concreta de los derechos de la personalidad.

102 STS de 12 de mayo de 2015 (TOL 5.003.940).

te la cancelación, sin éxito; la difusión o audiencia del medio a través del que se ha producido (número de consultas y de entidades que acuden a los ficheros de morosidad)[103]; el beneficio que haya obtenido el causante de la lesión como consecuencia de la misma; el tiempo que ha estado en el fichero de forma irregular, ya que ello aumentará el riesgo de que terceros sean conocedores de dicha inclusión[104]; la celeridad[105] o la tardanza[106] en la cancelación de la deuda (art. 41.1 RLOPD); el número de ficheros en los que ha sido incluido[107]; el quebranto y angustia producido por el proceso para la rectificación o cancelación de los datos[108]; el número de afectados[109]; la denegación de créditos o préstamos

---

103 Según TORRAS COLL, J. Mª., "Acotaciones a la indebida inclusión", cit. "no es lo mismo que sólo hayan tenido conocimiento los empleados de la empresa acreedora y los de las empresas responsables de los registros de morosos (…), a que el dato haya sido comunicado a un número mayor o menor de asociados al sistema que hayan consultado los registros de morosos".

104 STS de 25 de abril de 2019 (TOL 7.202.704).

105 Por ello, la SAP de Valencia de 18 de septiembre de 2013 (TOL 4.043.171) concedió 3.000 € de indemnización, "y no otra superior", debido a la diligencia de la empresa demandada, que "nada más conocer las circunstancias de lo sucedido, anuló la deuda, dio de baja la línea fraudulenta y excluyó a la demandante del "registro de morosos"".

106 El problema es determinar apriorísticamente cuándo hay "tardanza" en la cancelación, por lo que habrá que estar a las circunstancias del caso concreto, p. e. cuándo conoció el acreedor el pago efectivo, si comunicó este hecho (y cuándo) al titular del fichero de morosos, etc. P. e. la SAP de Valencia de 11 de marzo de 2013 (TOL 3.863.689) consideró que el plazo de 48 horas (dos días) durante el cual persistieron en el registro los datos del demandante "no es un lapso de tiempo que pugne o sea incompatible con la finalidad del precepto". En cualquier caso, como se deduce de la STS de 21 de mayo de 2014 (TOL 4.357.655), puede también haber responsabilidad (y ser demandado por ello) del titular del fichero de morosos, ya que la persistencia en dicho fichero de la deuda ya pagada puede deberse, no tanto a una falta de comunicación de su pago, como a la negligencia del propio titular del registro en el cumplimiento de su deber de actualización y exactitud de los datos de los que es responsable.

107 STS de 12 de mayo de 2015 (TOL 5.003.940).

108 STS de 25 de abril de 2019 (TOL 7.202.704).

109 La STS de 12 de mayo de 2015 (TOL 5.003.940) dice que fueron dos las personas afectadas.

solicitados por el afectado, o los daños derivados del desprestigio y deterioro de la imagen de solvencia patrimonial y profesional derivado de dicha inclusión, etc. Pero será irrelevante la cuantía de la deuda inscrita incorrectamente, la escasa cuantía de la deuda[110], o la contratación fraudulenta de productos o servicios (p. e. uso de DNI falso)[111].

Finalmente, es doctrina consolidada la que defiende que la indemnización que otorgue el juez debe compensar el perjuicio sufrido en un derecho fundamental reconocido universalmente[112]. Por ello, no es admisible que se concedan indemnizaciones de carácter simbólico, del todo incompatibles con una remuneración acorde con la importancia los valores e intereses en juego[113].

2.4.3. El daño patrimonial

El daño patrimonial derivado de una inclusión indebida de una persona en un fichero de morosos se suele relacionar con la pérdida económica que puede padecer el interesado, tanto cuando el daño sea fácilmente verificable y cuantificable, p. e. cuando el afectado hubiera tenido que pagar un mayor interés para conseguir financiación (en cuyo caso dicha diferencia de intereses puede considerarse daño emergente); como cuando tengan

---

110 STS de 18 de febrero de 2015 (TOL 4.748.597).

111 En estos casos puede aplicarse la doctrina del riesgo profesional, según la cual el banco es quien debe asumir las fugas de seguridad que se produzcan, pues es quien dispone y conoce el funcionamiento del sistema y se beneficia de él (STS de 9 de febrero de 1998 [TOL 2.125.816]).

112 MANZORRO REYES, A., "Inclusión indebida en ficheros de morosidad", cit.

113 La STS de 12 de diciembre de 2011 (TOL 2.341.175) dice que: "la indemnización de 300 euros (...) [es] simbólica, con los actuales parámetros sociales y económicos (...), [pues] no cubre (...) los gastos necesarios para entablar un proceso (...) [D]esincentiva también la adopción de pautas de conducta más profesionales y serias en las empresas responsables de ficheros de morosos, puesto que les resulta más barato pagar indemnizaciones simbólicas que mejorar sus estructuras organizativas y adoptar pautas de conducta más rigurosas".

carácter más difuso, p. e. por la imposibilidad o dificultad para obtener créditos[114] o contratar servicios[115], o por el deterioro de la imagen de la solvencia personal y profesional[116] (en cualquier caso, creemos que aquí estaríamos más bien en un lucro cesante, de difícil cuantificación)[117].

No obstante, la relación de causalidad entre la anotación de la deuda en el registro de morosos y la situación de insolvencia derivado de la posible denegación de un préstamo a raíz de la inclusión en un registro de morosos, debe ser perfectamente acreditada, lo que no suele darse cuando la situación económica de los demandantes ya se encontrara al límite tiempo atrás, de forma que aún no habiendo sido inscrito en el registro de morosos difícilmente hubieran evitado sus problemas financieros (hubieran obtenido o no dicha financiación)[118].

Un problema que se detecta es que la jurisprudencia hasta la fecha no distingue del todo entre daño moral (por vulneración al derecho al honor) y daño patrimonial (fundamentalmente por denegación de la financiación solicitada). Si bien en algunas sentencias se atisba un intento de distinguirlos, todavía algunas sentencias confunden ambas clases de daño o aún distinguiéndolos, acaban concediendo una cantidad única, sin especificar qué parte corresponde a cada concepto, dando la sensación incluso de que el primero engloba al segundo[119].

---

114 STS de 4 de junio de 2014 (TOL 4.371.776).

115 STS de 18 de febrero de 2015 (TOL 4.748.597).

116 STS de 7 de noviembre de 2018 (TOL 6.907.164).

117 STS de 4 de junio de 2014 (TOL 4.371.776).

118 STS de 12 de mayo de 2015 (TOL 5.003.940).

119 Critica CHAPARRO MATAMOROS, P., "Daños morales por la inclusión indebida de datos personales en un registro de morosos. Sentencia de 12 de mayo de 2015 (RJ 2015, 2027)", *Revista Cuadernos Civitas de Jurisprudencia Civil*, nº 100, 2016, pág. 381, que "Esta confusión se traslada también al campo de la abogacía, llevando a sinsentidos tales como que en las demandas o recursos se alegue una vulneración del derecho al honor y se reclame como daño moral, no el consistente en la deshonra o pérdida de la buena

3. EL REGISTRO DE IMPAGADOS JUDICIALES

3.1. Características del Registro de Impagados Judiciales

El Consejo General de la Abogacía Española diseñó en el año 2019, a la vista de algunas experiencias de algunos juzgados,[120] el Registro de Impagados Judiciales (RIJ), una plataforma *online* que permite a los abogados reclamar sus minutas y juras de cuentas, así como los créditos titularidad de sus clientes, a través de un procedimiento automatizado, que concluye, en caso de impago, con la inclusión del moroso en aquél, y de tratarse de deuda relativa a personas físicas también en el Fichero Experian de Impagados Judiciales (FEIJ)[121].

El RIJ posibilita que cualquier autónomo, *pyme* y entidad bancaria o financiera, a través de su abogado, puede aportar, publicar y consultar información sobre incumplimientos de obligaciones de pago en fase prejudicial y judicial (cuya existencia o cuantía no estén siendo discutidas por el deudor) así como las que hayan

---

consideración social de una persona", sino la posible falta de financiación derivada de la inclusión en el registro de morosos.

120 El primero en dar por válida esta nueva forma de comunicación al deudor demandado tiene su origen en un procedimiento de ejecución ante un Juzgado de Marbella y a partir de ahí han empezado a sumarse otros juzgados españoles.

121 El RIJ ha sido desarrollado por la Abogacía Española, con sus socios INFORMA (filial del grupo CESCE) y la multinacional NTT DATA. La empresa encargada de gestionar este registro de impagados es Desarrollo de Aplicaciones Jurídicas, constituida por la sociedad Infraestructura Tecnológica de la Abogacía Española RedAbogacía y la mercantil Inversiones Colectivas en Red, ICIRED, con Informa D&B y everis como socios de este proyecto. Cuenta con 3 millones de usuarios y con 80.000 clientes entre los que se encuentran el 89 % de las empresas del Ibex 35 y más del 95 % de las entidades financieras. El RIJ se usa de forma telemática a través de www.registrodeimpagadosjudiciales.es lo que evita desplazamientos, permite su uso las 24 horas, cualquier día del año, ofreciendo una eficaz solución tecnológica a los despachos de abogados para adaptarse a las demandas de la sociedad digital.

sido reconocidas en resolución judicial firme[122], reduciendo drásticamente el período medio de cobro de las ejecuciones de impagados[123]. Y permite hacer gratuitamente el requerimiento de pago y la notificación de (aviso de) inclusión en el fichero de morosos de la Abogacía en la demanda (u otro escrito judicial).

Con la implementación de la plataforma RIJ es posible sacar a la luz la deuda del mercado privado (p. e. impagos de una pensión de alimentos, alquileres de viviendas o locales comerciales, salarios, comunidades de propietarios, etc.), no disponible en los tradicionales sistemas de información crediticia, que suelen anotar únicamente deuda financiera y de las grandes *utilities*[124]. La información exclusiva recogida en este sistema es de gran calidad al ser aportada por abogados, y es clave para la toma de decisiones acertadas[125], con-

---

122 Consejo General de la Abogacía Española, "El requerimiento de pago previo y la notificación de inclusión en el RIJ se podrá realizar a través del juzgado", *Diario La Ley*, 31/10/2022 [en línea] < https://diariolaley.laleynext.es/content/Inicio.aspx> [consulta: 13/05/2024].

123 ZARZA, E. R., "El RIJ es una solución al problema de los millones de pleitos y sentencias que se ganan y no se cobran", *El Derecho.com*, 16/05/2023, [en línea] https://elderecho.com/ [consulta: 08/05/2024], dice que "Actualmente sólo el 39% de las ejecuciones judiciales llegan a buen puerto, lo que supone una vulneración de alguna forma del derecho a la tutela judicial efectiva". Según los datos recogidos en la memoria del CGPJ del año 2021, presentada en abril de 2022, existen más de 3 millones de ejecuciones en la jurisdicción civil. La duración media de en primera instancia es de 8 meses y de las ejecuciones es de 40 meses. Tras la implantación del RIJ muchos acreedores hayan recuperado su dinero en menos de dos meses.

124 ZARZA, E. R., "El RIJ es una solución al problema de los millones de pleitos", cit. dice que "La información sobre deudas del sector privado es un gran indicativo sobre los problemas de solvencia de los ciudadanos y empresas. Esta información, única y exclusiva, (...) se gestionaba de forma silenciosa en los despachos profesionales".

125 Consejo General de la Abogacía Española, "El Registro de Impagados Judiciales traslada a los letrados de la Administración de Justicia sus ventajas para agilizar las ejecuciones de impagados y aliviar los juzgados", *Diario La Ley*, 09/06/2023 [en línea] <https://diariolaley.laleynext.es/content/Inicio.aspx> [consulta: 17/05/2024].

solidándose como el fichero de morosos de referencia en el sector del recobro[126].

Se dice que el RIJ es una solución tecnológica que ha supuesto una democratización de los ficheros de morosos, dando, además, respuesta a las demandas de la sociedad digital, apostando por un modelo de negocio basado en la economía colaborativa y en el uso de tecnología disruptiva para el intercambio de información sobre incumplimientos de pagos por parte de los acreedores[127]. El RIJ va a favorecer el derecho a la tutela judicial efectiva y a que se cumplan las sentencias firmes; además, dotará de mayor transparencia al sistema judicial y financiero español[128]. Más de 9.000 abogados comparten en tiempo real la información sobre la deuda que gestionan, con inmediatez y seguridad jurídica, cumpliendo con la normativa de protección de datos[129].

---

126 Consejo General de la Abogacía Española, "El Registro de Impagados Judiciales anota los primeros casos de cobro exprés en menos de 52 días", *Diario La Ley*, 27/11/2023 [en línea], <https://diariolaley.laleynext.es/content/Inicio.aspx> [consulta: 07/07/2024].

127 ZARZA, E. R., "El RIJ es una solución al problema de los millones de pleitos", cit. dice que: "Nuestra tecnología permite que un grupo de empresas de un sector de actividad comparta información de riesgos de impago de forma legal 100%, p. e., un grupo de empresas cerveceras comunica cada semana qué bares han dejado de pagar los suministros de cerveza y previene al resto de compañías advirtiendo que ese bar tiene dificultades. Otro ejemplo es el caso del portal inmobiliario Idealista.com que utiliza la información del RIJ para prevenir a los arrendadores de pisos y locales de los potenciales clientes que hayan sido demandados por impagos de rentas".

128 Consejo General de la Abogacía Española, "La abogacía, a la vanguardia en la lucha contra la morosidad, con la creación del primer Registro de Impagados Judiciales", *Diario La Ley*, 29, 2019 [en línea] <https://diariolaley.laleynext.es/content/Inicio.aspx> [consulta: 07/07/2024].

129 ZARZA, E. R., "El RIJ es una solución al problema de los millones de pleitos", cit. dice que "esta es la gran disrupción que hemos implantado, ya que antes podías interponer una demanda y que no hiciera más presión que la del propio litigio, sin embargo ahora con el RIJ el mercado privado y financiero se entera de este incidente y puede tomar medidas al respecto. Todo ello redundará en beneficios para el (...) mercado, con un considerable ahorro de tiempo y dinero para los acreedores en sus procesos de recobro y una mayor seguridad jurídica para todos".

3.2. El Registro de Impagados Judiciales y el derecho al honor

Viene defendiéndose que el RIJ es el fichero de morosos más garantista del país[130], respaldado por las últimas sentencias del Alto Tribunal, ya que cumple estrictamente con el art. 20 LOPD. Gracias al uso de este innovador sistema, los abogados pueden hacer el requerimiento de pago y la notificación de inclusión en el RIJ en el mismo procedimiento judicial, utilizando la cláusula RIJ, bien en la demanda o en cualquier escrito judicial de mero trámite[131]. Los Juzgados han empezado ya a comunicar a deudores morosos su inclusión en el fichero de la Abogacía Española gracias a esta cláusula. Asimismo, se ha considerado que los Letrados de la Administración de Justicia son fundamentales para impulsar las ejecuciones de impagados judiciales gracias a este nuevo método[132].

Los acreedores ya no deben tener miedo a sanciones millonarias por vulneración de derecho al honor del deudor, ya que queda garantizada la información al deudor, dándole a éste la oportunidad de alegar lo que considere oportuno. El servicio de notificaciones judicializadas del RIJ favorece la inclusión de deudores que encajan con el perfil de aquel que no paga porque de forma injustificada no quiere o que no paga por ser insolvente[133]. El RIJ cumple con los tres requisitos que viene exigiendo la doc-

---

130 Consejo General de la Abogacía Española, "El Registro de Impagados Judiciales anota", cit.: "En una Diligencia de Ordenación (...), realizada por el Juzgado de 1ª Instancia e instrucción de Pozuelo de Alarcón, se pone de manifiesto cómo cada vez son más los juzgados que ordenan dar traslado de la cláusula RIJ al deudor-demandado, así como que reconocen la utilidad de la plataforma para agilizar los procedimientos y acortar las ejecuciones".

131 A través del escrito de demanda, de la papeleta del monitorio o la demanda de ejecución.

132 Consejo General de la Abogacía Española, "El Registro de Impagados Judiciales", cit.

133 ZARZA, E. R., "El RIJ es una solución al problema de los millones de pleitos", cit. Dice que, en cambio, las indemnizaciones por vulneración del derecho al honor proceden cuando la falta de requerimiento haya impedido al afectado discutir la deuda o pagarla.

trina[134]: requerir el pago al deudor de forma eficaz, advertirle de la inclusión en el fichero RIJ y notificarle la inclusión de sus datos concediéndole el plazo legal para el ejercicio de los derechos ARSO. Y todo ello con las mayores garantías de recepción de las citadas comunicaciones[135].

El nuevo servicio del RIJ permite a los abogados hacer el requerimiento de pago previo y la notificación de inclusión en su fichero de morosos a través del juzgado. Esto significa que incorporar la cláusula de advertencia de inclusión en el fichero RIJ en los escritos judiciales, notificada a través del órgano judicial, evita la publicación del deudor en el fichero de forma sorpresiva, acredita la contumacia en el impago y la actitud pasiva del deudor frente al pago[136]. En conclusión, la cláusula RIJ es una solución eficaz para hacer cumplir el derecho a la Tutela Judicial Efectiva, sin indefensión, que reconoce el art. 24.1 CE, acelerando las ejecuciones de impagados y descongestionando los juzgados[137].

---

134 STS 20 de diciembre de 2022 (TOL 9.337.009).

135 Según el Consejo General de la Abogacía Española, "El requerimiento de pago previo", cit. "la posibilidad de realizar la notificación del requerimiento de pago de forma recepticia al deudor, llevando a cabo esta por vía judicial, con la presentación de un simple escrito, supone toda una revolución jurídica"; igualmente el Consejo General de la Abogacía Española, "El Registro de Impagados Judiciales anota", cit. establece que "este innovador sistema de notificación resulta ser la forma que mejor garantiza el derecho al honor del afectado, que tendrá la oportunidad de manifestar su acuerdo o desacuerdo con la deuda y le permitirá ejercitar sus derechos de acceso, rectificación, oposición o supresión y, además, no podrá negar el desconocimiento de la deuda reclamada judicialmente y que de forma contumaz se ha negado a pagar, ni se verá sorprendido por la inclusión en el citado fichero".

136 "El uso del Registro de Impagado Judiciales, respaldado por la jurisprudencia del Supremo sobre ficheros de morosos", Abogacía Española. Consejo General [en línea] https://www.abogacia.es/actualidad/noticias/ [consulta: 16/05/2024].

137 Consejo General de la Abogacía Española, "El Registro de Impagados Judiciales", cit.

4. BIBLIOGRAFÍA

AA.VV. "Inscripciones en ficheros de morosos: novedades jurisprudenciales en materia de derecho al honor", *Diario La Ley*, Nº 10232, 2023.

CHAPARRO MATAMOROS, P. "La incidencia de la declaración de morosidad de una persona en su derecho al honor", en De Verda y Beamonte, J. R. (coord.): *Derecho al honor: Tutela constitucional, Responsabilidad Civil y otras cuestiones*, Thomson Reuters Aranzadi, Cizur Menor, 2015, págs. 293-316.

CHAPARRO MATAMOROS, P., "Daños morales por la inclusión indebida de datos personales en un registro de morosos. Sentencia de 12 de mayo de 2015", *Cuadernos Civitas de Jurisprudencia Civil*, nº 100, 2016, págs. 357-382

ESTEFANÍA PORTILLO CABRERA, M.ª V. C., "Vulneración del derecho al honor por inclusión en ficheros de morosos: alcance de la responsabilidad de los titulares de ficheros de solvencia patrimonial", *Revista Aranzadi Doctrinal*, Nº 4, 2024.

ESQUIVIAS JARAMILLO, J. I., "Archivo de morosos. Deuda. Requerimiento de pago. Requisitos. Domicilio", *Revista CEFLegal*, 274, 2023, págs. 149-158.

GÓMEZ FUENTES, A., "Sentencia del Pleno del Tribunal sobre el derecho al honor en un supuesto de inclusión de los datos personales en un fichero de morosos: estudio de la necesidad de requerimiento previo tras la entrada en vigor de la Ley Orgánica 3/2018", *Diario La Ley*, Nº 1026, 2023.

HERNÁNDEZ MANZANARES, A., "Requerimiento de pago previo a la inclusión en fichero de morosos", *Diario La Ley*, Nº 10463, 2014.

MÁS BADÍA, Mª. D., "Los sistemas de información crediticia y la protección de datos personales: un Reglamento europeo y una Ley Orgánica concebida y no nacida", *Actualidad Civil*, Nº 5, 2018.

MANZORRO REYES, A., "Inclusión indebida en ficheros de morosidad versus derecho al honor, a propósito de la nueva LOPDGDD", *Revista Aranzadi Doctrinal*, Nº 10, 2023.

PÁRAMO DE SANTIAGO, C. "Inclusión de datos de solvencia patrimonial en archivos privados. Comentario a la STS de 20 de septiembre de 2023", *Revista CEFLegal*, 274, 2023, págs. 139-148.

PUYOL, J., "Los ficheros de solvencia patrimonial y crédito", *Diario La Ley*, Nº 10176, Sección Tribuna, 2022.

SALES JIMÉNEZ, R., "Protección de datos personales y el derecho al honor en sistemas de información crediticia", *La Ley*, Nº 10407, 2023.

SARAZÁ JIMENA, R., "La protección de datos personales en la reciente jurisprudencia de la Sala Primera del Tribunal Supremo", *Cuadernos Digitales de Formación*, Nº 63, 2018.

TORRAS COLL, J. Mª., "Acotaciones a la indebida inclusión en los ficheros de morosidad", *Diario La Ley*, Nº 10263, Sección Tribuna, 2023.

III. EL TRATAMIENTO DE DATOS POR LA CENTRAL DE INFORMACIÓN DE RIESGOS DEL BANCO DE ESPAÑA[1]

LOLA CANO CAYUELA
Jefa de la División de CIR y Otros Microdatos

IGNACIO RAMOS SALGADO
Letrado del Banco de España

SUMARIO: 1. QUÉ ES LA CIR. NATURALEZA JURÍDICA Y NORMATIVA DE REFERENCIA. 2. LA CENTRAL DE INFORMACIÓN DE RIESGOS EN CIFRAS. 3. RÉGIMEN JURÍDICO DEL TRATAMIENTO DE DATOS POR LA CIR. 3.1. Base legitimadora del tratamiento. 3.2. Naturaleza de la declaración a la CIR frente a la declaración a los ficheros privados de solvencia. 3.3. Sujetos que facilitan información. Declaración completa y declaración reducida. 3.4. Umbrales de declaración y umbrales de retorno. 3.5. Sujetos legitimados a acceder a la información de la CIR. 3.5.1. Entidades declarantes e intermediarios de crédito inmobiliario (ICI). 3.5.2. Acceso por los titulares. 3.5.3. Acceso a los datos de la CIR por usuarios institucionales e investigadores. 3.6. Contenido del informe de riesgos. 3.7. Operaciones declaradas, tipos, situación y periodo de mantenimiento. 3.8. Posibilidad de modificación de datos por el responsable del fichero. 3.9. Ejercicio de derechos (artículo 65 Ley 44/2002). 3.9.1. Derecho de acceso. 3.9.2. Derecho de rectificación y supresión. 3.10. Suspensión de la cesión a terceros de los datos declarados. 3.10.1. Tramitación de una solicitud de rectificación y/o supresión. 3.10.2. Reclamación ante la AEPD. 3.10.3. Tramitación de un procedimiento judicial que cuestione la exactitud de los datos declarados. 4. INTERCAMBIO DE INFORMACIÓN A NIVEL EUROPEO (ANACREDIT). 5. PERSPECTIVAS DE FUTURO. NUEVOS DECLARANTES. 6. BIBLIOGRAFÍA.

---

1 Las opiniones que aparecen en este artículo son responsabilidad de sus autores y no necesariamente coinciden con las del Banco de España ni con las del Eurosistema.

1. QUÉ ES LA CIR. NATURALEZA JURÍDICA Y NORMATIVA DE REFERENCIA.

En su configuración actual, la CIR es un servicio público que tiene por finalidad recabar de las entidades declarantes datos e informaciones sobre los riesgos de crédito, con objeto de facilitar a estas entidades datos necesarios para el ejercicio de su actividad, permitir a las autoridades competentes encargadas de la supervisión prudencial de dichas entidades el adecuado ejercicio de sus competencias de supervisión e inspección, y finalmente, contribuir al correcto desarrollo de las restantes funciones que el Banco de España tiene legalmente atribuidas [2]

Marco normativo

La Central de Información de Riesgos (en adelante CIR) del Banco de España se creó en 1962 con la publicación del Decreto-ley 18/1962, de 7 de junio, de nacionalización y reorganización del Banco de España[3].

Es un fichero de naturaleza pública[4] que se rige por su regulación específica contenida en los artículos 59 a 69 de la Ley 44/2002, de 22 de noviembre, de Medidas de Reforma del Sistema Financiero, desarrollada mediante la Orden ECO/697/2004, de 11 de marzo, sobre la Central de Información de Riesgos y por la Circular 1/2013, de 24 de mayo, del Banco de España, sobre la Central de Información de Riesgos.

---

2 SANTILLÁN FRAILE, RAMÓN (2014), "Reglas de funcionamiento de la Central de Información de Riesgos del Banco de España", en Préstamo responsable y ficheros de solvencia. Ed. Aranzadi, páginas 407 y ss. en las que realiza un análisis pormenorizado de la normativa reguladora de la CIR

3 Decreto-ley 18/1962, de 7 de junio, de nacionalización y reorganización del Banco de España, desarrollado por la Orden Ministerial (OM), de 13 de febrero de 1963, sobre organización y funcionamiento de la Central de Información de Riesgos.

4 Sobre los antecedentes y evolución histórica de la normativa reguladora de la CIR, vid. BANCO DE ESPAÑA (2023), "Memoria de la Central de Información de Riesgos 2022", páginas 146 a 162.

Desde su creación ha evolucionado para mejorar su diseño y ámbito de aplicación, a través de sucesivas modificaciones legislativas ampliando el ámbito de las entidades obligadas a declarar, así como la información requerida sobre los riesgos.

Los hitos más relevantes en relación con su regulación son la referida Ley 44/2002, que actualizó el marco jurídico[5] de la CIR y le confirió naturaleza de servicio público, y la publicación de la Circular del Banco de España 1/2013, sobre la Central de Información de Riesgos, que es la que actualmente regula su funcionamiento y que estableció la obligación de declarar los riesgos operación a operación, y no de forma agregada por cliente, como se venía haciendo hasta entonces. Adicionalmente, aumentó el número de variables que deben ser reportadas para cada operación incluyendo detalles sobre importes, datos contables o información sobre las garantías y las transferencias de operaciones entre entidades.

En 2019, la Ley 5/2019, de 15 de marzo, reguladora de los contratos de crédito inmobiliario, amplió el ámbito de las entidades obligadas a reportar a la CIR, entre las que, desde entonces, se incluyen las entidades de crédito que operan en España en régimen de libre prestación de servicios y los prestamistas inmobiliarios. También habilitó el acceso de los intermediarios de crédito inmobiliario a los informes de riesgos de los acreditados.

La Orden Ministerial de crédito revolvente de 2020[6] amplió la información a disposición de las entidades para que pudieran mejorar su análisis y evaluación de la solvencia de los prestatarios. Para ello, redujo el umbral de la información de riesgos que se retorna a las entidades, y estableció el 21 de cada mes como la fe-

---

5 Esta ley derogó el Decreto-ley 18/1962, de 7 de junio, y la OM de 13 de febrero de 1963.

6 Orden ETD/699/2020, de 24 de julio, de regulación del crédito revolvente y por la que se modifica la Orden ECO/697/2004, de 11 de marzo, sobre la Central de Información de Riesgos, la Orden EHA/1718/2010, de 11 de junio, de regulación y control de la publicidad de los servicios y productos bancarios, y la Orden EHA/2899/2011, de 28 de octubre, de transparencia y protección del cliente de servicios bancarios.

cha límite en la que Banco de España ha de hacer disponibles los informes de riesgos a las entidades declarantes. Así mismo amplió el perímetro de las entidades declarantes a la CIR para incluir a las entidades de pago y de dinero electrónico.

Finalmente, la Orden ETD 600/2022[7], publicada en junio de 2022, redujo, a partir de enero de 2023, el umbral de exención de las operaciones que las entidades deben declarar a la CIR a 3.000 euros.

En 2027, según la Orden anteriormente mencionada, este umbral de declaración se reducirá a 1.000 euros y se adelantará la fecha de envío de datos a la CIR al día 7 de cada mes.

Naturaleza jurídica

Para entender las especiales características de la CIR debe tenerse en cuenta que, por un lado, es una herramienta fundamental para el ejercicio de las funciones propias del Banco de España y, por otro, se configura como un fichero de solvencia con información positiva y negativa.

Resulta habitual confundir la naturaleza de la CIR con la de los sistemas privados de solvencia regulados en el artículo 20 de la Ley Orgánica 3/2018, de 5 de diciembre, de Protección de Datos Personales y garantía de los derechos digitales (LOPDPyGDD). Las diferencias entre una y otros, sin perjuicio de que a lo largo del presente trabajo vamos a explicitarlas, han sido puestas de manifiesto tanto por la doctrina administrativa de las resoluciones de

---

7 Orden ETD/600/2022, de 29 de junio, por la que se complementa el sistema de reaseguro a cargo del Consorcio de Compensación de Seguros para el cuadragésimo tercer Plan de Seguros Agrarios Combinados; y por la que se modifica la fecha de entrada en vigor de determinadas obligaciones de las entidades declarantes a la Central de Información de Riesgos del Banco de España establecidas en la Orden ETD/699/2020, de 24 de julio, de regulación del crédito revolvente, y por la que se modifica la Orden ECO/697/2004, de 11 de marzo, sobre la Central de Información de Riesgos, la Orden EHA/1718/2010, de 11 de junio, de regulación y control de la publicidad de los servicios y productos bancarios y la Orden EHA/2899/2011, de 28 de octubre, de transparencia y protección del cliente de servicios bancarios

la Agencia Española de Protección de Datos (AEPD) como por el Tribunal Supremo.

Basta señalar por ahora, como ejemplos de la distinta naturaleza de una y otros, entre otras muchas la Resolución R/01585/2018 de la AEPD: "(...) *el fichero CIRBE es de carácter público, y las entidades bancarias están obligadas a suministrar la información que le facilitan en los términos que se han señalado. Por ello, son éstas las responsables de la veracidad de la información que facilitan. El fichero CIRBE no es un fichero de solvencia patrimonial y crédito de los regulados por el artículo 29 de la LOPD, sino que su finalidad es distinta y se circunscribe a la evaluación de riesgos asumidos por las entidades financieras y bancarias, siendo la entidad bancaria informante de los datos la única que tiene la posibilidad de conocer los riesgos asumidos por sus clientes*"

En esa misma línea, la sentencia nº 671/2021, Sala 1ª del Tribunal Supremo, de 5 de octubre de 2021, ha señalado que: "*Hay ficheros que, aunque procesan datos que tienen relación con la solvencia, no son propiamente registros de morosos, o no lo son necesariamente. El fichero de la CIRBE, aunque procese datos que tienen relación con la solvencia, no es propiamente un registro de morosos, que son los regulados en el art. 29.2 de la Ley Orgánica 15/1999, de 13 de diciembre, de Protección de Datos de Carácter Personal y, actualmente, en el art. 20 de la Ley Orgánica 3/2018, de 5 de diciembre, de Protección de Datos Personales y garantía de los derechos digitales.*

El fichero de la CIRBE recoge los riesgos asociados a personas y empresas (préstamos o créditos concedidos, avales prestados, etc.), sin necesidad de que se encuentren en mora. Su finalidad es, fundamentalmente, que las entidades financieras puedan evaluar el endeudamiento de quienes les solicitan financiación, y facilitar la supervisión de los organismos reguladores (concentración de riesgos, provisiones de fallidos, etc.)"[8].

Las finalidades esenciales de la CIR son, por tanto, las siguientes:

i) Facilitar información a las entidades para que evalúen la solvencia de sus clientes.

---

8 En el mismo sentido, entre otras, las sentencias de la Sala 1ª del Tribunal Supremo nº 28/2014, de 29 de enero, y 114/2016, de 1 de marzo.

ii) Contribuir al adecuado ejercicio por el Banco de España de las funciones que le son propias.

i) La CIR como instrumento de evaluación de la solvencia de los clientes de las entidades declarantes y los intermediarios de crédito inmobiliario.

Parte de la información que recibe la CIR[9] de las entidades declarantes tiene por objeto informar a las entidades declarantes sobre los riesgos crediticios totales (tanto en la propia entidad como en el resto de las entidades declarantes) de sus clientes y de posibles nuevos acreditados, tanto para efectuar un adecuado seguimiento del riesgo de crédito de las entidades declarantes como para evaluar la solvencia de potenciales prestatarios.

Las entidades declarantes a la CIR deben declarar de cada operación aproximadamente 210 variables o atributos. De todas estas variables, solo 21 tienen reflejo en el informe que se cede para la evaluación de la solvencia y capacidad de endeudamiento del posible nuevo cliente.

Para facilitar su declaración a la CIR, las nuevas entidades declarantes (prestamistas inmobiliarios, entidades de pago, entidades de crédito en libre prestación de servicios) únicamente declaran la información correspondiente a las 21 variables que se reflejan en el informe del cliente.

ii) La utilización de los datos de la CIR para el ejercicio de las funciones propias del Banco de España.

El conjunto de la información recibida se utiliza para que los distintos departamentos del Banco de España puedan realizar sus funciones. Algunos casos de uso específico de los datos de la CIR son los siguientes:

---

9 Para comprobar la completa de las variables a declarar vid. BANCO DE ESPAÑA (2023), “Memoria de la Central de Información de Riesgos 2022”, páginas 142 a 145.

— Supervisión microprudencial. Uno de los principales usuarios de los datos de la CIR ha sido, históricamente, el área supervisora al facilitar un seguimiento detallado de las operaciones de riesgo de las entidades supervisadas, tanto en la preparación de las visitas supervisoras como en las labores de seguimiento a distancia.

La información de la CIR permite analizar el riesgo de crédito tanto por titular (identificando aquellos que puedan tener un mayor ratio de apalancamiento o de concentración del riesgo), como por entidad.[10], posibilitando la evaluación de la política de gestión del riesgo.

— Supervisión macroprudencial. Los datos de la CIR son muy relevantes para el seguimiento de variables como el crecimiento del crédito y la concentración sectorial, geográfica, por actividad económica, etc., del crédito, indicadores de esfuerzo del prestatario o la dependencia del crédito bancario frente a otras fuentes de financiación. La información de la CIR es fundamental para el diseño de las medidas macroprudenciales, en particular las relativas a la limitación de las condiciones de concesión de los préstamos.

— Realización de pruebas de resistencia del sistema bancario. El Banco de España realiza anualmente pruebas de resistencia con la finalidad de prever la capacidad de resistencia de las entidades de crédito españolas ante eventos adversos, constituyendo los datos de la CIR un elemento básico para su estimación[11], facilitando la estimación de probabilidades de impago, tasas de cura, etc.

---

10 Vid BANCO DE ESPAÑA (2020), "Memoria de la Central de Información de Riesgos 2019", página 72, que describe en qué consiste el uso de los datos de la CIR por Supervisión.

11 Vid BANCO DE ESPAÑA (2017), "Memoria de la Central de Información de Riesgos 2016", página 43, que describe el papel de la CIR en el desarrollo de las pruebas de resistencia.

— Análisis del impacto de políticas regulatorias prudenciales y diversos ejercicios de calibración. Así, por ejemplo, los datos de la CIR se utilizan para comprobar la situación de las operaciones avaladas por el Estado con motivo de la aprobación, en el año 2020, de las diversas líneas de avales por cuenta del Estado gestionadas por el ICO («avales ICO») para paliar las consecuencias económicas del coronavirus.

— Análisis económico-financiero. A través del análisis de la información de la CIR el Banco de España puede analizar y valorar, entre otros, el acceso al crédito (en particular de los hogares y de las pequeñas y medianas empresas), la canalización del crédito, el mecanismo de transmisión de la política monetaria, los canales de transmisión de la política macroprudencial así como el comportamiento de las entidades ante las medidas adoptadas.

— Elaboración de estadísticas de deuda de las administraciones públicas. La información declarada a la CIR sobre los riesgos contraídos por las Administraciones Públicas permite completar y contrastar los datos utilizados en la elaboración de las estadísticas de deuda pública. Asimismo, permite evaluar la deuda de las familias en la Encuesta Financiera de las Familias dónde también se está empezando a utilizar para contrastar la representatividad estadística de la muestra.[12]

— Uso por la Central de Balances con el objeto de contrastar la información sobre endeudamiento recibida de las empresas colaboradoras con la declarada por las entidades de crédito a la CIR[13]. Asimismo, utiliza el volumen de présta-

---

12 Vid. BANCO DE ESPAÑA (2019) "Memoria de la Central de Información de Riesgos 2018", página 71, que explica el uso de los datos de la CIR en la elaboración de la deuda de las administraciones públicas (AAPP) según la metodología del protocolo de déficit excesivo (PDE).

13 Vid. BANCO DE ESPAÑA (2021) "Memoria de la Central de Información de Riesgos 2020", página 77, que desarrolla cómo se usan los datos de la

mos como indicador en la identificación de posibles futuras empresas colaboradoras.

— Evaluación de la solvencia de los emisores de los activos de garantía de las operaciones de crédito del Eurosistema. El sistema interno de evaluación del crédito del Banco de España (ICAS BdE) utiliza la información de la CIR para calificar la probabilidad de incumplimiento de las sociedades no financieras evaluadas[14].

Del conjunto de utilidades descritas se desprende que, si bien es cierto que, en algunos aspectos, el tratamiento de datos por la CIR puede tener semejanzas con el realizado por los sistemas privados de información crediticia, tanto su naturaleza jurídica, como servicio público con una regulación propia distinta de la de aquellos sistemas privados, como la finalidad específica de cumplimiento de las funciones propias del Banco de España, dotan a la CIR de una singularidad que requiere un análisis pormenorizado como el que pretendemos ofrecer en este trabajo.

En síntesis, y en relación con las funciones referidas a la valoración de la solvencia de los titulares, la CIR recoge información sobre todas las operaciones de riesgo (préstamos y cualquier otro tipo de deuda o de riesgo) que las entidades declarantes a la CIR mantienen con sus clientes, recopila datos de declaración obligatoria independientemente de la situación de la operación o del titular, facilita a los titulares informes sobre sus riesgos declarados a la CIR y proporciona información de los riesgos agregados de sus clientes a entidades declarantes e intermediarios de crédito inmobiliario para que evalúen la solvencia de sus clientes actuales y potenciales

---

CIR para la realización de los trabajos estadísticos que desarrolla la Central de Balances.

14 Vid. BANCO DE ESPAÑA (2018) "Memoria de la Central de Información de Riesgos 2017", página 39, que explica el papel de la CIR en el desarrollo del sistema interno de evaluación crediticia del Banco de España.

2 LA CENTRAL DE INFORMACIÓN DE RIESGOS EN CIFRAS

El volumen de datos tratados por la CIR es enorme, tanto por el número de titulares como por las operaciones individualmente declaradas, como por la cantidad de información que se recopila tanto sobre las operaciones como sobre los titulares.

En diciembre de 2023, 360 entidades enviaron a la CIR información sobre más de 61 millones de operaciones de cerca de 25,4 millones de personas físicas y jurídicas, titulares de riesgo directo e indirecto.

El número de informes de riesgos facilitados a los titulares ascendió a 695.156.

El número de entidades que, en 2023, tuvieron la posibilidad de acceder a los informes de riesgos de sus clientes a través de la CIR fue de 540 (de los que 152 eran intermediarios de crédito inmobiliario.

En 2023, el número de informes facilitados a las entidades por la CIR ascendió a 458 millones (un 22 % superior al año anterior), de los que el 98,5 % fueron automáticos y el 1,3 % puntuales.

3 RÉGIMEN JURÍDICO DEL TRATAMIENTO DE DATOS POR LA CIR

3.1. Base legitimadora del tratamiento

La base legitimadora del tratamiento de datos por parte de la CIR es el cumplimiento de una misión realizada en interés público o en el ejercicio de poderes públicos, con base en la Ley 44/2002, de 22 de noviembre, de Medidas de Reforma del Sistema Financiero y en la Ley 5/2019, de 15 de marzo, reguladora de los contratos de crédito inmobiliario[15].

---

[15] Vid. artículo 6.1.d) RGPD *"e) el tratamiento es necesario para el cumplimiento de una misión realizada en interés público o en el ejercicio de poderes públicos conferidos al responsable del tratamiento;"*

Esta es una de las diferencias esenciales de la CIR frente a los sistemas de información crediticia a los que se refiere el artículo 20 de la Ley Orgánica 3/2018, de 5 de diciembre, de Protección de Datos Personales y garantía de los derechos digitales ya que la base de legitimación de estos tratamientos es el interés legítimo[16].

3.2. *Naturaleza de la declaración a la CIR frente a la declaración a los ficheros privados de solvencia*

Al contrario de lo que ocurre con la declaración de operaciones a los sistemas privados de información crediticia, que es totalmente voluntaria, las entidades declarantes están obligadas por la normativa a facilitar al Banco de España, mensualmente, la totalidad de las operaciones de crédito que mantienen con sus clientes.

De este modo, el apartado segundo del artículo 60 de la citada Ley 44/2002, establece:

> *"Segundo. Las entidades declarantes estarán obligadas a proporcionar a la CIR los datos necesarios para identificar a las personas con quienes se mantengan, directa o indirectamente, riesgos de crédito, así como las características de dichas personas y riesgos, incluyendo, en particular, las que afecten al importe y la recuperabilidad de éstos. Esta obligación se extenderá a los riesgos mantenidos a través de entidades instrumentales integradas en los grupos consolidables de las entidades declarantes, y a aquellos que hayan sido cedidos a terceros conservando la entidad su administración."*

Además, no pueden declarar a la CIR aquellas entidades que no están obligadas por ley a hacerlo. Determinadas empresas, no incluidas en la lista de entidades declarantes, han solicitado que se les permita convertirse, de forma voluntaria, en entidades de-

---

16 Vid. artículo 6.1.f) RGPD "*el tratamiento es necesario para la satisfacción de intereses legítimos perseguidos por el responsable del tratamiento o por un tercero, siempre que sobre dichos intereses no prevalezcan los intereses o los derechos y libertades fundamentales del interesado que requieran la protección de datos personales, en particular cuando el interesado sea un niño.*"

clarantes para obtener así información tanto sobre sus acreditados actuales como potenciales. Sobre la base de la normativa en vigor estas solicitudes han sido denegadas.

3.3. Sujetos que facilitan información. Declaración completa y declaración reducida

Desde su creación la CIR ha ido ampliando el número y la naturaleza de las entidades obligadas a declarar sus operaciones. Dado que el tamaño y los medios disponibles de los distintos tipos de entidades declarantes es diferente se prevé que la información a facilitar sea diferente en función del tipo de entidad de que se trate. Obviamente no se puede exigir que la declaración de un pequeño prestamista inmobiliario sea la misma que la de un gran banco.

Según su naturaleza, las entidades declarantes están sujetas a distintas obligaciones de declaración, existiendo una declaración estándar o completa y una declaración reducida.

Están sujetas a la obligación de hacer una declaración completa: las entidades de crédito (Instituto de Crédito Oficial, bancos, cajas de ahorros y cooperativas de crédito), incluidas las sucursales en España de entidades de crédito extranjeras, los establecimientos financieros de crédito, las sociedades de garantía recíproca y sociedades de reafianzamiento, la Sociedad de Gestión de Activos Procedentes de la Reestructuración Bancaria, SA (Sareb), el Banco de España, el Fondo de Garantía de Depósitos de Entidades de Crédito y la Sociedad Anónima Estatal de Caución Agraria (SAECA).

Las entidades sujetas a declaración reducida son las entidades de pago[17], las entidades de dinero electrónico, las entidades de

---

[17] La Orden ETD/699/2020, de 24 de julio, de regulación del crédito revolvente, que, con la finalidad de reforzar la información de la que disponen los prestamistas y sus procedimientos de evaluación de la solvencia de los

crédito, entidades de pago y entidades de dinero electrónico que operan en España en régimen de libre prestación de servicios y los prestamistas inmobiliarios[18].

La diferencia entre la declaración reducida y la declaración completa puede resumirse en que mientras los sujetos obligados a declaración reducida declaran un máximo de 36 atributos por cada operación, el resto de entidades declarantes pueden declarar más de 300 (incluyen información prudencial, de garantías, transferencias, vinculaciones, etc.)[19]

Por lo que se refiere a los plazos de declaración, las entidades deben remitir dentro de los diez primeros días de cada mes los saldos a final del mes inmediatamente anterior[20]. Antes del día 21 de cada mes la CIR debe recopilar toda esa información, aplicarle unas validaciones para asegurar la calidad en los datos y ponerla a disposición de todos los usuarios.

Frente a los sistemas privados de información crediticia el conjunto de las entidades que declaran son también diferentes. Para

---

potenciales prestatarios, modifica la Orden ECO/697/2004, de 11 de marzo, sobre la Central de Información de Riesgos, otorga la condición de entidades declarantes a la CIR a las entidades de pago y de dinero electrónico, incluidas las que operen en régimen de libre prestación de servicios, que realicen la actividad de concesión de crédito.

18 La Ley 5/2019, reguladora de los contratos de crédito inmobiliario, que tiene por objeto la transposición de la Directiva 2014/17/UE del Parlamento Europeo y del Consejo, de 4 de febrero de 2014, modifica el artículo 60 de la Ley 44/2002 e introduce dos nuevos tipos de entidades declarantes a la CIR: las entidades de crédito que operen en régimen de libre prestación de servicios y los prestamistas inmobiliarios.

19 Vid. BANCO DE ESPAÑA (2020) "Memoria de la Central de Información de Riesgos 2019", página 25, que incluye un esquema en el que se detallan las diferencias entre la declaración reducida y la declaración completa.

20 El sistema de declaración es algo más complejo, existiendo, por un lado, "datos básicos" de las operaciones que se declaran al principio de la operación o cuando se produce alguna modificación en los mismos y, por otro, "datos dinámicos" que son los que van variando (amortizaciones, disposiciones, impagos, etc.) durante la vida de cada operación que son los que deben remitirse en los diez primeros días de cada mes.

la recopilación de datos por los ficheros privados, requisito exigido por el artículo 20 LOPDyGDD es que *"los datos hayan sido facilitados por el acreedor o por quien actúe por su cuenta o interés"* lo que supone que, al margen de otros requisitos, por un lado, cualquier acreedor pude facilitar información al sistema y, por otro, la declaración tiene carácter voluntario. La relación entre el fichero de solvencia y la empresa que comunica los impagos es de naturaleza comercial y la empresa que gestiona el fichero de solvencia cobra por la prestación de sus servicios[21].

En contraposición, la declaración de datos a la CIR tiene carácter obligatorio para las entidades declarantes y sólo pueden ser entidades declarantes aquellas a las que expresamente se refiere la Ley 44/2002.

En consecuencia, el número de entidades declarantes a sistemas de información crediticia es muy superior al de entidades declarantes a la CIR ya que entre aquellas están las que tienen su origen no sólo en operaciones financieras sino también en operaciones comerciales, arrendamientos, suministros, etc.[22]

3.4. Umbrales de declaración y umbrales de retorno.

Las entidades declarantes deben declarar, de forma individualizada, operación a operación, la totalidad de sus operaciones de activo. La única limitación que existe (umbral de declaración)

---

21 Normalmente los ficheros exigen reciprocidad en el sentido de que quien consulta datos también los cede. Vid. MAS BADIA, MARÍA DOLORES (2021) "*Sistemas privados de información crediticia. Nueva regulación entre la protección de datos y el crédito responsable*" pp. 152 y ss. Ed. Tirant lo Blanch

22 Sobre el funcionamiento de los ficheros privados y su importancia para el análisis de la solvencia vid. ÁLVAREZ HERNANDO, JAVIER, (2014) *Ficheros de «solvencia patrimonial y crédito» y «de cumplimiento o incumplimiento de obligaciones dinerarias»*". Grandes Tratados. Practicum Protección de Datos 2015. Ed. Aranzadi. y CUENA CASAS, MATILDE, *"Privacidad y mercado de crédito. Los ficheros de solvencia positivos."* Texto de la conferencia impartida en la Academia Matritense del Notariado el 27 de abril de 2017.

es la de aquellas operaciones que cumplan los requisitos exigidos por el apartado tercero de la norma segunda de la Circular 1/2013, de 24 de mayo, del Banco de España, sobre la Central de Información de Riesgos que establece que:

> *"(...) no se declararán las operaciones cuando se trate de préstamos a plazo (siempre que su finalidad sea el consumo, su importe al inicio de la operación no supere los 3.000 euros y su plazo original sea igual o inferior a veinticuatro meses), factoring sin recurso, tarjetas de crédito, descubiertos, anticipos de pensiones o nóminas o resto de préstamos a la vista, y, además, todos los titulares cumplan los siguientes criterios:*
>
> *a. Pertenezcan al sector institucional hogares o sean sociedades no financieras, o instituciones sin fines de lucro al servicio de los hogares, en las que no participen, en su capital o vía derechos de voto, entidades que tengan la consideración de sector público español, conforme a lo dispuesto en el artículo 2 de la Ley Orgánica 2/2012, de 27 de abril, de estabilidad presupuestaria y sostenibilidad financiera;*
>
> *b. no tengan otro tipo de operaciones declarables a la CIR;*
>
> *c. su riesgo acumulado, directo e indirecto, en la entidad declarante sea inferior a 3.000 euros, y*
>
> *d. no tengan importes calificados como normales en vigilancia especial o dudosos, o el importe total de las operaciones con dichas calificaciones sea inferior a 100 euros."*

Fuera de estos casos las entidades han de declarar todas y cada una de sus operaciones.

Existe por otra parte un "umbral de retorno", que se refiere a aquellas operaciones que si bien han sido declaradas a la CIR por las entidades no se retornan al sistema, es decir de las que la CIR no informa a las entidades declarantes ni a los intermediarios de crédito inmobiliario. De este modo, la CIR sólo informa de las operaciones con una entidad cuando el riesgo acumulado con esa entidad, para el periodo de declaración, es superior a 1.000 euros.

Estos umbrales, tanto el de exención de declaración como el de retorno, han sido objeto de revisión recientemente con el objetivo de que la información facilitada a las entidades sea lo más completa posible. Este proceso comenzó, en enero de 2021, con la rebaja del umbral de retorno de 9.000 a 1.000 euros[23] y continuó, en enero de 2023, con la reducción a 3.000 euros[24] del umbral de exención de declaración que, hasta entonces estaba en 6.000 euros, lo que ha supuesto un aumento tanto del número de titulares como del de operaciones declaradas.

Está previsto que el umbral de declaración se reduzca hasta 1.000 euros en 2027.

Los umbrales establecidos para la CIR son algo superiores a los existentes para los ficheros privados de información crediticia que no pueden incorporar deudas en las que la cuantía del principal sea inferior a 50 euros[25].

3.5. Sujetos legitimados a acceder a la información de la CIR

Además de los distintos departamentos del Banco de España, que acceden a la información de la CIR para el cumplimiento de las funciones que le son propias, vamos a examinar los requisitos para el acceso a esta información tanto por las entidades declarantes e intermediarios de crédito inmobiliario como por los titulares de operaciones como, por último, por otras entidades y organismos.

---

23 La Orden ETD/699/2020, de 24 de julio, de regulación del crédito revolvente y por la que se modifica la Orden ECO/697/2004, de 11 de marzo, sobre la Central de Información de Riesgos rebajó el umbral de retorno a 1.000 euros.

24 La Disposición Transitoria segunda de la Orden ETD/600/2022, de 29 de junio establece que, a partir de enero de 2023, las entidades declarantes deberán reportar a la CIR, de forma individualizada, todas las operaciones de los titulares cuyo riesgo acumulado en la entidad sea igual o superior a 3.000 euros y que a partir del año 2027 este importe se rebajará a 1.000 euros.

25 Disposición adicional sexta LOPDyGDD.

3.5.1. Entidades declarantes e intermediarios de crédito inmobiliario (ICI)

Las entidades declarantes y los ICI tienen derecho a acceder a los datos de la CIR referidos a sus acreditados actuales o potenciales. Al tratarse de dos supuesto de hecho completamente diferentes, los requisitos y la forma de facilitar esta información también lo es.

Distinguimos así dos posibles formas de obtener esta información, informes mensuales automáticos e informes puntuales.

Los informes facilitados a las entidades contienen *"los datos que se incluyen como anejo 3, sin identificar las entidades que hayan declarado los datos, e incluirá la información consolidada de todas las entidades declarantes en las que los titulares mantengan un riesgo acumulado al final del mes al que se refieran los datos igual o superior a 1.000 eu*ros.

(…)

Las operaciones se agregarán siempre que coincidan todos los valores de las dimensiones de las que se informa, y se indicará la naturaleza en la que interviene el titular en las diferentes operaciones, así como los importes de los que él responda. Estos se facilitarán en miles de euros redondeados, con la equidistancia al alza.[26]"

Los informes mensuales automáticos[27] son aquellos que, al cierre de cada periodo mensual, prepara y remite la CIR, sin necesidad de solicitud previa, a cada una de las entidades respecto de aquellos titulares con los que mantengan una operación de riesgo, por parte de la entidad declarante[28].

El único requisito que debe cumplirse es que exista una operación de riesgo ya concedida y el informe que se remite es el correspondiente al último mes cerrado. Como hemos visto, estos

---

26 Vid. Norma decimosexta de la Circular 1/2013.

27 Sobre el contenido de los informes de riesgos vid. apartado 3.6.

28 Vid. letra a) del apartado segundo del artículo 61 de la Ley 44/2002, de 22 de noviembre de Medidas de Reforma del Sistema Financiero.

informes se remiten antes del día 21 de cada mes y sirven para que las entidades declarantes puedan efectuar un adecuado seguimiento del crédito concedido.

Los informes puntuales son aquellos que las entidades declarantes y los ICI pueden obtener siempre que así lo soliciten expresamente a la CIR y se dé alguno de estos supuestos:

En primer lugar[29], que el titular haya solicitado a la entidad un préstamo o cualquier operación de riesgo, estando la entidad obligada a informar por escrito al titular del derecho a acceder a esa información. Es importante indicar que no es necesario contar con el consentimiento del titular, basta con informarle por escrito, bien en el documento de solicitud o en otro diferente, del derecho de la entidad a consultar los datos.

En segundo lugar[30], que el titular figure como obligado al pago o como garante en documentos cambiarios o de crédito cuya adquisición o negociación haya sido solicitada a la entidad. En este caso ni siquiera debe informarse al titular ya que, aunque supone una operación de riesgo, no es ni cliente de la entidad que va a consultar sus datos.

Por último, el Banco de España proporcionará a los intermediarios de crédito inmobiliario información de los titulares en cuyo nombre esté realizando la labor de intermediación a la que se refiere el artículo 4.5) de la Ley 5/2019.

Las entidades deben conservar, a disposición del Banco de España, los documentos justificativos de estas solicitudes. Deben conservar esta documentación porque, si bien resulta imposible revisar cada solicitud, por parte de la CIR se realizan auditorías periódicas para comprobar el cumplimiento de los requisitos citados[31].

---

29 Vid. letra b) del apartado segundo del artículo 61 de la Ley 44/2002, de 22 de noviembre de Medidas de Reforma del Sistema Financiero.

30 Vid. letra c) del apartado segundo del artículo 61 de la Ley 44/2002, de 22 de noviembre de Medidas de Reforma del Sistema Financiero.

31 Vid. BANCO DE ESPAÑA (2019) "Memoria de la Central de Información de Riesgos 2018", página 58, Recuadro 3.1 que explica de forma detallada

Las entidades que solicitan estos informes puntuales no tienen un histórico de la situación de los solicitantes de las operaciones por lo que, con la finalidad de que tengan una información más completa, se les facilitan dos informes, el correspondiente a la última declaración mensual y a la declaración referida al sexto mes anterior.

La solicitud de informes de riesgos sin cumplir los requisitos citados tiene la consideración, en función de las circunstancias, de infracción grave o muy grave[32].

Por último, la información recibida únicamente puede ser utilizada para la valoración del riesgo relacionado con las operaciones que justifican la solicitud del informe, sin que puedan emplear los datos para ninguna otra finalidad.

Esta función de la CIR como herramienta tanto para que las entidades valoren adecuadamente la solvencia de sus potenciales clientes como para prevenir el sobreendeudamiento se ha visto reflejada en los más recientes desarrollos legislativos.

Así, el párrafo segundo del apartado primero del artículo 12 de la Ley 5/2019, de 15 de marzo, reguladora de los contratos de crédito inmobiliario estable la obligación del prestamista de *"consultar el historial crediticio del cliente acudiendo a la Central de Información de Riesgos del Banco de España"*.

En relación con el crédito al consumo, esta misma norma, en su disposición adicional duodécima, prevé la posibilidad de los prestamistas de consultar el historial crediticio del cliente o deudor.

Por último, la Directiva de Crédito al Consumo, pendiente de transposición al derecho español, establece, en su artículo 18, por un lado, la obligación de evaluar la solvencia del consumidor, por

---

los procedimientos de revisión de la actuación de las entidades en relación con las solicitudes de informes de riesgos a la CIR.

32 Vid. Artículo 92.k) y 93.n) de la Ley 10/2014, de 26 de junio, de ordenación, supervisión y solvencia de entidades de crédito, así como, en relación con los prestamistas inmobiliarios y los ICI, los artículos 46.1.c) y 46.2.c).

otro, la posibilidad de que los estados miembros puedan exigir que los prestamistas evalúen la solvencia del consumidor sobre la base de una consulta de la base de datos pertinente y, por último (artículo 19) que cada Estado Miembro garantizará el acceso de los prestamistas a las bases de datos públicas o privadas en un régimen de no discriminación.

3.5.2. Acceso por los titulares[33]

La protección de las personas físicas en relación con el tratamiento de datos personales es un derecho fundamental protegido por la Constitución española. Con carácter general este derecho se regula en el Reglamento (UE) 2016/679 del Parlamento Europeo y del Consejo, de 27 de abril de 2016, relativo a la protección de las personas físicas en lo que respecta al tratamiento de datos personales y a la libre circulación de estos datos (Reglamento General de Protección de Datos-RGPD) y la Ley Orgánica 3/2018, de 5 de diciembre, de Protección de Datos Personales y garantía de los derechos digitales (LOPDyGDD).

Tanto el RGPD como la LOPDyGDD recogen los distintos derechos de los en relación con el tratamiento de sus datos de carácter personal y garantiza la transparencia en el tratamiento de dichos datos. Con carácter general, y en lo que nos afecta, los ciudadanos tienen derecho de acceso, por el que pueden solicitar información sobre los datos que se procesan sobre ellos; derecho de rectificación para corregir datos inexactos; y derecho de oposición por el que pueden oponerse al procesamiento en determinadas circunstancias.

Por otra parte, esta regulación establece que el alcance y forma de ejercicio de estos derechos puede ser limitado por una ley nacional para salvaguardar una función de supervisión vinculada con el ejercicio de la autoridad pública. De esta forma, la Ley

[33] Vid. Artículo 65 Ley 44/2002, de 22 de noviembre, de Medidas de Reforma del Sistema Financiero.

44/2002, de 22 de noviembre, de medidas de reforma del sistema financiero, recoge una regulación específica para el ejercicio de los derechos de acceso, rectificación y cancelación ante la CIR por los interesados.

De acuerdo con lo anterior, cualquier persona, física o jurídica, que figure como titular de un riesgo declarable a la CIR, podrá acceder a toda la información que le afecte,

En el caso de las personas físicas existe además el derecho a solicitar el nombre y dirección de los cesionarios a los que la CIR haya comunicado sus datos durante los últimos seis meses, así como las cesiones de los mismos que vayan a realizarse. La información sobre los cesionarios se acompañará de una copia de los datos cedidos en cada caso.

El contenido de este derecho de acceso a los datos de la CIR tiene una limitación que es que no son accesibles aquellos datos aportados por las entidades declarantes exclusivamente en cumplimiento de las obligaciones de información que establezca el Banco de España en el ejercicio de sus funciones de supervisión e inspección y demás funciones que tiene legamente atribuidas.

Como ya hemos señalado, la CIR recibe de las entidades declarantes mucha información y gran parte de esos datos tienen por única finalidad que el Banco de España pueda cumplir las funciones que le son propias y, por tanto, esta información no se facilita ni a las entidades ni a los titulares.

La información a la que tienen acceso los titulares es la contenida en el Anexo 3 de la Circular 1/2013, de 24 de mayo, del Banco de España, sobre la Central de Información de Riesgos.

Los titulares personas físicas pueden acceder a su información, siempre que acrediten su identidad tanto de forma presencial, en cualquiera de las sedes del Banco de España, como por correo ordinario como a través de la Oficina Virtual del Banco de España utilizando un certificado digital.

En cuanto a las personas jurídicas todos aquellos sujetos obligados a relacionarse con las Administraciones Públicas por medios electrónicos (artículo 14.2 Ley 39/2015, de 1 de octubre, del Procedimiento Administrativo Común de las Administraciones Públicas) deberán utilizar la sede electrónica del Banco de España.

Es posible igualmente solicitar el informe a nombre de un tercero bien acreditando la representación legal o voluntaria para actuar en nombre de esa persona.

En el caso de representación legal, el solicitante deberá aportar documentación acreditativa de la misma (original del libro de familia para pedir datos de los hijos menores de edad no emancipados, copia de la sentencia firme sobre medidas de apoyo para el ejercicio de la capacidad jurídica, etc.)

En los supuestos de representación voluntaria, el solicitante deberá aportar primera copia o copia autorizada del poder notarial en el que se exprese con claridad que está apoderado por el titular para poder solicitar la información de la CIR. Al tratarse del ejercicio de un derecho de carácter personalísimo no son válidas las autorizaciones en documento privado ni poderes otorgados para otras finalidades como los poderes para pleitos[34].

3.5.3. Acceso a los datos de la CIR por usuarios institucionales e investigadores

Los datos recabados por la CIR tienen carácter reservado y no pueden ser divulgados a ninguna persona o autoridad, salvo en alguno de los supuestos concretos contemplados en su normativa específica[35].

---

34 Vid. BANCO DE ESPAÑA (2020) "Memoria de la Central de Información de Riesgos 2019", página 72, Recuadro 3.2 que explica en detalle los requisitos para solicitar informes de riesgos por personas distintas del titular.

35 Vid. artículo 82 de la Ley 10/2014 de 26 de junio, de ordenación, supervisión y solvencia de entidades de crédito.

Los supuestos de excepción del deber de secreto contemplado son los siguientes: peticiones de autoridades judiciales en procesos penales, o en procesos mercantiles derivados de situaciones concursales de una entidad de crédito e informaciones que el Banco de España tenga que facilitar en el cumplimiento de sus funciones a otros organismos o autoridades residentes o no residentes, como la CNMV o el Sepblac, etc. Las autoridades u organismos que reciban información del Banco de España estarán obligados a adoptar las medidas oportunas que garanticen la reserva de los datos. Además, es posible utilizar la información de la CIR sin vulnerar su carácter reservado de forma agregada y con fines estadísticos.

Un supuesto especial es el de los datos de riesgos cuyos titulares sean Administraciones Públicas españolas, ya que son públicos y se comunican por el Banco de España al Ministerio de Hacienda y, en su caso, a la Comunidad Autónoma correspondiente. Asimismo, el Banco de España suministra al Ministerio de Hacienda la información relacionada con las operaciones de crédito de las entidades locales y las comunidades autónomas.

Por otra parte, el Banco de España debe facilitar a la Central de Información de Riesgos de las Entidades Locales (CIR Local) los datos relativos al endeudamiento de las entidades locales y de sus entes dependientes. La Central de Información de Riesgos de las entidades locales (CIR Local) es un servicio gestionado por el Ministerio de Hacienda. Su objetivo principal es mantener una base de datos actualizada que registra todas las operaciones de endeudamiento y cualquier riesgo financiero en las entidades locales.

Igualmente, el Instituto de Crédito Oficial tiene acceso a los datos de la CIR desde finales de 2020, para comprobar la situación de las operaciones avaladas por el Estado, con carácter previo al pago de las cantidades impagadas por los prestatarios a las entidades.

Por último, en el año 2019 se creó el laboratorio de datos del Banco de España (BELab) con el objetivo de poner a disposición de la comunidad investigadora microdatos de alta calidad, en un entorno controlado que garantice la confidencialidad de los datos, mediante acceso in situ o remoto según el grado de sensibilidad de la información. El Banco de España, considerando el alto interés para los investigadores de la información de la CIR, acordó su incorporación en el BELab. La complejidad y volumen de la información aconsejó abordar este proceso de forma gradual.

En este momento se ofrecen datos anuales (situación a 31 de diciembre), desde 2016, operación a operación, de los préstamos a personas jurídicas concedidos por las entidades declarantes a la CIR.

La especial sensibilidad de la información sobre riesgos y créditos de los titulares ha hecho necesario la adopción de medidas adicionales para garantizar la confidencialidad de la información, por lo que los datos granulares han sido anonimizados de manera que no es posible identificar ni al titular del riesgo (prestatario), ni a la entidad financiera que ha concedido el préstamo (prestamista). El acceso[36] es presencial, en las salas seguras del BELab en las instalaciones del Banco de España en Madrid (calle Alcalá, 522) y en la sucursal de Barcelona.

3.6. Contenido del informe de riesgos

La CIR recibe una gran cantidad de variables referidas tanto a los titulares como a sus operaciones, pero gran parte de esa información se recopila, con carácter exclusivo, para la realización de las funciones propias del Banco de España.

Una pequeña parte de esos datos —alrededor de veinte atributos de cada titular y operación— se recopila, además, para cederse

---

36 Los investigadores interesados en acceder a BELab deberán enviar su currículum vitae con la relación de sus actividades de investigación realizadas y un formulario de solicitud dirigido al Banco de España a fin de que el Comité de Evaluación Técnica de Investigación del BELab valore la solicitud recibida y comunique su decisión al investigador.

a las entidades declarantes y a los intermediarios de crédito inmobiliario para facilitar el ejercicio de su actividad.[37]

Existen dos formatos diferentes del informe de riesgos, el agregado y el detallado.

El "informe agregado" es el que se facilita a las entidades declarantes y contiene los datos que se incluyen como anejo 3 de la Circular 1/2013, sin identificar las entidades que hayan declarado los datos, y con información consolidada de todas las entidades declarantes en las que los titulares mantengan un riesgo acumulado al final del mes al que se refieran los datos igual o superior a 1.000 euros.

Las operaciones se agregarán siempre que coincidan todos los valores de las dimensiones de las que se informa, y se indicará la naturaleza en la que interviene el titular en las diferentes operaciones, así como los importes de los que él responda. Estos se facilitarán en miles de euros redondeados, con la equidistancia al alza.

El "informe detallado" contiene la misma información que el informe agregado, pero desglosando la información operación a operación, indicando el nombre de la entidad declarante y expresando los importes en unidades de euro.

Cuando un titular solicita su informe de riesgos recibe tanto el detallado como el agregado.

Los informes de riesgos incluyen la siguiente información: identificación del titular (nombre y DNI), naturaleza de la intervención (titular directo, garante o compromiso de firma de efectos), número de titulares y, en caso de ser varios, el carácter de su intervención, solidario o colectivo, el tipo de operación (crédito financiero, crédito comercial, aval, arrendamiento financiero, etc.) la moneda de la operación , el plazo residual, la garantía de

---

37 Vid. ANEJO 3 "INFORMACIÓN DE LOS RIESGOS QUE SE FACILITARÁ A LAS ENTIDADES DECLARANTES" de la Circular 1/2013, de 24 de mayo, del Banco de España sobre la Central de Información de Riesgos.

la operación (personal, hipotecaria, etc.) y la cobertura de esa garantía (total o parcial), la situación de la operación (al corriente de pago o no) y los importes de la operación, distinguiendo entre dispuesto y disponible, importes vencidos e intereses de demora y gastos exigibles en su caso.

En el informe detallado, además de la información anterior, se incluye el nombre de la entidad declarante con la que se mantiene el riesgo y el código de operación.

En cuanto a los periodos de información accesibles son diferentes en función de si el solicitante es una entidad declarante o un ICI a si la solicitud procede de un titular.

En el primer caso, si son informes periódicos sobre acreditados se refieren al último periodo cerrado y si son informes puntuales sobre potenciales acreditados se facilitan dos informes, el del último periodo cerrado y el de seis meses antes.

En el caso de solicitudes por titulares de riesgos, al tener acceso a la totalidad de los periodos que no hayan sido cancelados, podrían solicitar informes de hasta diez años de antigüedad que es el periodo que de conformidad con el artículo 64 de la Ley 44/2002 debe conservarse la información por el Banco de España.

3.7. Operaciones declaradas, tipos, situación y periodo de mantenimiento

El abanico de operaciones declaradas a la CIR es amplísimo, pudiéndose agrupar en:

a) Préstamos: Las financiaciones otorgadas por la entidad, cualquiera que sea la forma en la que estén instrumentadas, excepto los valores representativos de deuda, aunque los importes no se hayan dispuesto. En esta categoría se incluyen el crédito comercial (operaciones con y sin recurso), el crédito financiero, arrendamientos financieros y préstamos de recompra inversa.

b) Valores representativos de deuda: las obligaciones y demás valores que creen o reconozcan una deuda para su emisor, incluso los efectos negociables emitidos para su negociación entre un colectivo abierto de inversionistas, cualquiera que sea el sujeto emisor, excepto los hogares.

c) Garantías financieras: Los contratos que exigen que el emisor efectúe pagos específicos para reembolsar al acreedor por la pérdida en la que incurre cuando un deudor específico incumpla su obligación de pago de acuerdo con las condiciones, originales o modificadas, de un instrumento de deuda, con independencia de su forma jurídica.

d) Compromisos de préstamo: Los compromisos firmes de conceder préstamos con unas condiciones y términos preestablecidos, excepto los disponibles en operaciones que cumplen la definición de préstamo.

e) Otros compromisos con riesgo de crédito: avales y cauciones prestados que no cumplan la definición de garantía financiera, los créditos documentarios irrevocables y los disponibles en otros compromisos (pólizas de riesgo global-multiuso y líneas de avales, créditos documentarios y créditos por disposiciones).

f) Préstamos de valores: Las operaciones en las que la entidad declarante cede al prestatario la plena titularidad de unos valores con el compromiso de devolver otros de la misma clase que los recibidos sin efectuar ningún desembolso, salvo el pago de comisiones.

En cuanto a la situación de las operaciones, y esto es una característica esencial de la CIR, incluye la totalidad de las operaciones estén o no al corriente de pago.

La principal diferencia entre la CIR y los sistemas privados de solvencia patrimonial es precisamente esta, mientras la CIR incluye tanto información positiva como negativa, los sistemas de información crediticia (también conocidos como “ficheros de morosos”) regulados en el artículo 20 de la Ley Orgánica 3/2018, de 5 de diciembre, de Protección de Datos Personales y garantía de los derechos digitales únicamente recogen operaciones impagadas.

Otra diferencia importante entre los datos de la CIR y los de los sistemas privados de solvencia es el tiempo durante el que una operación puede declararse. En el caso de los sistemas de información crediticia[38] se exige que *"los datos únicamente se mantengan en el sistema mientras persista el incumplimiento, con el límite máximo de cinco años desde la fecha de vencimiento de la obligación dineraria, financiera o de crédito"* mientras en el caso de la información de la CIR no existe ese límite temporal ya que las operaciones impagadas *"continuarán declarándose a la CIR hasta la extinción de todos los derechos de la entidad (por prescripción, por condonación o por otras causas) o hasta su recuperación"*[39]

3.8. Posibilidad de modificación de datos por el responsable del fichero

En contra de lo que pueda parecer, la gestión del Banco de España de los datos de la CIR no le habilita a realizar cambio alguno en los datos declarados. Las entidades declarantes son las responsables de la exactitud y veracidad de la información que facilitan a la CIR y es a ellas a las que corresponde realizar cualquier cambio o modificación de su contenido.

De este modo, por un lado, la Ley 44/2002, de 22 de noviembre, de Medidas de Reforma del Sistema Financiero en el último párrafo del apartado 2 del artículo 60 dispone que *"Los datos declarados a la CIR por las entidades obligadas serán exactos y puestos al día, de forma que respondan con veracidad a la situación actual de los riesgos y de sus titulares en la fecha de la declaración."*

Y por otro, el apartado 5 de la norma cuarta de la Circular 1/2013 dispone expresamente que *"La CIR no podrá modificar los datos declarados por las entidades declarantes, de los que estas son respon-*

---

38 Vid. artículo 20.1.d) LOPDPyGDD.

39 Vid. apartado 6 de la norma segunda de la Circular 1/2013, del Banco de España, sobre la Central de Información de Riesgos.

sables y a las que corresponde enviar declaraciones complementarias con las rectificaciones o cancelaciones de datos declarados erróneamente."

En consecuencia, si existe algún error en la declaración, el error debe corregirse de inmediato y, además, es la entidad declarante y no la CIR la que debe modificar su declaración para que sea correcta.

Las rectificaciones recibidas en la CIR se gestionan inmediatamente y se comunican a todas aquellas entidades que han recibido los datos incorrectos.

3.9. Ejercicio de derechos (artículo 65 Ley 44/2002)

3.9.1. Derecho de acceso

Como ya hemos indicado, todo titular tiene derecho a acceder a la totalidad de la información de sus datos contenida en sus informes de riesgos.

En relación con los datos de un titular que hayan sido aportados a la CIR exclusivamente en cumplimiento de las obligaciones de información que establezca el Banco de España en el ejercicio de sus funciones de supervisión e inspección y demás funciones que tiene legamente atribuidas, el titular podrá acceder únicamente al nombre de las entidades que hayan declarado los riesgos a fin de que puedan ejercer el derecho de acceso ante ellas.

Adicionalmente, las personas físicas podrán solicitar el nombre y dirección de los cesionarios a los que la CIR haya comunicado sus datos durante los últimos seis meses, así como las cesiones de los mismos que vayan a realizarse. La información sobre los cesionarios se acompañará de una copia de los datos cedidos en cada caso.

3.9.2. Derecho de rectificación y supresión

Cualquier titular que considere que los datos declarados a la CIR son inexactos o incompletos puede ejercer sus derechos de rectificación y supresión a través de tres vías, formulando su reclamación ante la AEPD, ante la CIR o ante la propia entidad que ha declarado sus datos.

La reclamación ante la AEPD no contiene especialidades respecto a cualquier otra reclamación amparada por la legislación de protección de datos. Únicamente debe tenerse en cuenta, como explicaremos más adelante, que la AEPD debe notificar al Banco de España, con carácter inmediato, la tramitación de esta reclamación, al objeto de que por el Banco de España se suspenda la cesión de los datos reclamados.

Cuando la solicitud de rectificación o supresión se dirija a la CIR, el Banco de España trasladará su contenido a la entidad declarante y procederá a suspender la cesión a terceros de los datos durante la tramitación del expediente. La entidad deberá responder a la CIR y al titular en el plazo de 15 días si el titular es persona física y 20 días si es persona jurídica.

La solicitud deberá presentarse mediante escrito en el que se indiquen las razones y alcance de su petición.

Cuando el titular esté en desacuerdo con datos aportados por las entidades declarantes exclusivamente en cumplimiento de las obligaciones de información que establezca el Banco de España en el ejercicio de sus funciones de supervisión e inspección y demás funciones que tiene legamente atribuidas, la CIR no puede tramitar su solicitud, debiendo plantearla, de estimarlo oportuno bien directamente ante la entidad declarante o bien ante la AEPD.

Por otra parte, es importante tener en cuenta que la entidad declarante, sin perjuicio de que la CIR traslade también la respuesta, debe responder directamente al titular.

Esta obligación de contestar directamente al titular ha sido confirmada por la AEPD que en su resolución de 28 de febrero de 2024 (EXP202300932) estimó la reclamación del titular, que alegaba que la entidad no había respondido a su solicitud de rectificación/supresión de datos, por motivos formales, ya que la entidad había contestado a la CIR pero no al titular[40].

La respuesta de la entidad declarante, ante una solicitud tramitada por la CIR, puede ser bien ratificar, de forma motivada, la operación cuestionada o bien rectificarla, estando obligada a presentar, de forma inmediata, las declaraciones rectificativas.

Los datos que sean objeto de rectificación o cancelación, así como los que los sustituyan, serán comunicados por el Banco de España a los terceros a los que se hubieren cedido.

Si la entidad confirma el contenido de su declaración o incumple los plazos de respuesta 15 días para solicitudes de personas físicas y 20 para personas jurídicas) previstos por la normativa, el titular persona física puede reproducir su reclamación ante la AEPD.

Por último, los titulares pueden ejercer también su derecho directamente ante la entidad declarante, si bien en este caso, al no tener conocimiento de la misma, la CIR no puede suspender la cesión a terceros de los datos cuestionados.

3.10. Suspensión de la cesión a terceros de los datos declarados

Como ya hemos indicado, la CIR no puede modificar los datos aportados por las entidades declarantes. No obstante, en aquellos casos en que los datos sean objeto de disputa, está prevista la suspensión de la cesión de los mismos a las entidades.

---

40 Textualmente indica: *"Es decir, son las entidades declarantes las que deben dar respuesta a las solicitudes de rectificación y supresión de los interesados y cuando la solicitud se presenta ante el BE deben además informar al BE de la decisión.*
En el presente caso, del examen de la documentación aportada, se ha comprobado que la parte reclamada contestó al Banco de España denegando la supresión solicitada, y, durante la instrucción del presente procedimiento, ha contestado también a la parte reclamante informándole de dicha denegación.
En consecuencia, procede estimar, por motivos formales, la reclamación presentada al haberse atendido extemporáneamente."

Cuando se produzca la suspensión de la cesión a terceros de los datos, la CIR comunicará la suspensión a los terceros a los que, durante los seis meses anteriores a la fecha de la misma, se hubieren cedido los datos afectados y los congruentes con éstos.

Los supuestos específicos de suspensión de la cesión de los datos de la CIR son los siguientes[41]:

3.10.1. Tramitación de una solicitud de rectificación y/o supresión

Como hemos avanzado en el apartado anterior, desde el momento en que se tramite una solicitud de rectificación o supresión de datos a la CIR, y en tanto las entidades declarantes dan respuesta a la solicitud, el Banco de España suspenderá toda cesión a terceros de los datos sobre los que verse la solicitud, así como de los congruentes con ellos que hayan sido registrados en la CIR con motivo de declaraciones anteriores y posteriores.

La suspensión cesará a partir de que la CIR reciba de la entidad declarante la respuesta a la solicitud del titular, salvo que se trate de contestaciones desestimatorias, en cuyo caso el Banco de España prorrogará la suspensión por dos meses.

Puede cesar igualmente la suspensión a solicitud del titular siempre que manifieste expresamente su conformidad con los datos declarados.

3.10.2. Reclamación ante la AEPD

Otro de los supuestos en los que el Banco de España suspende la cesión a terceros de los datos cuestionados es aquel en el que se hubiere recibido de la Agencia de Protección de Datos la comunicación de que se está tramitando una reclamación ante ese organismo, referida a datos declarados a la CIR.

---

41 Vid. artículo 66 Ley 44/2002, de 22 de noviembre, de Medidas de Reforma del Sistema Financiero.

No basta con la presentación de la reclamación ante la AEPD, es imprescindible que este organismo notifique al Banco de España la recepción de la reclamación.

La suspensión cesará cuando el Banco de España tenga constancia de la resolución acordada por la Agencia de Protección de Datos, una vez rectificados o cancelados, en su caso, los datos.

3.10.3. Tramitación de un procedimiento judicial que cuestione la exactitud de los datos declarados

La tramitación de un procedimiento judicial dirigido a declarar la inexactitud de los datos dará lugar igualmente a la suspensión de la cesión a terceros de los mismos.

La suspensión se iniciará tan pronto como el Banco de España tenga conocimiento de la admisión a trámite del procedimiento y cesará cuando el Banco de España tenga constancia de la sentencia firme, una vez rectificados o cancelados, en su caso, los datos objeto del procedimiento

La suspensión derivada de la existencia de un procedimiento judicial es la que más dudas de interpretación suele generar tanto a titulares como a entidades. Para que proceda esta suspensión deben cumplirse dos requisitos:

En primer lugar, y respecto al procedimiento judicial, es imprescindible que el objeto final del mismo sea declarar la inexactitud de los datos declarados. Así, la tramitación de una reclamación judicial dirigida al cobro de una deuda declarada a la CIR, en la que no se produzca la oposición del deudor, no se considera suficiente para suspender la cesión del dato ya que ni la deuda ni sus características están en discusión.

Es decir, sólo podrá suspenderse la cesión a terceros de los datos declarados cuando exista oposición a la solicitud de la otra parte de forma que ha de ser el órgano judicial correspondiente el que determine qué parte, entidad o titular, tiene razón.

En segundo lugar, la CIR debe tener conocimiento de la existencia de la admisión a trámite de esa acción tendente a declarar la inexactitud de los datos declarados, ya sea porque el titular ha sido el que ha iniciado la acción o porque se ha opuesto a la acción iniciada por la entidad. Obviamente la CIR no puede suspender la cesión de la operación cuestionada si previamente alguna de las partes del procedimiento (titular o entidad) no han puesto este hecho en su conocimiento.

El artículo 66 de la citada Ley 44/2002 no establece la obligación de comunicar este hecho a la CIR, ni por la entidad ni por el titular, por lo que lo habitual es que sea el titular quien, para no verse perjudicado por un dato que considera incorrecto, comunique a la CIR la existencia del procedimiento.

Este último requisito es esencial ya que, el hecho de que se esté tramitando un procedimiento judicial de estas características no exime a la entidad declarante de seguir informando a la CIR de la operación.

La obligación de las entidades de continuar declarando sus operaciones, exista o no en curso un procedimiento judicial, ha sido confirmada por nuestros tribunales de justicia[42]. Resulta especialmente relevante la sentencia núm. 671/2021 de 5 octubre, de la Sala de lo Civil, Sección1ª de la Sala de lo Civil del Tribunal Supremo que en sus fundamentos 14 y 15 dispone, en referencia a una deuda objeto de litigio, que:

> ***"14.—*** *Hemos declarado en anteriores sentencias, refiriéndonos a los ficheros privados sobre solvencia patrimonial, que el hecho de que los*

---

[42] Resulta de gran interés el contenido de la Sentencia núm. 1267/2023 de 20 septiembre, de la Sección 1ª de la Sala de lo Civil del Tribunal Supremo que sintetiza la jurisprudencia sobre en qué casos la inclusión de datos personales de una persona física en la CIR podría producir una vulneración en el derecho al honor y en qué casos pudieran producirse otros perjuicios. Esta resolución hace referencia a diversas sentencias, en particular Sentencia 28/2014, de 29 de enero; Sentencia 114/2016, de 1 de marzo; Sentencia 586/2017, de 2 de noviembre; sentencia 671/2021, de 5 de octubre; sentencia 312/2014, de 5 de junio y sentencia 740/2015, de 22 de diciembre (RJ 2016, 29).

acreedores no puedan utilizar la inclusión de los datos de sus clientes en estos registros como método de presión para lograr el cobro de deudas discutidas no significa que sea necesaria una condena judicial como requisito previo para poder incluir los datos de un deudor en uno de estos registros. Esta afirmación es aplicable, con más razón aún, a la comunicación de datos al fichero de la CIRBE, que la Ley 44/2002 establece como obligación legal de la entidad de crédito. Por tanto, el hecho de que no existiera una sentencia firme que condenara a los prestatarios al pago de la cantidad reclamada por el banco no constituye, por sí misma, una circunstancia denotadora de la ilicitud de la conducta del banco al haber comunicado los datos al fichero de la CIRBE.

15.— *La conclusión de lo expuesto es que, aunque en el litigio iniciado por el banco para el cobro del crédito impagado los prestatarios discutieran el importe de lo debido y consiguieran una rebaja en la cantidad que se les reclamaba, no cabe duda de que los hoy demandantes incumplieron el contrato de préstamo, dejaron de pagar las cuotas y, en definitiva, cuando el banco demandado comunicó al fichero de la CIRBE los datos personales de los demandantes, existía un crédito vencido y exigible que había resultado impagado por los demandantes y que constituía un riesgo que debía ser comunicado al fichero de la CIRBE.*"

Al contrario que sucede en los ficheros privados de información crediticia, a los que no se pueden declarar deudas "cuya existencia o cuantía no hubiese sido objeto de reclamación administrativa o judicial por el deudor o mediante un procedimiento alternativo de resolución de disputas vinculante entre las partes" (artículo 20.1.b) LOPDGDD), las entidades declarantes a la CIR están obligadas por ley a declarar la totalidad de sus operaciones, estén o no al corriente de pago y sobre las que exista o no un procedimiento judicial en curso.

Cuestión distinta es que la información declarada sea o no correcta y las consecuencias que puedan derivarse del incumplimiento del requisito general de calidad de los datos establecido, tanto en la LOPDGDD (artículo 4) como en el artículo 60.2 de la Ley 44/2002, de 22 de noviembre, que exige que los datos declarados a la CIR *"deben ser exactos y puestos al día, de forma que respondan con veracidad a la situación actual de los riesgos y de sus titulares en la fecha de la declaración"*.

Dado que la CIR es, simultáneamente un fichero con información positiva y negativa, el tratamiento de datos negativos, que pueden llevar a la calificación de un titular como "moroso", exige un especial cuidado por parte de las entidades declarantes para evitar que se produzca una intromisión ilegítima en el honor de los titulares.

Resulta de especial interés la reciente Sentencia n.º 47/2024, de 16 de enero, de la Sala Primera del Tribunal Supremo en relación con la intromisión ilegítima en el derecho al honor del avalista de unos riesgos declarados a la CIR. Los hechos objeto de la resolución judicial se resumen en que el avalista de una operación de crédito figuraba como moroso en la CIR pese a que había obtenido una resolución firme que obligaba a la entidad a eliminar la cláusula suelo del préstamo y a restituir las cantidades cobradas en exceso.

La entidad, sin haber reliquidado el préstamo, declaró el vencimiento anticipado del mismo por impago y declaró la deuda impagada a la CIR. El avalista de la operación demandó nuevamente a la entidad exigiendo la cancelación de los datos declarados a la CIR al figurar como moroso siendo este dato inexacto.

La sentencia, describe el doble carácter de la CIR al tratar dos tipos de datos: *"los datos de personas con quienes las entidades financieras mantienen, directa o indirectamente, riesgos de crédito, y, por otra parte, los datos sobre incumplimiento de sus obligaciones por parte de esas personas."*

A continuación, señala que el tratamiento de los primeros no puede lesionar el honor de los afectados, pero *"el tratamiento de los datos personales sí puede vulnerar el derecho al honor del afectado, si por una información incorrecta de la entidad de crédito aparece como moroso sin serlo"*

Hace referencia a resoluciones referidas a ficheros privados de solvencia en las que se concluye que si la deuda es objeto de controversia, porque el titular de los datos considera legítimamente que no debe lo que se le reclama, y la cuestión está sometida a decisión judicial o arbitral, la falta de pago no es indicativa de la insolvencia del afectado y, en tales casos, la decisión del acreedor de comunicar los datos personales del cliente a un fichero de morosos, en principio y salvo que concurran otras circunstancias excepcionales que lo justifiquen, es un método ilegítimo de presión y constituye una intromisión ilegítima en su derecho al honor. En este caso extiende esta afirmación también a la comunicación de datos a la CIR.

Sobre la base de esas consideraciones generales, en relación con el caso concreto objeto del recurso, el Tribunal Supremo concluye que la entidad demandada vulneró el derecho al honor del avalista demandante al comunicar sus datos a la CIR como incumplidor de sus obligaciones, cuando no había existido tal incumplimiento, ya que en el momento de la declaración no podía considerarse que existía una "deuda cierta, líquida y exigible" porque la entidad financiera había incumplido su obligación de eliminar la cláusula suelo que había sido declarada nula, de restituir a la prestataria las cantidades indebidamente cobradas, y de adecuar las cuotas del préstamo a la eliminación de dicha cláusula suelo.

Es evidente que una incorrecta declaración de datos a la CIR, atribuyendo la condición de moroso a quien no lo es, puede ser constitutiva de una intromisión ilegítima en el honor del titular, pero también es cierto que la declaración de las operaciones a la CIR resulta obligatoria independientemente de que sean o no objeto de litigio.

Las entidades declarantes se encuentran con un dilema en relación con las operaciones impagadas sometidas a litigio, ya que si, como están obligadas, las declaran a la CIR corren el riesgo no sólo de perder el procedimiento judicial sino también el de ser condenadas a indemnizar al titular por una intromisión en su derecho al honor, precisamente, por haber declarado la operación. Por el contrario, si deciden no declarar estas operaciones estarían incumpliendo la normativa de ordenación y disciplina por lo que podrían ser objeto de sanción administrativa.

Parece que, en este caso, lo que se pretende es que los datos declarados a la CIR sean correctos y evitar que una entidad, amparándose en la obligatoriedad de la declaración de las operaciones a la CIR, utilice la declaración en mora de una operación que está al corriente de pago como método ilegítimo de presión a su cliente.

Entendemos que, dada la importancia que tiene esta información para la estabilidad y adecuado funcionamiento del sistema financiero, debe prevalecer la obligación de declarar a la CIR la totalidad de las operaciones. Cuando alguna entidad considere que la declaración de una operación en disputa judicial, puede entrañar algún riesgo de condena en los tribunales por vulneración del derecho al honor, nada le impide poner este hecho en conocimiento de la CIR al objeto de que esta operación no sea cedida a terceros.

4. INTERCAMBIO DE INFORMACIÓN A NIVEL EUROPEO (ANACREDIT)

A nivel europeo se han ido dando pasos dirigidos, por un lado, a la recogida de datos granulares de las entidades y, por otro, a establecer mecanismos que permitan compartir esta información con la finalidad de facilitar a las entidades el seguimiento de sus operaciones y la evaluación de la solvencia de sus potenciales clientes.

Con la aprobación del Reglamento (UE) 2016/867 del Banco Central Europeo, de 18 de mayo de 2016, sobre la recopilación de datos granulares de crédito y de riesgo crediticio (BCE/2016/13), se dieron los primeros pasos del proyecto AnaCredit (Analytical Credit Dataset), que es la base de datos crediticios del Eurosistema. El objeto del Reglamento de AnaCredit es la creación de una base de datos crédito a crédito con la información remitida por los bancos centrales nacionales (BCN) y referida exclusivamente a riesgos directos o indirectos con personas jurídicas que superan los 25.000 euros de riesgo acumulado en una entidad.

La información granular, así obtenida, resulta de gran utilidad para el desempeño de las funciones propias del Eurosistema, del Sistema Europeo de Bancos Centrales (SEBC) y de la Junta Europea de Riesgo Sistémico, facilitando el análisis de las operaciones de política monetaria, la gestión del riesgo, el seguimiento de la estabilidad financiera, la política e investigación macroprudencial y la supervisión bancaria en el contexto del Mecanismo Único de Supervisión (MUS).

El reglamento prevé, además, que los bancos centrales nacionales puedan suministrar esta información a las entidades declarantes. En cumplimiento de esta previsión algunos bancos centrales, entre los que se encuentra el Banco de España, participan de forma voluntaria en un mecanismo[43] que permite el intercambio de esta información para facilitarla tanto a las entidades como a los titulares. Está prevista la incorporación progresiva de otros bancos centrales participantes en AnaCredit.

5. PERSPECTIVAS DE FUTURO. NUEVOS DECLARANTES

Desde su creación el volumen de información tratada por la CIR no ha dejado de aumentar.

Por un lado, y en relación con la forma de declarar, se pasó de declarar riesgos agregados a tener que individualizar cada una de las operaciones, por otro se ha reducido tanto el umbral de declaración como, especialmente, el de retorno, que ha pasado de 9.000 euros por entidad y titular a 1.000 euros.

---

[43] Orientación (UE) 2021/1829 del Banco Central Europeo, de 7 de octubre de 2021, por la que se modifica la Orientación (UE) 2017/2335, sobre los procedimientos para la recopilación de datos granulares de crédito y de riesgo crediticio (BCE/2021/47). Hasta el momento participan los bancos centrales de España (a partir del mes de diciembre de 2022), Bélgica, Italia, Austria, Portugal y Eslovenia.

Por otro, el número de las variables reportadas, tanto sobre titulares como sobre operaciones. ha venido aumentando a medida que se ha comprobado su utilidad para la realización de las funciones propias del Banco de España. Actualmente y dependiendo del tipo de operación o producto que se reporte, la Circular 1/2013 requiere que las entidades envíen información de más de 200 variables que van desde desglose pormenorizado de los importes a detalles contables de las operaciones pasando por variables específicas de los activos que las garantizan o información específica sobre las operaciones avaladas por el Estado y gestionadas por el ICO («avales ICO») para paliar las consecuencias económicas del coronavirus.

Por último, el perímetro de entidades declarantes ha ido igualmente creciendo, pasando de declarar las entidades de crédito a incluir a los establecimientos financieros de crédito, prestamistas inmobiliarios, entidades en libre prestación de servicios, entidades de pago y de dinero electrónico, etc.

De cara al futuro se espera un incremento todavía mayor, especialmente teniendo en cuenta la aprobación de la Directiva (UE) 2023/2225 del Parlamento Europeo y del Consejo, de 18 de octubre de 2023, relativa a los contratos de crédito al consumo y por la que se deroga la Directiva 2008/48/CE.

En relación con los datos tratados por la CIR resulta especialmente relevante la obligación de reconocimiento, registro y supervisión para los prestamistas e intermediarios de crédito que vayan a realizar la actividad de crédito al consumo. Esta previsión dará lugar, una vez sea traspuesta esta normativa al derecho español, a que se incorpore una gran cantidad de nuevas entidades declarantes a la CIR.

Por último, la directiva refuerza las exigencias al prestamista en su obligación de evaluar de solvencia del consumidor y los datos que debe considerar para prevenir el sobreendeudamiento, lo que previsiblemente supondrá un mayor uso de los datos de la CIR.

Finalmente, cabe la posibilidad de que, como consecuencia de la transposición al derecho español de la Directiva 2021/2167/

UE del Parlamento Europeo y del Consejo, de 24 de noviembre de 2021, sobre los administradores de créditos y los compradores de créditos, actualmente en tramitación, el regulador opte por incluir a los administradores de créditos como entidades declarantes a la CIR.

6. BIBLIOGRAFÍA

ÁLVAREZ HERNANDO, JAVIER, (2014) *Ficheros de «solvencia patrimonial y crédito» y «de cumplimiento o incumplimiento de obligaciones dinerarias»"*. Grandes Tratados. Practicum Protección de Datos 2015. Ed. Aranzadi.

BANCO DE ESPAÑA (2017), "Memoria de la Central de Información de Riesgos 2016".

BANCO DE ESPAÑA (2018) "Memoria de la Central de Información de Riesgos 2017".

BANCO DE ESPAÑA (2019) "Memoria de la Central de Información de Riesgos 2018".

BANCO DE ESPAÑA (2020), "Memoria de la Central de Información de Riesgos 2019".

BANCO DE ESPAÑA (2021) "Memoria de la Central de Información de Riesgos 2020".

BANCO DE ESPAÑA (2022), "Memoria de la Central de Información de Riesgos 2021"

CUENA CASAS, MATILDE, *"Privacidad y mercado de crédito. Los ficheros de solvencia positivos."* Texto de la conferencia impartida en la Academia Matritense del Notariado el 27 de abril de 2017.

MAS BADIA, MARÍA DOLORES (2021) "Sistemas privados de información crediticia. Nueva regulación entre la protección de datos y el crédito responsable" pp. 152 y ss. Ed. Tirant lo Blanch

SANTILLÁN FRAILE, RAMÓN (2014), "Reglas de funcionamiento de la Central de Información de Riesgos del Banco de España", en Préstamo responsable y ficheros de solvencia. Ed. Aranzadi, páginas 407 y ss.

IV. ASNEF Y EL TRATAMIENTO DATOS EN EL CRÉDITO AL CONSUMO

Ignacio Pla Vidal
ASNEF

SUMARIO: 1. FUNCIÓN DE ASNEF COMO ASOCIACIÓN PROFESIONAL. 2. UN ENTORNO DONDE LA PROTECCIÓN DE DATOS Y LA SEGURIDAD SEAN PRIORITARIAS. 3. LA INFORMACIÓN PRECISA UNA FUENTE ESENCIAL DEL CRÉDITO. 4. COMISIÓN DE PROTECCIÓN DE DATOS DE ASNEF. 5. ASNEF INTERLOCUTOR DEL SECTOR CON LAS ADMINISTRACIONES PÚBLICAS. 6. COMPROMISO CON LA EDUCACIÓN Y LA TRANSPARENCIA. 7. PREVENCIÓN CONTRA EL USO DE TUS DATOS POR LOS CIBERDELINCUENTES

1. FUNCIÓN DE ASNEF COMO ASOCIACIÓN PROFESIONAL

Escribo estas letras, en mi calidad de Secretario General de la Asociación Nacional de Establecimientos Financieros de Crédito (ASNEF) que agrupa en su seno a las entidades financieras especializadas en el crédito al consumo. Se trata de entidades reguladas y supervisadas por el Banco de España y así, forman parte de ASNEF, entidades pertenecientes a grandes grupos bancarios, a importantes grupos de distribución, también a grupos de automoción e incluso otras entidades financieras independientes. No obstante, insisto, porque es importante, en el carácter de entidades reguladas y supervisadas de todas ellas, ya que quiero poner en valor el compromiso de las entidades asociadas a ASNEF con la seguridad jurídica, el cumplimiento normativo y lo que es el centro de su actividad, la protección de sus clientes, que son los consumidores.

Dada la composición de la Asociación imaginarán que la misma abarca la mayor parte del crédito al consumo de nuestro país, desempeñando un papel fundamental en la financiación de la "economía real de las familias", y con una gran repercusión en el crecimiento del Producto Interior Bruto (PIB) español, sin contar con la creación de empleo que supone esta actividad. Solo quiero dar un dato, en 2022, por cada millón de euros de inversión nueva de nuestras entidades asociadas, se crearon 9 puestos de trabajo, por lo que si lo multiplicamos por los cerca de 70.000 millones de euros de inversión tenemos un total de 630.000 empleos directos e indirectos.

ASNEF, no solo representa y defiende los intereses de sus entidades asociadas, sino que trata de facilitar su actividad, ayudando a sus asociados en todo aquello que supone un reto que afrontar en el desempeño de ésta, que no es otro que proveer al consumidor de medios de financiación que les faciliten el acceso a bienes y servicios, acompañándolos en el desarrollo de sus "aspiraciones personales".

Y qué duda cabe, que, dentro de las exigencias legales que nuestros asociados deben cumplir en su actividad diaria, la protección de los datos personales de sus clientes es una de las más importantes y a las que más recursos dedican.

Este breve artículo analiza cómo la Asociación apoya especialmente a sus miembros en la protección de datos y su papel como interlocutor del sector con la Administración.

2. UN ENTORNO DONDE LA PROTECCIÓN DE DATOS Y LA SEGURIDAD SEAN PRIORITARIAS

ASNEF no comercializa operaciones de préstamo o crédito y como consecuencia, no trata datos de clientes, pero en la medida de sus posibilidades, insta las iniciativas, informes o estudios que faciliten el cumplimiento de la regulación de una manera efectiva y segura.

La Asociación promueve dentro del marco normativo establecido, con apoyo de expertos, en cada caso, el desarrollo de guías y políticas en el tratamiento de datos personales conforme a la normativa especial vigente.

En la era digital, el manejo y tratamiento de los datos personales se ha convertido en una pieza fundamental para diversas industrias, incluida la del crédito al consumo. Esta importancia radica en la necesidad de proteger la información sensible de los consumidores, garantizar la precisión de los datos y asegurar la confianza en el sistema financiero. En este sentido, hoy más que nunca, la educación y difusión del conocimiento forma parte de las actividades de la Asociación, realizando seminarios y jornadas dirigidos a entidades asociadas y también muchas veces abiertos al público en general.

Además, en otro capítulo de este libro, se da más información sobre una iniciativa puesta en marcha por ASNEF en materia de protección de datos de carácter personal, que es la "Guía de Buenas Prácticas", cuyo objetivo es ayudar a sus asociados en una complicada transición al Reglamento Europeo, evitando seguramente también, incertidumbres que deriven en numerosas consultas a la Agencia Española de Protección de Datos (AEPD),

La guía describe una aproximación a los estándares profesionales que, de una manera proactiva, las entidades asociadas promueven en el seno de sus organizaciones. Constituye, por tanto, en línea con el espíritu del Reglamento UE 2016/679 de Protección de Datos, una iniciativa fruto de la capacidad de las entidades, instituciones y organizaciones de dotarse de procedimientos y guías, orientaciones o criterios, que sirvan para dar soluciones a los problemas.

3. LA INFORMACIÓN PRECISA UNA FUENTE ESENCIAL DEL CRÉDITO

Para que las entidades financieras puedan evaluar de manera efectiva la solvencia de un solicitante, es crucial que los datos personales sometidos a valoración sean precisos y estén actualizados. Información desactualizada o incorrecta pueden llevar a decisiones equivocadas, como la denegación injusta de crédito o la aprobación de préstamos a individuos con alto riesgo de sobrendeudamiento. Esta evaluación de la solvencia afecta no solo a la cartera nueva de clientes (o solicitantes de crédito) sino a toda la cartera viva de una entidad de crédito, que, periódicamente debe de medir el riesgo de la misma, ya que esto afecta a sistema de provisiones y fondos propios de la entidad, con el fin de garantizar la estabilidad del sistema financiero.

Un tratamiento riguroso y meticuloso de los datos personales ayuda a mantener la integridad del proceso de evaluación crediticia, beneficiando tanto a las entidades financieras como a los consumidores. La regulación debe acompañar también a las entidades facilitando los medios para que las entidades puedan realizar esta importante función de manera adecuada.

Dentro de esos medios, ASNEF desde hace más de cuatro décadas, facilita al sector financiero una base de datos de solvencia patrimonial y crédito que ayuda a las entidades participantes a conocer si un solicitante de crédito tiene deudas monetarias impagadas. Este fichero, conocido como el Fichero ASNEF, cumple rigurosamente con toda la normativa específica para este tipo de ficheros en materia de protección de datos (regulado específicamente) y es una herramienta importante para las entidades a la hora de evaluar la solvencia del solicitante y evitar riesgos de sobrendeudamiento.

Además, las entidades asociadas a ASNEF, como entidades reguladas están obligadas a reportar a la Central de Riesgos del Banco de España, la información sobre el riesgo que dicha entidad tiene con sus clientes, en los términos que la ley 44/2002, de 22 de noviembre, de Medidas de Reforma del Sistema Financiero y su normativa de desarrollo establece.

4. COMISIÓN DE PROTECCIÓN DE DATOS DE ASNEF

Una de las herramientas más importantes de ASNEF en su misión de investigación y apoyo al conocimiento, es la Comisión de Protección de Datos.

Esta comisión, compuesta por los Delegados de Protección de Datos (DPOs) de las entidades miembros, se reúne regularmente cada dos meses para abordar:

- El estudio de la normativa de protección de datos y buscar soluciones prácticas que ayuden a su cumplimiento.
- Abordar iniciativas en materia de seguridad de la información y prevención del fraude.
- Vigilancia de la evolución y actualización de la Guía de Buenas Prácticas desarrollada que recoge los tratamientos de datos esenciales propios de las entidades financieras.
- Promoción de la seguridad jurídica buscando la claridad y consistencia en la aplicación de la normativa de protección de datos, resoluciones de la Agencia y Tribunales para reducir la incertidumbre y el riesgo.

5. ASNEF INTERLOCUTOR DEL SECTOR CON LAS ADMINISTRACIONES PÚBLICAS

En la medida que ASNEF es la patronal del sector, entre sus objetivos principales está la interlocución con la Administración Pública, incluyendo la Agencia Española de Protección de Datos (AEPD) y el Banco de España, en representación de los intereses de sus asociados, facilitando el diálogo entre entidades y las autoridades supervisoras para asegurar que las normativas y políticas reflejen las necesidades y preocupaciones del sector. Así mismo la Asociación facilita la cooperación entre sus miembros y las autoridades para mejorar las prácticas de protección de datos y la seguridad en el sector financiero.

6. COMPROMISO CON LA EDUCACIÓN Y LA TRANSPARENCIA

ASNEF se compromete con la educación y la transparencia como elementos esenciales para el progreso y la confianza en el sistema financiero. Se trata de promover entre los miembros de asociados las mejores prácticas, entre otras, en protección de datos y transparencia.

La educación financiera y la confianza van de la mano y son un pilar esencial en cualquier relación financiera. Los consumidores deben sentir que sus datos están seguros y que las instituciones financieras son responsables en su manejo.

La percepción de que los datos personales están bien protegidos aumenta la disposición de los consumidores a facilitar el acceso a sus datos y a que estos puedan servir a las entidades para lograr una mejor adecuación de los productos financieros que les ofrecen. De esta forma, las instituciones financieras que demuestran un fuerte compromiso con la protección de datos personales pueden diferenciarse positivamente en un mercado competitivo, ganando la lealtad y confianza de sus clientes.

Así, en un entorno de contratación masiva, los clientes de las entidades asociadas a ASNEF pueden tener acceso a bienes y productos financiados de una forma ágil y sencilla, pero, sobre todo, con la seguridad jurídica necesaria para que el consumidor tenga la tranquilidad de que sus datos son tratados de forma correcta.

7. PREVENCIÓN CONTRA EL USO DE TUS DATOS POR LOS *CIBERDELINCUENTES*

El avance de la tecnología transforma el mundo hacia una digitalización de los procesos que mejora y agiliza nuestro estilo de vida. Un claro ejemplo es el ámbito de los servicios de financiación, ya que, tal y como refleja el estudio 'Uso e imagen de la financiación en los servicios y consumo', elaborado por Kantar para ASNEF, la solicitud de créditos y préstamos a través del canal online se consolida gracias a su rapidez (89%), claridad (88%) y facilidad (85%).

Además de todas estas ventajas, se trata de un proceso muy seguro, si bien cada año surgen nuevas maneras de perjudicar a los usuarios, generalmente centradas en el engaño y el fraude dirigido hacia el eslabón más débil de ese proceso: el propio usuario.

Así, conforme y aunque la seguridad informática va mejorando, siempre surgen nuevos engaños por parte de los *ciberdelincuentes* que tienen el objetivo de acceder a datos, cuentas bancarias o perfiles de redes sociales para llevar a cabo suplantaciones de identidad, estafas y robos. Esta situación puede llevar al usuario a graves problemas, incluyendo el verse en situaciones de sobreendeudamiento por culpa de estos delincuentes.

Todo ello, hace que las entidades de crédito estén obligadas a tratar los datos facilitados por sus clientes, de forma que puedan prevenir también el blanqueo de capitales, la financiación del terrorismo y el fraude, lo que se complica más cuando se utilizan medios digitales a distancia para operar con una entidad de crédito, y lo que obliga a poner mayores recursos y tratamientos muy especializados para su prevención.

No obstante, todo lo anterior, para evitar que esto suceda, la mejor solución es siempre la formación y las buenas prácticas, ya que no hay mayor fuente de seguridad que la precaución y el sentido común. Por ello, ASNEF facilita algunas claves para minimizar ese riesgo y ser conscientes del peligro al que nos enfrentamos:

1. Desconfía de los SMS con fallos ortográficos

   Las compañías, además de enviar y contestar con mensajes predeterminados y exactamente iguales para todos los usuarios, miden hasta el detalle aquello que comunican, con lo que un mensaje oficial no da pie a errores ortográficos o gramaticales. Esto no es infalible, pues la Inteligencia Artificial ayuda ahora a que las técnicas de "phishing" no tengan tantos fallos.

2. Dirección genérica o mezcla de números y letras

   En la mayoría de los intentos de estafa, el perfil emisor utiliza un correo genérico con el nombre de cualquier organización o mezclando mayúsculas, minúsculas, etc. En esos casos es fácil identificar que no se trata de una fuente oficial porque salta a simple vista. Sin embargo, algunas veces se afina más el tiro y podríamos pensar que nuestro interlocutor es válido. Si es una dirección genérica, es preferible tomar precauciones como verificar el correo en la página web y no facilitar datos personales.

3. Si no se dirigen a tu nombre, no es para ti

   Cuando una entidad u organización quiere contactar contigo, siempre va a interpelarte por tu nombre y apellido. Si no, seguramente se trate de un intento de estafa masiva con distintos destinatarios como posibles víctimas. Como repetimos, esto no siempre es infalible y puedes recibir una estafa "personalizada" en la que parezca real.

4. Los *chollos* no existen

   ¿A quién no le atrae una gran oferta de trabajo, un alquiler infinitamente por debajo de los precios de mercado o auténticas gangas en páginas webs o aplicaciones de segunda mano? Es aquí donde mucha gente cae en la trampa, llamada por las increíbles condiciones que se ofrecen. Los *chollos* no existen: mucho cuidado con facilitar DNI, nóminas u otros documentos relevantes en este tipo de ofertas.

5. Ante la urgencia, prudencia

   Una de las técnicas más utilizadas en las *ciberestafas* es la de hacer ver a la víctima que lo que la entidad (es decir, el delincuente) demanda es urgente e inaplazable. Su objetivo es que no haya tiempo para reaccionar y, sin pensarlo dos veces, el usuario dé un paso en falso que puede ser fatal. Por eso, recomendamos que ante esa urgencia que se intenta transmitir se aplique la prudencia y la mente fría: ¿es verdaderamente urgente?

6. Piensa antes de hacer clic

   Otra situación habitual en las estafas digitales es la de recibir un mensaje pidiéndonos realizar alguna acción: pinchar en un enlace, abrir un adjunto o descargar un documento. En este caso, debemos intentar discernir si es verosímil que la entidad nos lo pida y, en todo caso, recordar algunos de los anteriores consejos: revisar la dirección desde la que nos lo manden, evitar la urgencia, confirmar que realmente tenemos pendiente alguna comunicación por parte de esa entidad...

7. No des tus datos

   Si has cometido el error de pinchar a un enlace y este te redirige a una web en la que te piden que introduzcas tus datos, cierra el navegador y elimina el mensaje. Ninguna organización te pedirá tus datos a través de un SMS o un correo, con lo que introducirlos es una temeridad en la que tus datos personales quedarían expuestos.

8. Las claves como tus llaves, sólo para ti

   En algunas otras ocasiones, los ciberdelincuentes aprovechan la suplantación de organizaciones para poder acceder a tus contraseñas. En este caso, se hacen pasar por otras entidades para pedir las claves de acceso y desde ahí sustraer información. Por eso, es importante estar atento y no facilitar jamás claves de acceso ya que tu entidad de ningún modo va a pedírtelas.

9. Mejor colgar que lamentar

   Si ya es complicado distinguir en un mensaje si es real o un intento de estafa, la situación se complica cuando no tenemos delante las evidencias: cada vez son más comunes las llamadas telefónicas intentando sustraer algún dato. Incluso puede ser, rizando más el rizo, que se hagan pasar por la entidad bancaria mencionándote datos tuyos, con lo que caer en la trampa es más fácil.

   En estos casos lo propio es insistir, si hay un problema, en solucionarlo físicamente en cualquier oficina o bien colgar de inmediato y llamar por tu cuenta a tu entidad bancaria.

Y de nuevo, no fiarse y no dar ninguna información personal sensible que nos ocasione un problema en el futuro.

10. Regalos en páginas web

Las estafas no son solo a través de los dispositivos móviles y, de alguna manera, "personalizadas", sino que a veces están en Internet como anzuelos esperando a que alguien los muerda. El *malware* muchas veces nos espera en las páginas web que visitamos o en el buscador que utilizamos como herramienta de búsqueda. Evitar los regalos, las ofertas y promociones o los mensajes que nos puedan saltar desde un sitio web nos ahorrarán muchos problemas y hará de nuestro paso por la red una navegación segura.

V. LA RESPONSABILIDAD PROACTIVA EN EL MARCO DE LAS ENTIDADES FINANCIERAS. LA GUÍA DE BUENAS PRÁCTICAS DE ASNEF

Eduardo Laffarga Leo

SUMARIO: 1. MARCO LEGAL. 2. OBLIGACIONES DE LOS RESPONSABLES Y ENCARGADOS DE LOS TRATAMIENTOS. 3. CÓDIGOS DE CONDUCTA Y GUÍAS DE BUENAS PRÁCTICAS. 4. LA GUÍA DE BUENAS PRÁCTICAS DE ASNEF. 5. CONTENIDO DE LA GUÍA DE BUENAS PRÁCTICAS DE ASNEF. 5.1. Definiciones. 5.2. Deber de información. 5.3. Interés legítimo. 5.4. Derechos de los interesados. 5.5. Puntos no recogidos en la Guía de Buenas prácticas de ASNEF. 5.6. Participación y metodología de elaboración de la Guía.

1. MARCO LEGAL

El REGLAMENTO (UE) 2016/679 DEL PARLAMENTO EUROPEO Y DEL CONSEJO de 27 de abril de 2016 relativo a la protección de las personas físicas en lo que respecta al tratamiento de datos personales y a la libre circulación de estos datos y por el que se deroga la Directiva 95/46/CE (Reglamento general de protección de datos), establece los principios por el que se rigen los tratamientos de datos personales dentro del Espacio Económico Europeo (Unión Europea. Noruega, Liechtenstein e Islandia). Estos principios están recogidos en el artículo 5 de dicho reglamento:

El punto 1 de dicho artículo recoge los principios generales:

"Los datos personales serán:

a) tratados de manera lícita, leal y transparente en relación con el interesado («licitud, lealtad y transparencia»);

b) recogidos con fines determinados, explícitos y legítimos, y no serán tratados ulteriormente de manera incompatible con dichos fines; de acuerdo con el artículo 89, apartado 1, el tratamiento ulterior de los datos personales con fines de archivo en interés público, fines de investigación científica e histórica o fines estadísticos no se considerará incompatible con los fines iniciales («limitación de la finalidad»);

c) adecuados, pertinentes y limitados a lo necesario en relación con los fines para los que son tratados («minimización de datos»);

d) exactos y, si fuera necesario, actualizados; se adoptarán todas las medidas razonables para que se supriman o rectifiquen sin dilación los datos personales que sean inexactos con respecto a los fines para los que se tratan («exactitud»);

e) *mantenidos de forma que se permita la identificación de los interesados durante no más tiempo del necesario para los fines del tratamiento de los datos personales; los datos personales podrán conservarse durante períodos más largos siempre que se traten exclusivamente con fines de archivo en interés público, fines de investigación científica o histórica o fines estadísticos, de conformidad con el artículo 89, apartado 1, sin perjuicio de la aplicación de las medidas técnicas y organizativas apropiadas que impone el presente Reglamento a fin de proteger los derechos y libertades del interesado («limitación del plazo de conservación»);*

f) tratados de tal manera que se garantice una seguridad adecuada de los datos personales, incluida la protección contra el tratamiento no autorizado o ilícito y contra su pérdida, destrucción o daño accidental, mediante la aplicación de medidas técnicas u organizativas apropiadas («integridad y confidencialidad»).”

Y el punto 2 recoge el principio de responsabilidad proactiva en relación con los anteriores:

“El responsable del tratamiento será responsable del cumplimiento de lo dispuesto en el apartado 1 y capaz de demostrarlo («responsabilidad proactiva»).”

2. OBLIGACIONES DE LOS RESPONSABLES Y ENCARGADOS DE LOS TRATAMIENTOS

El modo del cumplimiento de los principios recogidos en el artículo 5 del Reglamento se desarrollan posteriormente en el capítulo IV del referido reglamento así como el Título V de la Ley Orgánica 3/2018, de 5 de diciembre, de Protección de Datos Personales y garantía de los derechos digitales, en el que se establecen las obligaciones de responsable y el encargado del tratamiento en cuanto a las medidas que se tienen implementar para asegurar de un modo razonable que se puede demostrar el cumplimientos dichos principios.

Las medidas definidas se refieren en concreto a:

— Protección de datos por defecto (artículo 25 del reglamento).

— Protección de datos desde el diseño (artículo 25 del reglamento).

— Medidas técnicas y organizativas para proteger los datos personales (artículo 25 del reglamento).

— El nombramiento de un delegado de protección de datos (donde el artículo 34 de la citada Ley Orgánica establece algunos supuestos donde es obligatorio) o representante en la Unión Europea (sección 4 de dicho capítulo y artículo 27).

— La elección de encargados de tratamiento de confianza (artículos 28 y 29).

— Registro de actividades de tratamientos (artículo 30)

— Seguridad de los tratamientos (artículo 32)

— Notificación de las brechas a la autoridad de control e interesados (artículos 33 y 34).

— Evaluación de impacto relativa a la protección de datos, donde el artículo 28.2 de la Ley Orgánica establece, adicional al reglamento, supuestos a tener en cuenta en dicha evaluación (artículo 35).

— Consulta previa a la autoridad de control (artículo 36).

— Códigos de conducta y certificación (sección 5 del citado capítulo)

Además, tanto la Agencia Española de Protección de Datos (AEPD), como el European Data Protection Board (EDPB) han publicado varias guías al respecto de cómo cumplir este principio[1].

Por lo tanto, el legislador ha querido establecer a los códigos de conducta como una herramienta fundamental para cumplir con el principio de responsabilidad proactiva.

3. CÓDIGOS DE CONDUCTA Y GUÍAS DE BUENAS PRÁCTICAS

El artículo 40 del Reglamento establecen qué son, qué deben cubrir y los mecanismos de aprobación y control de dichos códigos. Este mecanismo supone una evolución respecto a los antiguos códigos tipo recogidos en la LO 15/1999, aunque el principio que está detrás de ambos es la necesidad de autorregulación.

En citado artículo 40 en su punto 2 establece que:

> *"Las asociaciones y otros organismos representativos de categorías de responsables o encargados del tratamiento podrán elaborar códigos de conducta o modificar o ampliar dichos códigos con objeto de especificar la aplicación del presente Reglamento, como en lo que respecta a:*
>
> *a) el tratamiento leal y transparente*
>
> *b) los intereses legítimos perseguidos por los responsables del tratamiento en contextos específicos;*
>
> *c) la recogida de datos personales;*
>
> *d) la pseudonimización de datos personales;*
>
> *e) la información proporcionada al público y a los interesados;*
>
> *f) el ejercicio de los derechos de los interesados;*
>
> *g) la información proporcionada a los niños y la protección de estos, así como la manera de obtener el consentimiento de los titulares de la patria potestad o tutela sobre el niño;*

---

[1] Por ejemplo: European Data Protection Board: https://www.edpb.europa.eu/system/files/2021-04/edpb_guidelines_201904_dataprotection_by_design_and_by_default_v2.0_es.pdf

h) las medidas y procedimientos a que se refieren los artículos 24 y 25 y las medidas para garantizar la seguridad del tratamiento a que se refiere el artículo 32;

i) la notificación de violaciones de la seguridad de los datos personales a las autoridades de control y la comunicación de dichas violaciones a los interesados;

j) la transferencia de datos personales a terceros países u organizaciones internacionales, o

k) los procedimientos extrajudiciales y otros procedimientos de resolución de conflictos que permitan resolver las controversias entre los responsables del tratamiento y los interesados relativas al tratamiento, sin perjuicio de los derechos de los interesados en virtud de los artículos 77 y 79."

La principal diferencia entre un código de conducta regulado en el Reglamento General de Protección de Datos y una guía de buenas prácticas (antiguo código tipo), radica en que este segundo carece de mecanismo de resolución de conflictos, pero conserva el resto de los puntos para cumplir con el principio de responsabilidad proactiva.

En este sentido, la AEPD en sus premios anuales de 2021 premió la guía de buenas prácticas del Colegio de Registradores de España[2] que, sin ser un código de conducta, recogía el resto del artículo 40.2., e incluso ha publicado alguna[3], así como guías específicas sobre algún punto de cumplimiento del RGPD.

Por todo ello, las guías de buenas prácticas (ya que cubren todos los puntos de un código de conducta excepto el mecanismo de sanción) son un elemento fundamental del principio de responsabilidad proactiva y privacidad desde el diseño.

---

2 Agencia Española de Protección de Datos: https://www.aepd.es/documento/premio-rgpd-lopd-2021-mod-b-corpme.pdf

3 Agencia Española de Protección de Datos:https://www.aepd.es/guias/guia-codigo-de-buenas-practicas-proyectos-de-big-data.pdf

4. LA GUÍA DE BUENAS PRÁCTICAS DE ASNEF

En el año 2019, y tras menos de un año después de la entrada en vigor del RGPD, la Comisión de Privacidad y Tratamiento de datos de ASNEF, se propuso, dado el cambio de paradigma que supuso este reglamento en la forma de hacer las cosas, la elaboración de una guía de buenas prácticas dado que:

- El 90% de lo que hacen las entidades asociadas es sustancialmente lo mismo, y por lo tanto había un conjunto de tratamientos de datos personales comunes, que merecía la pena analizar, desde un punto de vista del cumplimiento de la normativa, así como del día a día que cada entidad realiza.
- Era necesario aumentar la seguridad jurídica de las entidades en su actividad diaria de tratamiento de datos personales.
- Las diferentes guías de la AEPD, recogen de una forma genérica aspectos para el cumplimiento del RGPD y La LOPD y GDD, pero no tienen en cuenta, como no puede ser de otra forma, algunas especificidades del sector de la financiación.

5. CONTENIDO DE LA GUÍA DE BUENAS PRÁCTICAS DE ASNEF

La Guía de Buenas Prácticas de ASNEF contiene las siguientes secciones.

5.1. Definiciones

Para poder establecer criterios comunes lo primero es hablar un idioma común, para ello, la guía realiza una definición inicial de los conceptos que se va a utilizar. Por ejemplo, qué es un cliente o cuál es la diferencia entre perfilado o filtrado.

5.2. Deber de información

El deber de información a los interesados está regulado en los artículos 13 y 14 del RGPD, y existen guías al respecto[4][5], sin embargo, el propio artículo 41.2.e ya prevé la posibilidad de especificar la aplicación de este derecho clave del RGPD, ya que el deber de informar está fuertemente impactado por el medio en el que se hace, y cuando se hace. Por ejemplo, un cliente puede llamar a un contact center, para realizar virtualmente cualquier operativa. ¿Tendría sentido leerle la política de privacidad completa? No parece que sea el mejor momento para hacerlo, y ni siquiera el mejor medio.

Otro aspecto es la limitación de espacio que puede ocurrir con solicitudes en papel preimpreso, en donde la información de protección de datos, compite por el espacio con el deber de transparencia de otras regulaciones a las que está sometida las entidades financieras.

También se trata cuándo informar. En la operativa de financiación, existen en realidad dos momentos diferenciados, con sus propios tratamientos: los necesarios para la solicitud (perfilado de riesgos, fraude, consulta de ficheros de solvencia, etc.) y posteriormente, y condicionados a la concesión del préstamo o crédito, todos aquellos que se realizan durante la vida del mismo, y por lo tanto, se debe, en la medida de lo posible, presentar la información de los tratamientos, en su momento oportuno, para no confundir al cliente.

Por último, el artículo 13.1 del RGPD establece que la información se debe "facilitar" en el momento de recoger los datos, pero ¿Cuál es la forma de acreditar esto en los diferentes puntos de contacto que tiene el sector?

---

4 Agencia Española de Protección de Datos: https://www.aepd.es/guias/guia-modelo-clausula-informativa.pdf

5 European Data Protection Board: https://www.edpb.europa.eu/our-work-tools/our-documents/article-29-working-party-guidelines-transparency-under-regulation_en

Adicionalmente la Guía establece unas normas de estilo para que la redacción de los consentimientos sea clara.

5.3. Interés legítimo

Este es uno de los puntos centrales de la Guía de Buenas Prácticas de ASNEF.

El interés legítimo está recogido como una de las 6 bases legitimadoras del RGPD definida en el artículo 6.1.f de dicho reglamento:

> *"el tratamiento es necesario para la satisfacción de intereses legítimos perseguidos por el responsable del tratamiento o por un tercero, siempre que sobre dichos intereses no prevalezcan los intereses o los derechos y libertades fundamentales del interesado que requieran la protección de datos personales, en particular cuando el interesado sea un niño."*

Además, en el considerando 47 establece los requisitos que tienen que cumplirse para poder utilizar esta base legitimadora: "(...) *la existencia de un interés legítimo requeriría una evaluación meticulosa, inclusive si un interesado puede prever de forma razonable, en el momento y en el contexto de la recogida de datos personales, que pueda producirse el tratamiento con tal fin. En particular, los intereses y los derechos fundamentales del interesado podrían prevalecer sobre los intereses del responsable del tratamiento cuando se proceda al tratamiento de los datos personales en circunstancias en las que el interesado no espere razonablemente que se realice un tratamiento ulterior*".

En la LOPDyGDD no se regula de forma específica qué debe entenderse por interés legítimo, si bien se prevé una serie de supuestos en los que se presume la licitud y la concurrencia de interés legítimo del responsable para dichos tratamientos, pero al mismo tiempo se prevé expresamente en su exposición de motivos, que ello no implica que pueda concurrir interés legítimo y resulten lícitos otros tratamientos diferentes:

En el Título IV de dicha Ley se recogen «*Disposiciones aplicables a tratamientos concretos*», *incorporando una serie de supuestos que en ningún caso debe considerarse exhaustiva de todos los tratamientos lícitos. Dentro de ellos cabe apreciar, en primer lugar, aquellos respecto de los que el legislador establece una presunción «iuris tantum» de prevalencia del interés legítimo del responsable cuando se lleven a cabo con una serie de requisitos, lo que no excluye la licitud de este tipo de tratamientos cuando no se cumplen estrictamente las condiciones previstas en el texto, si bien en este caso el responsable deberá llevar a cabo la ponderación legalmente exigible, al no presumirse la prevalencia de su interés legítimo. Junto a estos supuestos se recogen otros, tales como la videovigilancia, los ficheros de exclusión publicitaria o los sistemas de denuncias internas en que la licitud del tratamiento proviene de la existencia de un interés público, en los términos establecidos en el artículo 6.1.e) del Reglamento (UE) 2016/679. Finalmente, se hace referencia en este Título a la licitud de otros tratamientos regulados en el Capítulo IX del reglamento, como los relacionados con la función estadística o con fines de archivo de interés general. En todo caso, el hecho de que el legislador se refiera a la licitud de los tratamientos no enerva la obligación de los responsables de adoptar todas las medidas de responsabilidad activa establecidas en el Capítulo IV del reglamento europeo y en el Título V de esta ley orgánica.*"

Para poder valorar la concurrencia de un correcto, adecuado y proporcionado interés legítimo será necesario que se ponderen adecuadamente los intereses de las partes que intervienen, por un lado, los intereses y derechos y libertades del interesado y por otro el correcto y adecuado interés legítimo del responsable del tratamiento habiéndose valorado todas las circunstancias concretas del caso. De este modo, incluso aun cuando exista una presunción legal de prevalencia del interés legítimo, deberá llevarse a cabo un examen o análisis de ponderación para demostrar la concurrencia y prevalencia del interés legítimo frente a los intereses, derechos y libertades fundamentales de los interesados, de forma que esta prevalencia quede claramente documentada.

En particular, para una correcta ponderación y para poder dilucidar si existe un interés legítimo que puede servir de base jurídica del tratamiento se tendrán en cuenta los siguientes parámetros:

- Especificar el interés legítimo del responsable.
- Las expectativas y/o perspectiva para los interesados. Evaluación meticulosa en el sentido que el interesado puede prever de forma razonable, en el momento y en el contexto de la recogida de datos personales, que pueda preverse el tratamiento con tal fin.
- Riesgos para los derechos y libertades e impacto para los interesados con detalle de los efectos negativos para los afectados teniendo en cuenta el tipo de datos personales tratados y la forma de tratamiento.
- La relación pertinente y apropiada entre los interesados y el responsable. Que el interesado sea cliente o se encuentre al servicio del responsable.
- La existencia de una habilitación para la realización del tratamiento, incorporada a una norma con rango de ley o a las disposiciones por la que se desarrolle la misma, cuando no suponga una obligación de tratar los datos.
- La existencia de recomendaciones específicas de realización del tratamiento de datos personales, procedentes de otros supervisores financieros, como por ejemplo el Banco de España o la Autoridad Bancaria Europea.

Dada la complejidad de realizar este análisis de ponderación, el propio legislador, previó que en los códigos de conducta se pudiesen establecer supuestos en los que se pudiese utilizar esta base legitimadora (artículo 40.2.b del RGPD).

En la Guía de Buenas Prácticas de ASNEF se recogen varios supuestos, que en opinión de dicha asociación, son susceptibles de ser articulados a través del interés legítimo como base legitimadora:

- Prevención del fraude
- Verificación de la identidad en los procesos de contratación

- Cesión de datos entre empresas del Grupo con motivo de la prevención de blanqueo de capitales
- Actualización de los datos de un contrato, incluso con fuentes externas
- Actualización de los datos en el proceso de una acción recuperatoria, incluso con fuentes externas
- Anonimización y pseudonimización
- Envío de acciones comerciales con filtrados previos, incluidos los de ficheros comunes
- Cesión de datos entre empresas de un mismo grupo empresarial para actualizar los datos de contacto u otros.
- Cesión de datos entre empresas del mismo grupo empresarial sobre la solvencia de los individuos, a fin de evitar el sobreendeudamiento.

Además de los ya recogidos en la LOPDyGDD:

- Comunicación de datos a ficheros comunes
- Consulta de los datos en los ficheros comunes

De esta forma, la Guía cumpliría con lo establecido en el artículo 40.2.b del RGPD, respecto a los intereses perseguidos por los responsables del tratamiento en contextos específicos.

5.4. Derechos de los interesados

La existencia de una serie de derechos de los interesados ya venía recogida en la legislación anterior al RGPD[6]. Dicho reglamento ha definido nuevos derechos (oposición a las decisiones automatizadas, portabilidad, limitación y olvido), así como ha definido nuevas reglas de los anteriores.

---

6 Artículos 15-16 de la derogada Ley 15/1999

La Guía de Buenas Prácticas de ASNEF define una serie de cuestiones que el Reglamento deja abiertas a la interpretación, como son:

- Los datos personales que son necesario aportar ante un derecho de acceso o portabilidad
- La definición de peticiones excesivas
- Información a requerir a los representantes legales
- La necesidad de requerir algún factor adicional para la verificación de la identidad en el caso del derecho de acceso y portabilidad, dada la sensibilidad de los datos tratados por las entidades financieras
- Documentación necesaria en caso de querer rectificar algún dato

Estas descripciones y matizaciones sobre los derechos de los interesados vienen a cubrir el artículo 40.2.f del RGPD

5.5. Puntos no recogidos en la Guía de Buenas prácticas de ASNEF

De los puntos restantes recogidos en el artículo 40.2 del RGPD, además del mencionado anteriormente apartado (k), hay otros apartados que no han sido reflejados en la Guía por diferentes motivos:

- La recogida de datos personales, ya que los datos recogidos en la mayoría de los casos vienen regulados en otras leyes[78]
- La información proporcionada a los niños y la protección de estos, así como la manera de obtener el consentimiento de los titulares de la patria potestad o tutela sobre el niño, puesto que por la naturaleza (financiación) de las asociadas a ASNEF, no aplica.

---

7 Ley 16/2011, de 24 de junio, de contratos de crédito al consumo. Artículo 14

8 Ley 10/2010, de 28 de abril, de prevención del blanqueo de capitales y de la financiación del terrorismo. Artículo 4

- Las medidas y procedimientos a que se refieren los artículos 24 y 25 y las medidas para garantizar la seguridad del tratamiento a que se refiere el artículo 32, puesto que existe regulación de aplicación para las entidades financieras.[9]
- La notificación de violaciones de la seguridad de los datos personales a las autoridades de control y la comunicación de dichas violaciones a los interesados, al considerarse que cualquier definición podría entrar en contradicción con los procedimientos de la propia AEPD[10]
- La transferencia de datos personales a terceros países u organizaciones internacionales, al no existir una base común de las asociadas de tratamientos que per se, se produzcan en un entorno de transferencia internacional.

5.6. Participación y metodología de elaboración de la Guía

La Guía fue elaborada con la colaboración de más de 30 delegados de protección de datos de las entidades asociadas dentro de la Comisión de Privacidad y Tratamiento de Datos de ASNEF, así como del personal de la propia asociación.

La metodología de trabajo se estableció de la siguiente forma:

- Elaboración de un índice inicial
- División del trabajo en diferentes grupos de trabajo
- Puesta en común de los trabajos en sesiones plenarias y modificaciones

---

9 DIRECTIVE (EU) 2022/2555 OF THE EUROPEAN PARLIAMENT AND OF THE COUNCIL of 14 December 2022 on measures for a high common level of cybersecurity across the Union, amending Regulation (EU) No 910/2014 and Directive (EU) 2018/1972, and repealing Directive (EU) 2016/1148 (NIS 2 Directive)

10 Agencia Española de Protección de Datos. https://www.aepd.es/guias/guia-brechas-seguridad.pdf

- Revisiones individuales por parte de los equipos de cada entidad
- Modificaciones finales
- Revisión por parte de un bufete de reconocido prestigio
- Elaboración final

Asociación Nacional de Establecimientos Financieros de Crédito

GUÍA DE BUENAS PRÁCTICAS EN PROTECCIÓN Y TRATAMIENTO DE DATOS 2019-2022

Elaborada por la Comisión de Tratamiento y Protección de Datos Personales de ASNEF

ACERCA DE ASNEF

Creada en 1957, la Asociación Nacional de Establecimientos Financieros de Crédito (ASNEF) es una Organización Empresarial reglada por la Ley 19/1977 de 1 de abril sobre regulación del derecho de asociación sindical y, como tal, constituye un enlace indispensable entre las entidades financieras especializadas en España en financiación al consumo y las Administraciones Públicas, otras asociaciones profesionales españolas y europeas y los usuarios de productos financieros. Con este fin, la Asociación mantiene un estrecho contacto con los organismos reguladores y supervisiones de la actividad de los asociados facilitando con su labor, a los consumidores, profesionales y empresarios el acceso a los bienes de consumo y de producción. Los Órganos rectores y de gobierno de ASNEF son la Asamblea General y la Junta de Gobierno.

La Asociación extiende sus actividades a toda España y cuenta en su seno con la práctica totalidad de las entidades financieras y de crédito especializadas y con un gran número de compañías, tanto de carácter crediticio como pertenecientes a otros sectores de actividad, siendo además un foro de debate que, a través de sus Comisiones de Trabajo, estudia las inquietudes y proyectos de las entidades asociadas con el objetivo de mejorar la actividad del crédito al consumo. Entre los fines de la Asociación se encuentran velar por el prestigio de la actividad de financiación, defender los intereses generales de sus asociados, fomentar, cultivar e impulsar el espíritu de compañerismo y solidaridad entre los miembros y promover cuantas iniciativas puedan contribuir a su desarrollo y al prestigio profesional.

ASNEF está inscrita en el Registro de Transparencia de la Unión Europea, número de identificación 11218815591-29.

1. EXPOSICIÓN DE MOTIVOS

La Comisión de Tratamiento y Protección de Datos Personales de la Asociación, de la que forman parte una gran mayoría de las entidades financieras del sector, recibió el encargo de su Junta de Gobierno, de elaborar una Guía de Buenas Prácticas a raíz del marco regulatorio alumbrado por el Reglamento europeo publicado en el año 2016.

Por ello, y con el objetivo de ayudar a nuestros asociados en una complicada transición, evitando seguramente también, incertidumbres que derivan en numerosas consultas a la Agencia Española de Protección de Datos (AEPD), surge la iniciativa en el seno de la Junta de Gobierno de elaborar esta Guía de Buenas Prácticas.

En nuestro país, el crédito al consumo representa una cifra anual de actividad que asciende a 94.279 millones de euros con un volumen de operaciones que representa el 7,57% del PIB (datos de 2019). Este volumen de actividad exige un sector de financiación moderno adaptado a satisfacer las concretas necesidades de cada cliente y basado en procedimientos ágiles, sencillos y transparentes. Evidentemente, todo ello converge en el tratamiento del dato personal y en el de su información asociada, conforme a la regulación vigente.

Especial referencia merece también en este trabajo, el concepto de crédito responsable que como obligación legal impuesta a las entidades financieras supera el criterio tradicional de análisis de la solvencia en la aceptación del crédito. No se trata ahora de valorar si el cliente tiene solvencia e incluso liquidez suficiente, sino que se va aún más allá. La entidad deberá vigilar el grado de endeudamiento del cliente y en su caso, aunque las dos primeras condiciones citadas se cumplieran, si atendiendo a las circunstancias concretas el grado de endeudamiento fuera excesivo, la entidad deberá denegar el crédito.

La Guía de Buenas Prácticas describe una aproximación a los estándares profesionales que, de una manera proactiva, las entidades asociadas promueven en el seno de sus organizaciones. Constituye, por tanto, en línea con el espíritu del Reglamento UE 2016/679 de Protección de Datos, una iniciativa fruto de la capacidad de las entidades, instituciones y organizaciones de dotarse de procedimientos y guías, orientaciones o criterios, que sirvan para dar soluciones a los problemas.

2. NORMATIVA DE REFERENCIA Y ANÁLISIS DE CONCEPTOS UTILIZADOS

2.1. Normativa de referencia

- Directiva 2008/48/CE del Parlamento Europeo y del Consejo, de 23 de abril de 2008, relativa a los contratos de crédito al consumo y por la que se deroga la Directiva 87/102/CEE del Consejo.
- Directiva 2002/58/CE del Parlamento Europeo y del Consejo, de 12 de julio de 2002, relativa al tratamiento de los datos personales y a la protección de la intimidad en el sector de las comunicaciones electrónicas (Directiva sobre la privacidad y las comunicaciones electrónicas – Directiva ePrivacy).
- Directiva (UE) 2015/2366 del Parlamento Europeo y del Consejo de 25 de noviembre de 2015 sobre servicios de pago en el mercado interior y por la que se modifican las Directivas 2002/65/CE, 2009/110/CE y 2013/36/UE y el Reglamento (UE) no 1093/2010 y se deroga la Directiva 2007/64/CE (PSD2).
- Ley 16/2011, de 24 de junio, de contratos de crédito al consumo (LCCC)
- Ley 34/2002 de 11 de julio de Servicios de la Sociedad de la Información y de Comercio Electrónico (LSSI)
- Ley 9/2014, de 9 de mayo, General de Telecomunicaciones.

- Ley 5/2019, de 15 de marzo, reguladora de los contratos de crédito inmobiliario (LCCI).
- Ley Orgánica 3/2018, de 5 de diciembre, de Protección de Datos Personales y garantía de los derechos digitales (LOPDyGDD).
- REGLAMENTO (UE) 2016/679 DEL PARLAMENTO EUROPEO Y DEL CONSEJO de 27 de abril de 2016 relativo a la protección de las personas físicas en lo que respecta al tratamiento de datos personales y a la libre circulación de estos datos y por el que se deroga la Directiva 95/46/CE (Reglamento general de protección de datos-RGPD).

La presente Guía deberá ser objeto de revisión periódica, al menos, en las sesiones que se celebren por la Comisión de Tratamiento y Protección de Datos de ASNEF, tanto ordinarias como extraordinarias, con motivo de una Resolución de la AEPD, resoluciones de los Órganos Jurisdiccionales y/o de aquella nueva normativa que requiera su adaptación.

2.2. *Otros documentos de referencia*

- Directrices 1/2019 del Comité Europeo de Protección de Datos sobre códigos de conducta y organismos de supervisión bajo RGPD.
- Guía 2/2019 del Comité Europeo de Protección de Datos sobre tratamientos en el contexto de servicios de la sociedad de información.
- Directrices WP251rev.01 sobre decisiones individuales automatizadas y elaboración de perfiles a los efectos del Reglamento 2016/679
- Guía 5/2020 del Comité Europeo de Protección de Datos Personales sobre el consentimiento bajo el RGPD.
- Guía de la AEPD para el cumplimiento del deber de informar de 22 de mayo de 2018.

- Guía de la AEPD sobre el uso de las cookies de 28 de julio de 2020.
- Informe 0195/2017 de la Agencia Española de Protección de Datos.
- Informe 232/2017 de la Agencia Española de Protección de Datos.
- Informe 173/2018 de la Agencia Española de Protección de Datos.
- Informe 2018-0181 de la Agencia Española de Protección de Datos.
- Informe 0036/2020 de la Agencia Española de Protección de Datos.
- Cualesquiera otra Jurisprudencia, Guías, Directrices o Informes de la AEPD o del CEPD que tengan incidencia en la materia.

2.3. Análisis de conceptos utilizados

2.3.1. Perfilado

Para la definición de un término como el Perfilado, se debe atender en primer lugar a lo que el propio RGPD señala en su artículo 4.4:

> *"Toda forma de tratamiento automatizado de datos personales consistente en utilizar datos personales para evaluar determinados aspectos personales de una persona física, en particular para analizar o predecir aspectos relativos al rendimiento profesional, situación económica, salud, preferencias personales, intereses, fiabilidad, comportamiento, ubicación o movimientos de dicha persona física."*

Por su parte, el Grupo de Trabajo del artículo 29 en su reunión del 3 de octubre de 2017 y ratificado por el Comité Europeo de Protección de Datos en su reunión constitutiva señala en sus Directrices sobre decisiones individuales automatizadas y elaboración de perfiles a los efectos del Reglamento 2016/679:

"La elaboración de perfiles es un procedimiento que puede implicar una serie de deducciones estadísticas. Suele usarse para hacer predicciones sobre personas, utilizando datos de distintas fuentes para inferir algo sobre un individuo, sobre la base de las cualidades de otros que parecen similares estadísticamente.

El RGPD afirma que la elaboración de perfiles es el tratamiento automatizado de datos personales para evaluar aspectos personales, en particular para analizar o hacer predicciones sobre las personas. El uso de la palabra «evaluar» sugiere que la elaboración de perfiles implica algún tipo de evaluación o juicio sobre una persona.

Una simple clasificación de las personas basada en características conocidas como su edad, sexo y altura no da lugar necesariamente a una elaboración de perfil. Esto dependerá de la finalidad de la clasificación.

Por ejemplo, una empresa podría clasificar a sus clientes según su edad o género por motivos estadísticos y para obtener una visión global de estos sin hacer predicciones ni sacar conclusiones sobre una persona. En ese caso, la finalidad no es evaluar las características individuales y, por tanto, no se trata de una elaboración de perfil.

De todo ello se desprende que, para ser considerado perfilado, el tratamiento de los datos debería reunir dos características esenciales:

- En primer lugar, una actividad de perfilado requiere, con carácter general, la obtención y almacenamiento de datos de una pluralidad indeterminada de sujetos, procedentes a su vez de una pluralidad de fuentes.
- En segundo término, la finalidad del perfilado será el establecimiento de correlaciones a partir de la información obtenida, con el objeto de inferir en una determinada persona una característica relacionada con su comportamiento, que no era conocida a priori.

2.3.2. Filtrado

Se considerará como filtrado a los efectos de la presente Guía la acción previa de consulta sobre clientes a ficheros internos o externos para evitar la comunicación y/o acciones de marketing a aquellos clientes que no serían aceptados posteriormente para contratar un producto de crédito (por cuestiones de solvencia, principalmente).

2.3.3. Segmentación

Se considera segmentar el análisis e identificación de grupos de consumidores sobre la base de criterios meramente objetivos (tales como el sexo, la edad o el área de residencia) que pueden necesitar diferentes productos o diferentes estrategias de marketing. Entre las Entidades adheridas, la segmentación se considerará la identificación y análisis de sus clientes y *prospects* de cara a las diferentes estrategias de marketing usando para ello los datos de la propia Entidad, así como los de fuentes externas a la misma, usando para ello, en función de los diferentes escenarios, la base legitimadora que corresponda de entre las señaladas por el artículo 6.1 del RGPD.

2.3.4. Fuentes públicamente accesibles

En lo que respecta a las fuentes públicamente accesibles, en el texto del RGPD únicamente se recoge una referencia en el artículo 14.2.f), bajo el epígrafe "Información que deberá facilitarse cuando los datos personales no se hayan obtenido del interesado ". En él se establece que el responsable deberá facilitar al interesado "la fuente de la que proceden los datos personales y, en su caso, si proceden de fuentes públicamente accesibles".

A diferencia de la anterior Ley Orgánica 15/1999, de 13 de diciembre, de Protección de Datos de Carácter Personal, ni el RGPD ni la LOPDyGDD contienen una lista exhaustiva de fuentes públicamente accesibles. Por lo tanto, ante la ausencia de un concepto legal de fuentes públicamente accesibles, una fuente de información se considera una fuente de acceso público, y cuyos datos pueden tratarse en función del concreto tratamiento que se realice, teniendo en cuenta y ponderando los datos utilizados, las bases de datos utilizadas, el concreto tratamiento que se lleva a cabo, así como la finalidad de la obtención de estos y su compatibilidad con el que determinó el carácter público del dato.

En este sentido se pronunció la AEPD en la 10ª Sesión Anual Abierta de la AEPD celebrada el 4 de junio de 2018, el hecho de que un dato sea accesible por cualquiera puede ser tenido en cuenta a la hora de realizar la ponderación del artículo 6.1.f) (como decía la STJUE de 24 de noviembre de 2011 sobre los asuntos acumulados C-468/10 y C-469/10[1]), pero no implica necesariamente que el tratamiento vaya a ser lícito, por cuanto se deben respetar los restantes principios del RGPD.

Por lo tanto, pueden considerarse fuentes públicamente accesibles muchos tipos de bases de datos con datos personales que los propios interesados han hecho públicos, como en las redes sociales e internet, siempre y cuando del análisis del tratamiento se desprenda el respeto de la normativa de protección de datos y, en particular, la previa ponderación del modo en que el tratamiento de los datos puede afectar a los derechos e intereses de los interesados.

En relación con las fuentes accesibles al público se ha pronunciado la AEPD en su Informe 0089/2020, con referencia a su anterior Informe 136/2018, en el que afirma que "*con el RGPD no puede hablarse de un concepto legal de fuente de acceso público como la existente con la anterior LOPD. El artículo 14.1 f) del RGPD tan sólo menciona dicho concepto para establecer la obligación del responsable del tratamiento de facilitar al interesado la información de si sus datos personales proceden de fuentes de acceso público, pero sin definir estas*".

En este sentido, en su Informe 0181/2018, la referida Agencia manifiesta que "*la normativa actual no contiene una definición*

---

1 SENTENCIA DEL TRIBUNAL DE JUSTICIA (Sala Tercera) de 24 de noviembre de 2011 (*) «Tratamiento de datos personales – Directiva 95/46/CE – Artículo 7, letra f) – Efecto directo» http://curia.europa.eu/juris/document/document.jsf?docid=115205&doclang=ES

de "fuentes de acceso público", al haber desaparecido en la normativa de protección de datos la referencia a las "fuentes accesibles al público" como causa de legitimación del tratamiento sin necesidad de consentimiento, ya que, en la actualidad, incluso en estos casos deberá concurrir alguna de las causas legitimadoras del artículo 6 RGPD. No obstante, puede seguir aplicándose como criterio interpretativo, adaptándola al contexto actual, la definición que se contenía en el artículo 3.j) de la derogada Ley Orgánica 15/1999: "aquellos ficheros cuya consulta puede ser realizada, por cualquier persona, no impedida por una norma limitativa o sin más exigencia que, en su caso, el abono de una contraprestación". Por tanto, debe tratarse de páginas web y otras fuentes en las que la consulta la pueda realizar cualquier persona, lo que excluiría otro tipo de fuentes en las que el acceso está restringido a un círculo determinado, ya sea como "amigo" u otro concepto similar".

Como consecuencia de la desaparición de las fuentes públicamente accesibles como base de legitimación del tratamiento, sostiene la AEPD en el mencionado Informe 0089/2020 que "*la circunstancia de que los datos obren en dichas fuentes no determina, sin más, la licitud del tratamiento, sino que deben tenerse en cuenta las limitaciones derivadas de la aplicación de todos los principios contenidos en el artículo 5 del RGPD, especialmente, el de limitación de la finalidad*", por lo que "*el tratamiento de los datos personales obrantes en fuentes públicas requiere, en primer lugar, que la finalidad pretendida con el nuevo tratamiento sea compatible con la finalidad que justificó la publicación de los datos*". De esta manera, la AEPD exige tener en cuenta la finalidad para la que hayan sido objeto de tratamiento dichos datos al incluirse en dichas fuentes públicas, a fin de garantizar "*que un tratamiento ulterior de los datos no infringe el principio de limitación de la finalidad, al ser tratado de una manera incompatible con los fines iniciales*". En concreto, se hace necesario atender "*a las razones concretas que han determinado la publicación de la información, especialmente cuando dicha publicación se realiza en cumplimiento de una obligación legal o por razones de interés público, y por lo tanto independiente de la voluntad de los interesados*".

Adicionalmente, mantiene el supervisor que "*[e]l tratamiento de cualquier otro tipo de datos personales u obtenidos de otras fuentes por los sujetos legitimados deberá ampararse en alguna de las bases legitimadoras del artículo 6 del RGPD y encontrarse en alguna de las excepciones del artículo 9.2 RGPD si se trata de categorías especiales de datos*" (Informe 0181/2018).

En relación con la aplicación de la base jurídica del interés legítimo, el Informe 0089/2020 señaló que "*el hecho de que los datos figuren en fuentes públicas no determina, sin más, la prevalencia del interés legítimo de los responsables para proceder a su tratamiento, y si bien puede ser una circunstancia a ponderar favorable al mismo, debe atenderse al caso concreto, teniendo en cuenta los tipos de datos y el tratamiento que se pretende realizar.* [...] *Por consiguiente, la circunstancia de que los datos obren en fuentes públicas puede ser considerada como uno de los elementos a valorar al realizar la correspondiente ponderación* [...], *pero que deberá ponderarse con el resto de circunstancias concurrentes y que en ningún caso exime del cumplimiento del resto de principios de la normativa de protección de datos de carácter personal*".

En vista de todo lo anterior, pueden extraerse las siguientes conclusiones:

- Para que una determinada fuente pueda ser considerada como públicamente accesible, debe poder ser consultada por cualquier persona, sin que exista una norma limitativa que lo impida o sin más exigencia que, en su caso, el abono de una contraprestación.
- El tratamiento de los datos personales obrantes en fuentes públicas requiere que la finalidad pretendida con el nuevo tratamiento sea compatible con la finalidad que justificó la publicación de los datos.
- El hecho de que los datos figuren en fuentes públicas no determina, sin más, la prevalencia del interés legítimo de los responsables para proceder a su tratamiento, si bien puede ser una circunstancia a ponderar favorable al mismo, aunque debe atenderse al caso concreto.

2.3.5. Interés legítimo

El RGPD contiene en su artículo 6.1 los supuestos bajo los cuales el tratamiento de datos personales será lícito, y en su letra f) considera que el tratamiento será lícito cuando:

> *"**el tratamiento es necesario para la satisfacción de intereses legítimos perseguidos por el responsable del tratamiento** o por un tercero, siempre que sobre dichos intereses **no prevalezcan los intereses o los derechos y libertades fundamentales del interesado** que requieran la protección de datos personales, en particular cuando el interesado sea un niño."*

Asimismo, el RGPD en su Considerando 47 recuerda que:

> *"El **interés legítimo de un responsable del tratamiento**, incluso el de un responsable al que se puedan comunicar datos personales, o de un tercero, **puede constituir una base jurídica para el tratamiento, siempre que no prevalezcan los intereses o los derechos y libertades del interesado, teniendo en cuenta las expectativas razonables de los interesados basadas en su relación con el responsable**. Tal interés legítimo **podría darse**, por ejemplo, **cuando existe una relación pertinente y apropiada entre el interesado y el responsable**, como en situaciones en las que el interesado es cliente o está al servicio del responsable. En cualquier caso, **la existencia de un interés legítimo requeriría una evaluación meticulosa,** inclusive si un interesado puede prever de forma razonable, en el momento y en el contexto de la recogida de datos personales, que pueda producirse el tratamiento con tal fin. En particular, los intereses y los derechos fundamentales del interesado podrían prevalecer sobre los intereses del responsable del tratamiento cuando se proceda al tratamiento de los datos personales en circunstancias en las que el interesado no espere razonablemente que se realice un tratamiento ulterior. Dado que corresponde al legislador establecer por ley la base jurídica para el tratamiento de datos personales por parte de las autoridades públicas, esta base jurídica no debe aplicarse al tratamiento efectuado por las autoridades públicas en el ejercicio de sus funciones. El tratamiento de datos de carácter personal estrictamente necesario para la prevención del fraude constituye también un interés legítimo del responsable del tratamiento de que se trate. **El tratamiento de datos personales con fines de mercadotecnia directa puede considerarse realizado por interés legítimo**."*

En la LOPDyGDD no se regula de forma específica qué debe entenderse por interés legítimo, si bien se prevé una serie de supuestos en los que se presume la licitud y la concurrencia de interés legítimo del responsable para dichos tratamientos, pero al mismo tiempo se prevé expresamente en su exposición de motivos, que ello no implica que pueda concurrir interés legítimo y resulten lícitos otros tratamientos diferentes:

> *En el Título IV se recogen «Disposiciones aplicables a tratamientos concretos», incorporando una serie de supuestos que en ningún caso debe considerarse exhaustiva de todos los tratamientos lícitos. Dentro de ellos cabe apreciar, en primer lugar, aquellos respecto de los que* ***el legislador establece una presunción «iuris tantum» de prevalencia del interés legítimo del responsable cuando se lleven a cabo con una serie de requisitos, lo que no excluye la licitud de este tipo de tratamientos cuando no se cumplen estrictamente las condiciones previstas en el texto, si bien en este caso el responsable deberá llevar a cabo la ponderación legalmente exigible, al no presumirse la prevalencia de su interés legítimo.*** *Junto a estos supuestos se recogen otros, tales como la videovigilancia, los ficheros de exclusión publicitaria o los sistemas de denuncias internas en que la licitud del tratamiento proviene de la existencia de un interés público, en los términos establecidos en el artículo 6.1.e) del Reglamento (UE) 2016/679. Finalmente, se hace referencia en este Título a la licitud de otros tratamientos regulados en el Capítulo IX del reglamento, como los relacionados con la función estadística o con fines de archivo de interés general. En todo caso, el hecho de que el legislador se refiera a la licitud de los tratamientos no enerva la obligación de los responsables de adoptar todas las medidas de responsabilidad activa establecidas en el Capítulo IV del reglamento europeo y en el Título V de esta ley orgánica."*

Junto con las presunciones legales establecidas en la LOPDyGDD, cabe igualmente hacer referencia, a modo de ejemplo y sin carácter limitativo, ni siendo numerus clausus, a otros supuestos de prevalencia del interés legítimo que se recogen en otros códigos e informes de la AEPD[2]:

---

2 De conformidad con el criterio sustentado por la AEPD en sus informes 195/201 y 173/2018.

— Publicidad a clientes de productos o servicios similares a los inicialmente contratados.

— Publicidad a clientes de productos o servicios de entidades del grupo similares a los inicialmente contratados, sin comunicación de datos.

— Publicidad a clientes de productos o servicios de entidades del grupo similares a los inicialmente contratados, con comunicación de datos, pero permitiendo la oposición en el momento de recogida.

En definitiva, resulta posible el tratamiento de los datos personales de los interesados en base al interés legítimo del responsable del tratamiento y/o terceros, sin la necesidad de solicitar el consentimiento del interesado, ya sea realizado por el propio responsable del tratamiento o por un encargado del tratamiento que lo haga en su nombre, siempre y cuando se realice una evaluación meticulosa de la concurrencia de dicho interés legítimo, y la realización de un juicio de ponderación.

Para poder valorar la concurrencia de un correcto adecuado y proporcionado interés legítimo será necesario que se ponderen adecuadamente los intereses de las partes que intervienen, por un lado, los intereses y derechos y libertades del interesado y por otro el correcto y adecuado interés legítimo del responsable del tratamiento habiéndose valorado todas las circunstancias concretas del caso. De este modo, incluso aun cuando exista una presunción legal de prevalencia del interés legítimo, deberá llevarse a cabo un examen o análisis de ponderación para demostrar la concurrencia y prevalencia del interés legítimo frente a los intereses, derechos y libertades fundamentales de los interesados, de forma que esta prevalencia quede claramente documentada.

En particular, para una correcta ponderación y para poder dilucidar si existe un interés legítimo que puede servir de base jurídica del tratamiento se tendrán en cuenta los siguientes parámetros:

i. Especificar el interés legítimo del responsable.

ii. Las expectativas y/o perspectiva para los interesados. Evaluación meticulosa en el sentido que el interesado puede prever de forma razonable, en el momento y en el contexto de la recogida de datos personales, que pueda preverse el tratamiento con tal fin.

iii. Riesgos para los derechos y libertades e impacto para los interesados con detalle de los efectos negativos para los afectados teniendo en cuenta el tipo de datos personales tratados y la forma de tratamiento.

iv. La relación pertinente y apropiada entre los interesados y el responsable. Que el interesado sea cliente o se encuentre al servicio del responsable.

v. La existencia de una habilitación para la realización del tratamiento, incorporada a una norma con rango de ley o a las disposiciones por la que se desarrolle la misma, cuando no suponga una obligación de tratar los datos.

vi. La existencia de recomendaciones específicas de realización del tratamiento de datos personales, procedentes de otros supervisores financieros, como por ejemplo el Banco de España o la Autoridad Bancaria Europea.

vii. Otras cuestiones que pueden ser más específicas de los tratamientos en cuestión

Por ello, las Entidades adheridas en todo tratamiento basado en el interés legítimo que lleven a cabo de conformidad con esta Guía de Buenas Prácticas, deben elaborar, documentar y revisar periódicamente (especialmente cuando se produzca alguna variación en el tratamiento) un Informe de Ponderación para lo cual se podrá utilizar el **modelo de informe de ponderación** que se facilita como **Anexo I**.

En todo caso, se informará adecuadamente del mismo al interesado, distinguiendo claramente en la concurrencia de interés legítimo de la finalidad del tratamiento de datos personales, con una adecuada justificación de su prevalencia. Dicha información deberá eludir la inclusión de fórmulas que pudieran interpretarse como una suplantación de la voluntad del interesado (por ejemplo, indicándole cuál es su expectativa razonable).

Asimismo, cuando las Entidades adheridas a esta Guía de Buenas Prácticas traten los datos personales de los interesados sobre la base del interés legítimo **deben informar adecuadamente del mismo** en el momento de obtención de los datos personales, de **la posibilidad de ejercitar su derecho de oposición al mismo** y la **forma de poder ejercitarlo**, así como establecer un mecanismo sencillo de oposición a dicho tratamiento.

2.3.6. Expectativa razonable

La prevalencia del interés legítimo frente a los intereses, derechos y libertades fundamentales de los interesados que se puedan ver vulnerados con el tratamiento, se encuentra especialmente centrado en la expectativa razonable del interesado de que se lleve a cabo el concreto tratamiento ponderado.

El Grupo de Trabajo del artículo 29 ya aclaró que para valorar las expectativas razonables es importante:

> *"valorar si el estado del responsable, la naturaleza de la relación o el servicio prestado, o las obligaciones legales o contractuales aplicables (u otras promesas hechas en el momento de la recogida) podría dar lugar a expectativas razonables de estricta confidencialidad y limitaciones estrictas sobre su uso posterior".*

En atención a lo anteriormente expuesto, se entiende que concurre una expectativa razonable por parte del interesado en el momento de la obtención de sus datos de que los mismos vayan a ser utilizados para llevar a cabo el tratamiento analizado.

2.3.7. Productos o servicios similares o análogos

La AEPD en su Informe 195/2017 es muy **restrictiva a la hora de considerar qué tipo de productos se pueden considerar como**

similares y se pueden remitir ofertas de ellos, poniendo de ejemplo de no similitud justamente al envío de información sobre un seguro a un cliente que ha contratado un crédito:

> *"Ahora bien, para que dicha ponderación deba efectuarse en beneficio de la entidad responsable* ***será preciso que se haga una interpretación razonable de lo que debe ser considerado como un producto o servicio similar al previamente contratado por el cliente, de forma que la habilitación que podría ampararse en la regla a la que se está haciendo referencia debería igualmente vincularse con la naturaleza de los productos y servicios previamente contratados, no extendiéndose a aquéllos respecto de los que no pueda aplicarse una identificación lógica basada en la expectativa razonable del cliente.*** *De este modo, no cabría duda de que* ***sería posible la oferta de otros productos relacionados con el ahorro o el crédito, pero sería necesario establecer ya un primer análisis restrictivo cuando la acción de publicidad se refiriese a servicios que pudieran encajar en el concepto amplio de "servicios financieros", como sucedería en el caso de los seguros.*** *Finalmente,* ***la ponderación a la que estamos haciendo referencia no operaría cuando se tratase de publicidad u oferta de productos o servicios que no guardan relación con la actividad de la entidad, sino que la acción publicitaria deriva de la existencia de un determinado acuerdo con el anunciante al que se refiriese la publicidad o afectase a productos o servicios no financieros pero ofrecidos por empresas del grupo o participadas por la entidad."***

Esta interpretación restrictiva se revisó por la AEPD en su informe 232/2017, en que, tras hacerse referencia al texto transcrito, se indicaba lo siguiente:

> *"Ahora bien, esta regla puede sufrir una excepción en los supuestos en que estos productos guarden relación con los productos o servicios contratados por el cliente. Así, por ejemplo,* ***podría considerarse dentro de la expectativa razonable*** *del cliente de una entidad con la que ha contratado un crédito hipotecario que por la misma se le ofrezca la contratación de un seguro de hogar o que cuando se ha contratado un crédito para la adquisición de un vehículo se le ofreciera al afectado un seguro de vehículos a motor. Del mismo modo, podría considerarse dentro de la expectativa razonable de un afectado que hubiera suscrito un producto dirigido a profesionales autónomos o a colectivos profesionales determinados que se ofreciese, al mismo, publicidad respecto de seguros de responsabilidad civil profesional.*

> *Quiere ello decir que, sin perjuicio de lo mantenido en el informe, sí* ***sería posible que las entidades de banca-seguros pudieran ofrecer a los clientes de la propia entidad financiera de crédito cuando el producto respecto del que se realizase la acción comercial guardase relación con los productos o servicios que se prestasen he dicho cliente****. Por el contrario, sería necesario el consentimiento del afectado, con los requisitos exigidos por el Reglamento General de Protección de Datos, en caso de que el seguro ofertado no guardase relación alguna con esos productos o servicios propios de la entidad financiera de crédito.*

De conformidad con lo expuesto, **se consideran como producto análogo o similar los créditos/préstamos y los contratos de seguro relacionados con la deuda y/o servicio o bien financiado** (como los contratos de seguro de caución o de crédito, los contratos de seguro de coche cuando el contrato de préstamo tenga la finalidad de obtener un coche, etc.) al encontrarse estrechamente vinculados, ya que, sin la existencia del contrato de crédito o préstamo, no existiría el contrato de seguro relacionado.

2.3.8. Clientes

Se trata de interesados que sean **clientes de la entidad responsable, y no de aquellos que hayan sido clientes pero que ya no lo sean**, tanto si se puso fin a la relación contractual de forma voluntaria, o se puso fin a la misma por cumplimiento o finalización del contrato, como así se afirma en el Informe de la AEPD 195/2017:

> *"Por otra parte,* ***la ponderación que acaba de realizarse sería aplicable a los supuestos en que el interesado mantuviera una relación con la entidad, sin afectar a aquéllos en que el cliente hubiese cesado en esa relación****.*
>
> *En este sentido, la propia consultante considera que son argumentos favorables a realizar la ponderación los derivados del hecho de que los clientes de una entidad vienen aceptando habitualmente esa publicidad, lo que convierte su recepción, a salvo siempre del ejercicio del derecho de oposición, en una expectativa razonable derivada del propio tratamiento. Ello supone que* ***la recepción de la publicidad de la entidad con la que se mantiene una relación puede resultar generalmente inocua para el cliente, de modo que sólo cuando éste ejerce expresa-***

mente su derecho de oposición podría considerarse que se aprecia por su parte una intromisión excesiva en su derecho fundamental a la protección de datos de carácter personal.

Sin embargo, esta conclusión no puede predicarse de aquellos supuestos en que el afectado ha decidido voluntariamente cesar en la relación con la entidad, bien por haber resuelto sobre la base de su propia decisión la relación con aquélla, bien por el hecho de haberse cumplido plenamente dicha relación sin que el afectado haya manifestado su voluntad de contratar nuevos productos o servicios de la entidad. En este caso, sin perjuicio de que pueda apreciarse un interés legítimo de la entidad en llevar a cabo la oferta de esos productos o servicios, no cabría considerar que exista una expectativa razonable en quien ya no es cliente de una entidad o lo ha sido eventualmente de seguir recibiendo las ofertas de productos o servicios de esa entidad a menos que manifieste su negativa a ello."

2.3.9. Prospects

Se trata de los interesados que hayan podido contactar con la Entidad interesándose por un producto o servicio, y siempre que ésta pueda conservar lícitamente los datos de los mismos y dirigirse a ellos para ofrecerles productos de la Entidad, en cuyo caso siempre se les informa y, en su caso, se les requiere el consentimiento para dichas acciones en caso de ser necesario.

2.3.10. Principio de exactitud de los datos

El artículo 5.1.d) del RGPD y el artículo 4 de la LOPDyGDD establecen el **principio de exactitud de los datos**, en virtud del cual el responsable del tratamiento debe velar por que los datos sean exactos y se encuentren **debidamente actualizados**.

Cuando el responsable del tratamiento proceda a actualizar los datos que le han sido facilitados por el interesado en el marco de la celebración de un contrato, dicha actualización se considerará basada en la existencia de dicho contrato. Por otro lado, en atención a lo previsto en el artículo 4.2 a) de la LOPDGDD, no será imputable al responsable la inexactitud de los datos cuando éstos hubieran sido facilitados por el propio interesado.

3. PRINCIPIOS GENERALES DEL DEBER DE INFORMACIÓN

3.1. Introducción y alcance

El RGPD establece en su artículo 12 el derecho de los interesados a ser informados acerca del tratamiento como parte del principio de transparencia y para ello establece que es necesario comunicar la información relativa al tratamiento de forma "concisa, transparente, inteligible y de fácil acceso, con un lenguaje claro y sencillo". Por otro lado, en el artículo 13 se establece la información que debe facilitarse cuando la información se obtenga del interesado. Además, el artículo 14 del RGPD impone igualmente el deber de informar al interesado acerca de las categorías de datos objeto de tratamiento, cuando no procedan directamente del interesado, así como el origen de los mismos.

El objetivo de la Guía de Buenas prácticas es establecer un marco de referencia para cumplir con el deber de información.

Para dicho marco, se han tenido en cuenta tanto la "Guía para el cumplimiento del deber de informar" de la Agencia Española de Protección de Datos, así como otras guías del Comité Europeo de Protección de Datos.

3.2. Formatos de presentación de la información

3.2.1. En papel o formato electrónico (pdf o similar)

Cuando no existan restricciones de espacio

Cuando el espacio disponible para informar no tenga un límite claro se informará siguiendo un modelo de dos capas o directamente toda la información de protección de datos. En particular:

— Primera capa

Información Básica de protección de datos	
Responsable	Identidad del responsable. Dirección y contacto del DPD
Finalidad	Descripción sencilla de los tratamientos incluyendo aquellos cuyas decisiones están basadas únicamente en el tratamiento automatizado e incluyendo elaboración de perfiles y consulta a Ficheros externos, así como una descripción sencilla de las finalidades.
Derechos	Posibilidad de ejercer los derechos de acceso, rectificación, supresión, limitación, rectificación, portabilidad, oposición y a solicitar la intervención humana o si procede oponerse a las decisiones automatizadas. [El procedimiento de cómo ejercerlo se incluirá en la segunda capa]
Categorías de datos y su procedencia	Se incluirá la referencia a las categorías de datos objeto de tratamiento y su procedencia solo si el origen es distinto del propio interesado.
Información adicional	Referencia a la existencia de información adicional en la segunda capa y en su caso en la web

La información de primera capa podrá ofrecerse en un formato similar al esquema de tabla (por ejemplo, por medio de preguntas y respuestas relativas a los aspectos básicos relacionados con el tratamiento de los datos del interesado).

— Segunda Capa

Tal y como se recoge en la "Guía para el cumplimiento del deber de informar", la información que se presente en la segunda capa ha de completar con todos los detalles la información resumida, así como añadir la información adicional, requerida por el RGPD y que no estaba presente en la primera capa. La información ofrecida en esta segunda capa debe ser completa, es decir, no omitir información por el hecho de que ya se hubiese incluido en la información básica, la cual contendrá todos los extremos previstos, respectivamente, en los artículos 13 y 14 del RGPD.

Cuando existan restricciones de espacio

En el caso de no poder incluir el modelo completo de 2 capas, se incluirá la información de la primera capa con la posibilidad de descargarse o consultar la segunda capa vía web a través de un enlace que se incorpore al documento.

3.2.2. Online

En caso de contrataciones online se incorporará la primera capa tal y como está expuesta en epígrafe 3.2.1 (cuando no exista restricción de espacio) incluyendo en cada sección un enlace o desplegable para poder revisar la información adicional o un enlace al final del mismo con la información adicional.

3.2.3. Teléfono

Para el caso de contratación de productos:

En caso de contratación telefónica se informará o leerá en la locución, al menos, los epígrafes de responsable, finalidad básica del tratamiento, derechos y la posibilidad de acceder a información adicional y el canal para obtenerla. En la locución, se indicará que los datos serán tratados para la celebración y desarrollo del contrato, a fin de incluir igualmente la finalidad esencial dentro de la primera capa.

En el caso de que la llamada se grabe, se informará de este hecho al principio de la grabación.

Si después de la contratación se le envía copia del contrato (ya sea en papel o digital), se volverá a incluir la primera y segunda capa según el epígrafe 3.2.1 o en su defecto, el enlace para obtenerlo.

Para servicios diferentes a la contratación:

Debido a que a priori no se puede saber el motivo de la llamada y con el objeto simplificar y reducir el tiempo de la llamada, la locución podrá incluir:

— Nombre del responsable.

— La indicación de que los datos serán tratados para dar adecuada atención a la solicitud que se realice

— La posibilidad de grabación de la llamada si esta opción no fue comunicada en la información de protección de datos del contrato.

— La posibilidad de obtener más información sobre el tratamiento de datos, utilizando una frase del tipo: "para más información sobre el tratamiento de sus datos puede..." (indicando de forma genérica dónde se puede obtener más información sobre protección de datos).

3.3. Cuando informar

3.3.1. Fase precontractual

En caso de que exista una fase de estudio previo del riesgo, se le informará previamente a la entrada de la información en los sistemas de aquellos tratamientos que se vayan a realizar. En particular:

— Primera capa

- La consulta de sistemas de información crediticia.
- La consulta de ficheros de prevención del fraude tanto externos como internos.
- La consulta a la CIRBE.
- La consulta a la Tesorería General de la Seguridad Social si aplica.
- La consulta a otras entidades del Grupo si aplica.
- La consulta de información de terceros si aplica.

— Segunda capa

Para la segunda capa se seguirá el igual que en el resto de los casos las recomendaciones de la "Guía para el cumplimiento del deber de informar".

3.3.2. Contrato

Tal y como recoge la "Guía para el cumplimiento del deber de informar", toda información debe ser proporcionada antes de la recogida o registro de los datos personales del contrato.

A tal efecto, resulta aconsejable que la primera capa se incorpore al propio contrato, incluyendo en el mismo las casillas que deban marcarse, en su caso, para la prestación del consentimiento, y adjuntando al contrato la información correspondiente a la segunda capa en una declaración complementaria sobre protección de datos acreditando su recepción por los medios establecidos en el apartado 3.4 siguiente.

3.4. Prueba de lectura de la información de protección de datos

El RGPD establece el deber de informar ("será facilitada por escrito o por otros medios, inclusive, si procede, por medios electrónicos") pero no la forma en la que se tiene que demostrar que se le ha facilitado.

A este respecto para demostrar que se ha facilitado la información de protección de datos se sugiere alguno de los siguientes métodos:

3.4.1. En papel o digital (pdf o similar)

Proceso verificable de puesta a disposición como, por ejemplo:

- Firma, tanto manuscrita como por OTP.
- Envío de email al interesado con toda la información de protección de datos.
- Envío de SMS al interesado con el enlace para obtener la información.

3.4.2. Online

- Casilla de he leído la política de protección de datos de marcación obligatoria.
- Botón de declaración de haber tenido disponible la información de protección de datos.
- Envío de SMS al teléfono del interesado con enlace a la información de protección de datos.
- Envío de email al interesado con toda la información de protección de datos.

3.4.3. Otros medios para reforzar la puesta a disposición

- Procedimiento en el que se estipule la obligatoriedad por parte del agente de mostrar de forma previa la información básica de protección de datos, firmada por dicho agente.
- Casilla en el sistema de contratación de “He puesto a disposición del interesado la información de protección de datos”.
- Uso de sistemas *blockchain* que asegure la trazabilidad del *Smart Contract.*

3.5. Política de privacidad en la web

La política de privacidad en la web debe recoger los tratamientos que se vayan a realizar en dicha web. En caso de ser una web con parte privada (a través de un log-in), deberá recoger todos los tratamientos que se hagan en dicha parte privada (decidiendo en cada caso si esta información será accesible solo en la parte privada).

3.6. Consentimiento

El RGDP establece en su artículo 6 el consentimiento del interesado como una de las posibles bases legitimadoras, y en su artículo 7 las condiciones para dicho consentimiento.

3.6.1. Normas de estilo

Para asegurar que se cumpla el principio de transparencia en la información, se recomienda

seguir las siguientes indicaciones.

— Uso de lenguaje claro, huyendo de tecnicismos legales.

— El consentimiento estará expresado siempre en forma afirmativa (*opt-in*).

— Se procurará en la medida de lo posible no exceder los 300 caracteres en cada consentimiento, incluyendo espacios.

— Cuando se pretenda fundar el tratamiento de los datos en el consentimiento del interesado para una pluralidad de finalidades será posible agrupar en una sola casilla aquéllas que pudieran guardar relación entre sí.

— Asimismo, será posible que el interesado pueda prestar dicho consentimiento para todas las finalidades. A este respecto se podrá incluir una casilla adicional específica (marcando esta casilla usted acepta todos los consentimientos) o en el texto de la firma de los consentimientos.

— Se utilizará en la medida de lo posible el uso de iconos.

— Se evitará el uso de la palabra "consentimiento", "consiento", etc. para aquellos tratamientos que sean necesarios para poder continuar con la contratación de un producto (por ejemplo, en el caso de ser necesario la consulta de ficheros de fraude).

3.6.2. Formas de presentación del consentimiento

3.6.3. En papel o digital (PDF o similar)

— Inclusión de casillas ya sea mediante el uso de una casilla simple (acepto) o casilla-doble (Acepto/No acepto). Las casillas deberán estar desmarcadas en todos los casos.

— Casilla de firma específica para los consentimientos (con esta firma acepto...).

3.6.4. En formato online

— Inclusión de casillas ya sea mediante el uso de casilla simple (acepto) o casilla-doble (Acepto/No acepto). Por simplicidad se recomienda el uso de casilla simple. Las casillas deberán estar desmarcadas en todos los casos.

— Inclusión de botón "*slide*" en el que se acepte o rechace. Adicionalmente se podrá incluir un tercer estado inicial (pendiente de contestar). Si solo existen dos opciones el botón estará de forma inicial como "no acepto".

3.6.5. Por teléfono

— Se leerá el texto del consentimiento. Se atenderá a la especial casuística de este medio para simplificar en la medida de lo posible el texto leído.

3.6.6. Carga de la prueba del consentimiento

La LOPDyGDD establece que un consentimiento es toda manifestación de voluntad libre, específica, informada e inequívoca por la que este acepta, ya sea mediante una declaración o una clara acción afirmativa, el tratamiento de datos personales que le conciernen. Para poder acreditar esta manifestación se seguirán alguno de los siguientes métodos:

3.6.7. En papel o digital (PDF o similar)

— Copia del documento firmado, ya sea por firma manuscrita o digital.

— Copia del documento acreditativo de la identidad.

3.6.8. En formato online

— De forma general y siguiendo la Guía 5/2020 de Comité Europeo de Protección de Datos este log deberá al menos contener: información de la sesión en el que el consentimiento fue dado, documentación del *workflow* en el momento de la concesión del consentimiento y una copia de la información que fue presentada en ese momento.

— Procedimiento verificable de la concesión del consentimiento (vía log).

— Uso de terceros de confianza.

— Uso de otros sistemas que permitan de forma robusta la verificación de la concesión del consentimiento como, por ejemplo y entre otros, *whatsapp*, *Blockchain* y *chatbot.*

3.6.9. Por teléfono

— Se grabará la contestación del interesado, previa información al mismo acerca de esta circunstancia de la grabación.

4. TRATAMIENTOS COMUNES DE LAS ENTIDADES FINANCIERAS

Las entidades financieras, en el ámbito de su actividad, realizan tratamientos de datos personales con distintas finalidades y bases de legitimación, comenzando por la obligación de crédito responsable y gestión de riesgo que lleva implícita una evaluación de solvencia del cliente, una identificación de los mismos en la lucha contra el fraude y blanqueo de capitales así como unas predicciones de riesgo basadas en comportamientos, en consultas en sistemas de información crediticia para actualización de la información o el tratamiento de datos personales que realizan en la gestión recuperatoria.

En este apartado se desarrollan los principales tratamientos de datos personales comunes a todas las entidades financieras.

4.1. Evaluación de la solvencia de un cliente para la concesión de un crédito y reevaluación de ésta durante la vida del crédito mediante consulta en sistemas de información crediticia u otras fuentes

4.1.1. Descripción del tratamiento

Antes de la celebración del contrato de crédito, la entidad deberá evaluar la solvencia del consumidor, para lo que podrá considerar la información obtenida directamente del mismo a solicitud de la entidad o del intermediario en la concesión del crédito, así como consultando otras fuentes internas y externas (incluidas las fuentes públicamente accesibles descritas en el epígrafe 2.2.4), cumpliendo siempre con la información previa al cliente, también durante la vida del crédito. La información a considerar por la entidad para la evaluación de solvencia podrá comprender la consulta de sistemas de información crediticia, así como la situación crediticia del cliente acudiendo a la Central de Información de Riesgos del Banco de España (CIRBE), así como otras fuentes públicamente accesibles siempre que se cumplan los principios del RGPD.

4.1.2. Finalidades

La consulta de sistemas de información crediticia, o cualquier otra fuente que permita determinar su solvencia, en cumplimiento con el RGPD, por parte de una entidad solo podrá suceder cuando mantenga o se vaya a concertar una relación contractual con el afectado que implique el abono de una cuantía pecuniaria o este le hubiera solicitado la celebración de un contrato que suponga financiación, pago aplazado o facturación periódica. Asimismo, durante la vida del crédito para reevaluar la solvencia.

4.1.3. Bases legitimadoras

4.1.4. Obligación legal

Los responsables del tratamiento podrán tratar los datos de carácter personal necesarios amparándose en la obligación de evaluación de solvencia para verificar los posibles incumplimientos de obligaciones dinerarias, financieras o de crédito por sistemas comunes de información crediticia y previo cumplimiento de las obligaciones que impone la vigente normativa de protección de datos en base a las siguientes normativas.

— La Ley 16/2011, de 24 de junio, de Contratos de Crédito al Consumo: concretamente en su artículo 10. 3.q), artículo 12.2.i), artículo 14.1, artículo 14.2, artículo 15.1, artículo 15. 2, y artículo 34. la consulta de bases de datos de información crediticia estará amparada en la necesidad de su consulta por la entidad crediticia para cumplir con su obligación legal de evaluación de solvencia prevista en la normativa relativa a préstamo responsable:

— Ley 5/2019, de 15 de marzo, reguladora de los contratos de crédito inmobiliario. Artículo 11 y Disposición adicional duodécima. El artículo 12 de la Ley 5/2019, de 15 de marzo, reguladora de los contratos de crédito inmobiliario (LCCI) establece el deber de consulta del historial crediticio de la CIRBE y de entidades privadas de información crediticia para llevar a cabo la evaluación de solvencia de los prestatarios o potenciales prestatarios, siempre y cuando se lleve a cabo en los términos y con los requisitos y garantías previstos en la legislación de protección de datos, respecto de los créditos inmobiliarios, respecto a los créditos al consumo al extender dicha obligación para este tipo de créditos a través de la Disposición Adicional Duodécima de la LCCI.

— La Ley 2/2011, de 4 de marzo, de Economía Sostenible: Artículo 29.1

— La Circular 5/2012, del Banco de España, a entidades de crédito y proveedores de servicios de pago, sobre transparencia de los servicios bancarios y responsabilidad en la concesión de préstamos.

— La Orden EHA/2899/2011, de 28 de octubre, de transparencia y protección del cliente de servicios: Artículo 18.1 y artículo 18.2.a).

— Directrices de la Autoridad Bancaria Europea de 29 de mayo de 2020 sobre concesión y seguimiento de préstamos (EBA/GL/2020/06).

4.1.5. Deber de información específico

Denegación de una solicitud de crédito. Si la denegación de una solicitud de crédito se basa únicamente en la consulta de un sistema de información crediticia, la entidad deberá informar al consumidor gratuitamente de los resultados de dicha consulta, únicamente cuando la denegación se deba a la consulta a los ficheros de solvencia.

4.2. Prevención y lucha contra el fraude

4.2.1. Descripción del tratamiento y su finalidad

En la sociedad en general, y en especial, en el sector financiero, el fraude se ha convertido en uno de los principales problemas, tanto para las entidades financieras en lo que hace a su negocio y actividad, como para la ciudadanía por los efectos que les repercuten directamente como consecuencia de actuaciones de los defraudadores.

En la lucha de la prevención contra el fraude en la suscripción de contratos de crédito o préstamo, especialmente respecto a los contratos celebrados online, a través de canales electrónicos, canales telefónicos o cualquier forma de contratación a distancia por su alta tasa de fraude, se pueden distinguir varios posibles tratamientos y datos personales que se recaban:

— Verificación de identidades.

— Comunicación de datos a terceros (ficheros comunes).

— Obtención de datos a través de cookies.

La finalidad de estos tratamientos es evitar que se produzcan contrataciones fraudulentas, que provoquen la comisión de delitos contra las entidades y eviten el uso de datos de terceras personas perjudicadas por parte de los defraudadores.

4.2.2. Verificación de identidades

Los responsables del tratamiento podrán tratar los datos de carácter personal que resulten estrictamente necesarios para **verificar las identidades de aquellos que han solicitado un préstamo** en aras a verificar de forma inequívoca que la persona que solicita el préstamo o crédito es realmente quien dice ser y no ha usurpado la identidad de otra persona apropiándose de su identidad realizando acciones de forma persistente y continuada inherentes a la ajena personalidad. En relación con la utilización de medios de autenticación, la identificación puede hacerse por parte de las entidades utilizando distintos sistemas, aplicaciones o herramientas, como la grabación de voz e imagen, cuando se trata de nuevos clientes. Los responsables del tratamiento podrán conservar los datos que resulten imprescindibles para acreditar que se ha llevado a cabo esta verificación.

Tales tratamientos **pueden implicar el acceso a fuentes externas de carácter público o privado que permitan verificar las identidades y cumplir el principio de exactitud del dato** (como por ejemplo la CIRBE o el censo tributario). A tal efecto, **las informaciones que consten de los interesados en fuentes públicas o se trate de datos que el propio interesado haya hecho manifiestamente públicos, podrán ser utilizadas** por las entidades financieras a estos efectos, así como las informaciones que aparezcan en redes sociales abiertas u otras fuentes públicamente accesibles.

En el uso de estos datos se atenderá en particular a la finalidad que justifica su publicidad, a fin de verificar si la misma resulta compatible con la verificación de la identidad del interesado.

En relación con la utilización de medios de identificación, la identificación puede hacerse por parte de las entidades utilizando distintos sistemas, aplicaciones o herramientas, como la grabación de voz e imagen, cuando se trata de nuevos clientes.

4.2.3. Comunicación de datos a terceros (ficheros comunes)

En la nueva normativa de protección de datos ya no se prevé una definición o regulación expresa de la cesión de datos, sino que la comunicación de los datos personales se prevé como un tratamiento en sí mismo de conformidad con el artículo 4.2 del RGPD. Por lo tanto, **la comunicación de los datos a otras entidades deberá llevarse a cabo justificándose en alguna de las bases legitimadoras previstas en el artículo 6 del RGPD** para que su realización sea lícita, **entre las cuales se encuentra el interés legítimo.**

De conformidad con el punto VI del Informe de la AEPD 195/2017 por la AEB (Asociación Española de Banca), así como el Informe de la AEPD de 2 de agosto de 2013, será lícita la creación de sistemas de información para la prevención del fraude, siempre que se acredite, mediante la regulación que establezcan sus normas de funcionamiento, que se adoptan las garantías adecuadas para preservar los derechos de los interesados y, en particular, su derecho a la protección de datos personales, quedando esta licitud vinculada al cumplimiento del principio del préstamo responsable, así como la correcta identificación de sus clientes y la veracidad de la información aportada por los mismos a las entidades adheridas, todo ello con la finalidad de evitar el fraude en la contratación de créditos/préstamos con las entidades. Esta habilitación se refiere igualmente a **la cesión a los mismos de los datos necesarios para la finalidad de prevención del fraude entre**

las entidades y las sociedades del grupo, filiales y participadas; terceras entidades o a sistemas de información comunes de prevención del fraude (por ejemplo, Fichero confirma).

4.2.4. Obtención de datos a través de cookies

En algunos supuestos las entidades pueden utilizar cookies o dispositivos similares con la finalidad de luchar y evitar el posible fraude.

Las cookies o dispositivos similares, además de la normativa de protección de datos deben cumplir con la normativa sobre servicios de la sociedad de la información que resulte aplicable (en este caso actualmente, Ley 34/2002, de 11 de julio, de servicios de la sociedad de la información y de comercio electrónico, Directiva 2002/58/CE del Parlamento Europeo y del Consejo, de 12 de julio de 2002, relativa al tratamiento de los datos personales y a la protección de la intimidad en el sector de las comunicaciones electrónicas y Guía de la AEPD sobre el uso de cookies cuya última versión actualizada fue publicada en julio del 2020).

4.2.5. Bases legitimadoras

4.2.6. Interés legítimo

Las entidades financieras, como responsables del tratamiento de los datos de clientes y potenciales clientes, **tratan los datos con la finalidad de prevención del fraude en general, amparándose en su interés legítimo como base legitimadora**, prevista en el artículo 6.1.f) del RGPD, para la licitud del tratamiento de dichos datos personales.

En cuanto al tratamiento de datos derivado de la instalación de cookies, la regla general será la de obtención del consentimiento, atendiendo al artículo 22.2 de la LSSI, a menos de que se trate de cookies técnicas. En este sentido, la Guía de la AEPD sobre el uso de las cookies, considera como técnicas las instaladas para prevenir el fraude en relación con la seguridad del servicio por lo que podrían quedar excluidas del consentimiento. En ese caso, la base jurídica del tratamiento no sería, sin embargo, el interés legítimo, sino la habilitación conferida, por vía de excepción, por el artículo 22.2 de la LSSI.

El fraude es un perjuicio para el sistema financiero cuyas consecuencias son asumidas tanto por las entidades como por los consumidores y usuarios. Cualquier mejora en este aspecto produce un beneficio automático en los clientes y potenciales clientes. Ello es debido a que en los primeros, al producirse menos casos de fraude que las entidades deben asumir, se les abarata el precio de los contratos de crédito, y respecto a los segundos, existe una mayor probabilidad de obtención de la concesión de un crédito y/o la concesión de un crédito en mejores condiciones, puesto que los métodos propuestos de lucha contra los mismos permite a las entidades realizar un mejor análisis previo del potencial deudor respecto al fraude, y en consecuencia, permite acceder a los mismos a personas a las que con otros métodos no podrían acceder puesto que no superaría el límite para asumir ese riesgo (se evitan falsos positivos).

En base a la Guía 2/2019 del Comité Europeo de Protección de Datos sobre tratamientos en el contexto de servicios de la sociedad de información, y lo previsto en el considerando 47 del RGPD, **los tratamientos para la prevención del fraude se pueden amparar en el interés legítimo**.

El tratamiento de los datos con la finalidad de prevención del fraude, resulta totalmente necesario y proporcional a la finalidad del mismo, no existiendo otro modo más moderado de conseguir la misma finalidad con la misma eficacia, y los datos tratados son los estrictamente necesarios para llevar a cabo una adecuada verificación de la identidad de los clientes y potenciales clientes, y solo se comunican los datos estrictamente necesarios para evitar posibles abusos y fraudes, sin que se traten datos adicionales o excesivos, procurando en cada caso que se trate de datos ya obtenidos del propio interesado.

Además, los datos no se tratan ni se conservan durante más tiempo del necesario para el cumplimiento de la finalidad perseguida, y en los casos que se utilicen datos obtenidos inicialmente para otras finalidades, el tratamiento se encuentra **dentro de las expectativas razonables de los interesados en el momento en el que se obtienen sus datos**, siendo un tratamiento ulterior compatible y razonable. En este sentido, es posible apreciar la expectativa razonable de que se consulten fuentes encaminadas a la evitación del fraude, por cuanto cualquier persona que entable o pretenda entablar una relación jurídica con una entidad de crédito debe razonablemente comprender que por ésta se adoptarán las medidas que resulten necesarias para verificar su identidad y evitar situaciones en las que pueda producirse un perjuicio como consecuencia de una actuación fraudulenta, incluyendo el acceso a sistemas que permitan garantizar que no concurre un supuesto de esta naturaleza.

En todo caso, las entidades adheridas y responsables del tratamiento **deben informar al cliente o potenciales clientes de dicho tratamiento**, y elaborarán y conservarán debidamente documentado, un **informe de ponderación individual y específico** sobre el tratamiento de los datos personales del cliente o potencial cliente, adaptado a la herramienta o métodos que utilicen, y el tipo de fuentes externas a las que pueda recurrir, para los tratamientos de prevención del fraude. En el mismo se detallará el concreto tratamiento, su impacto, las salvaguardas adoptadas para evitar la vulneración de los intereses, derechos y libertades fundamentales de los interesados y que, por lo tanto, pudiera probar la prevalencia del interés legítimo del interesado o de los derechos y libertades fundamentales de los clientes y potenciales clientes, sin que en ningún caso se lleve a cabo el tratamiento si se verifica la prevalencia de estos últimos. Dicho informe debe ser actualizado y renovado periódicamente, y especialmente, cuando se produce algún cambio en los tratamientos, siendo necesaria esta renovación en caso de que se opte por la recogida de datos de alguna nueva fuente.

En los supuestos en los que se lleve a cabo un tratamiento de categorías especiales de datos por tratar datos biométricos, implicando tecnologías inmaduras o invasivas, las entidades realizaran una evaluación de impacto de las operaciones del tratamiento en la protección de datos personales, y si el resultado de la evaluación de impacto concluyera que implica un alto riesgo para los derechos y libertades de las personas, no se llevará a cabo el tratamiento analizado y se planteará consulta ante la AEPD.

De conformidad con el punto VI del Informe de la AEPD 195/2017 en relación con la consulta planteada por la AEB y el Dictamen de la AEPD de 2 de agosto de 2013, referidos a la obligación de las entidades financieras del cumplimiento del principio del préstamo responsable, así como la correcta identificación de sus clientes, concurre **interés legítimo** del responsable del tratamiento, para el **tratamiento de los datos personales de los interesados prestatarios**, con la finalidad de evitar el fraude en la contratación de créditos/préstamos con las entidades, lo que incluye **la cesión de datos para la prevención del fraude entre las entidades y las sociedades del grupo, filiales y participadas; terceras entidades o a sistemas de información comunes de prevención del fraude (Fichero confirma)**.

4.2.7. Consentimiento

Las cookies o dispositivos similares prevén la necesidad de la concurrencia del consentimiento del interesado para el tratamiento u obtención de datos a través de determinadas cookies. Por lo tanto, de conformidad con lo que se ha interpretado por el Grupo de Trabajo del Artículo 29 en su Dictamen 4/2012, será necesaria la concurrencia del **consentimiento** y se basará en dicha base legitimadora la obtención de datos con la finalidad de prevención y de lucha contra el fraude **cuando se obtengan datos a través** de cookies o dispositivos de tanto de primera como de tercera parte, de sesión o persistentes.

En todo caso, quedarían exceptuados de la necesidad del consentimiento para el uso de cookies o dispositivos similares que permitan únicamente la comunicación entre el equipo del usuario y la red, las cookies técnicas dirigidas a controlar el fraude vinculado a la seguridad del servicio (conforme al apartado 1.2.1 de la Guía de la AEPD) y las que estrictamente permitan prestar un servicio expresamente solicitado por el usuario, considerándose por el GT29, en su Dictamen 4/2012 que se encontrarían exceptuadas de las siguientes cookies o dispositivos:

- Cookies de entrada del usuario.
- Cookies de autenticación o identificación de usuario (únicamente de sesión).
- Cookies de seguridad del usuario
- Cookies de sesión de reproductor multimedia.
- Cookies de sesión para equilibrar la carga.
- Cookies de personalización de la interfaz de usuario.
- Determinadas cookies de complemento (*plug-in*) para intercambiar contenidos sociales.

Dicho consentimiento podrá otorgarse a través de las modalidades expuestas en la Guía sobre el uso de las cookies de la AEPD de julio de 2020, y en las Directrices 05/2020 del Comité Europeo de Protección de Datos. La **obtención de datos a través de otro tipo de cookies** con la finalidad de prevención y lucha contra el fraude, a través de cookies técnicas se ampara en la excepción al consentimiento prevista en el artículo 22.2 de la LSSI.

4.2.8. Deber de información

En cuanto a la información requerida, en todo caso el tratamiento de fraude requiere al cliente/potencial cliente en la 1ª capa referencia y en la 2ª capa de manera detallada, tal y como se ha indicado en la Sección 3 anterior. A ese respecto, se podrán incluir los tratamientos de datos con fines de detección y prevención del fraude ante posibles casos de datos inexactos, irregulares o incorrectos.

En dicho tratamiento es importante que se informe al interesado cuando se traten datos de fuentes públicamente accesibles, o de otras fuentes privadas o públicas, así como de toda comunicación de datos a terceros o empresas del grupo que se vayan a llevar a cabo. Además, en la información se habrán de incorporar las fuentes de las que se obtendrán los datos, al tratarse, en este caso, de un supuesto en que se aplicaría el artículo 14 del RGPD, pues los datos no proceden de los interesados.

Cuando el tratamiento se base en el interés legítimo es importante que explicite en el detalle de la información cual es el interés legítimo, y cuando sea posible, incluir un breve resumen de dicha ponderación y la prevalencia del mismo. Además, resulta necesario informar expresamente del derecho del interesado a oponerse al tratamiento realizado en base al interés legítimo.

En el supuesto que el tratamiento de datos personales para la prevención contra el fraude utilice cookies, en que se requiera el consentimiento del interesado debe informarse y poseerse una política de cookies adecuada, de conformidad con la normativa sobre servicios de la información que resulte aplicable, especialmente teniendo en cuenta lo previsto en la Guía de cookies de la AEPD en su versión de julio de 2020. Como se ha expuesto anteriormente, las cookies técnicas quedan excluidas del ámbito de aplicación del artículo 22.2 de la LSSI, y, por lo tanto, no sería necesario informar ni obtener el consentimiento sobre su uso. Por el contrario, será necesario informar y obtener el consentimiento para la instalación y utilización de cualesquiera otros tipos de cookies, tanto de primera como de tercera parte, de sesión o persistentes, previstas en el apartado 1.1.2.2., debiendo informarse y obtenerse el consentimiento de conformidad con la Guía de cookies de la AEPD de julio de 2020.

La información a que se refiere el apartado no se facilitará al consumidor en los supuestos en que una ley o una norma de la

Unión Europea de aplicación directa así lo prevea, o sea contrario a objetivos de orden público o de seguridad pública.

4.3. Blanqueo de capitales

4.3.1. Descripción del tratamiento y finalidad

Las entidades financieras son sujetos obligados por la ley 10/2010 a una serie de procesos que implican el tratamiento de datos personales y en algunos casos con datos especialmente protegidos según el artículo 9 del RGPD. Estos tratamientos, que tienen así mismo en ciertos puntos impacto en la prevención del fraude son, a modo resumido:

- Verificación de la identidad
- Comprobación del origen de los fondos
- Establecimiento del riesgo de blanqueo de capitales
- Cruce contra listas negras y de personas políticamente expuestas
- Supervisión continua de la actividad para la detección de operativa sospechosa
- Reporte a las autoridades de prevención de blanqueo de capitales
- Comunicación de datos a sistemas comunes de información autorizados previamente por la Comisión de Prevención del Blanqueo de Capitales e Infracciones Monetarias

4.3.2. Verificación de la identidad

Los responsables del tratamiento tienen la obligación según el artículo 3 de la ley 10/2010 de identificar a cualquier persona física o jurídica antes de establecer cualquier relación de negocio con ellas. Por ello, las entidades financieras tienen que realizar periódicamente ciertos tratamientos para comprobar dicha identidad y titularidad real de las personas jurídicas, según sus procedimientos internos. Según reconoce dicha ley, la identificación podrá ser presencial o no presencial.

4.3.2.1. Verificación de la identidad de forma presencial

Cuando se establezca una nueva relación comercial con un interesado, la entidad financiera solicitará original y copia del DNI, NIE o Pasaporte (o el equivalente en su país de origen). La entidad guardará la copia del documento durante el periodo legalmente exigido. Durante la relación con el interesado, la entidad financiera podrá requerir nuevamente copia del documento según lo recogido en la legislación.

4.3.2.2. Verificación de la identidad de forma no presencial

El artículo 21 del Real Decreto 304/2014 señala que:

> "1. Los sujetos obligados podrán establecer relaciones de negocio o ejecutar operaciones a través de medios telefónicos, electrónicos o telemáticos con clientes que no se encuentren físicamente presentes, siempre que concurra alguna de las siguientes circunstancias:
>
> a) La identidad del cliente quede acreditada de conformidad con lo dispuesto en la normativa aplicable sobre firma electrónica.
>
> b) La identidad del cliente quede acreditada mediante copia del documento de identidad, de los establecidos en el artículo 6, que corresponda, siempre que dicha copia esté expedida por un fedatario público.
>
> c) El primer ingreso proceda de una cuenta a nombre del mismo cliente abierta en una entidad domiciliada en España, en la Unión Europea o en países terceros equivalentes.
>
> d) La identidad del cliente quede acreditada mediante el empleo de otros procedimientos seguros de identificación de clientes en operaciones no presenciales, siempre que tales procedimientos hayan sido previamente autorizados por el

> Servicio Ejecutivo de la Comisión de Prevención del Blanqueo de Capitales e Infracciones Monetarias (en adelante, Servicio Ejecutivo de la Comisión). Las Entidades Adheridas podrán implantar los sistemas de verificación de la identidad no presencial que estimen oportunos en línea con lo indicado anteriormente que sean autorizados por el SEPBLAC.

En este sentido, se pronunció el SEPBLAC de 11 de mayo de 2017 con la Autorización de procedimientos de Vídeo-identificación.

Mención especial requiere la video-identificación cuando pudiera suponer un tratamiento de datos biométricos **que se pudieran considerar datos sensibles**[3] para la identificación y, siempre que estén dirigidos a identificar de manera unívoca a la persona física según los criterios establecidos al efecto por la Agencia Española de Protección de Datos, estarán considerados como una de las categorías especiales de datos recogidos en el artículo 9 del RGPD. Para poder realizar tratamiento de datos de categorías especiales, es necesario que además concurran algunas de las excepciones marcadas en dicho artículo".

4.3.3. Establecimiento del riesgo de Blanqueo de Capitales

La ley 10/2010 establece en su artículo 7.1 la obligatoriedad de establecer un perfil de riesgo de blanqueo de capitales:

> "Los sujetos obligados aplicarán cada una de las medidas de diligencia debida previstas en los precedentes artículos, pero podrán determinar el grado de aplicación de las medidas establecidas en los artículos 4, 5 y 6 en función del riesgo y dependiendo del tipo de cliente, relación de negocios, producto u operación, recogiéndose estos extremos en la política expresa de admisión de clientes a que se refiere el artículo 26.
>
> Los sujetos obligados deberán estar en condiciones de demostrar a las autoridades competentes que las medidas adoptadas

---

3 Informe 0036/2020 del Gabinete Jurídico de la AEPD. Enlace: https://www.aepd.es/es/documento/2020-0036.pdf

> tienen el alcance adecuado en vista del riesgo de blanqueo de capitales o de financiación del terrorismo mediante un previo análisis de riesgo que en todo caso deberá constar por escrito"

Este tratamiento implica la necesidad de hacer un perfilado del cliente. Dicho perfilado, será objeto de especial atención por parte de las entidades adheridas para que no afecten a los derechos y libertades de sus clientes.

El artículo 22 del RGPD, recoge "el derecho a no ser objeto de una decisión basada únicamente en el tratamiento automatizado, incluida la elaboración de perfiles, que produzca efectos jurídicos en él o le afecte significativamente de modo similar"; sin embargo, este perfilado será lícito, al fundarse en una de las excepciones recogidas en el apartado 2 de dicho artículo, por ser una obligación legal, no cabe el ejercicio de este derecho, por lo tanto el cliente no puede oponerse a dicho perfilado. Tampoco cabe en este caso a solicitar la intervención humana tal y como establece el apartado 3 de dicho artículo al ser una obligación legal.

4.3.4. Comprobación del origen de los fondos y la titularidad real

La Ley 10/2010 establece la obligatoriedad, en algunos casos, de identificar el origen de los fondos y la titularidad real de la cuenta corriente en la que están domiciliados los pagos.

Para alcanzar dicho propósito, las entidades financieras cuentan con una serie de mecanismos para realizar dichas verificaciones, pudiendo igualmente acudir a bases de datos de terceros (tales como el Registro de Titularidades Reales regulado por la disposición adicional tercera de la Ley 10/2010). Este tratamiento está legitimado por la obligación legal recogida en dicha ley.

4.3.5. Cruce contra listas de sancionados y de personas políticamente expuestas

Los artículos 33 y 42 de la ley 10/2010 establece la posibilidad de consultar listas de personas sancionadas o investigadas respecto al blanqueo de capitales antes de establecer relaciones de negocio con personas o entidades que están en listas de sanciones o condenadas por blanqueo de capitales o con un alto riesgo de cometerlo.

Este tratamiento puede suponer el tratamiento de datos de condenas o infracciones penales según recoge el artículo 10 de la LOPDYGDD. En dicho artículo se permite dicho tratamiento si lo establece una ley, por lo tanto, se entiende habilitado por dicha ley.

Igualmente, el artículo 15 de la ley 10/2010 establece la posibilidad de consultar listas de personas políticamente expuestas, aun no siendo estás listas públicas. Para poder realizar dicho tratamiento, es necesario tratar la afiliación sindical o política, y por lo tanto el tratamiento de categorías especiales de datos, teniendo en cuenta que las listas públicas de personas que se encuentran en esta situación suelen incorporar esta categoría de datos asociada a las personas políticamente expuestas (por ejemplo, indicando el partido político por el que una persona determinada ha sido elegida parlamentario).En este caso, debe tenerse en cuenta que la consulta de estas listas tiene su base en el necesario cumplimiento de las obligaciones legales de diligencia debida establecidas no sólo en la Ley 10/2010, sino en la propia normativa del Derecho de la Unión Europea de la que dicha ley trae causa, siendo su finalidad la de garantizar la adecuada prevención del blanqueo de capitales y la financiación del terrorismo.

De este modo, es posible considerar que el tratamiento de esos datos se basa en razones de un interés público esencial, sobre la base del Derecho de la Unión y de los Estados miembros al trasponer el mismo (artículo 9.2 g) del RGPD), lo que los excluiría de la prohibición general de tratamiento de datos sensibles, existiendo asimismo una obligación legal para el tratamiento de estos datos (artículo 6.1 c) del RGPD), que sirve de base jurídica al tratamiento.

<u>Listas comunes en los grupos empresariales</u>

El artículo 24.2 de la ley 10/2010 establece la excepción al deber de revelación a las entidades del mismo Grupo. Por lo tanto, el intercambio de datos de los clientes para establecer un nivel de riesgo común entre las entidades de un mismo Grupo empresarial está legitimado por dicho reglamento y ley.

4.3.6. Supervisión continua de la actividad para la detección de operativa sospechosa

Según recoge el artículo 6 de la ley 10/2010, las entidades financieras, están obligadas a realizar un escrutinio continuo de ciertos aspectos de los clientes que conllevará el consiguiente tratamiento de sus datos personales necesarios para tal fin:

> *"Los sujetos obligados aplicarán medidas de seguimiento continuo a la relación de negocios, incluido el escrutinio de las operaciones efectuadas a lo largo de dicha relación a fin de garantizar que coincidan con el conocimiento que tenga el sujeto obligado del cliente y de su perfil empresarial y de riesgo, incluido el origen de los fondos y garantizar que los documentos, datos e información de que se disponga estén actualizados."*

4.3.7. Reporte a las autoridades de prevención de blanqueo de capitales

La ley 10/2020, de 28 de abril, de prevención del blanqueo de capitales y de la financiación del terrorismo, establece en su artículo 18, entre otras, la obligación de comunicar al SEPBLAC la operativa sospechosa, lo que implica el tratamiento de datos personales. Además, el artículo 20 establece que, en todo caso, los sujetos obligados comunicarán al Servicio Ejecutivo de la Comisión las operaciones que se establezcan reglamentariamente.

4.3.8. Finalidad

La finalidad de todos los tratamientos de este epígrafe es cumplir con la obligación legal de las entidades obligadas según la ley 10/2010 en cuanto a la prevención de blanqueo de capitales y financiación del terrorismo.

4.3.9. Bases legitimadoras

4.3.10. Obligación legal

La prevención del blanqueo de capitales es una obligación legal según recoge la ley 10/2010 y sus normativas de desarrollo, por lo tanto, en general los tratamientos estarán basados en esta base legitimadora. En este sentido se pronunció el SEPBLAC de 11 de mayo de 2017 con la Autorización de procedimientos de Vídeo-identificación. Por lo tanto, dichos tratamientos u otros que autorice el SEPBLAC, quedan legitimados por obligación legal.

4.3.11. Interés legítimo

En base a la publicación del SEPBLAC de 11 de mayo de 2017 de la Autorización de procedimientos de Vídeo-identificación, y del Dictamen 06/2014 sobre el concepto de interés legítimo del responsable del tratamiento de los datos del Grupo de Trabajo del Artículo 29 (GT29), se puede entender que **concurre el interés legítimo de la entidad financiera**, como responsable del tratamiento de los datos personales de los prestatarios, **para llevar a cabo los tratamientos necesarios para la verificación de la identidad de los prestatarios o potenciales prestatarios a la hora de contratar, con el objetivo de cumplir con sus obligaciones de verificación exigida por la normativa de blanqueo de capitales, normativa financiera, evitar el fraude y mantener los datos personales de los que es responsable debidamente actualizados y exactos.**

También concurre el **interés legítimo** en la comunicación de datos entre empresas del mismo grupo para llevar a cabo una verificación y actualización de los datos de personas intervinientes en operaciones sospechosas de fraude. En este sentido se expresa el considerando 48 del RGPD: "*los responsables que forman parte de un grupo empresarial o de entidades afiliadas a un organismo central pueden tener un interés legítimo en transmitir datos personales dentro del grupo empresarial para fines administrativos internos, incluido el tratamiento de datos personales de clientes o empleados*".

4.3.12. Información

Los tratamientos para prevención de blanqueo de capitales deben ser informados de forma genérica, incluida la posibilidad de ceder los datos al resto de entidades de un grupo empresarial o a las autoridades competentes para cumplir con las limitaciones impuestas en el artículo 32 de la ley 10/2010.

La información a que se refiere el apartado no se facilitará al consumidor en los supuestos en que una ley o una norma de la Unión Europea de aplicación directa así lo prevea, o sea contrario a objetivos de orden público o de seguridad pública.

4.3.13. Derecho de acceso

Respecto al derecho de acceso, y debido a la limitación impuesta por al artículo 32 de la ley 10/2010, no será posible atender dicho derecho en cuanto a los tratamientos efectuados para llevar a cabo el examen especial de operaciones o la cesión de datos al resto de empresas del grupo o a las autoridades competentes. Fuera de estos casos se aplicarán las normas generales relacionadas con este derecho.

4.4. Acceso a información de cuentas de proveedores de cuentas de pago (PSD2)

La Segunda Directiva sobre Servicios de Pago (PSD2) está remodelando al sector bancario. Al mismo tiempo, la introducción del Reglamento General de Protección de Datos ha tenido un gran impacto en cómo las empresas deben proteger los datos.

Las fuentes de información reguladas en la normativa deben tener presente el respeto de la protección de datos personales que ofrece RGPD. Sobre esta base, las Entidades adheridas consideran que, con la debida información clara y entendible por los consumidores y siempre contando con su consentimiento expreso para ello, los datos que se ponen a disposición de las Entidades a raíz de la vigencia de PSD2 pueden ser explotados con diferentes objetivos, entre los que se incluyen los principios del crédito responsable y el sobreendeudamiento de los clientes.

4.4.1. Descripción del tratamiento

La directiva PSD2 establece el acceso a las cuentas de pago con el fin de poder consolidar la información de varias cuentas de un mismo cliente en un mismo sitio.

Sin embargo, no limita su uso para otras finalidades, siempre que se respeten las leyes de protección de datos.

En este sentido, el sector financiero, para poder cumplir con sus obligaciones de crédito responsable, prevención de blanqueo de capitales, fraude, o para otros posibles usos, está interesado en el acceso a dicha información.

4.4.2. Finalidades

Las finalidades del acceso a esta información pueden ser múltiples y variadas, sin ánimo limitativo, se comentan alguno de los posibles usos de este tratamiento de datos:

- Identificación del origen de los fondos
- Detección de movimientos sospechosos
- Análisis de la solvencia de un individuo en el momento de concesión de un préstamo
- Análisis de solvencia de un individuo a lo largo de la vida del contrato para adelantar posibles impagos
- Análisis de los movimientos para detectar oportunidades de *cross-selling.*

  Será en todo caso necesario que las Entidades Adheridas determinen con carácter previo al tratamiento cuáles serán las finalidades para las que se procederá al tratamiento de estos datos e informen claramente de las mismas a los interesados, a fin de recabar el consentimiento al que se hace referencia en el apartado siguiente.

4.4.3. Bases legitimadoras

PSD2 establece que el "consentimiento explícito" es necesario para proporcionar servicios a los consumidores.

Las Entidades adheridas usarán los datos obtenidos de los proveedores de servicios de cuentas de pago sólo en los casos en los que el cliente preste su consentimiento.

Dicho consentimiento se referirá a la finalidad que justifica el acceso a los datos (por ejemplo, consentimiento para el acceso a los datos para verificar la capacidad de pago), siendo igualmente posible unificar en una sola casilla los consentimientos para las finalidades que pudieran resultar conexas (por ejemplo, las vinculadas con la detección del fraude o con la valoración de la solvencia).

4.5. Gestión de recobro

4.5.1. Descripción del tratamiento y finalidades

Las Entidades en su propio nombre o a través de tercero Encargados de Tratamiento, cumpliendo las instrucciones del responsable, trataran datos de carácter personal de sus clientes con la finalidad de gestionar el recobro o recuperación de los créditos o préstamos que resulten impagados.

4.5.2. Origen de los datos

4.5.3. Datos obtenidos directamente del interesado

Con carácter general, la Entidad en su propio nombre o a través de terceros Encargados de Tratamiento cumpliendo las instrucciones del responsable, se dirigirá siempre en primera instancia al Cliente con un lenguaje claro y sencillo, de forma concisa, transparente, inteligible y de fácil acceso a partir de los datos obtenidos directamente del mismo (por ejemplo: datos contractuales).

4.5.4. Datos obtenidos de un tercero

Solamente en caso de que los contactos sean infructuosos, la Entidad en su propio nombre o a través de terceros Encargados de Tratamiento en nombre y por cuenta de ella, podrá hacer uso de cualquier dato personal o información adicional obtenida que fuera necesaria para localizar a los Clientes en la medida en que sean pertinentes, adecuados y limitados a los imprescindibles en relación a la finalidad del tratamiento, esto es, cumplan con el principio de calidad y proporcionalidad y se obtengan de manera lícita.

En particular, se entiende que se puede obtener información actualizada de cualesquiera de los datos aportados por el Cliente en el momento de formalizar los contratos cuyo incumplimiento ha originado la deuda con la Entidad. No obstante lo anterior, debe señalarse que, a fin de evitar errores en el tratamiento de datos personales, tales como el tratamiento de datos de personas distintas pero con el mismo nombre que el Cliente, la Entidad y sus Encargados de Tratamiento adoptarán las medidas necesarias y actuarán con especial diligencia para confirmar que los datos no provenientes del Cliente corresponden efectivamente al mismo; en caso de que no correspondan al Cliente deberá procederse a su cancelación inmediata. En este sentido, se considera una buena práctica la existencia de protocolos internos para la verificación de datos en los que se incluyan previsiones como:

a) Contrastar los datos obtenidos con los contenidos en los contratos del Cliente o cualquier otro dato proporcionado por el mismo.

b) Utilizar los datos del DNI/NIF o cualquier otro documento identificativo del Cliente como soporte más fiable de identificación del mismo respecto de otras personas con el mismo nombre y como medio para corroborar la identidad del Cliente en estos supuestos, debiendo procederse en primer término, a verificar esta circunstancia con la persona contactada.

4.5.5. Fuentes lícitas

De conformidad con lo previsto en el punto IX del Informe de la AEPD 195/2017, así como con la jurisprudencia de la Audiencia Nacional, el tratamiento de los datos de los prestatarios que han incumplido sus obligaciones de pago obtenidos de otras fuentes se justifica en el deber de cumplimiento del responsable del tratamiento del principio de exactitud o actualización de los datos previsto en el artículo 5.1.d) del RGPD y el artículo 4 de la LOPDyGDD. De este modo, la actualización de los datos resulta lícita **respecto de aquellos datos que resultan necesarios para el adecuado mantenimiento de la relación contractual o que el prestatario esté obligado a facilitar para el desarrollo del contrato, siempre que se obtengan de fuentes de datos externas cuyo acceso no resulte contrario a la normativa de protección de datos personales**.

La Entidad o sus Encargados de tratamiento, podrán proceder a la actualización de datos de los Clientes, siempre y cuando:

a) obtengan la información de fuentes que a su vez hayan recabado lícitamente dicha información.

b) Se trate de datos de carácter personal del mismo tipo que los obtenidos en el contexto de la relación contractual con la Entidad, al mantenerse vigente dicha relación contractual y ser necesarios para el cumplimiento, desarrollo y control de la misma, inclusive la reclamación de los importes impagados.

Al objeto de actualizar u obtener información adicional, se consideran como fuentes lícitas:

- Fuentes públicamente accesibles: La Entidad o sus Encargados de Tratamiento podrán consultar fuentes públicamente accesibles al objeto de obtener información del Cliente. En relación con la información obtenida de Internet o motores de búsqueda, la Agencia en su informe 2018-0181 equipara a fuentes públicamente accesibles "aquellos ficheros cuya consulta puede ser realizada, *por cualquier persona, no impedida por una norma limitativa o sin más exigencia que, en su caso, el abono de una contraprestación"*. En el caso de Internet o Redes Sociales, debe tratarse de páginas web y otras fuentes en las que la consulta la pueda realizar cualquier persona, lo que excluiría otro tipo de fuentes en las que el acceso está restringido a un círculo determinado, ya sea como "amigo" u otro concepto similar. La Entidad o sus Encargados de Tratamiento, podrán hacer uso de estas herramientas para tratar de obtener información de los Clientes, si bien en relación con la información que se pueda obtener, aquéllas deberán valorar específicamente cada concreto supuesto; fuente de la que procede la información, tipo de información obtenida teniendo en consideración el principio de calidad y el respeto a los derechos fundamentales del Cliente de conformidad con la aplicación de la regla del interés legítimo expuestos en el art. 1, evitándose en caso de duda el tratamiento de dicha información.

  A título ejemplificativo, podrían considerarse fuentes públicamente accesibles o información públicamente disponible en Internet las siguientes:

- Los Boletines Oficiales o la última versión publicada de los directorios telefónicos y de contacto empresarial o profesional.

- Los Registros Públicos, en la medida en que su acceso sea irrestricto o se considere por quien tenga a su cargo la gestión del registro que concurren en el Asociado Adherido las circunstancias exigidas para su acceso y consulta, de conformidad a su normativa específica.

- La información divulgada por el interesado en Internet, de forma ilimitada y sin restricciones.
- La información que terceros publicitasen en Internet sobre la base de la aceptación y consentimiento del cliente, sin que existan dudas razonables acerca de dicho consentimiento.
- La información cuya divulgación en Internet se realiza por el cliente de una forma tan amplia que se supera ostensiblemente su esfera privada. En particular, pueden considerarse incluidos en esta categoría, entre otros, los datos mostrados por el cliente en sus perfiles en redes sociales cuando sean abiertos, así como los que se recogen en artículos escritos por el cliente en diarios de gran repercusión o las manifestaciones realizadas por el Cliente en blogs abiertos en Internet.
- Terceros relacionados con el Cliente o del entorno del mismo. En cumplimiento de su deber de secreto, la Entidad o Encargados de Tratamiento que contacten con terceros relacionados con el Cliente (por ejemplo, familiares no obligados al pago) no informarán bajo ninguna circunstancia de la existencia de la deuda que éste mantiene con la Entidad.

  En virtud de lo anterior, el contacto por parte de la Entidad con terceros relacionados con el Cliente o de su entorno (por ejemplo, compañeros de trabajo, vecinos o familiares y demás personas del entorno del Cliente) se limitará a dejar un mensaje al tercero en el sentido de que si contacta con el mismo le informe de que se le está intentando localizar, informando igualmente de los datos de contacto.

  Adicionalmente, se recomienda que cuando se obtengan datos del Cliente a través de dicho tercero, se deje constancia de tal circunstancia. Igualmente, se recomienda que en caso de que estas actuaciones vayan a desarrollarse por un Encargado del Tratamiento, se aporten por este las reglas o protocolos de actuación que desarrollará para contactar con los terceros.

Asimismo, los datos de dichos terceros relacionados con el Cliente serán suprimidos una vez la Entidad se ponga en contacto con el mismo y por tanto actualice los datos de este y, en todo caso, si así lo solicita dicho tercero, sin perjuicio de poder conservar la Entidad, debidamente bloqueada, la información mínima necesaria que le permita la trazabilidad sobre los datos actualizados del Cliente.

- Obtención de datos a través de detectives privados. La contratación de Detectives Privados para la obtención de datos adicionales relativos al Cliente por parte de la Entidad o sus Encargados de Tratamiento, se llevará a cabo siempre y cuando se establezcan las siguientes garantías:
  - que la obtención de datos relativos al Cliente se lleve a cabo sin utilizar medios materiales o técnicos que atenten contra el derecho al honor y la intimidad personal o familiar.
  - no destinar los datos titularidad de los Clientes para un fin distinto al que figure en el contrato.

Por lo tanto, cuando los datos utilizados para la actualización sean los necesarios para la ejecución del contrato (mismos que los recabados en el momento de la suscripción) y se utilicen fuentes de actualización de estos datos de carácter público, así como de sistemas de información crediticia o la CIRBE, de otras empresas del mismo grupo o datos que los prestatarios hayan hecho públicamente manifiestos como los que incorporase a perfiles abiertos de redes sociales o publicados en internet, se considera que prevalece el interés legítimo y no se lesionan derechos fundamentales de los interesados.

La localización a través de fuentes públicas es poco invasiva de la privacidad y en consecuencia sería proporcional el tratamiento de tales datos, siempre y cuando no se lleven a cabo tratamientos coercitivos y agresivos utilizando prácticas de videovigilancia encubierta, escuchas telefónicas, o divulgar públicamente información referida a un determinado cliente, como su condición de moroso.

Asimismo, sería recomendable exigir que, en la contratación de servicios de detectives privados, se acreditase por el detective que ha llevado a cabo una evaluación de la proporcionalidad de las medidas implementadas para la localización de los deudores, a fin de que pudiera ser tenida en cuenta como medida reforzada de responsabilidad activa en la contratación del encargado.

En cualquier caso y con independencia de la fuente de obtención de la información adicional del Deudor por parte de la Entidad o sus Encargados de Tratamiento se recomienda dejar constancia en el sistema del origen de los datos en función de la valoración que realice cada entidad.

4.5.6. Bases legitimadoras

4.5.7. Ejecución del contrato

El cobro de la cantidad debida es necesario para la correcta ejecución del contrato. Mientras se mantenga el incumplimiento del contrato por la existencia de una deuda pendiente de pago, siguen vigentes las medidas de recobro que se destinan a garantizar el cumplimiento y ejecución del contrato entre la Entidad y el Cliente. La jurisprudencia de la Audiencia Nacional confirma que la base jurídica de ese tratamiento sería la que justificó la recogida inicial (es decir, la relación contractual), reforzada por la obligación de cumplir el principio de exactitud y mantener actualizados dichos datos

Con carácter general, la posibilidad de obtener nueva información de un Cliente ya sea actualizando aquellos obrantes en poder de la Entidad ya sea obteniendo datos adicionales a aquéllos, encuentra su legitimación en el propio contrato cuyo incumplimiento ha generado la deuda.

4.5.8. Interés legítimo

Será aplicable esta base de legitimación cuando los datos obtenidos para la gestión recuperatoria sean distintos de aquéllos de los que disponga el acreedor en el marco de la relación contractual y no hayan sido facilitados por el propio interesado siempre que se acredite que son proporcionales a la finalidad de obtener el cobro de la deuda y se cumpla con el deber de información.

<u>Aplicación de reglas:</u>

El interés legítimo como presupuesto que habilita el tratamiento de datos de carácter personal reside en la Entidad, toda vez que es ésta quien ostenta el derecho a obtener el cobro de las deudas. Sobre esta premisa, se deben fijar una serie de reglas o compromisos que la Entidad o sus Encargados de Tratamiento deberán observar en el tratamiento de los datos de los Clientes al objeto de discernir si el tratamiento de datos que pretendan realizar es legítimo sobre la base de la prevalencia de un interés legítimo de la Entidad.

En todo caso se realizará el informe de ponderación para determinar la prevalencia del Interés legítimo de la Entidad.

Constituye el interés legítimo en estos casos el interés del responsable del tratamiento en recuperar con la mayor brevedad la deuda asociada a la concesión del préstamo o crédito, intentar la negociación amistosa de la deuda sin necesidad de acudir a los tribunales, así como la posibilidad de reestructuración o modificación de los términos de pago.

4.5.9. Forma, medios y procedimientos para el contacto y envío de comunicaciones a clientes y origen de obtención de datos

Se utilizarán, para la notificación de requerimientos de pago al Cliente, un medio de comunicación que garantice la confidencialidad de los datos contenidos en el mismo, evitando que terceras personas puedan acceder a los datos personales relativos al

Cliente, y en especial a la existencia y cuantía de la deuda. En este sentido, podrán tener den tener cabida cualesquiera otros medios o formatos que en un futuro pudieran existir para dicha notificación siempre y cuando cumplan con la normativa vigente.

4.5.10. Comunicación por Carta

Cuando dichas comunicaciones sean realizadas por escrito, será preferible que la Entidad o sus Encargados de Tratamiento lleven a cabo las notificaciones mediante carta en sobre cerrado a la atención del Cliente y dirigida al domicilio de éste, ya se trate del domicilio que consta en el contrato suscrito con el mismo, o de un domicilio distinto obtenido.

En caso de que se proceda a realizar una comunicación mediante carta en la parte exterior del sobre que la contenga no debe incorporarse ninguna referencia a la existencia de una deuda o su cuantía ni se hará mención de actividad de recobro más allá de la denominación social o marca de la Entidad, evitando, si es posible, cualquier referencia o término que se pudiera relacionar con mora o recobro.

En caso de que se pretenda la localización del Cliente en su lugar habitual de trabajo, se evitará en todo caso la remisión de faxes o la utilización de cualquier otro cauce que no garantice que dicha notificación y su contenido no será accesible por terceras personas distintas del Deudor, salvo que el contenido se limite a la solicitud de contacto.

4.5.11. Comunicación por SMS, correo electrónico u otros sistemas de comunicación electrónica equivalentes

La Entidad o sus Encargados de Tratamiento podrán hacer uso del número de teléfono móvil del Cliente (ya se trate del aportado inicialmente por el mismo o de un número actualizado o adicional), para la remisión de mensajes por SMS o mediante otros sistemas de comunicación electrónica equivalente. Del mismo modo podrán proceder en relación con la dirección de correo electrónico del Cliente.

Si el dato del número móvil o de la dirección de correo electrónico fue aportado directamente por el Cliente, conforme al Reglamento se presume que es exacto y, en consecuencia, se permitirá que el contenido del mensaje se refiera a las circunstancias de la deuda. Por el contrario, si dichos datos no han sido obtenidos directamente del Cliente, se limitará a indicar el nombre y apellidos del mismo y un número de teléfono o cualquier otro dato para que dicho Cliente se ponga en contacto con la Entidad, sin incluir ninguna referencia a la existencia o cuantía de la deuda.

4.5.12. Comunicación por llamadas telefónicas

La llamada a través de la cual la Entidad requiere el pago al Cliente debe realizarse en nombre propio o en el caso de un Encargado de Tratamiento, en nombre y por cuenta de la Entidad a la que representa, identificándose ésta a continuación como la entidad encargada de la gestión del cobro.

La Entidad mantendrá la conversación exclusivamente con el Cliente, y en ningún caso debe informarse a ninguna persona distinta del mismo de la existencia o situación de la deuda, salvo que dicho tercero se trate de una persona expresamente autorizada y/o apoderada por dicho Cliente; o se trate del representante legal o voluntario de este cuyos poderes comprendan la gestión de la situación crediticia del mismo.

Cuando las llamadas se efectúen al teléfono móvil proporcionado por el propio Cliente, se presumirá que él es el titular. No obstante, cuando las llamadas se efectúen a un teléfono fijo, la Entidad o sus Encargados de Tratamiento se asegurarán a través de sus protocolos de identificación, que el interlocutor es el Cliente, cesando de inmediato la acción de recobro en caso de que el interlocutor sea una persona distinta a la indicada en el párrafo anterior.

En caso de que la Entidad o sus Encargados de Tratamiento dejen un mensaje de voz en el contestador, se estará a lo previsto apartado 4.5.4.2 en relación con el contenido del mensaje.

Adicionalmente, se considera una buena práctica que la Entidad o sus Encargados de Tratamiento anoten en el sistema la realización de la llamada, incluyendo fecha y hora, y los términos de la conservación mantenida con el Cliente. En este sentido, en modo alguno deberá incluirse en el sistema valoraciones subjetivas sobre la persona del Cliente de acuerdo con lo relativo al principio de calidad de los datos.

Grabación de las llamadas: en el caso en el que la Entidad o sus Encargados de Tratamiento lleven a cabo la grabación de las llamadas con ocasión de las gestiones de recobro será

recomendable informar en el momento de la contratación o en cada una de las llamadas de la posibilidad de grabación de las mismas.

4.5.13. Encargados de tratamiento de la entidad en la actividad recuperatoria

Las Entidades de Gestión de Cobro que presten sus servicios de actividad de recobro como Encargadas de tratamiento de la Entidad se regirán, en lo no dispuesto en el presente documento, por lo establecido en el Código tipo para el tratamiento de datos de carácter personal de la Asociación Nacional de Entidades de Gestión de Cobro o por el Código de Conducta que pudiera reemplazarlo en el futuro.

4.5.14. Deber de información.

En caso de hacer uso de fuentes públicamente accesibles, se informará de esta posibilidad en la segunda capa, así como de las tipologías de fuentes a la que se va a acceder y el uso que se va a hacer de las mismas.

4.6. Desarrollo de nuevos productos

4.6.1. Descripción del tratamiento

Tratamiento de datos transaccionales obtenidos a través de los productos y/ o servicios de la entidad **para desarrollar nuevos productos y/o servicios** basados en datos anonimizados ya agregados o seudonimizados.

4.6.2. Finalidades

La aplicación de técnicas de anonimización y/o seudonimización a los datos transaccionales obtenidos por las entidades en el desarrollo de su actividad, para el desarrollo de nuevos productos y/ o servicios por la entidad.

4.6.3. Bases legitimadoras

4.6.4. Interés legítimo

a) Supuestos de anonimización

En caso de producirse la anonimización de los datos cabría diferenciar dos tratamientos, la propia anonimización y el uso posterior de los datos anonimizados, de modo que la normativa de protección de datos sólo será aplicable al primero.

Concurre el interés legítimo, previa realización del correspondiente análisis de ponderación, siempre y cuando se informe adecuadamente del tratamiento que se va a llevar a cabo, se garantice el ejercicio del derecho de oposición para dicho tratamiento, y de las garantías que se adopten para preservar la irreversibilidad del procedimiento de anonimización.

En todo caso, se seguirán en el procedimiento de anonimización las técnicas y procedimientos que hayan sido reconocidos como tales en las Guías y Directrices emanadas de la AEPD.

b) Supuestos de seudoanonimización

En el caso de seudonimización, la normativa de protección de datos aplicaría tanto al tratamiento de seudonimización como al tratamiento posterior, y la concurrencia del interés legítimo depende de cada caso. La base jurídica, en este caso, es el interés legítimo para el desarrollo de nuevos productos, siendo la seudonimización una garantía para ponderar la base jurídica del interés legítimo.

Se hace referencia a este aspecto en el Punto VIII del Informe de la AEPD 195/2017:

> *En definitiva, de lo establecido en el Reglamento General de protección de datos se desprende que, en cuanto el mismo resulte de aplicación y al menos desde que éste entre en vigor, t**anto la anonimización como la seudonimización de los datos personales llevarán aparejada la existencia de dos tratamientos sucesivos**: el que supone la propia anonimización o seudonimización a partir de los datos personales de que dispone el responsable y el que se lleve a cabo posteriormente con los datos ya anonimizados o seudonimizados. **La diferencia entre ambos supuestos estribará en el hecho de que mientras la normativa de protección de datos no será de aplicación a este segundo tratamiento si los datos han sido anonimizados, sí resultará aplicable en caso de que se haya producido únicamente una seudonimización.***
>
> *(...)*
>
> *Quiere ello decir que en el supuesto planteado si el resultado del tratamiento fuera efectivamente la obtención de datos anónimos o, incluso en mayor medida, si los datos resultantes son agregados, (...) Por ello, **en estos casos no cabe duda de que sería posible la aplicación al proceso de anonimización y agregación de la legitimación fundada en el artículo 6.1 f) del reglamento general de protección de datos.***
>
> *(...)*
>
> *De este modo, a diferencia de los procesos de anonimización **no es posible en los de seudoinimización dar una respuesta terminante a la cuestión planteada, por cuanto la aplicabilidad del artículo 6.1 f) del Reglamento dependerá de las garantías que se adopten** para preservar la irreversibilidad del procedimiento de seudonimización.*

En todo caso, como se ha indicado para los supuestos anteriormente indicados, ***será preciso informar a los interesados acerca de los tratamientos que van a tener lugar y garantizar el adecuado ejercicio por aquéllos de su derecho de oposición****, al operar éste, según el artículo 21 del reglamento, en los supuestos en que el tratamiento se funde en la regla del equilibrio de derechos e intereses prevista en el artículo 6.1 f) del reglamento.*

4.7. Inclusión en sistemas de información crediticia

4.7.1. Descripción y requisitos del tratamiento

Salvo prueba en contrario, se presumirá lícito, la comunicación por parte del acreedor de datos personales de un deudor por el incumplimiento de obligaciones dinerarias, financieras o de crédito en sistemas comunes de información crediticia, conforme establece el artículo 20 de la LOPDGDD.

4.7.2. Finalidades

Este tratamiento contribuye a la salvaguarda del sistema financiero y de la economía en general por cuanto van a permitir a las entidades financieras, por un lado, el conocer la solvencia de sus clientes y quiénes de estos clientes o potenciales clientes han incurrido en morosidad y por qué cuantía y, por otro, proporcionar igual conocimiento a las empresas ante una situación de incumplimiento de sus clientes que pudiera arrastrar a situaciones irreparables con grave quebranto, no sólo económico, sino también incluso social.

4.7.3. Bases legitimadoras

4.7.4. Interés legítimo

La legitimación del tratamiento de los datos de las deudas de los clientes de las entidades asociadas por el sistema de solvencia se fundamentaría en el interés legítimo, con arreglo al artículo 6.1. del RGPD letra f): *Cuando el tratamiento es necesario para la satis-*

facción de intereses legítimos perseguidos por el responsable del tratamiento o por un tercero, siempre que sobre dichos intereses no prevalezcan los intereses o derechos y libertados fundamentales del interesado que requieran la protección de datos personales, teniendo en cuenta la presunción de prevalencia del mismo prevista en la Ley.

Todos los tratamientos fundamentados en el interés legítimo deben ir con el informe de ponderación correspondiente.

4.7.5. Deber de información específico

La LOPDyGDD establece en su artículo 20 la necesidad de que el acreedor haya informado al afectado en el contrato o en el momento de requerir el pago de la posibilidad de ser incluido en un fichero de información crediticia.

A este respecto, se incluirá en la primera o segunda capa (o bien en el correspondiente requerimiento de pago) la posibilidad de ser incluido en todos los sistemas de información crediticia, incluyendo la dirección postal o la página web de estos responsables. :

El acreedor deberá informar al deudor en el momento en que se celebre el contrato o en el momento de requerir el pago acerca de la posibilidad de inclusión en Sistema de información crediticia, con indicación de aquéllos en los que participe. Si se opta por informar en el requerimiento, los medios para notificar al deudor, el requerimiento previo de pago y su posibilidad de inclusión en sistemas de información crediticia, deben cumplir con la obligación de poder justificar la puesta a disposición del mismo, siendo válidos tanto sistemas internos como externos a través de cualquiera de los proveedores que presten dicho servicio.

4.7.6. Corresponsabilidad en el tratamiento de datos personales

Conforme al artículo 20.2 de la LOPDGDD, las entidades que mantengan el sistema y las acreedoras, respecto del tratamiento de los datos referidos a sus deudores, tendrán la condición de corresponsables del tratamiento de los datos, siendo de aplicación lo establecido por el artículo 26 del RGPD.

4.8. Perfilado y filtrado para acciones comerciales

4.8.1. Descripción del tratamiento

Concretamente, se deben distinguir **varios tratamientos diferentes que pueden tener lugar**, pero todos ellos buscan satisfacer la misma finalidad consistente en el envío de ofertas

comerciales a interesados relacionadas con productos de crédito que se adapten a sus necesidades:

— Filtrado: de conformidad con la definición prevista en el apartado 2.2.2.

— Elaboración de perfiles: de conformidad con la definición prevista en el apartado 2.2.1.

— Segmentación: de conformidad con la definición prevista en el apartado 2.2.3.

— Consulta a sistemas de información crediticia.

— Consultas a otras fuentes adicionales de datos.

4.8.2. Filtrado, elaboración de perfiles y segmentación

Hay que señalar que dichos tratamientos en sí mismos nunca determinarán una clasificación cerrada de los clientes. Los tratamientos serán considerados como una herramienta más para alinear la expectativa de los clientes respecto de la concesión del crédito (no ofrecer una financiación a un cliente a quien posteriormente se le denegará) y la concurrencia del interés legítimo como base legitimadora para el envío de acciones comerciales y así también optimizar las campañas de marketing que por los diferentes medios de comunicación realizan las Entidades.

La segmentación, filtrado y perfilado de los clientes tendrá el objetivo primordial de poder ofrecer a cada cliente el producto más adecuado a sus características para evitar el sobreendeudamiento de los mismos y, de igual forma, cumplir con los principios del crédito responsable. Tanto la denegación de una solicitud como la exclusión del cliente de los diferentes segmentos comunicables se orienta al cumplimiento de los aspectos citados y su aplicación se rige por los criterios fijados por las entidades reguladoras y supervisoras. Además, al requerirlo el cliente, se proporcionarán por la Entidad las explicaciones necesarias para el buen entendimiento por parte del cliente de la denegación de la solicitud o la exclusión de las campañas comerciales. Dicha información no comprenderá aquellos elementos considerados confidenciales o que integren el *know-how* de las Entidades adheridas. A estos efectos se entiende que, en caso de existir decisiones automatizadas, la lógica empleada en las mismas no comprenderá los elementos señalados con anterioridad. El *scoring* de riesgos se considera información confidencial de la entidad en la que sólo se pueden dar informaciones genéricas para evitar un uso indebido que vaya contra la seguridad del sistema financiero

El perfilado deberá ser dinámico de forma que pueda cambiar encuadrando a los clientes en diferentes segmentos, que no serán compartimentos cerrados, sino que servirán para poderle ofrecer los productos adecuados en cada momento, en función de la información de los consumidores, de las necesidades de la Entidad o de los productos que puedan ofrecerse a los clientes en cada momento de acuerdo con sus necesidades o del simple hecho de su predisposición a adquirir los productos de las Entidades.

Las Entidades, sobre la base de las diferentes bases legitimadoras de tratamiento, podrán usar **los datos que posean de sus clientes o datos provenientes de otras fuentes** para ofrecerles los productos más adecuados para los mismos en cada momento. En este punto, dichas actuaciones siguen basándose siempre en el primordial respeto a los principios de lucha contra el sobreendeudamiento y respeto de los principios del crédito responsable.

4.8.3. Uso de fuentes de información adicionales

Como se ha expuesto anteriormente, para el filtrado, segmentación y perfilado, **las Entidades pueden utilizar los datos propios de la Entidad, y de otras fuentes de información externas,** concurriendo siempre una base legitimadora adecuada para la consulta a dichas fuentes de información externas.

Las **fuentes públicamente accesibles** que, sin realizar una lista de numerus clausus, se contempla tanto en el RGPD como en la LOPDyGDD, **son consideradas por las Entidades adheridas como fuentes de información aptas con las que complementar la información que posea cada Entidad para la realización de segmentaciones, filtrados, y/o perfilados, siempre que la finalidad que justifica que los datos sean públicamente accesibles a partir de las fuentes consultadas sea compatible con la perseguida por la entidad.**

Las Entidades adheridas, a la fecha de aprobación de esta Guía de Buenas Prácticas, entienden que el uso de la información existente en fuentes públicamente accesibles requerirá, para cada una de ellas, el **juicio de ponderación suficiente** entre las finalidades de dichos tratamientos y los derechos y libertades de los interesados y requerirá, en caso de no ser favorable el resultado de la ponderación, el **consentimiento del cliente**, que podrá obtenerse bien en el momento en que comience la relación con la Entidad adherida, bien en cualquier otro momento de la relación negocial entre cliente y Entidad, siempre anterior al tratamiento de los datos.

4.8.4. Finalidad

La finalidad de este tratamiento es poder **ofrecer a los clientes** y, en su caso, para las Entidades que lo contemplen, ***a los prospects*****, el producto adecuado a sus necesidades** en cada momento sobre la base del respeto de los principios del crédito responsable y del adecuado control del riesgo de crédito y sobreendeudamiento.

Sin embargo, dicha finalidad, en ningún caso actúa como límite o barrera para poder tener acceso al crédito por parte del cliente, sino que lo que se busca es facilitarle el acceso a un producto más adecuado a la situación económica en la que se encuentre en ese momento. De ahí que se señale que ni el perfilado ni el filtrado se configuren como elementos estáticos para la contratación de un crédito/préstamo.

Las referencias realizadas a los clientes se entenderán hechas tanto a éstos como *prospects*, de conformidad con la definición del apartado 2.2.8.

El tratamiento de los datos de clientes para la finalidad descrita **conlleva unas directrices muy claras con la consulta de los ficheros externos, preferentemente los sistemas de información crediticia, en atención a la resolución de la AEPD PS/00059/2020 sobre el artículo 21.2 de la LSSI (sobre la no necesidad de consultar listas de exclusión públicas).**

Estas consultas no suponen una segmentación con afectación a los derechos de éstos, sino la posibilidad de alinear la expectativa de los clientes respecto de la concesión del crédito, es decir, no ofrecer una financiación a un cliente a quien posteriormente se le denegará.

Así, se pretende evitar distorsiones entre el deseo del cliente y la necesidad de control del riesgo por parte de la Entidad, adecuando la oferta a realizar a la posibilidad de pago del cliente.

4.8.5. Bases legitimadoras

Las Entidades adheridas quieren hacer especial hincapié sobre **dos bases legitimadoras** muy importantes en este punto, de entre las contempladas en el artículo 6 del RGPD, **el interés legítimo y el consentimiento**.

4.8.6. Interés legítimo

Tal y como ya consta en la presente Guía de Buenas Prácticas, la consulta con carácter previo a dichos ficheros para la exclusión de clientes de campañas publicitarias se encuentra amparado en el interés legítimo de las Entidades adheridas. Dicho esto, la invocación del interés legítimo no es óbice para que las Entidades adheridas realicen el juicio de ponderación necesario para la aplicación de la mencionada base jurídica habilitadora del tratamiento.

Así, de acuerdo con el considerando 47 del RGPD, las **acciones para el tratamiento de datos personales con fines de mercadotecnia directa pueden considerarse realizadas por interés legítimo** en determinados supuestos.

Se considerará interés legítimo para el tratamiento de datos con fines de marketing o mercadotecnia, la base de legitimación para el tratamiento de datos personales que posibilitará el mismo cuando, realizada la ponderación prevista en el RGPD, el interés de la Entidad prevalezca sobre el interés o los derechos y libertades fundamentales del interesado que requieran protección conforme a lo dispuesto en el artículo 1 del RGPD.

Por el contrario, no se considerará que existe interés legítimo si los derechos fundamentales o intereses de los interesados a los que se refiera el tratamiento de los datos han de prevalecer sobre el interés legítimo en que el responsable o el tercero pretende fundamentar el tratamiento o la cesión de los datos de carácter personal.

Las Entidades adheridas, cuando usen la base legitimadora del interés legítimo, habrán realizado previamente una evaluación de riesgos del tratamiento y, en su caso, una evaluación de impacto de protección de datos. Dichas evaluaciones podrán ser compartidas entre los miembros adheridos a la Guía habiendo sido preparadas en el seno del mismo y estando a disposición de las Entidades adheridas, como base o guía para sus propios modelos internos.

En este punto **se diferencian las acciones de marketing dirigidas a los clientes** de la Entidad **y a los no clientes o *prospects*.**

— Un **cliente** será aquél que mantenga al menos una relación contractual, de cualquier producto, con la Entidad, bien de activo o de pasivo.

— Prospects, se definen en el apartado 2.2.9.

Por lo que respecta a los que han dejado de ser clientes de la entidad y no hubieran otorgado su consentimiento expreso una vez finalizado el contrato, sería de aplicación del artículo 21 de la LSSI 34/2002, que prevalece sobre el RGPD y la LOPDGDD por ser ley especial. En consecuencia, durante un plazo razonable[4], podría remitirse la publicidad relativa a productos y servicios similares a los previamente contratados exclusivamente por medios electrónicos.

Las Entidades adheridas se comprometen a realizar consulta a las listas de exclusión publicitaria en los casos que legalmente procedan.

4.8.6.1. Envío de comunicaciones comerciales

El tratamiento de datos para el envío por las Entidades adheridas de comunicaciones comerciales **por medios electrónicos** se encontrará amparado por lo dispuesto en el artículo 21.2 de la LSSI cuando las comunicaciones se refieran a productos y servicios propios de la entidad y similares a los previamente contratados por el cliente. Dada la condición de ley especial de la LSSI y la prohibición de adoptar medidas o gravámenes adicionales sobre las normas de privacidad en las telecomunicaciones, de las que deriva dicho artículo (art. 95 del RGPD), los responsables del tratamiento no estarán obligados a la adopción de ningún tipo de análisis adicional, siendo suficiente la habilitación legal establecida.

No obstante, será necesario otorgar al interesado la posibilidad de oponerse al tratamiento de sus datos con fines promocionales mediante un procedimiento sencillo y gratuito, tanto en el momento de recogida de los datos como en cada una de las comu-

---

4 Sin perjuicio de que la AEPD fije el futuro un plazo diferente, la CNIL francesa ha fijado como plazo razonable 36 meses.

nicaciones comerciales que le dirija. Este medio deberá consistir en la inclusión de una dirección de correo electrónico u otra dirección electrónica válida donde pueda ejercitarse este derecho cuando las comunicaciones hubieran sido remitidas por correo electrónico.

La realización de comunicaciones comerciales **por medios no electrónicos**, se basará en el interés legítimo de la propia Entidad cuando se trate de clientes y respecto de productos propios **o de entidades pertenecientes al grupo empresarial (de conformidad con el concepto de grupo de sociedades del artículo 42 del Código de Comercio) de la entidad adherida**, de préstamo/crédito, y por lo tanto, iguales o similares a los previamente contratados por el cliente (seguro vinculado a financiación o al bien financiado). a los previamente contratados por el cliente

También podrá basarse en el interés legítimo de la propia Entidad la comunicación de los datos de sus clientes a entidades pertenecientes a su grupo empresarial para que estas realicen publicidad de sus productos o servicios, siempre que estos sean similares a los inicialmente contratados por el cliente a la entidad adherida[5]. En este caso, deberá facilitarse al interesado la posibilidad de oponerse en el momento de recogida de sus datos o en cualquier otro momento, ante cualquiera de las entidades del grupo.

En consecuencia, el envío de comunicaciones comerciales electrónicas sobre productos o servicios propios a clientes es plenamente legítimo en virtud de lo previsto en el artículo 22.2 de la LSSI, y también resulta legitimo en el supuesto de las comunicaciones comerciales no electrónicas, de conformidad con el criterio de la AEPD en su Informe 195/2017, a través del cual afirman que si para las comunicaciones electrónicas que tienen un

---

5 Los supuestos mencionados aparecen recogidos como supuestos de presunción de prevalencia del interés legítimo (sin perjuicio de la necesaria realización del correspondiente informe de ponderación) en el apartado 7.2.2 del Código de Conducta de Autocontrol, inscrito en la AEPD. En la ce: https://www.aepd.es/es/documento/codigo-conducta-autocontrol.pdf

régimen más estricto (electrónicas), este tipo de publicidad está permitida, siempre y cuando se cumpla con los mismo requisitos, también se entiende permitido para el envío de comunicaciones comerciales a través de otros medios no electrónicos.

En la interpretación del concepto de "servicios similares" debe tenerse en cuenta la interpretación efectuada por la AEPD en su Informe 232/2017, citado en el apartado 2.3.7 de esta Guía.

4.8.6.2. Filtrado, perfilado y/o segmentación

En relación con el filtrado, la elaboración de perfiles y la segmentación, se considera que podría ser un tratamiento amparado en el interés legítimo del responsable del tratamiento al tratarse de una medida necesaria justamente para asegurar la concurrencia de la base legitimadora del interés legítimo, puesto que el cliente tendría la expectativa de que le ofreciesen productos que pueda contratar., mientras que no concurriría dicha expectativa razonable en el supuesto que se le ofreciesen productos que no puede contratar. De este modo, realizando dichos tratamientos, se favorece el cumplimiento de la expectativa razonable del interesado que recibe las ofertas (ya que tras realizarse el filtrado se remiten sólo ofertas de productos que el destinatario pueda contratar), y al mismo tiempo se garantiza el control del sobreendeudamiento, que la entidad responsable debe llevar a cabo en cumplimiento de los principios relacionados con el control del riesgo respecto al crédito responsable.

No obstante, la aplicación de la base jurídica del interés legítimo dependerá en función del tipo de actividad desarrollada por la entidad adherida, atendiendo a si la misma ha de ser considerada como perfilado, filtrado o segmentación y, por tanto, a criterios tales como (i) la tipología de los datos objeto de tratamiento; (ii) el hecho de que del tratamiento puedan inferirse datos del interesado que no se derivan directamente del contenido de aquél; (iii) la utilización para esta actividad de datos que ya obren en poder de la entidad o procedan de terceras fuentes; o (iv) la antigüedad de la información tratada para la realización de este tratamiento.

Las entidades adheridas utilizan dicha habilitación para la realización de perfilado, filtrado y/o segmentación previa a las acciones de marketing. Como se ha mencionado, el filtrado se lleva a cabo tras consultar ficheros internos y externos para excluir a dichos clientes de las comunicaciones comerciales.

El RGPD, como se ha mencionado en la exposición de motivos, afirma que la elaboración de perfiles es el tratamiento automatizado de datos personales para evaluar aspectos personales, en particular para analizar o hacer predicciones sobre las personas. El uso de la palabra «evaluar» sugiere que la elaboración de perfiles implica algún tipo de evaluación o juicio sobre una persona, que fundamentalmente permite inferir o predecir, a partir de información obtenida de la misma, datos o tendencias que revelan su propensión a la adquisición o contratación de un determinado producto o servicio.

Frente a ello, la segmentación consistiría en una simple clasificación de las personas basada en características conocidas como su edad, sexo y altura, que no da lugar necesariamente a una elaboración de perfil. Por ejemplo, una empresa podría clasificar a sus clientes según su edad o género por motivos estadísticos y para obtener una visión global de estos sin hacer predicciones ni sacar conclusiones sobre una persona. En ese caso, la finalidad no es evaluar las características individuales ni predecir o inferir ningún tipo de propensión de los clientes y, por tanto, no se trata de una elaboración de perfil.

De este modo, existirán más indicios que permitirá la aplicación de la base jurídica del interés legítimo en los supuestos de realización de una mera segmentación de clientes, siendo necesario en caso de llevarse a cabo un perfilado atender a los criterios que se han indicado más arriba. En todo caso será necesaria la realización del correspondiente informe de ponderación del interés legítimo prevalente.

Por otra parte, como se analizará posteriormente, el filtrado de los clientes a partir de la información recabada como consecuencia de la consulta de sistemas de información crediticia (al encontrarse la Entidad Adherida legitimada para llevarlo a cabo como consecuencia de la previa existencia de una relación contractual con el cliente) no debería ser considerado como un tratamiento que implique un perfilado intrusivo de los señalados en el Informe 195/17 de la Agencia Española de Protección de Datos, limitándose la Entidad Adherida a tomar en cuenta información lícitamente obtenida para llevar a cabo una segmentación de clientes, diferenciando los mismos en función de su mayor o menor nivel de solvencia.

No obstante, las Entidades adheridas consideran que, para la realización de acciones de marketing ofreciendo a sus clientes productos de terceras entidades comercializados por las Entidades adheridas, podría ser considerado un tratamiento que conlleve un mayor grado de intrusismo en la esfera privada de los clientes y será como principal base jurídica de tratamiento el consentimiento.

4.8.6.3. Consulta a otros ficheros de información adicional

En un contexto claramente evolucionado en cuanto a los medios y formas de realizar las selecciones de las personas físicas objeto de las acciones de marketing, **las Entidades adheridas consideran que las acciones de mercadotecnia directa pueden ser realizadas por ellas previa consulta de fuentes de información interna o externa**.

Como se ha expuesto en apartados anteriores, y siempre previa la realización del correspondiente análisis de ponderación que, en particular, tenga en cuenta la finalidad por la que se ha procedido al tratamiento de los datos en cada una de las fuentes y su compatibilidad con la que justifica su tratamiento por las Entidades Adheridas, **dichos tratamientos se encuentran justificados en el interés legítimo del responsable del tratamiento que busca garantizar la verdadera concurrencia de un interés legítimo del propio receptor de las acciones de marketing y de su expectativa razonable** del mismo en que se lleven a cabo, en aras garantizar que se le ofrezcan productos que realmente puedan contratar. Asimismo, **ayuda a garantizar un adecuado cumplimiento de los deberes de préstamo responsable de la Entidad, y a no crear una confusión en el receptor sobre su propia capacidad de endeudamiento**.

Además, las Entidades adheridas, como ya consta en epígrafes anteriores, consideran que en el ámbito del control del sobreendeudamiento y del cumplimiento de los principios del crédito responsable, el perfilado, el filtrado y/o las segmentaciones de sus ficheros de datos personales de sus clientes con la consulta a dichos ficheros es un elemento fundamental para el cumplimiento de las referidas normas.

Las Entidades tienen la obligación de mantener a sus clientes libres de sobreendeudamiento y, en general, son sujetos obligados para el cumplimiento de las obligaciones de crédito responsable, teniendo la obligación de ofrecer a sus clientes los productos más apropiados para ellos en cada momento.

En aras de cumplir estas obligaciones, la imposibilidad de consultar este tipo de ficheros con carácter previo a la selección para remitir a los clientes ofertas comerciales, supondría así mismo la imposibilidad real de poder cumplir las normas de crédito responsable y de evitar el sobreendeudamiento del consumidor.

En este sentido y como ya consta en la presente Guía de Buenas Prácticas, la consulta con carácter previo a los ficheros de solvencia para la exclusión de clientes de campañas publicitarias se considera que se encuentra amparado en el interés legítimo de las Entidades adheridas. Dicho esto, la invocación del interés legítimo no es óbice para que las Entidades adheridas realicen el juicio de ponderación necesario para la aplicación de la mencionada base jurídica habilitadora del tratamiento.

En definitiva, **las Entidades podrán consultar otras fuentes internas y externas de datos para realizar un filtrado, perfilado y/o segmentación para evitar el envío de comunicaciones comerciales no adecuadas para el interesado** que las recibe. **En los supuestos**

en los que se trate de una fuente accesible al público, las Entidades se basan en la base legal del **interés legítimo** para realizarlo, siempre y cuando se haya realizado previamente un juicio de ponderación, teniendo en cuenta las características concretas de la fuente a la que se consulta y el alcance de dichas consultas, y del resultado del mismo, el interés legítimo prevalezca sobre los intereses, derechos y libertades fundamentales del interesado que puedan verse afectados por el tratamiento, y se asegurará de implantar y mantener las medidas y garantías adecuadas para que dichos derechos, intereses y libertades no se vean afectados.

4.8.6.4. Uso de la información derivada de los sistemas de información crediticia

Con el fin de poder ofrecer los productos más adecuados a cada cliente, las Entidades adheridas, sobre la base del interés legítimo como se ha expuesto en el apartado anterior, **podrán excluir de sus comunicaciones comerciales y acciones de marketing a aquéllos de sus clientes que, tras haber consultado sistemas de información crediticia (sobre la base de su relación previa con la Entidad Adherida), consideren que no deben recibir dichas comunicaciones comerciales**. Las directrices descritas que respetarán las Entidades adheridas se referirán a acciones comerciales dirigidas a clientes y sobre campañas de marketing de productos propios de la Entidad o de productos de terceros relacionados con éstos.

En cualquier caso, las Entidades adheridas realizarán posteriores estudios de la solicitud, de forma que las acciones comerciales realizadas en **ningún caso se consideran vinculantes para la concesión** del producto ofertado.

Dentro de la legislación del crédito al consumo, los sistemas de información crediticia se configuran como necesarios atendiendo, como ya se ha mencionado al artículo 14.1 de la Ley 16/2011, de 24 de junio, de contratos de crédito al consumo, y la Ley 5/2019, de 5 de marzo, reguladora de los Contratos de Crédito

Inmobiliario, que configura como necesaria la consulta a sistemas de información crediticia en su artículo 12 señalando como una obligación dicha consulta. Todo ello ampara la consulta continuada de las Entidades adheridas a los ficheros referidos de los datos de los clientes mientras éstos mantengan una relación contractual, incluyendo también si la Entidad adherida, estando finalizada la relación contractual, ha informado de esta posibilidad al cliente para una vez haya finalizado la misma, durante un tiempo razonable y teniendo en todo momento el cliente la posibilidad de oponerse a dicho tratamiento. Por tanto, este tratamiento no obedecerá al concepto de perfilado entendiendo por tal la definición que señalan las Directrices sobre decisiones individuales automatizadas y elaboración de perfiles a los efectos del Reglamento 2016/679 del Grupo de Trabajo del artículo 29.

4.6.8.5. Consentimiento

Los tratamientos necesarios para la realización de acciones de marketing por parte de las Entidades adheridas, a través de medios electrónicos y no electrónicos, que no puedan ampararse en el interés legítimo, se realizaran en base al consentimiento.

4.6.8.6. Envío de comunicaciones comerciales de productos de terceros o de productos propios a no clientes

El **envío de comunicaciones comerciales por las Entidades adheridas a través de medios electrónicos y no electrónicos, de productos de terceros o de productos propios a no clientes**, **salvo que pueda concurrir otra base legitimadora** adecuada de conformidad con la normativa de protección de datos y concurra una expectativa razonable, se basará en el **consentimiento**.

En este supuesto, las Entidades adheridas garantizaran la obtención de un consentimiento adecuado y que el mismo no haya sido revocado. En la obtención del consentimiento el interesado será debidamente informado de la finalidad del tratamiento y de la posibilidad de retirar el mismo, debiendo facilitarse un modo de revocarlo tan sencillo como el que se utilizó para otorgarlo.

Cuando los datos los interesados se hubieran facilitado a las Entidades Adheridas por terceras empresas (por ejemplo, en caso de cesiones temporales de uso de los datos otorgadas por terceros), el cedente de los datos deberá indicar expresamente que cuenta con el consentimiento de los interesados y que el mismo ha sido recabado conforme a las exigencias contenidas en el RGPD y la LOPDGDD para su comunicación y posterior utilización para el envío de comunicaciones comerciales.

Cuando los datos de los no clientes fueran obtenidos directamente por las Entidades Adheridas, el consentimiento otorgado para fines publicitarios deberá facilitarse de forma separada al resto de información que se facilite al interesado, y el consentimiento otorgado para el envío de publicidad de terceros debe ser diferenciado al consentimiento otorgado para el envío de publicidad propia. Del mismo modo, si se pretendiera la cesión de datos a terceros ajenos al grupo al que pertenezca el responsable para la realización de acciones comerciales de sus propios productos este consentimiento debería también diferenciarse claramente de los dos anteriores.

Cuando se pretenda que la publicidad sea personalizada, podrá obtenerse un único consentimiento para la elaboración de perfiles y la realización de publicidad.

4.6.8.7. Consulta a fuentes adicionales de datos

En los supuestos en los que las Entidades adheridas realicen consultas a otras fuentes externas de datos para la realización del previo filtrado, perfilado y/o segmentación para el envío de comunicaciones comerciales, **en los que no concurra el interés legítimo** como se ha expuesto en apartados anteriores, la Entidad **basará el tratamiento en el consentimiento adecuadamente obtenido del interesado, previa la especificación de los tipos de fuentes de las que se obtendrán dichos datos.**

4.8.7. Deber de información

Las Entidades adheridas, además de cumplir con el resto de exigencias en su deber de información previstas por la normativa, en este tipo de tratamientos, debe asegurarse en todo momento de informar adecuadamente de los tratamientos que se van a llevar a cabo, las bases legales en las que se justifican y de las finalidades de los mismos, debiendo informar expresamente de su derecho oponerse a la recepción de este tipo de comunicaciones comerciales y a la elaboración de perfiles, y de su derecho de retirar el consentimiento en el momento de la obtención de los datos o del consentimiento.

Asimismo, en cada comunicación comercial que se envíe por medios electrónicos por las Entidades adheridas a sus clientes se informará de nuevo de su derecho a oponerse al tratamiento y a retirar el consentimiento, facilitando el modo de llevarlo a cabo, sin necesidad de consultar los ficheros de exclusión publicitaria existentes de conformidad con la LSSI.

4.9. Comunicaciones de datos de grupo

4.9.1. Descripción del tratamiento

Consiste en el tratamiento de datos de clientes de otras empresas del mismo grupo de empresas que desarrollen actividades similares o análogas, y la comunicación de los datos entre las mismas.

4.9.2. Finalidades

El tratamiento y la comunicación de datos entre las empresas del mismo grupo se pueden llevar a cabo con las siguientes finalidades:

— Finalidad de llevar a cabo tareas y funciones por fines administrativos, de ahorro de costes y de facilidad de gestión.

— Finalidad de actualizar los datos de contacto de sus clientes que resultan necesarios para la ejecución del contrato suscrito.

— Finalidad de prevención del fraude.

— Cualquier otra finalidad recogida en guías regulatorias emitidas por autoridades supervisores, tanto nacional como europea, que afecten a las entidades.

4.9.3. Bases legitimadoras

4.9.4. Interés legítimo

Todos los tratamientos fundamentados en el interés legítimo deben ir con el informe de ponderación correspondiente.

Se entiende que concurre el interés legítimo en la comunicación de datos dentro del grupo, cuando tienen una gestión centralizada en un mismo organismo, **para fines administrativos internos**, de conformidad con lo previsto en el considerando 48 del RGPD, y en la Guía para el tratamiento de los datos personales por las entidades aseguradoras de 7 de febrero de 2019 (por ejemplo, para la gestión centralizada de recursos informáticos). Asimismo, en la mencionada Guía se prevé la cesión intragrupo de intercambio de información dentro de un grupo de entidades aseguradoras para el cumplimiento de las obligaciones de supervisión, que resulte aplicable para las entidades financieras, y prevé expresamente basándose en el interés legítimo, los siguientes tratamientos que resultan extrapolables a las entidades financieras:

- Comunicación de los datos del tomador, asegurado, beneficiario o tercero perjudicado a entidades reaseguradoras cuando sea necesario para la celebración del contrato de reaseguro en los términos previstos en el artículo 77 de la Ley 50/1980, de 8 de octubre, de Contrato de Seguro o la realización de las operaciones conexas.

- Cesión (y adquisición) de Cartera, fusión, escisión, transformación, etc.

Igualmente, se considera que estaría fundada en el interés legítimo la comunicación a las restantes entidades del grupo al que pertenezcan las Entidades Adheridas de las actualizaciones de datos que le hubiera facilitado el cliente y que fueran igualmente necesarios para el desarrollo de los contratos que aquél pudiera mantener con esas terceras empresas. Así, por ejemplo, si un cliente que lo es asimismo de otras empresas del grupo actualiza su número de teléfono ante la Entidad Adherida esta podría, sobre la base del interés legítimo, facilitárselo a las restantes entidades de las que el interesado sea cliente, evitándole así la necesidad de tener que comunicar dicha actualización a cada una de ellas.

Asimismo, como se ha previsto en el apartado anterior relacionado con las actividades de recobro, y en los supuestos de fraude y blanqueo de capitales, también concurre el **interés legítimo** en la **comunicación de datos entre empresas del mismo grupo para llevar a cabo una verificación y actualización de los datos de los deudores que han incumplido con sus obligaciones de pago** con la exclusiva finalidad de contactar con ellos para las finalidades anteriormente expuestas.

5. DERECHOS RGPD

5.1. Introducción y alcance

Mediante la presente Guía de Buenas Prácticas, se pretende establecer una aproximación práctica respecto del alcance, forma, plazos legales y responsabilidades para gestionar y dar respuesta al ejercicio de Derechos establecidos en la normativa de protección de datos personales, y a no ser objeto de decisiones individuales automatizadas.

Cada Entidad adoptará las medidas que en cada caso considere oportunas para divulgar en la organización el conocimiento de los procedimientos y/o procesos relacionados con el ejercicio de los derechos.

De conformidad con lo establecido en la LOPDyGDD, se enumeran a continuación los derechos que pueden ejercer los interesados sobre sus datos. Tales derechos son:

Derecho de acceso. Derecho de rectificación.

Derecho de supresión/derecho al olvido.

Derecho a la limitación del tratamiento.

Derecho a la portabilidad de los datos. Derecho de oposición.

Derecho a no ser objeto de decisiones individuales automatizadas.

Respecto de los datos de una persona fallecida, las personas que tengan legitimación para ello y sobre las que concurran los requisitos legales, podrán ejercitar los derechos de acceso, rectificación y supresión.

5.2. Gratuidad en el ejercicio de los derechos

El ejercicio de los derechos debe ser gratuito y mediante un método sencillo para el titular de los datos, pudiendo ser ejercitados dichos derechos conjuntamente o por separado. No obstante, cuando las solicitudes sean manifiestamente infundadas o excesivas, especialmente debido a su carácter repetitivo, la Entidad podrá:

— cobrar un canon razonable en función de los costes administrativos afrontados para facilitar la información o la comunicación o realizar la actuación solicitada, o

— negarse a actuar respecto de la solicitud.

Corresponderá a la Entidad el demostrar el carácter manifiestamente infundado o excesivo de la solicitud. Con carácter general se considerará excesivo el ejercicio del mismo derecho con una periodicidad inferior a seis meses, salvo que pudiera apreciarse una causa legítima para su ejercicio.

5.3. Requisitos comunes

Para el ejercicio de los Derechos de los interesados, se hace necesario tomar en consideración los siguientes requisitos comunes que resultan de aplicación al ejercicio de cualquiera de ellos:

5.3.1. Modo de ejercitar el derecho y modo de facilitar la información

El titular de los datos podrá ejercitar su derecho a través de los canales informados en la política de privacidad de cada Entidad.

La respuesta deberá facilitarse siempre en forma concisa, transparente, inteligible y de fácil acceso, con un lenguaje claro y sencillo.

La respuesta será facilitada por escrito o por otros medios, inclusive, si procede, por medios electrónicos. Cuando el interesado presente la solicitud por medios electrónicos, la información se facilitará en un formato electrónico de uso común, a menos que el interesado solicite que se facilite de otro modo.

Con carácter general la identificación del solicitante se podrá realizar con nombre, apellidos, número de DNI/ documento acreditativo de identidad u otro dato que nos permita identificarlo como cliente en nuestra Base de datos (por ejemplo, dirección de correo electrónico), siempre que la combinación de todos los datos permita la identificación del titular de los datos personales. Factor adicional de identificación podrá requerirse para el ejercicio de la totalidad de los derechos. Estos factores de identificación se desarrollarán en el apartado de requisitos particulares en relación con cada uno de los derechos.

5.3.2. Quién puede ejercitar los derechos

El ejercicio de los Derechos de los interesados puede ser ejercitado directamente por el interesado o por medio de representante legal.

- Si el titular de los datos hubiera fallecido podrán solicitar el acceso, la rectificación o la supresión de los datos personales del fallecido, las personas físicas o jurídicas que estén legitimadas para ello conforme al artículo 3 de la LOPDG-DD y lo acrediten aportando:

— Certificado de defunción de la persona fallecida titular de los datos personales

— Documento acreditativo de que la persona que ejercita los derechos sobre los datos de una persona fallecida tiene legitimación para ello. A modo ejemplificativo (fotocopia de libro de familia, certificado de matrimonio, testamento…)

— Declaración responsable del ejerciente del derecho en que manifieste no tener conocimiento de una prohibición expresa del fallecido ni de la existencia de una prohibición legal para solicitar el acceso, la rectificación o la supresión de los datos del fallecido. Queda exceptuada la información patrimonial conforme al artículo 3.1 de la LOPD, a la que podrán acceder los herederos en su condición de tales con independencia de la existencia o no de una prohibición expresa del causante.

- Si la Entidad tuviera dudas razonables en relación con la identidad de la persona física que cursa la solicitud, podrá solicitar que se facilite la información adicional necesaria para confirmar su identidad.
- Los derechos serán denegados cuando de la información facilitada por el interesado y de la que se encontrase en poder de la entidad no fuese posible identificarle.

5.4. Requisitos particulares

5.4.1. Derecho de acceso

5.4.2. Alcance

Al ejercitar el derecho de acceso, el titular de los datos y las personas con legitimación para solicitar el acceso a los datos de la persona fallecida tienen derecho a conocer si se están tratando o no datos personales que le conciernen a él o al fallecido, respectivamente, y en tal caso, podrá obtener de la Entidad, información acerca de:

- Las categorías de datos personales que la Entidad trate respecto al interesado incluyendo:
  - — Datos de carácter identificativo: Nombre y apellidos, DNI, Teléfono, Correo electrónico, Domicilio.
  - — Datos de Características personales: Sexo, Fecha de nacimiento, Nacionalidad
  - — Datos de los productos contratados con la Entidad

De forma genérica y conforme a una plantilla predeterminada según el formato que cada entidad tenga establecido, en relación con la información que se proporciona al interesado en la política de privacidad de la entidad:

- La existencia de decisiones automatizadas, incluida la elaboración de perfiles y, al menos en tales casos, información significativa sobre la lógica aplicada, así como la importancia y las consecuencias previstas de dicho tratamiento para el interesado.
- Fuentes de las que provienen los datos objeto del tratamiento.
- Las categorías de destinatarios a los que se comunicaron o podrán ser comunicados los datos personales.
- Las finalidades del tratamiento de los datos personales.
- El plazo genérico previsto para la conservación de los datos.
- La existencia del derecho a solicitar de la Entidad la rectificación o supresión de datos personales o la limitación del tratamiento de datos personales relativos al interesado, o a oponerse a dicho tratamiento

- El derecho a presentar una reclamación ante una autoridad de control;
- Las transferencias internacionales realizadas o previstas.

5.4.3. Forma de ejercitar el Derecho

El titular de los datos ejercitará su derecho a través de los canales informados en la política de privacidad de cada Entidad.

Como se ha indicado anteriormente el ejercicio del derecho de acceso facultará a la Entidad a requerir un factor adicional de identificación del solicitante, cuando las circunstancias así lo requieran. Se deberá comunicar cualquier rectificación a cada uno de los responsables o encargados del tratamiento.

Esta identificación adicional se podrá realizar a través del método de identificación fehaciente establecido en cada Entidad, a modo de ejemplo:

- — Solicitar copia del DNI.
- — Firma electrónica.
- — Identificación a través del espacio personal del cliente
- — Identificación a través de los medios procedimentados en el Servicio de canal telefónico.

5.4.4. Derecho de rectificación

5.4.5. Alcance

Al ejercitar el derecho de rectificación, el titular de los datos podrá solicitar la corrección de cualquier dato que haya facilitado a la Entidad.

La Entidad deberá comunicar cualquier rectificación a cada uno de los responsables o encargados del tratamiento a los que se hayan comunicado los datos personales, salvo que sea imposible o exija un esfuerzo desproporcionado

5.4.6. Forma de ejercitar el Derecho

El titular de los datos podrá ejercitar su derecho a través de los canales informados en la política de privacidad de cada Entidad. La solicitud de rectificación deberá indicar el dato erróneo o inexacto y la corrección que deba realizarse.

Como se ha indicado anteriormente el ejercicio del derecho de rectificación facultará en este caso a la Entidad para requerir de un factor adicional de identificación del solicitante, cuando las circunstancias así lo requieran, por lo que cada Entidad en función del dato que se quiera modificar podrá solicitar que se acredite la veracidad del dato por el que el titular solicita sustituir el existe en la Entidad. A modo de ejemplo:

- Cambio de nombre: solicitud copia del DNI
- Rectificación teléfono: acreditar la titularidad de la línea y baja de la anterior.
- Rectificación del domicilio: contrato de alquiler/compraventa a nombre del interesado, factura/domiciliación del interesado asociada al domicilio

5.4.7. Derecho de supresión

5.4.8. Alcance

Ante el ejercicio de un derecho de supresión por el titular de los datos, la Entidad estará obligada a bloquear los datos personales cuando concurra alguna de las siguientes circunstancias:

— Revocación del consentimiento

El interesado ha retirado el consentimiento en que se basa el tratamiento y éste no se basa en otro fundamento jurídico (por ej. Interés legítimo o existencia de relación contractual);

— Derecho de supresión:

Los datos personales ya no son necesarios en relación con los fines para los que fueron recogidos o tratados;

Los datos personales deben suprimirse toda vez que, habiendo cancelado el interesado todas sus relaciones con la Entidad, hayan transcurrido los plazos de prescripción legal, conforme a los cuales deben conservarse bloqueados por la Entidad.

La Entidad deberá comunicar cualquier supresión a cada uno de los destinatarios a los que se hayan comunicado los datos personales, salvo que sea imposible o exija un esfuerzo desproporcionado.

— Derecho de oposición, en los términos que posteriormente se señalarán

5.4.9. Restricciones

Este derecho no resultará de aplicación cuando el tratamiento sea necesario:

a) para ejercer el derecho a la libertad de expresión e información;

b) para el cumplimiento de una obligación legal que requiera el tratamiento de datos impuesta por el Derecho de la Unión Europea o de los Estados miembros que se aplique a la Entidad.

c) para el cumplimiento de una misión realizada en interés público o en el ejercicio de poderes públicos conferidos a la Entidad;

d) por razones de interés público en el ámbito de la salud pública.

e) con fines de archivo en interés público, fines de investigación científica o histórica o fines estadísticos, en la medida en que el derecho de supresión pudiera hacer imposible u obstaculizar gravemente el logro de los objetivos de dicho tratamiento.

f) para la formulación, el ejercicio o la defensa de reclamaciones.

5.4.10. Derecho a la limitación del tratamiento

5.4.11. Alcance

La limitación del tratamiento podrá obtenerse en cualquiera de los siguientes supuestos:

— El interesado ha ejercido los derechos de rectificación u oposición y la Entidad está en proceso de determinar si procede atender a la solicitud.

— El tratamiento es ilícito, lo que determinaría la supresión o borrado de los datos personales, pero el interesado se opone a ello y solicita en su lugar la limitación del tratamiento.

— Los datos ya no son necesarios para el tratamiento, que también determinaría su supresión, pero el interesado solicita la limitación porque los necesita para la formulación, el ejercicio o la defensa de reclamaciones.

— Cuando el interesado se haya opuesto al tratamiento de sus datos, mientras se verifica si los motivos legítimos del responsable prevalecen sobre el interesado (art. 21.1 del RGPD).

Antes del levantamiento de la limitación obtenida, la Entidad deberá informar al interesado.

La Entidad deberá comunicar cualquier limitación del tratamiento a cada uno de los destinatarios a los que se hayan comunicado los datos personales, salvo que sea imposible o exija un esfuerzo desproporcionado.

Durante el tiempo de limitación del tratamiento, solo podrán ser tratados:

— Con el consentimiento del interesado.

— Para la formulación, el ejercicio o la defensa de reclamaciones.

— Para proteger los derechos de otra persona física o jurídica.

— Por razones de interés público importante de la Unión o de un Estado miembro.

5.4.12. Derecho a la portabilidad

5.4.13. Alcance

El ejercicio del derecho a la portabilidad supone que el interesado pueda recibir los datos personales que le incumban y que haya facilitado a la Entidad, en su calidad de responsable del tratamiento, en un formato estructurado, de uso común y de lectura mecánica, a fin de poder transmitirlos a otro responsable del tratamiento sin que la Entidad lo impida.

En cuanto al uso común, se deberá optar por ficheros en formato plano, o XML o similar, siempre y cuando no se acuerde otro formato interoperable, en cuyo caso dicho formato prevalecerá sobre los mencionados.

La transmisión de un responsable de tratamiento a otro está condicionada a que sea técnicamente posible.

Las Entidades Adheridas adoptarán las medidas que consideren en cada caso necesarias para garantizar que los datos personales se transmitan de forma segura y al destinatario correcto.

Dado que este derecho tiene por finalidad dotar a los titulares de los datos de un mayor dominio o capacidad de decisión respecto de sus datos personales, ya que les faculta para mover, copiar o transmitir dichos datos personales de un entorno a otro o de un responsable del tratamiento a otro, deberán cumplirse los siguientes requisitos de carácter acumulativo:

— Que el tratamiento esté basado en el consentimiento o en un contrato, quedando excluidos los datos tratados únicamente sobre otras bases jurídicas distintas de las anteriores.

— Que el tratamiento se efectúe por medios automatizados.

Implica que los datos personales del interesado los reciba él mismo o que se transmitan directamente de la Entidad a otro responsable, sin necesidad de que sean transmitidos previamente al propio interesado, siempre que ello sea técnicamente posible.

5.4.14. Información que puede incluir

Datos generales remitidos por el cliente como, por ejemplo:

— DNI

— Nombre y apellidos

— Fecha de nacimiento

— Sexo

— Clasificación Nacional de Actividades Económicas (CNAE)

— Fecha y centro de alta

— Fecha de baja (en su caso)

— País de residencia

— País de nacionalidad

— País de empleo

— Datos de dirección y contacto.

— Datos de productos junto con movimientos dos últimos años

— Cuentas y depósitos

— Tarjetas

— Préstamos y créditos

— Fondos de inversión

5.4.15. Forma de ejercitar el Derecho

Las Entidades Adheridas informarán al interesado de los medios a su disposición para ejercitar este derecho pudiendo, si así lo considera necesario, implantar sistemas de verificación de la identidad del mismo.

5.4.16. Derecho de oposición

5.4.17. Alcance

El interesado podrá oponerse en cualquier momento a que datos personales que le conciernan sean objeto de tratamiento. La Entidad deberá dejar de tratar los datos personales, salvo que acredite motivos legítimos que prevalezcan sobre los intereses, derechos y libertades del interesado, una obligación legal para la formulación, ejercicio o defensa de reclamaciones.

Si el tratamiento tiene por objeto la mercadotecnia directa, el interesado podrá oponerse al tratamiento de sus datos con dichos fines, incluida la elaboración de perfiles en la medida en que ésta esté relacionada con dicha mercadotecnia.

5.4.18. Derecho a no ser objeto de desiciones individuales automatizadas

5.4.19. Alcance

Este derecho se traduce en la posibilidad que tienen los interesados de no ser objeto de una decisión basada únicamente en el tratamiento automatizado, incluida la elaboración de perfiles, que produzca efectos jurídicos en él o le afecte significativamente de modo similar.

5.4.20. Restricciones

Este derecho no resultará de aplicación si la decisión:

— Está autorizada por el Derecho de la Unión o de los Estados miembros que se aplique al Responsable del tratamiento y que establezca asimismo medidas adecuadas para salvaguardar los derechos y libertades y los intereses legítimos del interesado, o

— Es necesaria para la celebración o la ejecución de un contrato entre el interesado y un responsable del tratamiento;

— Se basa en el consentimiento explícito del interesado.

En cuanto a los dos últimos puntos, la Entidad deberá adoptar las medidas adecuadas para salvaguardar los derechos y libertades y los intereses legítimos del interesado y, como mínimo, el derecho a obtener intervención humana por parte de la Entidad a expresar su punto de vista y a impugnar la decisión.

Estas decisiones no se podrán basar en categorías especiales de datos personales (por ej. Salud, datos biométricos, origen étnico o racial, opiniones políticas, etc.) salvo que el interesado hubiera dado su consentimiento explícito o bien fuera necesario por razones de un interés público esencial, y se hayan tomado medidas adecuadas para salvaguardar los derechos y libertades y los intereses legítimos del interesado.

5.4.21. Límite

El ejercicio del derecho a solicitar la intervención humana se podrá realizar sólo una vez y dentro de los primeros 14 días (plazo legalmente previsto en la Directiva 2008/48/CE del Parlamento Europeo y del Consejo, de 23 de abril de 2008, relativa a los contratos de crédito al consumo y el art. 28.1 de la Ley 16/2011, de 24 de junio, de contratos de crédito al consumo) desde la comunicación de la respuesta a cualquier solicitud de financiación realizada.[6]

---

6 Como plazo del derecho de desistimiento.

6. RELACIÓN DE ANEXOS A LA GUÍA

Como meros ejemplos o modelos no vinculantes se incorporan los siguientes documentos a la presente Guía de Buenas Prácticas:

- Anexo I: Informe de ponderación
- Anexo II: Modelo PIA